励耘文库

Ding Yi Juan

朱金顺/编选

中国现代学术经典
ZHONGGUO XIANDAI XUESHU JINGDIAN

总主编⊙张 健

卷

北京师范大学出版集团
北京师范大学出版社
BEIJING NORMAL UNIVERSITY PUBLISHING GROUP
BEIJING NORMAL UNIVERSITY PUBLISHING GROUP

图书在版编目(CIP)数据

中国现代学术经典·丁易卷／朱金顺编选.—北京：北京
师范大学出版社，2012.10
(励耘文库)
ISBN 978-7-303-11708-6

Ⅰ.①中… Ⅱ.①朱… Ⅲ.①社会科学－文集②文学
史－中国－文集 Ⅳ.①C53②I209－53

中国版本图书馆 CIP 数据核字(2010)第 208497 号

营 销 中 心 电 话　010-58802181 58805532
北师大出版社高等教育分社网　http://gaojiao.bnup.com.cn
电 子 信 箱　beishida168@126.com

出版发行：北京师范大学出版社 www.bnup.com.cn
　　　　　北京新街口外大街 19 号
　　　　　邮政编码：100875
印　　刷：北京京师印务有限公司
经　　销：全国新华书店
开　　本：170 mm × 240 mm
印　　张：26
字　　数：367 千字
版　　次：2012 年 10 月第 1 版
印　　次：2012 年 10 月第 1 次印刷
定　　价：49.00 元

策划编辑：赵月华　　责任编辑：郭　瑜 李洪波
美术编辑：毛　佳　　装帧设计：毛　佳
责任校对：李　菡　　责任印制：孙文凯

# 编委会名单

**主　编**：张　健

**副主编**：李国英　李春青　李怡(常务)

**编委会成员**(姓氏笔画为序)

# 总　序

"百年师大，中文当先"。描绘北京师范大学中文学科的发展历史，这是一句经常被征引的判断。在一个较为抽象的意义上，它的确昭示了某种令人鼓舞的气象。不过，"百年"来的中国社会文化实在曲折多变，中国语言文学学科的发展也可谓是源流繁复，"当先"的真实意义常常被淹没于时代洪流的连天浪淘之中，作为"思想模式"与"学术典范"的师大中文传统期待着我们更多地保存、珍惜、承接与发扬。

现代中国的高等教育肇始于京师大学堂，由京师大学堂师范馆而有 1908 年 5 月的京师优级师范学堂，在此基础上，诞生了北京高等师范学校。同月，从京师大学堂母体诞生了作为中国现代高等教育翘楚的北京大学。"办理学堂，首重师范"，作为与北京大学"一奶同胞"的北京师范大学，正是秉承这样的理念引领了现代教育与文化的发展，其首功勋绩由此铭篆于史。从京师优级师范学堂里走出了符定一，我们优质的中国语言文学教育让这位著名的教育家与语言文字学家在后来创办湖南省立一中、执掌岳麓书院之时胸怀天下、垂范后学，培养了包括毛泽东在内的一代优秀青年。北京高等师范学校的中文学科更是云集了当时中国的学术精英，如鲁迅、黎锦熙、高步瀛、钱玄同、马裕藻、沈兼士，不时应邀前来讲学的还有李大钊、蔡元培、胡适、陈独秀等思想名流，可谓盛极一时。京师优级师范学堂、北京高等师范学校、北京（北平）师范大学、北京女子师范大学、国立北平师范大学、国立西北联合大学、辅仁大学，京师中文学科的漫漫历史清晰地记录着中国现代语言文学的学术历程与教育历程，这里，活跃着众多享誉中外的学术巨匠，书写了现代中国语言文学研究的华章：从九十余年前推行白话文、改革汉字，奠定现代汉语的基石到半个多世纪以来开创现代中国民俗学与民间文学的卓越贡献，诸多学科先贤都将自己坚实的足迹留在了中国现代思想文化发展的旅程中。

伴随着北京师范大学参与和引领现代中国学术坚实旅程的，则是近百年来中国社会发展的风波与激浪。这里交织着进步对落后的挑战、正义对邪恶的战斗、真理与谬误的较量。作为民众教育基本品质的彰显，我们的学术精英从来没有将自己的生命超脱于现实，从来没有放弃自己关注社会、"为人生"的责任和理想。中国第一流的语言文学学术哺育了中国优秀的校园作家，从黄庐隐、冯沅君、石评梅到苏童、毕淑敏、莫言，他们以自己的热情与智慧描绘了"老中国儿女"的受难与奋斗，为现代语言文学的学术思考注入了新鲜的内容；同样，在五四运动、女师大事件、"三一八惨案"和抗日的烽火里，北京师范大学的莘莘学子与皓首穷经的教授们一起选择了正义的第一线，在这个时候，他们不仅以自己的思想和智慧，更以自己的热血和生命实践着中国士人威武不屈、身任天下的人格理想，他们的选择铸造了现代中国学术的另一重令人肃然起敬的现实品格。

质朴坚韧的学科探求与身任天下的忧患意识，这不就是值得我们保存、珍惜、承接与发扬的学术传统么？有鉴于此，我们决定在《励耘文库》中增选一套能够记录、保存、彰显师大中文传统的"中国现代学术经典"系列，系统全面地总结我们曾经有过的学术业绩和文化贡献，希望今人能够借此缅怀我们的历史，又不断从中获得继续前行的力量。

新世纪的中国，经济的繁荣与精神的隐忧并存、文化的多元与选择的歧路同在。作为新时代的教育家、新的学术事业的继承人，如何回首我们的历史、领悟我们的使命，如何理解我们的传统，这些话题本身的复杂与沉重远远超过了词语表述的轻松。在这个时候，重温先贤的智慧或许大有裨益，但愿这些温润的文字能够引领我们重返深厚的过去，走向更为辽阔的未来。

北京师范大学文学院

励耘文库·中国现代学术经典编辑委员会

2010 年 3 月 10 日

# 前　言

丁易，原名叶鼎彝，安徽省桐城县人。1913 年 9 月 8 日生于南京，两岁时回到桐城老家，三岁入私塾读书识字，到十一岁便读完了四书、五经、通鉴、辑览和古文辞等。1928 年，十五岁时考入桐城中学，既受到良好的古文教育，同时接触了新文学、新文化。1934 年夏，以优异成绩被安徽省政府保送到北平师范大学读书。

北平师大藏书丰富，多有名师执教，丁易入校之后如鱼得水，他勤奋好学，尤其喜欢黎锦熙、钱玄同讲授的中国文字文法学，对中国古典文学、文字学用力最多。与此同时，丁易开始在报刊上发表诗歌、散文，表现出了多方面的才能。当时，日本侵占我国东北地区，丁易积极参与学生爱国组织，与同学中的共产党员交谊甚笃，开始接触马列主义，被推选为北平师大学生自治会宣传干事，参加了"一二·九"爱国运动。

1937 年"七七事变"之后，北平、天津的一些高校迁往西北继续办学，北平师大与北平大学、天津女子师范学院等联合组建西安临时大学，后又迁往汉中，改成西北联合大学。丁易因母丧返乡，参与了当地的抗日宣传斗争，后返回学校坚持完成了学业。1938 年夏，丁易大学毕业，来到四川成都联合中学任教，并在其他多所学校兼课。1940 年春开始，专任四川省立戏剧音乐学校教师，并担任该校教务主任，校长是富有自由民主思想的熊佛西，校内民主自由空气比较浓厚。但好景不长，1941 年"皖南事变"发生后，戏剧音乐学校被迫解散。丁易因在校期间态度左倾，受到了国民党四川省党部的注意，此时不得不远走兰州到了西北师范学院任教，开始讲授新文学史，深受学生们的欢迎。毛泽东的《在延安文艺座谈会上的讲话》刚刚秘密传到兰州，他就暗中交给进步学生传阅，组织学习。1943 年 7 月，丁易再次来到成都，应聘于江安国立戏剧专科学校，1944 年夏开始专门从事进步文化活动和文艺创作，与中共地下党关系更为密切。他为中共控制的《华西晚报》撰写社论，为该报副刊与《华西日报》副刊写了大量杂文，议论时政，痛斥国民党的腐败统治与消极抗战的政策，成为这两份报纸的有力支持者，1947 年结集出版的《丁易杂文》，近半数是这个时期发表的。

1945年抗战胜利之后，丁易有感于国统区的政治形势，撰写了一系列关于明代特务政治的论文，后来将这些论文连缀扩充成为一部四十余万字的专著《明代特务政治》，1950年由中外出版社出版。1945年8月，丁易任教于东北大学，成立了"民主青年社"搞学生运动，1946年5月东北大学在迁返沈阳之前，解聘了丁易在内的六名进步教授。丁易留在成都，根据党组织的安排，担任了民盟机关报《民主报》的主编，同时兼任社会大学新闻学主任，继续开展斗争。1946年冬，丁易由重庆到北平师大任教，此后又根据斗争形势及工作需要，相继在北方大学、华北大学等校任教，直至北平解放。

1949年1月31日，北平解放。2月17日，丁易与钱俊瑞、吴晗、周建人等代表军管会到北师大"负责商议并办理接管事宜"；5月，北师大成立校务委员会，黎锦熙为主任，丁易任委员兼中文系教授；9月21日，丁易作为九三学社候补代表参加了第一届中国人民政治协商会议；12月29日，正式加入了中国共产党。新中国成立初期，丁易主要从事文化教育和党的统战工作，社会活动较多，1951年，他参加了中国人民赴朝慰问团，前往战争前线慰问志愿军，他还作为中国文化代表团的成员，出访了印度、缅甸等地。

1950年3月，北师大校务委员会撤销，丁易专任中文系教授，他先后讲授了新文学史、中国现代小说史、明清文学史、中国文字学等多门课程，勇挑重担，认真负责；他还邀请黄药眠、钟敬文等一流的教授、学者来北师大任教，加强了北师大的教学力量。由于教学的需要，丁易逐渐将学术研究的重点放在现代文学方面，他陆续编辑出版了《郁达夫选集》《大众文艺论集》，撰写了长篇序言，在讲授新文学史的过程中还编写了数十万字的讲义，1955年出版的《中国现代文学史略》便是以此为基础完成的。此外，他还出版了《中国文字与中国社会》《中国的文字》等著作，再版了《明代特务政治》，这些著作既有一定的学术价值，又有现实的意义。1953年，应苏联政府的邀请，丁易被高教部派赴莫斯科大学讲学，为研究中国文学的青年教师和研究生讲授中国文学史，同时亲自指导六名研究生。他抓紧时间，忘我工作，却不幸积劳成疾，突发脑溢血，于1954年6月27日猝然逝世，年仅41岁。

丁易一生，除教书，进行民主革命运动和统战工作以外，留下的各类文章、著作不下200万字。这本《丁易卷》分四大部分，即《丁易杂文》选、《明代特务政治》选、诗文选与《中国现代文学史略》，基本上涵盖了丁易一生的主要著述，体现了他的主要贡献。

《丁易杂文》堪称现实斗争的产物，这是比较接近杂文这种文体的本质的。丁易的杂文主要写于1943年至1945年间，这段时期他在成都积极以笔为战，反抗国民党的黑暗统治。丁易的战友陈白尘在《忆丁易——〈丁易杂文〉代序》中深情地写道：

> 1943年夏，中华剧艺社被迫离开重庆，我随之到了成都，不久，丁易在西北师范学院呆不住，也流落到成都来。这时，我正接编《华西晚报》的副刊《艺坛》和《华西日报》的《文艺周刊》，丁易正好做了这两个副刊的台柱。在这两个小小副刊上发表过文章的人很多，知名作家也不少，但经常地、有力地支持这两个刊物的却是丁易。那时我住在五世同堂街那个大院里，丁易和陈翔鹤同志是每天必来的座上客。我们除了商谈文协成都分会的工作以外，便是骂国民党以泄愤。每当此时，我便大嚷一声："好！写X百字杂文来，丁易！"第二天晚报副刊上便有了一篇笔锋犀利的杂文出现。而且是三天两天如此。在那黑暗的年代里，这种匕首式的文字虽不能致敌人于死命，但在黑夜中不时闪烁着匕首的光芒，总可使那貌似强大的独裁魔王感到惴惴不安的吧？1945年国民党四川省的大头目黄季陆唆使走狗捣毁《华西晚报》，其导火线虽在另一篇文章，其原因之一，该说是丁易的杂文刺痛了他。

丁易的杂文既不做无病呻吟，也不故作高深，在朴素简洁的评述中显出强烈的现实针对性，同时又蕴涵着深厚的学问功底。除了杂文之外，本著作选还择要选入了丁易的一些其他的诗文，涉及丁易创作的各个方面，时间上几乎横跨他的一生。丁易从小接受古诗文的教育，对古诗始终怀有兴趣，他一生写了不少古体诗，表现出了他的才情。

丁易一生有几部著作为人熟知，本著作选节选了他的《明代特务政治》，全本选入了他的《中国现代文学史略》。《明代特务政治》从1945年春开始写作，1948年底完成，初版于1950年，1983年重印，2008年又出了第二版。《明代特务政治》虽是一部描绘明代政治压迫的书，但也是在隐射当时的国民党特务的镇压、逮捕、屠杀等行为。丁易在该书《自序》中说："在那时要想写文公开攻击他们的罪行，是没有办法发表的。于是我就想到利用历史事实绕个弯儿来隐射，恰好明代是特务最为凶横的朝代，这样，我就开始撰写了一些关于明代特务的论文。"尽管如此，丁易绝不牵强附会，夸张叙述，而是尊重史实，用史料说话，使这部《明代特务政治》体现出了自身的价值。

从 1949 年到 1953 年，丁易在北京师范大学着重从事中国现代文学史的研究，他在教学讲义的基础上撰写完成了《中国现代文学史略》，该书是较早的中国现代文学史专著，在该研究领域具有重要的地位，他与王瑶的《中国新文学史稿》、张毕来的《新文学史纲》以及刘绶松的《中国新文学史初稿》等著作一起奠定了中国现代文学学科建设的基础，丁易因此而成为中国现代文学学科建设和文学史研究的奠基者之一。本著作选将《中国现代文学史略》全文选入，一是便于读者全面地了解这部书与作者，二是保全了这部书稿的历史面貌。《中国现代文学史略》是较早将"中国新文学"改称为"中国现代文学"的一部文学史著作，出版以后受到学术界的普遍重视，被大专院校中文系列为研究和讲授中国现代文学的重要参考书，"文革"前曾重印三次，1978 年香港文化资料供应社又印行一次。虽然这本现代文学史著作因历史条件的限制，存在缺点和不足，但它也有它的历史价值。

此次北师大文学院弘扬学术传统，承继先辈风范，组织编选了这套丛书，《丁易卷》在此之列，并由我们负责编选，我们既感到荣幸，又深感责任不小，我们努力使这本文集能够较为全面地反映叶丁易先生主要的文学成就，并突出叶先生与众不同的学术贡献与个性。能否达到这样的目的与效果，只有敬请读者评说了。书中选文取自不同时代，注释存在着不够规范、不太统一的问题，为保存文本原貌，不做改动，特此说明。

朱金顺

# 目　　录

# 《丁易杂文》选

# 谈风雅

陶渊明该算是个最风雅的人物了。

"采菊东篱下，悠然见南山。"他这两句传诵千古的名句，就活脱地刻画出了那种雅人深致来。澹泊宁静，冲淡恬适，世间一切都似乎在若有若无之间。那种无所为而为的超然精神，使读者于吟味之余，就好像摆脱了尘俗的羁绊，胸地顿时开阔起来，所以王国维《人间词话》特地拈出这两句，说是"有境界"。

有境界的确是有境界，只是这境界也不是随随便便什么人都可以"有"的，必须衣食饱暖之后才能领略得之。观乎陶渊明就不曾为吃饭穿衣担过心，而每天还必喝几杯酒便可明白。至于那些吃了午饭还愁着晚饭的人们，一天到黑终不免有所为而为，虽欲"澹泊宁静"，无奈力不从心，结果是无论如何也"悠然"不起来的。

这话好像以前也有人说过，不过我却由此又想起一件类似的事来。

儿时在家乡念书，家乡是素以"文风甚盛"著称的，家里长辈希望我能接武乡贤，所以除了请先生教做古文而外，又叫我去跟一位父执学作诗。

父执是一位著名的风雅之士，古今体诗作得都很好，曾做过几任县官。后来不知是要学陶渊明不愿为五斗米折腰，抑是另有原因，就解组归田了。归田后当然就越发作起诗来。

他常常拿他自己作的诗给我看，那些诗是写在一本很厚的账本上的。我第一次看见的时候，心里有些诧异，为什么用账本来做诗稿呢？后来一想，也就释然，这大概就是所谓风雅吧！于是就毕恭毕敬地看着他那副潇洒出尘的神态来谈"超以象外，得其环中"了。

有一天我又去"领教"去了，走进堂屋，就看见一堆泥糊腿的佃户们，鸦雀无声地围着他站着，他坐在一张太师椅上，迅速地翻动他那本诗稿。我以为他要和佃户们来谈诗，心里想这真是风雅透顶了。可是仔细一看，他那副神情却又不像——绽着满额的青筋，脸上泛着红润的油光，以前那股潇洒劲儿，一丝丝也没有了。

突然地他圆睁布满红丝的双眼，向一个佃户指着诗稿的一页。

"你看，积欠还这么多，又来求减租了，混账东西！"

他这一发气，我却恍然大悟了。原来他那账本，前半本是诗稿，后半本却是田租账。他是一面作诗,一面还在计算着佃户们的"积欠"的。

风雅和"积欠"是分不开的,看似讽刺,实是真理。《晋书》上说陶渊明把自己的田全种上秫,则佃户们交租的时候,拖一点"积欠",自然也是会有的。

今世有欲风雅者乎?且先来广积"租田"吧!

1943 年 10 月 20 日

# 再谈风雅

风雅离不开租谷，考之今昔，已成颠扑不破之论。但租谷而须自己经营，红头赤脸地去和泥糊腿佃户争论，究竟还嫌不脱俗——而且有伤忠厚。

所以高明一点的风雅之士就不这么办。

当然，租谷为风雅之本，无论如何高明，还是"不可须臾离"的。他们高明之处，则在不自己去管，而豢养了一批"管租的"，所有丰收歉获，该减该增，新租陈欠，催索追比，一律交给管租的去管理，自己只和管租的算账，而和佃户们则隔得远远的毫无交涉。

如若一定要找出些交涉的话，也许有一点，但仍以风雅为限。那就是在游山玩水的时候，和老农们谈谈风雨阴晴，种瓜豆之类，即所谓闲话桑麻者是。要是老农不识相，竟然插进灾难等的话来，那他们就会勃然变色地摇手说："和管租先生谈去！"

当然，这样的插话是败人清兴，有伤风雅的。

但佃户们是怕管租先生的，因为管租先生除了帮东家压榨之外，他自己还要在佃户身上揩点油，佃户之油有限，而管租先生之欲无穷，揩得佃户们实在忍不住了，于是老实一点的，或是靠着几代相传的老资质的佃户，就不免跑上正在风雅的东家那儿哭诉去。这一回，风雅之士却不勃然变色了，因为这不但无碍风雅，而且还可以点缀风雅，他要来玩一套诗人忠厚的把戏了。于是就和蔼地叫在地上的佃户们站起来，装出一副吃惊模样：

"啊，我还不知道呢，有这等事么？等我查一查，要是真的话，那，那我一定要惩罚管租先生的。"于是又和蔼地挥一挥手，"你们先回去罢。"

这么"忠厚"一番之后，佃户们当然感恩戴德地回去了，而风雅之士当然还是继续风雅下去。"查一查"的话呢，也许忘记了，但也许会真的"查"一下，不过却是限于"查"管租先生对他谎报克扣了没有之类。而揩佃户的油，则是天经地义，东家早已认为是应该的了。结果，吃亏的还是这几个佃户，管租先生如果知道他们曾在东家跟前哭诉过，那只消把脸子一沉，他们是不难倾家破产的。

那这些却无碍于风雅之士的风雅。

今世有欲风雅者乎？则于广积"租田"之后，还得学会这套脱俗和忠厚。

1943 年 10 月 20 日

# 《悼钱玄同先生》读后感

木将先生的一首《悼钱玄同先生》诗，对钱先生一生业绩说得很详尽，批评也十分正确，读后不免引起一些感触来。

钱先生在好多人的记忆中恐怕已经被忘却了吧？即或有人偶然提到一下，也不过把他当作一个文字音韵学者看待，至于足以使先生不朽的给新时代垫基石的功绩，像木将先生所歌唱的那些，那很少有人道及了。

本来社会上所谓完人是不多的，至死不懈战斗到底的，百年之中，又能有几人？因此我们批评一个过去的人物，就应该注意他贡献于社会最大的值得为后人效法的那一方面。不能故意地移换目标，淆乱听闻，一笔抹杀死者的战斗劳绩，而专挑出他的另一些与社会无直接关系的事来捧场，夸赞，这种作风即或不是"别有用心"，也失去了历史的真实，按照旧历史家的说法，是不免有伤"史德"的。

记得鲁迅先生有两篇文章纪念刘半农和章太炎，在纪念刘半农的文章内就对这种作风的人予针砭，而在纪念章太炎的一篇中，便正确地说明了章太炎最大的业绩，不是他的经学小学的著作发明，而是他以大勋章作扇坠，在总统府门前大骂袁世凯的革命战士的气概！

对钱玄同先生的赞颂该也是这样的，他是太炎高足，对文字音韵之学的造诣且有青出于蓝之誉，但足以使先生不朽的却不是这些，而是他在五四运动时那种勇敢地摧毁旧势力的大无畏精神！

先生对他自己的时代是尽了最大的力量的，五四运动前后，他以从旧陈营里出来的姿态，再向旧陈营反戈一击，其影响时人实较之当时诸君子为大为深。"桐城谬种，选学妖孽"，也是先生提出的口号。他研究文字音韵之学，也并不是为了想跨上专家学者的宝座，为的是要寻出他的"废除方块字，代以拼音"的一个正确主张的根据和途径。

先生晚年虽说有些地方不免稍嫌固执，又以身体衰弱，渐近颓唐，遂每为青年所不满，然而他却没有像和他同时的一些战士们"升"了上去就改变自己的主张。他主持师大国文系仍是坚决地不主张学生做古文，骈文，旧的诗词。他临死的前几年还咬牙切齿地向一切旧的封建势力进攻，而喊出"切齿纲伦斩毒蛇"的口号。敌人占领北平之后，他艰苦地和生活挣扎，仍然在做提倡简体字和拼音文字的工作。

从这些方面去看先生，那么先生精神仍是值得这一代人去效法，先生遗志，仍是需要这一代人去继承。至于先生对旧学的造诣，固有其不朽的价值，但那却并不值得为一般青年人楷模的，木将先生以战士去看待先生而不将他推到纯粹学者的宝座上去，这是十分正确的。

先生逝世已经四个年头，遗著至今尚未整理。考先生所作，均系散见当时报志，自己也未曾手定结集。今日整理，必先辑录，但此项工作，亦不可率尔从事，盖先生有战斗性的文字，往往自动收回，比如说《尝试集》第一版有先生一序，到第二版时就刊落了，此在先生也许是自藏锋芒，但今日却必须辑入，如此之类，谅必尚有，辑录者是必须特别注意的。

唯是五四运动已经过去二十多年，却万想不到那时已经被先生打倒的"国粹论"以及类似的谬说，而今又或明或暗地重复抬头，但却听不到先生的大声疾呼和严厉指摘了，因此刊行遗著，意义益深，又不仅在纪念先生而已。

1943 年 10 月 28 日

# 炉边偶忆

时序推移，也真快得很，又是冬天了。

山城多雾，往往停午始散。早晨起来，白茫茫的一片，冷意逼人。于是关上窗户，烧起炭盆，踞坐火旁剥食此地特产柑橘倒也颇有风趣。

这风趣当然是属于悠闲之类的，劳人草草，得此片刻，亦足自乐。只是人一悠闲，就不免引起回忆来。

七八年前，寓居北平，常和学生来往，北国的冬天，远不像南方这么温和，"风头如刀面如割"，街上是滴水成冰的。然而这在学生们却不必担心，学校有的是暖气设备，宿舍里温暖如春，一任外边雪花如掌，睡觉时一条薄棉被仍就足够。

那时的学生是分成两派的，但是说也奇怪，却都不喜欢待在这舒服的屋子里。一种学生是冲风冒雪，跑到街头，宣传讲演，募捐请愿，和水龙、大刀、枪刺、驳壳奋斗，人们唤他们为傻子的。

另一种呢？则属于聪明者流，悠悠闲闲地带着女朋友坐在临街的咖啡馆楼上，一面吃着点心，一面俯视着自己的同学在街头"傻干"——满身湿淋淋地结满冰花，和水龙斗法，或是受伤倒地，流血成冰。一直到把这场"热闹"从头到尾看完，这才扶着女朋友谈笑下楼，坐上洋车，上戏园听荀慧生去了。

当时有人对此是采用庄生说法的："此亦一是非，彼亦一是非"。既是各有是非，当然也就并无轩轾。

今天想起，倒也并不是还要来分什么轩轾，而是觉得第二种学生方法之妙，实在令人不胜叹服。居高临下看得仔细，此其一。无论下面闹得怎样厉害，自己绝无危险；比起跟从后面，万一良莠不分，也遭毒手确是要安全得多，此其二。被打者既系同学，见死不救，总有些说不过去；现在高高在上，底下人正在拼死忘生之际，绝不会仰面观望，即或偶然抬起头来，也可以向窗帘后一闪了事，此其三。有此三利，而无一弊，这是熟悉一切妙计，融会贯通提炼出来的，安得不令人赞叹叫绝哩。

　　而今事过境迁，那时高楼俯视诸公，此刻怕已高楼纳福了吧？当年妙计，是否再用，位判云泥，我当然也无从得悉了。

　　只是我拥炉吃橘，原欲悠闲，不料引起这段回忆，仍然悠闲不起。可见悠闲也确是要有点福气的人才能享受，劳人如我，终属无份！于时浓雾已散，风动窗纸，瑟瑟作声，面对熊熊炉火，不禁掷笔怃然！

1943 年 12 月 19 日

# 忆"古香斋"

过去幽默大师林语堂主编的《论语》，我是每期必读的，倒不是为了看那些幽默作品，而是喜欢那最后一页的"古香斋"，其中辑录的文章，确是篇篇锦绣，字字珠玑，刊布流行，奇文共赏，真真功德无量！

《论语》停刊已久，大师亦远离祖国，而抗战也瞬即六年了，六年来的报纸杂志，公文函电，通告牌示，广告标语，可入"古香斋"者，当属不鲜，可惜无大师其人，搜罗辑录，公诸同好，一任散佚，湮没不彰，这倒真是件颇为遗憾的事！

最近大师海外飞来，莅止陪都，遥聆佳音，色然以喜，深望其复兴《论语》，恢复"古香"，想来与我同抱此感者，也一定大有人在吧？然而失望得很，大师不此之务，竟向大学生公开讲演了。

讲演也好，好久不看大师用中文写的文章了，趁此来幽默一下计亦良得，报纸送来，讲词俱在，卧读一过，惊喜欲狂，原来大师不愿费神搜集，竟自己来给我们做起"古香斋"里文字了。

原文见10月26日《大公报》第三版，题目是：《论东西文化与心理建设》，洋洋洒洒，约及万言。

在那里面大师首先谆谆训勉大学生们去读《易经》，因为《易经》是"阴阳消长之理所在"。对了，"《易》以道阴阳"，古人已早说过，究竟这"阴阳"怎么个"消长"法哩？大师没有说，我却想起了过去的一些军阀，幕下往往罗致许多精通奇门遁甲六爻神算的军师们，一有疑难，便请卜卦，军师就捧出《易经》拈着蓍草，闭上眼睛，念念有词："唵咪叭哩吽，大吉大利，叽哩咕噜，"完了！这大概就是"阴阳消长"吧。记得这故事曾为大师主编的《论语》所取笑过，但却想不到今天竟临到大师自己来"唵咪叭哩吽"了，来"大吉大利"了，来"叽哩咕噜"了，不免套一句金圣叹的话吧，"岂不快哉"！——但是，且慢，快事尚不止此，《易》之为用，宁仅卜卦！大师已经满脸神气郑重其事地告诉大学生"不得以一本卦书等闲视之"，它是"儒家高深哲理所寄托，非懂《易》，不足以言儒"，原来《易经》除了退妖避鬼，算命打卦而外，还有儒家"治国平天下"的妙用哩！这些妙语，置之当日《论语》的"古香斋"中，该无愧色吧？

接着大师就劝大学生要读一切的古书了，其中有一种是《论语》，是

《四书》中的《论语》，而不是大师主编的《论语》。怎么读法呢，没有说，我却又灵机一动，想起大师主编的《论语》中曾经连载过的《论语》连环图来，图并不是大师画的，但登载大师主编的刊物上，其经大师审定，当属无疑，那里面是那么恶毒，下流、无耻地把孔夫子扮成一个小丑模样过的，请问大师，读《论语》是不是这么地"按图索骥"地去读呢？

往下是讽刺那些劝青年不要读古书的人，文章做得极妙，仍保有原先语录体的作风，想来记录的人未必有此文笔，一定经过大师修改的，不忍节录，有损作风，原文俱在，读者自去检阅吧。

再往下是说《中庸》《庄子》《列子》等书的理论"都可以与现代科学相对证，使理益彰，而意益明"，"都是有玄通的哲理在焉"！真是清言娓娓，妙语如珠，触类旁通，则命相通乎哲理，扶乩合于科学。墨子飞鸢，即是飞机原理，木牛流马，实为坦克先河，种种理论，均可与大师此说，互相证发，而辉映一时，而并垂千古！——然而，不要忘记，这些也是曾经被大师刊载过《论语》篇中，陈列到"古香斋"里的。

窃查大师，本治音韵，成绩卓然，一行作吏，此事便废，倡幽默说，写语录文，寄沉痛于悠闲，实藏头而尾露，斯为一变，继之鼓吹小品，崇尚晚明，涂白粉于中郎，抹烟煤于孔子，是为二变，今则又以《易经》治国，科学通玄相号召，凡三变矣！变来变去，恐怕一条尾巴，终究变不掉，而要现出原形来也！鸣呼！

1943 年 11 月 13 日

# 谈万民伞

小时在家，常常见到大出丧，热闹非凡，每每轰动全城，万人空巷地去看。

丧而大出，则死者或死者的儿孙，当然必都是做官的人。因此在一群叫化子捐着的仪仗之中一定有几柄万民伞。看热闹的人也往往以这伞之多少，来判断死者或死者的儿孙的宦绩，而啧啧称叹，或撇撇嘴唇。

这伞就是古人说的"鸣金张盖"的"盖"，其形状与现在的阳伞、雨伞是不同的。大红绸缎制成，下幅拖下一二尺长，就像蚊帐剪去了半截而略大一点。如今在图画中或是旧戏里还可以见到，古代官吏们出来，跟在后面的从人往往给撑着这么个玩意儿。

万民伞就是借这玩意儿来歌颂长官功德的，其性质颇与德政碑相似，但却要巧妙得多，德政碑不过竖一块石头刻上几个字，年深日久，埋没荒烟蔓草之中，谁也不会再去注意。而万民伞呢，则不同了，它可以携带着走，随时随地都能拿出来撑场面。出丧、做寿、娶媳、嫁女固可作重要仪仗，就是没有这些"大典"时，过年过节，也不妨陈列厅事，向亲戚朋友炫耀一番。尤妙的是上面除去四字颂语之外，还密密地绣上许多人名，也就是所谓"万民"，真名实姓，丝毫不假，确确实实地证明是位"青天大老爷"，无怪乎看热闹的人一个个肃然起敬了，至于是否出自"万民"的公意，或是征得同意，当然无从知道，而且也从没有人去过问的。

现在还有没有送万民伞的事，我不得而知，只是想起来总觉得有些奇怪。那时保甲制度并不精密，户口调查也不完备，到哪里去找这么多成千成万的人名绣上去呢？这倒真是件不容易的事。

最近和一位朋友谈起，朋友是做过几任县官的，他听了我的话，鼻孔里冷笑了一声说：

"你以为是真的么，活见鬼，全是捏造的！"

我听了这话，不禁一怔。心想自己虽然世故不深，阅历尚浅，但自信还不致糊涂到相信万民伞是出自公意或是得了同意，然而一向总还以为是冒了真的姓名，却万想不到竟是捏造！不过接着一想，也就醒悟过来，陪着朋友笑了。

从朋友的话里，我得了不少的启示：盖真的姓名，有其人在，万一对

13

质，便露马脚。捏造的姓名，则并无其人，然而又确是有名有姓，和真正的姓名一样，对质无从，事便坐实。万民伞的特色，就在罗列姓名，示人以信，现在寓诚信于虚幻之中，越是虚幻，就越见诚信，真真假假，假假真真，天下还有比这更巧妙的事么？

说到这里，就又想起民国初年北洋军阀们，忽而上台，忽而下野，忽而刀兵相向，忽而杯酒言欢。其间总要授意一些绅商们出来表示意见，无论欢迎拥护，拒绝打倒，在通电全国敬告同胞的时候，往往都是用全县或全省民众的名义，其为假托，自然一看便知。只是那时万民伞之风正在盛行，为什么绅商们竟没有想到这种办法，来个依样葫芦，岂不更为巧妙？要说是电文求简，不便罗列，则亦不妨以"等等"或"……"代之。古人闻一知十，那时的绅商，头脑究竟不免滞钝些，不如古人了！

1943 年 12 月 31 日

# 谈杂家

杂家之名，好像始见于《汉书·艺文志》，也许还早一点，那就不管吧。手头没有《汉书》，自己又并未熟读成诵，那里面对杂家是怎么个说法，已经忘了，不过次序是列在倒数第二名，倒是确确实实记得的。可见班固那时对它已经就不甚重视了。

不重视是有道理的，因为一杂就不能专，而"专门"始可"名家"，现在居然以"杂"成"家"，已经是万分佼幸了，它实在是大有可能和小说家同其命运，被摒诸九流之外的。

杂文之"杂"，是否与杂家之"杂"同其意议，未尝详考；不过杂家学术不纯宗一家，而杂文内容所表现的也十分广泛，这点倒是有些相似的。所不同者，只是自有杂文以来，所有的杂文作者倒没有这么狂妄过，想侧身于"家"之林。相反的，倒是希望他的杂文如其所刺的时弊同时消灭，自然更没有"藏之名山，传之其人"的大愿。但若其杂文还不消灭，那便是证明他杂文中所刺的时弊还存在，这于作者在本意是大相违背的，而在作者自己当然也是件很可悲哀的事，自然更谈不上值得骄傲而沾沾自喜了。

也许是杂文所表现的范围太广泛，所刺的对象太多，不知不觉之中，难免得罪一些正人君子者流，所以杂文也与古之杂家同其命运，不为人所重视，终于命运悲惨，受到迫害和残杀！

自然，明明白白地迫害残杀，这法子太笨，而且容易叫人看清错处是在哪一边，再说也不合正人君子身份。弭于无形，灭于未燃，古有明训，于是花样翻新，其法有二：一曰贬，二曰褒。

贬呢，是先贬杂文丝毫没有艺术价值，说是值不得写，底下就似乎是善意地劝一切杂文作者们，赶快丢下杂文的笔，准备伟大作品的产生去。这颇有点像旧小说里"调虎离山"之计，抗战前是流行过一时的。

褒呢，就更妙了，原来他也是赞成写杂文的！不过，要写，就得超越所有杂文作者，来做第一人。否则的话，不如不写，写呢，就是出丑相。这法子虽妙，亦有所本，老氏不云乎："将欲废之，必固兴之；将欲夺之，必固与之。"只是做得太快一点，就露出马脚来了。

然而无奈杂文作者们似乎都本没有做伟大作家的野心，也没有这么狂妄要压倒一切杂文作者，更没有这么痴，因为自己做不到"状元"就搁笔，

15

所以还是出丑相，而且恐怕出丑相还要一直出下去。

其实要消灭杂文，倒不必这么费尽心机，绞干脑汁去想，倒有一个连根铲尽的法子在！杂文产生由于时弊，铲除时弊，正其本根，则皮之不存在，毛将焉附！不用消灭杂文，杂文自然消灭。从这个见地去消灭杂文，凡是写杂文的人，除了不诚实的以外，想来都不但同意，而且欢喜！

不过那时杂文作者们仍不一定去做伟大作家或"状元"，他们倒是可以吸吸香烟，喝点好茶，看看戏剧，听听音乐，悠闲悠闲地来做个安份守己的老百姓了。

然而这话也就拉得太远太远了！

本来是谈杂家，一下子却扯到杂文，好在同是一"杂"，也就不管文不对题吧。

1944 年 3 月 14 日

# 笔名种种

写文用笔名发表，不知始于何时，在中国，假使要追根究源的话，当然也可以追究到古代的。不过那原因大半是为了"明哲保身"，当时文网甚峻，说出来要遭不测，而又不忍其作品淹没，于是便换上一个名字，如清朝戴名世被诛后，他的文集就变成《宋潜虚集》了，当然，自己活着的时候改换的也有，如明末人记载清朝入关暴行的一些著作都是。

这些都是旧事，表过不提。至于近代笔名兴起，其原因未尝详考，要是旁征博引，也许很多吧，但现在却没有这工夫，只据猜想，大抵一是自己谦虚，觉得作品并未成熟，贸然发表，有些赧颜，于是便另起个笔名；二呢，怕还是和古人改名的原因相同，也是"明哲保身"了。但无论原因属于何种，文责当然还是自负，不能因了笔名而遂推诿，这似乎倒也还没有见人推诿过。

用笔名由于第一种原因的，大概用了一些时候，就不大改换了，后来笔名竟代替了真姓名，这例子是很多的，不必细举。第二种呢，除了少数的不愿别人知道自己或是闹着玩玩的而外，可就另有苦衷了，他的笔名是必须要换的，不换，姑且不说身不保吧，首先他的文章就难和读者相见，而文坛上又有嗅觉特别灵敏的人，疑神疑鬼，所以他不但得换，而且还得常换，甚至文稿还得托人代抄。

但是不管换得怎样多，他文章里面的爱与憎是从不改换的，所以异日若将这些用各种笔名发表的文章，会合一处，结成文集，仍是可以一篇不抽，堂堂皇皇拿出来而无愧色。这只要打开《伪自由书》《花边文学》之类的著作看看，就知道的。

只是人心不同，各如其面，常换笔名的方法，到了另一些人手里也会闹出些奇奇怪怪的花样来。姑举二例以概其余：其一是自己用甲笔名写了一篇作品，然后再用乙笔名写一篇批评，来恭维这作品；其二呢，则是一个主张在那里，他用这笔名写文章来拥护，用另一笔名写文章来反对。这两种方法都颇有点像江湖上"口技"者流，帐幕一闭，锣鼓喧天，众声并起，或是千军万马，声势赫然。但揭开帐幕一看，不过桌一、椅一、人一而已，然而可就深沉得多了！

这方法虽与上述第二种同是常换笔名，但其用心却完全相反。

所以不管笔名换不换，只要后来能一篇不抽地结成一集，公之于世而无愧色，便换一万个也不打紧。要是结成一集之后，自己看了也要红脸，终于是偷偷摸摸地往太太衣箱里一塞，见不得人，那便是两个笔名也要不得。随手又可以举个现成的例，杜衡即苏汶是也！

不过，后者结集的确始终未见，也许自己究竟不好意思动手吧，我倒希望有人来代庖一下，让他自己在脸上涂白粉，不也怪有趣么？

1944 年 3 月 22 日

# 谈著作的谨慎

古人著书是极谨慎的，总要到学成之后，才敢言著作之事，所以近代音韵学家黄侃宣称非要到五十岁以后不正式著书，可惜他没有到五十岁就死去。假如他对音韵学有什么独得之秘的话，那也就带进了坟墓，永不会被人知道了。

对古人这见解，现在是有各种不同意见的。有的说这未免过于谨慎，有近迂执，而现在社会与以前有着本质上的不同，写作的人如若都这么谨慎起来，殊与推进文化之意有背。有的说古代印刷不进步，所以要精益求精，要是像现在这样方便，古人也未必要坚持己见。诸如此类论调很多。

自己并未妄存著书大志，对这也没有怎么留心过，近来看了几本辨章学术、考镜源流的目录校雠之类的书，稍稍一想，觉得除了上面所说的之外，还有点意见。

中国受了长期封建社会的限制，知识分子的思想始终受着儒道两家的支配，纵然间有新见，也不过是儒道两家的解释或补充。而政治上又始终是君主专制，这两家思想又只允许在这种政治情势下发挥。重重限制，层层桎梏，时间一久，能说的前人都说过，不能说的也永远不能说，到后来，这不能说的，竟连想也不去想了。拾人牙慧，既所不甘，自创新见，又有不可，虽欲不谨慎亦不可得了。

这谨慎是封建社会和专制政治逼成的，虽然这谨慎也有着它的好处。

在中国历史上，政治越黑暗，著作便越少。北齐一代流传下来的著作，只不过《颜氏家训》六七部书便是一例。这倒并不是那时代的人特别谨慎。

但等到这封建社会崩溃、专制政治解体的时候，便不同了。就拿五四到现在来说，不过短短二十几年，但是所有的著作，搜集起来，怕并不少于任何一个朝代吧？这，教育比较的普及，印刷术的进步，自是主要原因，但更重要的却还是思想的解放。当然这些著作中，不谨慎、粗制滥造的自然很多，但是古人谨慎的作品又何尝没有粗制滥造的呢？它们在今天之所以仍有价值，并不是它们本身，而是它们所保存的史料。假如现在发现一本唐代商店的流水账簿，或是宋代小孩子的一本日记，不也是很有价值吗？

所以社会愈进步，政治愈开明，文化也愈发达，著作也愈增多，这是一个规律！

至于根据古人著作的谨慎来嗤笑今人作品过多则是件非常幼稚可笑的事，他根本没有弄清楚社会性质和政治力量是怎样限制桎梏了古人。但我这意思并不是否认谨慎的态度，相反的，古人著作谨慎的态度，还是有其意义，值得提倡，至少它是可以使一些似是而非的学者文人，明白著作并不是那么容易的事，仅仅东抄西摘，信口开河是不成的。

1944 年 3 月 26 日

# 境界浅谈

诗的"境界"，说得最完美的是王国维，他在《人间词话》里还分出有我之境与无我之境来。只是所谓"境"，是必然要受社会环境、作者阶层的限制的，因此过去诗人所说的"境界"，都是全部贯串着旧日的封建意识和一种道家的玄妙趣味。历久相沿，一提到"境界"，便自然而然地想到是这一些。今天若要来谈诗的"境界"，如果不彻底打破、摆脱这观念，是很容易做传统的俘虏的。

"采菊东篱下，悠然见南山。"据王国维说是有"境界"，"泪眼问花花不语，乱红起遍秋千去。"王氏也说有境界。我们仔细吟味一番，也确能领略一种"只可意会，不可言传"的味道来。但是如若将这几句诗拿给农夫、工人，或是在抗战中生长大的进步青年去看，则这种味道他们一定不能领略感受到，甚至还觉得味同嚼蜡。这就说明了前人所谓的"境界"，是只有少数人能够领略感受的，而今天的新诗所要求的境界绝不是这样。

今天新诗所要的"境界"是崭新的，不是陈旧的，是创造的，而非因袭的，它的目的是要使最大多数人都能领略感受。诗人要想使自己的诗能具有这种境界，第一就要练就怎样将自己的思想情感和最大多数人的思想情感打成一片，喜怒哀乐，无不相通，如水乳交融，成为一体。这样才能创造出一种新的境界来，否则无论说得怎样好听都是格格不入。不过这种思想感情的改变，也非一朝一夕之工，不受点痛苦的磨炼是不行的。

比较地说来，思想的改变较易，情感的改变较难。思想究竟属于理智方面的，多多少少要经过一番思考；情感却往往在不知不觉中流露出来。经过思考的，自然不会出什么大毛病，而不知不觉中流露的，就往往容易现出原先的尾巴。诗是以思想为骨干，而以情感为血肉的（其他的一切艺术无不如是）。明乎此，就知道情感的改变在一个诗人是如何的重要了。但这得声明一句，只是就比较言之，正确地说来，二者是相互影响的，情感方面现出了尾巴，还是由于思想变得不彻底。

1944 年 8 月 19 日

21

# 《明代特务政治》选

# 自 序

这本书是 1945 年春天动手写的，1948 年底写成，经过整整四年时间。

1945 年初正是中国人民对日抗战接近胜利的时期，这时候在蒋管区一方面是蒋介石的反动血腥统治和勾结敌人的卖国行为的变本加厉；一方面则是人民民主运动蓬蓬勃勃日益高涨起来，而蒋帮特务的镇压、逮捕、屠杀也就越发来得厉害。在那时要想写文公开攻击他们的罪行，是没有办法发表出来的。于是我就想到利用历史事实绕个弯儿来隐射，恰好明代是特务最为凶横的朝代，这样，我就开始撰写了一些关于明代特务的论文，陆续在《新华日报》《文汇报》《中华论坛》《时与文》《理论与现实》《新中华》等刊物上发表出来。但在蒋帮的反动严密的检查制度之下，这些历史论文也仍然要遭受到抽筋换骨或斩头去尾的刑罚（现在就算在这书里一并更正了）。而朋友们看了却更鼓励我多写一些，我自己也觉得在那时多写点这类文章也还有它一定的作用，这样就系统地撰写，编成了这本书。这是我写这书的主要原因。

其次呢，大家都知道研究中国封建社会历史，首先就是要研究这社会里的阶级矛盾和斗争，即地主和农民的矛盾和斗争。要仔细研究以封建帝王为首的地主阶级对于农民的残酷的经济剥削和政治压迫，以及农民为了反抗地主阶级的反动统治而掀起的暴动。我写这本书就企图通过明代特务政治的叙述来描绘出明代以帝王为首的地主阶级对广大人民的政治压迫的全貌。但企图只是企图，事实上自己也预料到描绘得不会完全，也许连要点都没法抓住。不过，在今天这样去研究的人似乎还不很多，如果因了这本书的出版，引起大家对这方面的注意，我就于愿已足了。这是我写这本书的又一原因。

写的时候我比较注意下面两件事：

第一是虽然用历史事实来攻击蒋帮反动政治，但却绝不牵强附会，夸张叙述。我认为古今反动头子虽然由于时代不同，其作恶方法也有差异，但在与人民为敌这一点上却是并无二致的。所以，只要站稳人民立场，将历史上反动政治真相剥露出来，对于蒋帮的反动政治就是一个无情的打击。如果附会夸张，也许倒反而失去效果。

第二是采用史料尽量称引原文，这样的好处是"信而有征"，不致使人怀疑叙述的真实性。也可以堵住一些"正统派"的史学家实际是统治阶级的"史官",如胡适之流恶意的攻击的嘴,他们常常是故意找碴儿来讽刺我们用历史唯物主义研究中国历史的人是"不读书"的。但也有坏处,主要的是不通俗,再加上自己学识能力的限制,又不能很好地运用史料,分析史料,于是就几乎变成一部"明代特务政治史料汇抄"了。说起来也真惭愧得很。

在写这本书的四年期间,我个人生活变动很大,开始写的时候是在成都,后来又辗转到三台、重庆、北平、潞城、邢台、正定各地,差不多每半年就要换一个地方。而前三年几乎长时期地在蒋帮特务的监视和跟踪之下,对于这书研究写作的深入和专心都很有影响。后一年非常幸运地到了解放区,生活安定下来了,但史料却又大感缺乏,以致应该征引的书都无法征引。由于这些原因,再加个人的学识不够,书中缺漏疏谬,一定很多,我诚恳地期待读者的指责和纠正。

1949年1月2日丁易写定后序于正定。

## 绪　言

要明白明代特务政治为什么特别发达，这得先从明代政治的极端中央集权化说起。

在中国历史上，明代是实行中央集权最彻底的一个朝代了。别的方面姑且不论，单就官制这点来看，废除宰相制度，便是极明显的例子。

宰相的职务，在明代以前的每个专制王朝时代，都是统率百官，总理机务，职权是相当大的。在一定的限度以内，他还可以稍稍牵制帝王们的独断独行，使极端专制独裁的政治得到一点调剂，稍稍削减皇帝的一点权柄，虽然这削减少得可怜。

但到了明代，连这点少得可怜的权柄都不愿削减了。明代第一个皇帝朱元璋获得元王朝政权以后，起先也曾依照元朝旧制，设立中书省，有丞相等官。但不久以后，他就感到宰相权柄太重，不大放心，便在洪武十三年以丞相胡惟庸造反为借口，就"罢丞相不设，析中书省之政归六部，以尚书任天下事，侍郎贰之"①。这样一来，宰相的职权，便分散在六部，而由皇帝来总其成。所以，明代的中央集权不仅是集权于中央政府，而是集权于皇帝一人，是十足的独夫政治，一切政务全取决于这个独夫，这集权是"集"得再彻底也没有了。

至于朱高炽以后的"内阁"，其职权表面看来好像和前代宰相有相同之处，以致后人称为"无宰相之名，有宰相之实"，但实际上却并不如此，黄宗羲说得好：

> 或谓后世之入阁办事，无宰相之名，有宰相之实也。曰：不然，入阁办事者，职在批答，犹开府之书记也。其事既轻，而批答之意，又必自内授之，而后拟之，可谓有其实乎②？

既然没有宰相，全国所有的政务都集中在皇帝一人身上，无论这个皇帝是怎样的敏捷果断，精力过人，要想完全照顾到，还是绝不可能的。于是他就不得不找一些亲信心腹来帮忙处理。但是朝廷大臣既不被信任，他

---

① 见《明史·职官志一》卷七十二。
② 《明夷待访录·置相》。

要找亲信心腹，就只有在自己生活圈子里去找。而宦官正是一天到晚跟在他身边，和他生活在一起的人，这样，当然就非常容易地寄予心腹之任，叫这些宦官们帮忙了。这一帮忙，政权便自然而然地落在宦官手中。这些宦官便是明代所称的"司礼太监"，他们才真是"无宰相之名，有宰相之实"的。黄宗羲曾慨叹地说过：

> 吾以谓有宰相之实者，今之宫奴也。盖大权不能无所寄，彼宫奴者见宰相之政事坠地不收，从而设为科条，增其职掌，生杀予夺，出自宰相者，次第而尽归焉。有明之阁下，贤者贷其残膏剩馥，不贤者假其喜笑怒骂，道路传之，国史书之，则以为其人之相业矣①。

国家大政既然操在独夫的宫奴手中，内阁六部都俯首听命于这独夫的宫奴。独夫政治发展到这样局面，可以说是登峰造极无以复加了。而随着这局面而来的，便是特务制度的产生，再随着这局面的演进，这特务制度还要发展、加深、扩大起来。这原因是：

第一，独夫既然不信任大臣，而把政权交付他的宫奴，他必然对大臣要由不信任而不放心起来。而大臣们自然也因为太看不下去或是争权而要说些闲话，至少在背后也不免要"诽谤"几句。这对于独夫及其宫奴自然是不敬的。开头的时候独夫当然是临之以威，用鞭笞屠杀来镇压，但这终究不是长久之计，而在背后诽谤他也无法知道，于是调查、侦察的办法，自然就要被采用。

第二，独夫独裁到了这种局面的时候，他的专制权威必然是不容有丝毫伤损的。朝廷之上，他自己可以控制，但是朝廷外面，这权威是否受到损害，独夫及其宫奴深居宫中，是无法知道的。这就必然要派人出来秘密侦察，寄予耳目。

第三，独夫独裁政治到了最厉害的时候，他不但对臣僚不放心，对天下所有军民他全是不放心的。他必须经常知道外边军民的一切情形和动态，以便设法统治，于是特务调查制度也必然要严密地建立起来。

由于这三种原因，明代的特务制度就空前地发展起来了。这一发展，结果自然是造成更严密的统治，而这严密的统治又反转过来刺激特务制度的扩大、加强、深化，于是这特务网就自然地逐渐遍及全国——至少也得

---

① 《明夷待访录·置相》。

要遍及于独夫所在地的附近各省。

特务制度既然建立，那么，负责主持这特务机关的头子们，自然更必须是独夫的心腹，于是这责任又自然而然地落在宦官及一些极少数的佞幸身上。所以，明代所有的宦官全都负有特务的任务，便是这个道理。

这就是明代特务政治特别发达的主要原因。这原因说明了特务政治是独夫独裁极端化的结果，特务和独裁是结下了生死不解之缘的。

明白了这个"生死不解之缘"，底下便要分门别类地叙述明代特务政治的全貌。

# 第一章 明代的特务机关

　　明代的特务机关，大略说来，可以分为三大部分：一是分驻各地的，一是驻在京师的，再是临时派遣的。而这些，除驻在京师中的一个机关——锦衣卫外，其余的全是由宦官主持，并且由宦官领导机关司礼监领导任免，而由皇帝作最后决定。

　　这三部分特务机关，以分驻各地的最为繁多，这就是所谓镇守太监，从朱棣时开始设立，后来全国各省以及各重要城镇全都设有。他们的任务表面上说是镇守地方，但实际上却是替皇帝侦察该地官吏军民人等。至于第二部分驻在京师的则最为著名，一共是三个：锦衣卫和东西厂（西厂设立凡两次，时期都很短，详后），锦衣卫是皇帝私人卫队，但却负有侦察京师官民之责，由一个指挥使主持，所有明代特务机关不由宦官主持的，仅此一个。东西厂均设有提督，由宦官担任，除侦察京师官民而外，连锦衣卫也在其侦察之中。这三个机关有时也派一些人到各地去调查、侦察。第三部分临时派遣的则最为广泛，派出去的也大半是宦官，或去监督军队，叫做监军；或去征收赋税，叫做税监。还有提督京营，监督仓场，督理工程，采办货物，等等；遍于全国各地，他们也全都负有侦察责任。

　　明代宦官在宫中是自成一个组织系统的，它和外廷政府一样，按工作性质和范围设立了许多衙门，主要的计有：十二监、四司、八局，总称二十四衙门，由十二监的第一监司礼监领导，再往上便听命于皇帝。他们一切都不受外廷政府干涉，超然于国家纲纪法律之外。派出去主持各部门特务工作的，全都是从这里挑选派遣，以原衔兼领新职，任务完毕或是调回，仍由司礼监派赴各宦官衙门工作。所以，这二十四衙门实际上就是特务大本营，因此，谈到明代特务机关便必须从明代宦官组织系统谈起。

## 第一节 明代特务的大本营

### (一)最高指挥机关——司礼监

　　最初，明代宦官机关在形式上规定由吏部领导，沈德符云："本朝内臣俱为吏部所领，盖周礼冢宰统阉人之例，至永乐始归其事于内，而史讳之。"①据此，宦官机关由吏部领导的时期是极其短暂的。而就在这短暂的时期，怕也只是形式，所以，到朱棣时便干脆明白地"归其事于内"了，这归于内，便是归到司礼监。

司礼监是明代宦官二十四衙门的首席衙门，它是一切宦官机关的首脑部、领导机关，因此，也就是明代特务最高指挥机关。

如本书绪言所说，明代是一个极端中央集权化的朝代，它废除宰相制度，集大权于皇帝一人，大臣既不被信任，政务丛脞，皇帝又管不了许多，于是政权便落到宦官身上。而司礼监又是宦官机关的首脑部，司礼监的太监们在所有的宦官中自然更容易获得这旁落的政权，这样，他们就成了实际上的全国政治指挥者，如黄宗羲所说的"无宰相之名而有宰相之实"了。

### 司礼监的职权——真宰相

司礼监是宦官十二监中的第一个，监中主要人员有掌印太监一员，秉笔随堂太监八九员。他们的职务据《明史》记载是批答大小臣工的一切章奏：

> 掌印掌理内外章奏及御前勘合，秉笔随堂掌章奏文书，照阁票批朱②。

但据徐复祚所记，他们还有一个重要的任务，便是传宣谕旨：

> 国制司礼监九人，其掌印者一，如首揆……其八人则季轮二人管事，凡内之传宣，外之奏请属焉。③

批答章奏就是所谓"批朱"，其情形是：

> 凡每日奏文书，自御笔亲批数本外，皆众太监分批，遵炤阁中票来字样，用朱笔楷书批之，间有偏傍偶讹者，亦不妨略为改正。④

照例，皇帝批内阁票拟，如果有所更易，仍要发下内阁，但大半都是

---

① 沈德符：《万历野获编补遗》卷一，〔内官定制〕。
② 见《明史·职官志三》卷七十四。
③ 徐复祚：《花当阁丛谈》卷一。
④ 刘若愚：《酌中志》卷十六，《内府衙门职掌》。

"如拟"的。所以，司礼太监批阁票，只是"照阁票""遵炤阁中票来字样"，不得擅自更改。但实际上呢，司礼太监既掌管批答大权，他哪肯这样老实，于是就要"略为改正""偏傍偶讹"了。我们试想一想，内阁票拟是呈给皇帝看的，在专制时代，必须一笔一画地用恭楷写出，哪会有"偏旁偶讹"的事？这就是说司礼监可以改动阁议罢了。这更改，客气一点的，便驳斥下去，命令内阁重拟，有时可以驳斥再三。不客气一点的，就干脆径自篡改。有时太监们自己改不妥当，还可以带回私室，托人帮忙，更改以后，根本就不交内阁，径自发出。如刘瑾便是如此，正德元年大学士刘健奏称：

> 迩者旨从中下，略不与闻。有所拟议，竟从改易。①

正德五年，刘瑾伏诛，李东阳上疏自列说：

> 臣备员禁近，与瑾职掌相关。凡调旨撰敕，或被驳再三，或径自改窜，或持归私室，假手他人，或递出誊黄，逼令落稿，真假混淆，无从别白。②

至于传宣谕旨呢，那关系就更大了。因为皇帝是不大动笔的，有什么事要办，便口头说说，司礼秉笔太监便从旁记录下来，然后交付内阁缮拟。其程序如下：

> 凡文书由御前发票，司礼监令小奄抱黄袱篚送阁门，典籍官奉而入。③

这种口授笔录，很可能和原意大有出入，同时记录的太监在这里掺入自己的意见，当然也是极容易的事。而内阁拟就之后，仍要呈上，太监们看了不合意，还是可以更改的。但这种记录办法，还算是慎重的，有些时候，竟连记录也没有，就用口头传达，甚至只派一个小宦官到内阁说一说，如：

> 有中旨则小奄口传曰："上传某事如何处分。"天启初，中旨

---

① 《明史·刘健传》卷一八一。
② 《明史·李东阳传》卷一八一。
③ 钱谦益：《牧斋初学集》卷四十七下，《大学士孙公行状》。

频数，阁臣侧耳籍记，惟恐错误，亦有借内传以行其私者。①

军国大事也是如此。如朱由校时大学士孙承宗所奏：

> 臣累日在阁办事，文书房时有口传，如讲学，如任将，如准
> 臣入阁入部，皆关系重大……事久时移，不无可虑。且传天语
> 者，一字抑扬，便关轻重，臣愚不胜过计，望皇上慎重口传，酌
> 为礼记，容臣等计日具口传事目，并所处分，还报御前，详加参
> 阅。更赐面对，一一仰质。②

因为如此，所以就常常出现"旨从中降"的事，这就是说根本不交付内
阁，径自降敕。而明代宦官常有假传圣旨的事发生，其根源便是在此，它
绝不是偶然的现象。

司礼监既负有批阅奏本、传宣旨意的双重重责，单凭几个太监自然是
忙不过来的，它底下有一个附属机关，专作司礼监助手，就是文书房，这
文书房重要人数和工作范围是：

> 掌房十员。掌收通政司每日封进本章，并会极门京官及各藩
> 所上封本。其在外之阁票，在内之搭票，一应圣谕旨意御批，俱
> 留文书房落底簿发。③

这种职务就相当于机要秘书，所以，他们威风也极大。

> 其僚佐及小内使，俱以内翰自命。若外之词林，且常服亦稍
> 异……虽童稚亦以清流自居。④

而更增加他们威风的是：宦官升入司礼监，必须是从文书房出来的才
行，《明史·职官志三》：

> 凡升入司礼者，必由文书出，如外庭之詹翰也。

这就等于是司礼太监的预备班了。

至于司礼监担任这种机密任务，究竟开始于明朝何时，今日已不可详

---

① 《牧斋初学集》卷四十七下，《大学士孙公行状》。
② 同上书。
③ 《明史·职官志三》卷七十四。
④ 《万历野获编补遗》卷一，〔内官定制〕。

考，据查慎行《人海记》下，说是朱瞻基时开始的：

> 宣德朝……司礼遂有秉笔太监，一代弊政，实宣庙启之也。

而夏燮《明通鉴》卷十九，宣德元年七月下系一条云：

> 司礼、掌印之下，则秉笔太监为重。凡每日奏文书，自御笔亲批数本外，皆秉笔内官遵照阁中票拟字样，用朱笔批行，遂与外庭交结往来矣。

看这情形，大概在朱棣末年便已开始了。

司礼监既掌有这样机密大权，所以，明代大特务头子如王振、刘瑾、冯保、魏忠贤等都是司礼监太监，这些"真宰相"们如果碰到年岁大一点或是英明一点的皇帝，倒还不至于过于放肆，若是遇上一个糊涂家伙，那他们便把他玩弄于股掌之上，而独擅大权了，如刘瑾之于朱厚照：

> 刘瑾用事，一月之间，中官传旨，几无虚日。瑾欲全窃大柄，乃日构杂艺，俟上玩弄，则多取各司章疏奏请省决。上每曰："吾用尔何为？乃以此一一烦朕耶！"自是瑾不复奏，事无大小，任意剖断，悉传旨行之，上多不之知也。①

魏忠贤之于朱由校也是用这个办法：

> 上（朱由校）性走马，又好小戏，好盖房屋，自操斧锯凿削，巧匠不能及……日与亲近之臣涂文辅、葛九思辈朝夕营造，造成而喜，不久而弃；弃而又成，不厌倦也。当其斤斫刀削，解衣盘薄，非素暱近者不得亲视。王体乾等每闻其经营鄙事时，即从旁传奏文书，奏听毕，即曰："你们用心行去，我知道了。"所以太阿下移，魏忠贤辈操纵如意，而崔呈秀魏广微辈通内者亦如桴鼓之旋应也。②

司礼太监既是"真宰相"，那么，内阁的挂名宰相自然只有拱手听命，仰其鼻息。所以，明代大臣入阁，照例要拿着名刺，捧着礼物，先拜谒司礼太监，然后才正式就职。底下有一段故事，可以看出当时阁臣对司礼太

---

① 《明通鉴》卷四十二。
② 李逊之：《三朝野记》卷二。文秉：《先拨志始》卷上，孙之騄：《二申野录》卷七，王士祯：《池北偶谈》卷二，均载此事。

监的恭顺情况：

> 何元朗云："嘉靖中有内官语朱象元云：'昔日张先生（璁）进
> 朝，我们要打恭。后夏先生（言）我们平眼看他。今严先生（嵩）与
> 我们拱手始进去。'"按世宗驭内侍最严，四十余年间未尝任以事，
> 故嘉靖中内官最敛戢，然已先后不同如此，何况正德、天启等朝
> 乎！稗史载：永乐中，差内官到五府六部，俱离府部官一丈作
> 揖。途遇公侯驸马，皆下马傍立。今则呼唤府部官如属吏，公侯
> 驸马途遇内官反回避之，且称以翁父，至大臣则并叩头跪拜矣。①

由这段记载便可想见明代司礼监的权势是如何地炙手可热，无怪乎
《明史·职官志三》说，司礼太监"掌印权如外庭元辅，秉笔随堂视众
辅"了。

### 司礼监的职权——特务最高指挥官

司礼太监在政治上是"无宰相之名，有宰相之实"，在特务系统上，除
了皇帝而外，它又是最高指挥者，它是领导其他各监局全部宦官的。《酌
中志》卷十六《内府衙门职掌》云：

> 其余大小衙门，遇有应题奏事情，皆先关白司礼监掌印秉
> 笔，随堂而始行。

司礼监并且特设一名提督太监，专门管理大小宦官；他的职务是：

> 督理皇城内一应仪礼刑名，及钤束长随、当差、听事各役，
> 关防门禁，催督光禄供应等事。②

司礼监既是宦官总管，所以，一切派往各地主持各个特务机关的宦
官，如前面所说的各地镇守，军队监军，榷税采办，等等；也全由司礼监
呈请皇帝调遣任命，如若这些特务头子工作做得不好，他也有权撤他们的
职，或是惩办他们。如：

> 嘉靖中，内臣犯法，诏免逮问，惟下司礼监治。③

所以一切宦官见了司礼太监都要磕头称上司，沈德符云：

---

① 赵翼：《廿二史劄记》卷三十五，《明代宦官》。
② 《明史·职官志三》卷七十四。
③ 《明史·刑法志三》卷九十五。

司礼监今为十二监中第一署，其长与首揆对柄机要，金书秉笔与文书房，则职同次相……其宦官在别署者，见之必叩头称为上司。①

而由于他们掌握各监宦官的迁升降谪之权，各监便不得不拉拢他们，于是每年各监都孝敬司礼掌印三万两银子：

国制司礼监九人，其掌印者一，如首揆，岁纳二十四监银各三万两，约有七十万之数。②

司礼太监除了任命全国特务机关首脑外，他自己还兼领许多重要特务机关，如东厂、南京守备、内书堂，等等。

东厂是个最大的公开地执行侦缉刑狱的特务机关，是重要的特务机关之一。起初是"选各监中一人提督"，但后来皇帝和司礼太监大概还不甚放心，所以，到明代后半期就规定必须"专用司礼秉笔第二人或第三人为之"③。有时司礼掌印也兼领，那威风就更大了。

司礼掌印，首珰最尊。其权视首揆，东厂次之，最雄紧，但不得兼掌印。每奏事，即首珰亦退避，以俟奏毕，盖机密不使他人得闻也。历朝皆遵守之。至嘉靖戊申己酉间，始命司礼掌印太监麦福兼理东厂。至癸丑而黄锦又继之，自此内廷事体一变矣……万历初年，冯保亦兼掌东厂。冯保之后则有张诚。张之后则近日陈矩，俱以掌监印带管厂事。④

据《明史·职官志三》说，"东厂权如总宪"，现在以司礼秉笔兼东厂，便等于以次辅兼总宪，以司礼掌印兼东厂则是以首辅兼总宪了。集行政监察两权于一身，那还不是为所欲为吗！

南京是朱元璋定都的地方，朱棣迁都北京后，便定南京为留都，一切官府人员均照北京同样设置，宦官各监也是如此，就是没有皇帝，于是便设守备一人，以公、侯、伯充之。到朱高炽时更派一个宦官去同守备，这

---

① 《万历野获编补遗》卷一，〔内官定制〕。
② 徐复祚：《花当阁丛谈》卷一。
③ 《明史·刑法志三》卷九十五。
④ 《万历野获编》卷六，〔内臣兼掌印厂〕。

实际上就是皇帝代表，职务自然十分重要。《酌中志》卷十六说，这守备宦官是"护卫留都，为三千里外亲臣，辖南京内府二十四衙门，孝陵神宫监官"。所以，规定是司礼监外差。

内书堂等于宦官学校，是训练培养宦官的机关。明代宦官之所以能够批阅奏本，传达诏谕、文理字义都是从这里训练出来的。所以，司礼监也必须抓在自己手中。

内书堂的设立，据《明通鉴》卷十九说是在朱瞻基宣德元年七月间，其原委经过如下：

> （宣德元年七月）始立内书堂，教习内官监也。初，洪武间，太祖严禁宦官毋得识字。后设内官，监典簿，掌文籍，以通书算小内使为之。又设尚宝监，掌御用图书，皆仅识字，不明其义。及永乐时，始令听选内官入内教习之……至是开书堂于内府，改刑部主事刘翀为翰林院修撰，专授小内使书，选内使年十岁上下者二三百人读书其中。其后大学士陈山亦专是职，遂定翰林官四人教习以为常。自此内官始通文墨。

这内书堂组织则是以司礼监总其纲，《酌中志》卷十六称："本监（司礼监）提督总其纲，掌司分其劳，学长司其细。"掌司学长则是"派年长有势力者六人或八人为学长，选稍能写字者为司房"。

至于词林老师则只负教书之责，这些小宦官学生们还致送束脩。

> 每学生一名，各具白蜡、手帕，龙挂香以为束脩。[1]

所读的书则是：

> 内令一册，百家姓、千字文、孝经、大学、中庸、论语、孟子、千家诗、神童诗之类，次第给之。又每给刷印仿影一大张。其功课：背书、号书、判仿，然判仿止标日手，号书不点句也。凡有志官人，各另有私书自读，其原给官书，故事而已。[2]

如若施行责罚，词林老师却不能动手。而责罚也颇为奇特：

> 凡背书不过，写字不堪，词林老师批数目付提督责之。其余

---

[1] 《酌中志》卷十六。

[2] 同上书。

小事，轻则学长用界方打，重则于圣人前罚跪，再重则扳着几炷
香。扳着者，向圣人前直立弯腰，以两手扳着两脚，不许体屈，
屈则界方乱打如雨，或一炷香半炷香。①

　　除了东厂、南京守备、内书堂这三个重要机关由司礼监兼领而外，还
有三个机关：一是礼仪房，掌管"一应选婚、选驸马、诞皇太子女、选择
乳妇诸吉礼"的②；二是中书房，掌管"文华殿中书所写书籍、对联、扇柄
等件，承旨发写，完日奏进"的③；三是御前作，掌管"营造龙床、龙桌、
箱柜之类"的④。这三个机关也全由司礼掌印或秉笔兼摄。

**（二）千百衙门，十万宦官**

　　在叙述宦官各个衙门之前，这里先把宦官的等级、名称、职衔说
一下。

　　"宦官"是一个通名，在明代，宦官是有各种等级的，最高的一级叫做
太监（一般人拿太监通称宦官，那是以最高的一级来概括全体）。凡宦官各
主要衙门负责人全由太监充任。其次是少监，在主要衙门中做太监的助
手，有时也单独派出负责一方面的事，如镇守之类。第三是监丞。这些都
是高级宦官，必须入宫年资较久的方可升上。至于年资较浅的只能担任典
簿、长随、奉御、当差、听事等。最下级的叫做乌木牌、手巾、小火者之
类，那就和外边的厮役一样了。

　　宦官在各监局中所担任的职务也有种种职衔，一般说来，各监都有掌
印太监，或是提督太监，各司有司正司副，各局有大使副使，各房有掌
房，各库有掌库。其他职员有经理、管理、佥书、掌司、写字、监工，等
等；大抵看各监局的需要设置。

　　明代宦官等级、名称、职衔大略如此。底下便叙述宦官各个机关及其
职掌。

　　明代宦官机关大体说来可分为内外两方面，内是指设在皇宫之内的机
关，外是指设在皇宫之外的遍布全国的机关。

### 二十四衙门及其他

设在皇宫之内的机关，主要的是二十四衙门。

---

① 《酌中志》卷十六。
② 《明史·职官志三》卷七十六。
③ 同上书。
④ 《酌中志》卷十六。

这二十四衙门计包括十二监、四司、八局。

各监局所设的主要宦官的名额、品级、职衔以及职掌，先后时有变革，兹参照《明史·职官志三》及《酌中志》卷十六略述于下。

十二监：每监各设掌印太监一员，正四品，左右少监各一员，从四品，左右监丞各一员，正五品，典簿一员，正六品，长随、奉御无定员，从六品。十二监名称及其所掌职务如下：

一、司礼监——见前。

二、内官监——掌木石、瓦土、塔材、东行、西行、油漆、婚礼、火药、十作，及米盐库、营造库、皇坛库，凡国家营造宫殿陵墓，并铜锡妆奁器用、暨冰窖诸事。外厂甚多，各有提督掌厂等官，如真定设有抽印木植，宝坻县收籽粒，西湖河差，大石窝白虎涧等处各有提督，都是本监外差。而外地修建分封藩王府第，也是本监外差。《万历野获编补遗》云："内官监视吏部，掌升选差遣之事，今虽称清要，而其权俱归司礼矣。"①

三、御用监——凡御前所用围屏床榻诸木器及紫檀象牙乌木螺甸诸玩器，皆造办之。

四、司设监——掌卤簿仪仗帷幕诸事。

五、御马监——本监设有掌印监督提督太监各一员，腾骧四卫各设监官、掌司、典簿、写字、拏马等员。《万历野获编补遗》云："御马监虽最后设，然所掌乃御厩兵符等项，与兵部相关。近日内臣用事稍关兵柄者，辄改御马衔以出，如督抚之兼司马中丞，亦借拟甚矣。"②

六、神宫监——掌太庙各庙洒扫香灯等事，本监掌印太监多为司礼监官或文书房无力者升之。

七、尚膳监——掌御膳及宫内食用并筵宴诸事。

八、尚宝监——掌宝玺敕符将军印信。凡用宝，外尚宝司以揭帖赴监请旨，至女官尚宝司领取，监视外司用讫，存号簿缴进。

九、印绶监——掌古今通集库并铁券、诰敕、贴黄、印信、勘合、符验、信符诸事。

十、直殿监——掌各殿及廊庑扫除事。

十一、尚衣监——掌御用冠冕袍服及屦舄靴袜之事。

十二、都知监——旧掌各监行移关知勘合之事，后惟随驾前导警跸。

---

① 《万历野获编补遗》卷一，〔内官定制〕。
② 同上书。

此监为下下衙门，宦官均极寒苦，难以升转。

四司：每司各设司正一人，正五品。左右司副各一人，从五品。各司名称职掌如下：

一、惜薪司——掌所用薪炭之事，有外厂、北厂、南厂、新南厂、新西厂。

二、钟鼓司——掌管出朝钟鼓，及内乐、传奇、过锦、打稻诸杂戏。"内职惟钟鼓司最贱，至不齿于内廷，呼曰东衙门。闻人此司者例不得他迁，如外藩王官，然而正德初，刘瑾乃以钟鼓司入司礼者。"①

三、宝钞司——掌造粗细草纸。

四、混堂司——掌沐浴之事。

八局：每局各设大使一人，正五品。左右副使各一人，从五品。各局名称职掌如下：

一、兵仗局——掌制造军器，火药司属之。

二、银作局——掌打造金银器饰。

三、浣衣局——凡宫人年老及有罪退废者，发此局居住，听其自毙，以防泄露大内之事。此局不在皇城内，在德胜门迤西。

四、巾帽局——掌宫中内使帽靴，驸马冠靴。

五、针工局——掌造宫中衣服。

六、内织染局——掌染造御用及宫内应用缎匹。

七、酒醋面局——掌宫内食用酒醋糖酱面豆诸物，与御酒房不相统辖。

八、司苑局——掌蔬菜瓜果。

这是十二监、四司、八局二十四衙门的大概，此外不在这二十四衙门之内的还有很多，兹列举于后：

内府供用库——掌宫内及山陵等处内官食米，及皇帝用的黄蜡、白蜡、沉香等物，凡油蜡等库俱属之。

司钥库——掌收贮制钱，以给赏赐。

内承运库——掌大内库藏，凡金银及诸宝货总隶之。

甲字库——掌贮银朱、黄丹、乌梅、藤黄、水银诸物。

乙字库——掌贮奏本等纸及各省所解胖祆。

丙字库——掌贮丝线布匹。

---

① 《万历野获编补遗》卷一，〔内官定制〕。

丁字库——掌贮生漆桐油等物。

戊字库——掌贮所解弓箭盔甲等物。

承运库——掌贮黄白生绢。

广盈库——掌贮纱罗诸帛匹。

广惠库——掌造贮巾帕梳拢刷抿钱贯钞绽之类。

广积库——掌贮净盆焰硝硫黄。

赃罚库——掌没入官物。

御酒房——掌造御用酒。

御药房——掌御用药饵,与太医院相表里。

御茶房——掌供奉茶酒瓜果及进御膳。

牲口房——收养异兽珍禽。

刻漏房——掌管每日时刻。

更鼓房——有罪内官职司之。

甜食房——掌造办虎眼窝丝等糖及诸甜食,隶御用监。

弹子房——专备泥弹。

灵台——掌观星气云物,测候灾祥。

绦作——掌造各色兜罗绒及诸绦绶,隶御用监。

盔甲厂——掌造军器。

安民厂——旧名王恭厂,掌造铳炮火药之类。

此外,各宫门如午门东西华门等全都派有宦官把守,也都设有机关。

根据以上看来,这些分府治事的情形,简直和外廷政府一般无二。但这些只是宦官的中央机关,宦官的大本营,至于从这大本营分派到京城内外各地调查侦缉的机关那就更多,这些在后面各章都要详加叙述,这里为清醒起见,只将名称和任务略举于下。

### 分布全国的特务机关

分布京城之内的侦缉监视机关,主要的有:

提督东厂——详见下节

提督西厂——详见下节

提督京营——提督太监一员,坐营太监、监枪、掌司、金书、元定员。

分布京外的特务机关那就更多了。如:

南京守备。

天寿山守备。

湖广承天府守备。

凤阳守备。

南京、苏州、杭州三地织造。

各省各要地镇守。

广东、福建、浙江三地市舶司。

各地仓场监督。

诸陵神宫监。

此外，还有监军、采办、粮税、矿关等使，属于随时派出而不是经常设立的，更多至不可胜数。最多的时候，一地可以多到有四个大特务机关，如朱厚照时"中官在浙者凡四人，王堂为镇守，晁进督织造，崔瑶主市舶，张玉管营造。爪牙四出，民不聊生"①。这只不过是一例而已，诸如此类，还不知有多少哩。

## 宦官人数

明代宦官组织这样庞大，衙门这样复杂，没有很多的人自然分配不过来，这人数在有明各代并不一致，大抵是逐渐增加，现在将这增加的情形叙述于下。

据史称朱元璋时宦官并不太多，但这只是比较而言，实际上还是不少，如王世贞《弇山堂别集·史乘考》误引野史云：

> （李）文忠多招纳士人，门下士闻而弗善也。一日谓上："内臣太多，宜稍裁省"。上大怒，谓："若欲弱吾羽翼何意？此必门客教之"。因尽杀门客，文忠惊悸得疾暴卒。

根据这件事看来，李文忠所谓"内臣太多"，当然不会无的放矢，而朱元璋则把宦官们当做自己"羽翼"，那么，这些"羽翼"自然是多多益善，不会在少数了。

到朱见深时宦官竟增加到一万多，当时右副都御史彭韶奏称：

> 监局内臣数以万计，利源兵柄尽以付之，犯法纵奸，一切容贷。②

朱祐樘时每监局宦官多至三四十人，分散在外边的还不计算在内，弘

---

① 《明史·韩邦奇传》卷二〇一。
② 《明史·彭韶传》卷一八三。

治十七年六月给事中许天锡奏称：

> 内府二十四监、局及在外管事者，并有常员。近年诸监、局掌印、佥事多至三四十人，他管事无数，留都亦然。冯陵奢暴，蠹蚀民膏。①

到朱厚照时每监局又增至百数十人，正德元年大学士刘健奏称：

> 内府诸监局佥书多者至百数十人。②

朱翊钧时宦官人数更多，单是从万历元年到万历六年两次收进的新宦官便是六千多人。《明通鉴》卷六十七：

> （万历六年七月）诏"司礼监会同礼部拣选内竖三千五百七十名应用"。于是礼科给事中李天植上言："陛下缵服初年，允收马安等三千二百五十人，部覆永不为例。今六载之中，两收数千，幸门日启，觊泽者多。倘得收回成命，散此党羽，上也。不然，乞裁取其半。"疏入，报闻。

到明代亡国的时候，单是宫中宦官便是七万：

> （李自成破北京）时，中珰七万人皆喧哗走，宫人亦奔逝都市。③

如若将分散在外边的加上，总共竟达十万人！清爱新觉罗·玄烨（圣祖）在康熙四十八年曾谕告当时大学士们说：

> 明季事迹，卿等所知往往纸上陈言，万历以后所用内监，曾有在御前复役者，故朕知之独详。明朝……宫女九千人，内监至十万人。④

## 宦官的家奴

以上只是宦官人数，而宦官职位高低不等，高级宦官底下又有他的爪牙家奴，如司礼监太监就有私臣，《酌中志》卷十六：

---

① 《明通鉴》卷四十。
② 《明史·刘健传》卷一八一。
③ 王誉昌：《崇祯宫词》。
④ 余金：《熙朝新语》卷四。

各家私臣：曰掌家，职掌一家之事。曰管事，办理食物，出纳银两。曰上房，职掌箱柜锁钥。曰掌班领班，铃东西班答应官人。曰司房，打发批文书，腾写应奏文书。其下则管帽、管衣靴、茶房、厨房、打听，管看庄宅各琐屑事务也。

这是司礼监如此，至于其他的太监、少监、监丞以至典簿，都有额定的家奴，如：

嘉靖十一年十二月司礼监太监张佐等言："臣等给事禁中，无胥徒可役，止取给于人匠不事工作者。当成化中赐臣等各有名数：太监掌印者六十人，余皆五十五人，左少监四十人，又监丞三十人，典簿二十五人，经厂六科廊等处各以资格递减。乞照旧例补给臣等。"上命如例拨用，不得过多。①

这只是规定的名额，但事实却不止此数，因为各监局可以随时招收工匠，名额可以随意增加，如弘治十三年"内府针工局乞收幼匠千人，（工部尚书曾）鉴等言：'往年尚衣监收匠千人，而兵仗局效之，收至二千人。军器局、司设监又效之，各收千人。弊源一开，其流无已。'于是命减其半"。② 又如嘉靖四年九月"内府各匠各请收人匠，俱有，旨听许，多者数千，少者数百人"③。同年兵部尚书李钺奏：

查得织染局见在军匠二千一百六十四名，内官监七千八百五十六名，并新收一千五百名，总计盖一万一千五百有奇。一监局以一岁计之，该支粮米一万五千二百四十石，其他监局食粮、人役，难以数计。④

这些工匠有一部分自然是在监局做工，但另一部分便被宦官们私占做家奴了。所以，一个太监占用几百人，实在是一件极平常的事，至于规定的六十人到二十五人等名额，那只是官样文章而已。

因此，我们假定平均每一个宦官占有三个家奴（这是最低的假定了，

① 《弇山堂别集·中官考十》卷九十九。
② 《明史·曾鉴传》卷一八五。
③ 《弇山堂别集·中官考十》卷九十九。
④ 同上书。

实际上绝不止此数），那么，十万宦官便有三十万家奴！家奴帮助主子或凭借主子的威势，其为非作恶当更甚于他的主子，事实就是一群小特务。所以，明代特务大本营里，连宦官及其爪牙一共计算起来，总数竟达四十万人以上！而东厂锦衣卫的特务还不包括在内。

这四十万宦官特务及其爪牙横行天下，流毒全国。其敲榨军民，屠戮百姓种种行为，诚如成化二十一年都给事中李俊所奏：

> 夫内侍之设，国初皆有定制。今或一监而丛一二十人，或一事而参五六辈；或分布藩郡，享王者之奉；或总领边疆，专大将之权；或依凭左右，援引憸邪；或交通中外，投献取巧。司钱谷则法外取财，贡方物则多端责赂，兵民坐困，官吏蒙殃。杀人者见原，偾事者逃罪。[①]

而景太三年九月南京锦衣卫军余华敏所奏列的宦官十害，言之更为痛切，兹节录于下，以作本节结束：

> 内官家积金银珠玉，累室兼篦，从何而至？非内盗府藏，则外朘民膏。害一也。怙恃矜宠，占公侯邸舍，兴作工役，劳扰军民。害二也。家人外亲，皆市井无籍之子，纵横豪悍，任意作奸，纳粟补官，贵贱淆杂。害三也。建造佛寺，耗费不资，营一己之私，破万家之产。害四也。广置田庄，不入赋税，寄户郡县，不受征徭，阡陌连亘，而民无立锥。害五也。家人中盐，虚占引数，转而售人，倍支巨万，坏国家法，豪夺商利。害六也。奏求塌房，邀接商旅，倚势赊买，恃强不偿，行贾坐敝，莫敢谁何。害七也。卖放军匠，名为伴当，俾办月钱，致内府监局营作乏人，工役烦重并力不足。害八也。家人贸置物料，所司畏惧，以一科十，亏官损民。害九也。监作所至，非法酷刑，军匠涂炭，不胜怨酷。害十也。[②]

---

① 《明史·李俊传》卷一八〇。
② 《明史·聊让传》卷一六四。

# 第二节　执行屠杀的几座地狱

## (一)东西厂和内行厂

### 东　厂

东厂是明代最大的一个负责侦缉和刑狱的特务机关。

它是在朱棣时开始设立的，《明史·成祖本纪三》卷三：

> 十八年……始设东厂，命中官刺事。

《明通鉴》卷十七则记载较详：

> 永乐十八年八月……置东厂于北京。初，上命中官刺事，皇太子监国，稍稍禁之。至是以北京初建，尤锐意防奸，广布锦衣官校，专司缉访。复虑外官瞻徇，乃设东厂于东安门北，以内监掌之。自是中官益专横，不可复制。

从这以后，一直到朱由检亡国时为止，前后共有二百二十多年，就没有停止过。在这期间的一切侦察、诬陷、屠杀、冤狱，直接间接都是从它这里发动、执行的。

这个特务机关直接受皇帝指挥，就是说除皇帝以外，任何人都在它的侦察之中。事关机密，责任重大，所以，皇帝也特别重视，派去主持的宦官都是心腹的亲信，颁发的关防比起其他宦官衙门也隆重得多。其他宦官奉差关防，都是"某处内官关防"几个字，唯独这个机关是篆文"钦差总督东厂官校办事太监关防"。又特给密封牙章一枚，一切事件应该封奏的，都用这个铃封。到魏忠贤时又造一个大一点的，文曰："东厂密封"①。专制帝王时代，"钦差"已经凌驾一切官吏之上，何况又有钦赐的"密封"印章，一切奏本不必经过任何手续，便可直达皇帝，这种权力，无论哪个衙门都是比不上的。

主持这几个特务机关的是掌印太监一员，他的全副官衔应该是关防上的"钦差总督东厂官校办事太监"，简称"提督东厂"，厂内的人称之为"督主"或"厂公"。他的底下设掌刑千户一员，理刑百户一员，二者或也称为

---

① 《酌中志》卷十六。

"贴刑",都是从锦衣卫拨过来的。再底下是掌班、领班、司房四十多人,分十二颗,颗管事戴圆帽,着皂靴,穿褐衫。其余的人帽靴相同,但穿直身。实际在外面侦察缉访的是役长和番役,役长又叫"档头",共有一百多人,也分子丑寅卯十二颗,一律戴尖帽,着白皮靴,穿青素衣服,系小绦。役长各统率番役数名,番役又叫"番子",又叫"干事",一共一千多人。这些人也是从锦衣卫挑选那"最轻黠猾巧"的来充任①。朱由检时陈子龙有《白靴校尉行》一首诗,将这些特务们骄横情状写得甚为生动,诗云:

> 宣武门边尘漠漠,绣毂雕鞍日相索。谁何校尉走复来,矫如饥鹘凌风作。虎毛盘项豪猪靴,自言曾入金吾幕。逢人不肯道姓名,片纸探来能坐缚。关中士于思早迁,走马下交百万钱,一朝失策围邸第,贵人尚醉侯家筵。归来受赏增意气,鸣锣打鼓宫门前。呜呼!男儿致身何自苦?翻令此曹成肺腑,百事瓦裂岂足怜?至今呼吸生风雨。②

这些特务侦察访缉的范围非常广泛,上至官府,下至民间,都有他们的踪迹,他们访缉的情形是这样的。

> 每月旦,厂役数百人,掣签庭中,分瞰官府。其视中府会审大狱,北镇抚司考讯重犯者曰听记。他官府及各城门访缉曰坐记。某官行某事,某城得某奸,胥吏疏白坐记者上之厂,曰打事件。③

这里所谓"听记",记的是口供和挵打的数目,就在当晚或第二天早晨奏进。对于官府方面,尤其是注意兵部,每天都派人来访看"有无进部,有无塘报"。所谓"各城门",是包括京城各门和皇城各门都在内的,访缉的也并不仅是"得某奸",关防出入,人命事件,都得报告。甚至地方失火,雷击何物,也要奏闻。而每月晦日还要奏报京城内杂粮、米、豆、油、面等价钱④。

这批特务"打事件"以后,大概要写一个报告之类的东西,回到厂署,因为厂公不一定常在署内,便呈给厂公的心腹内官,再由这些内官发下司

---

① 《明史·刑法志三》卷九十五;《酌中志》卷十六。
② 朱琰:《明人诗抄》正集,卷十二。
③ 《明史·刑法志三》卷九十五。
④ 参见《酌中志》卷十六。

房，删改润色一番，立刻送呈皇帝。上面说过他们上奏是极其简便的，无须经过任何手续，甚至半夜里东华门关了，也可以从门缝里塞进。里面人接着也不得迟延，立刻秘密呈上。所以外边无论什么大小事，皇帝都可以知道，有时宫里面竟拿民间米盐琐碎之事，当做开玩笑的资料①。

访缉既是这样严密，那么，以京师之大，千余名番役自然感到不够，而番役本身活动范围也究竟有限，不能无微不至。于是这群特务们便自然而然地要和流氓无赖结合起来，叫无赖流氓做他们的外围，帮他们打听事件，这就等于凭空增加了一批准特务。

任用流氓来担任准特务，在流氓当然是十分愿意的。他们可以借此骗钱或者报仇，而且可以得到特务的津贴。这些事都是见于《明史》的：

> 京师亡命，诬财挟仇，视干事者为窟穴。得一阴事，由之此密白于档头，档头视其事之大小，先予之金。事日起数，金日买起数。既得事，帅番子至所犯家、左右坐日打桩。②

这种特务和流氓之间的买卖，崇祯时有一个御史杨仁愿说得很清楚，他说："功令比较事件，番役每悬价以买事件，受买者至诱人为奸盗而卖之，番役不问其从来，诱者分利去矣。挟忿首告，诬以重法，挟者志无不逞矣。"③其实，特务出钱买事件，流氓就卖事件，这里面自然是串通勾结，连成一气的。真特务无法无天，已经使老百姓够受了，现在再加上这批准特务，那真是如虎添翼，老百姓吃的苦头自然就更多，比如"打桩"打清楚了以后，就——

> 番子即突入执讯之，无有佐证符牒，贿如数，径去。少不如意，榜治之，名曰干酢酒，亦曰搬罾儿，痛楚十倍官刑。且授意使牵有力者，有力者予多金，即无事。或靳不予，予不足，立闻上，下镇抚司狱，立死矣。④

以上这些敲诈虐打情形只还不过是个大概，至于详细状况，下面当有专章叙述。

这个特务机关的地点，朱棣初建时是设在当时东安门北（也许就因为

---

① 参见《明史·刑法志三》；《酌中志》卷十六。
② 《明史·刑法志三》卷九十五。
③ 《明史·刑法志三》卷九十五。
④ 《明史·刑法志三》卷九十五。

这缘故，叫做"东"厂）。到朱翊钧初年，冯保以司礼太监兼东厂事，又在东上北门的北街东混同司之南设立了一个，叫做内厂，而以初建的为外厂。①

外厂建筑的大略情形，据《酌中志》所载是：有大厅，大厅之左有小厅，厅内供有岳武穆像一轴，厅后有砖影壁，壁上雕有狻猊和狄梁公断虎的故事。大厅西边有祠堂，里面供有历来掌厂的职名牌位，祠堂里还有一座牌坊，上面写着"百世流芳"（！）。再往南有狱一处，专系重犯，至于轻犯和一切干连的人，则系于厂外的店里。厂西南有门通出入，向南大门是不常开的。

内厂建筑情形，记载得比较少，只说是"古槐森郁，廨宇肃然"，"内署有扁，曰朝廷心腹，有至圣堂，有井"②。其他详情，便不可考了。

明代特务机关由宦官主持的，除东厂外，还有西厂和内行厂。

## 西 厂

西厂设过两次，一次是在朱见深成化十三年，又一次是在他的孙子朱厚照正德九年。内行厂只朱厚照时设过一次。

《明史·宪宗本纪二》："十三年正月……置西厂，太监汪直提督官校刺事。"地点在旧灰广，陆钱《病逸漫记》云：

> 京师去年七月有尼妖，上遣内官汪质（疑"直"字音误）出主灰
>
> 厂中讯之。后即以灰厂为西厂，伺察阴私。

设厂不到五个月，这群特务就把民间骚扰得一塌糊涂，屡次兴起大狱。五月丙子那天，大学士商辂等奏称这特务头子汪直及其鹰犬的无法无天的情况是：

> 皆自言承密旨，得颛刑杀，擅作威福，贼虐善良……自直用
>
> 事，士大夫不安其职，商贾不安于途，庶民不安于业，若不亟
>
> 去，天下安危未可知也。③

第二天兵部尚书项忠等也上疏弹劾汪直，朱见深心里虽然不愿意，却也拗不过大家意见，只好下旨罢革西厂。但他这种不愿意心理，却被几个无耻的御史戴缙、王亿等看出来了，于是便抓住机会赶紧逢迎献媚起来。

---

① 参见《明史·刑法志三》；《酌中志》卷十六。
② 《酌中志》卷十六。
③ 《明史·商辂传》卷一七六。

戴缙先上疏歌颂特务头子汪直的功德，王亿竟称赞汪直所做的事"不独可为今日法，且可为万世法"①。这样无耻谄媚，在朱见深和汪直听来，自然特别高兴，于是在六月庚戌那天，又下了重设西厂的诏旨，停了不过短短的一个月时期。这以后一直到成化十八年，汪直那时已经不甚得宠，大学士万安就乘机奏上一本，说是：

> 太宗建北京，命锦衣官校缉访，犹恐外官徇情，故设东厂，令内臣提督，行五六十年，事有定规。往者妖狐夜出，人心惊惶，感劳圣虑，添设西厂，特命直督缉，用戒不虞，所以权一时之宜，慰安人心也。向所纷扰，臣不赘言。今直镇大同，京城众口一辞，皆以革去西厂为便。伏望圣恩特旨革罢，官校悉回原卫，宗社幸甚。②

奏上之后，朱见深既然对汪直不甚宠爱，于是便在三月壬申正式诏罢西厂，总计在朱见深时代，西厂设立前后一共五年零几个月。

朱见深设立西厂的起因，就是万安所说的"妖狐夜出"，原来成化十二年黑眚现于宫中，一个妖人李子龙以符术和太监韦舍勾结起来，竟然私人大内，事情发觉后被杀。朱见深心里非常厌恶这事，便急于知道外面情况，虽有东厂他还觉得不够。那时汪直任御马监太监，为人非常机巧伶俐。于是朱见深便叫他带校尉一二人，化装成老百姓模样，出外侦察。这样侦察了将近一年，外人竟然都不知道。朱见深非常欢喜，就索性大规模搞起来，开设西厂，叫汪直提督厂事。汪直的特务能力是有一点的，他提督厂事之后，所侦察的范围，就不仅限于京师。各地王府边镇，以及南北河道重要地方，甚至各省府州县，都布有他的特务。老百姓家里吵嘴打架，争鸡骂狗等琐碎事情，他们都要罗织索引，锻炼成狱。范围如此之广，侦察如此之密，所以，西厂所领的特务人数，比东厂要多了一倍。在那一时期，它的权势威焰也超出东厂之上③。

至于朱厚照第二次设立西厂，主要的怕是由于刘瑾的怂恿。《明史·武宗本纪》卷十六："正德元年……十月戊午，以刘瑾掌司礼监，邱聚、谷大用提督东、西厂。"谷大用正是刘瑾私党，到了正德五年八月刘瑾因谋反

---

① 傅维麟：《明书·宦官传汪直》卷一五八。
② 《明史·刑法志三》卷九十五。
③ 参见《明史·汪直传》卷三○四；《刑法志三》。

处死，谷大用也就辞去西厂事①。但据《明史·李东阳传》卷一八一称谷大用在正德七年又开西厂，这次大概不怎么久，以后也就不再设立，共计西厂在朱厚照时代设立约五年光景。

在这五年之间，东西两厂提督，都是刘瑾部下，于是互相争功，彼此竞赛起来，这一竞赛可就了不得了，两厂都争着派遣特务到各地去侦访，特务网可以说是遍于全国，连穷乡僻壤都有他们的踪迹。闹得那时边远州县的老百姓只要看见骑着高头骏马，穿着华丽衣服，说着京师口音的人，就吓得纷纷躲避。地方官一听到这风声，就也赶紧去献贿赂，谁也不敢问明来由。在这样"草木皆兵"的情况下，一些流氓也就趁火打劫，冒充特务，敲诈钱财，闹得道路纷纷，天下人民都不敢大声出气了②。

这两次设立的西厂，内部组织情形，史书上都没有记载，但大约和东厂差不多。

## 内行厂

至于内行厂是刘瑾设立的。原来独裁政治发展到最厉害的时候，独裁者不但对一切臣民都不放心，就是对他自己的特务也不会完全信任的，往往另外用一批特务来监视侦察这一批特务。内行厂就是这种特务之特务的机关，东西两厂都在它伺察之中，宦官行动也归他们侦缉，其行为比东西两厂更为酷烈。

内行厂地点在当时的荣府旧仓地，设立期间已不可考，大约从正德元年刘瑾用事时起，至正德五年刘瑾被诛时止，前后约有四年的样子。

### (二)锦衣卫

#### 设置沿革和所属机关、人数

明代兵制，自京师以至各郡县，都设立卫所，外边统之都司，内则统于五军都督府。此外，还有所谓"上十二卫"（后又增为二十六卫），是内庭亲军，皇帝的私人卫队，直接受皇帝指挥，不隶属于都督府。

锦衣卫就是这"上十二卫"中的一卫，它的来源是朱元璋即吴王位时所设的拱卫司。洪武二年将司改为亲军都尉府，管左右中前后五卫的军士，又以仪鸾司隶属之。十五年取消府司，便置立这个锦衣卫。所以，它一面继承了这个亲军都尉府的"侍卫"之责，一面又担负了仪鸾司掌管卤簿仪仗的任务。《明史·职官志五》卷七十六说明它的职务是："凡朝会、巡幸、

---

① 《明史·谷大用传》卷三〇四。
② 《明史·刑法志三》卷九十五。

则具卤簿仪仗，率大汉将军(共一千五百七员)等侍从扈行。宿卫则分番入直。朝日、夕月、耕籍、视牲，则服飞鱼服，佩绣春刀，侍左右"。这些任务都是贴近皇帝身边的，自然十分重要，必须是特别靠得住的亲信才能担任。所以，它虽然和其他各卫都是皇帝私人卫队，但它已更进一步是贴身的卫队了。

因为是皇帝贴身卫队，负有保护皇帝之责，他们事前就必须有所防备，于是便时时四出，做秘密调查工作，这任务当然也是皇帝特许的。《明史·职官志五》就曾明白规定他们的职务是："盗贼奸宄，街涂沟洫，密缉而时省之"。这已经完全是特务的任务了，何况，又因为他们是直接属于皇帝的缘故，任何人他们都可以直接逮捕，根本不必经过外廷法司的法律手续，而皇帝要逮人，也就直接命令他们去逮，并且还叫他们审问，这就是所谓锦衣狱或诏狱了。锦衣卫就是这样成为明代的一个巨大的特务机关，和东厂遥遥相对，而并称"厂卫"。

"上十二卫"的长官都是指挥使，锦衣卫也是这样。只是锦衣卫位置特别重要，它的指挥使必须是皇帝亲信心腹，所以，"恒以勋戚都督领之"①，地位较之它卫特别崇高。它的下面领有十七个所，分置官校，官的名目有千百户、总旗、小旗等，死后许以魁武材勇的亲子弟代替，无则选民户充之。校是校尉力士，挑选民间丁壮无恶疾过犯者来担任。他们除了侍卫掌卤簿仪仗而外，便专司侦察，当时名为"缇骑"②。

这些缇骑人数，在朱元璋时代还不算多，只五百人③。以后逐渐增加，据王鏊《震泽长语》说，朱厚熜即位之初，革去"锦衣卫旗校三万一千八百余"，而据《明史·刑法志三》称这革去的还仅是十分之五，那么，在未革之前至少该六万多人了。但朱厚熜这次罢革不久，就又增加起来，他用陆炳做缇帅，所选用卫士缇骑，都是"都中大豪，善把持长短，多布耳目，所睚眦无不立碎。所招募畿辅秦晋鲁卫骈胁超乘迹射之士以千计，卫之人鲜衣怒马，而仰度支者凡十五六万人"④。这里所谓"仰度支"的便是锦衣特务收买的流氓无赖准特务，换句话说就是直接间接地养了十五六万特务！从这以后，锦衣卫正式特务总是在几万人以上，所以，《明史·兵志一》卷八十九说"其众自为一军"，并且和正式军队一样，"下直操练如制"。单凭

---

① 《明史·职官志五》卷七十六。
② 参见《明史·兵志一》卷八十九；《明史·职官志五》。
③ 《明通鉴》卷七。
④ 王世贞：《锦衣志》。

这庞大的数目就足够令人惊骇不止，至于其所造成的罪恶暴行，当然更不可计数了。

锦衣卫所属除十七所外，还有南北两个镇抚司，南镇抚司掌管本卫刑名，兼理军匠。北镇抚司是洪武十五年添设的，职务是专理诏狱，所以权势极大。在起先的时候，大狱经其问讯后，便送法司拟罪，还没有具过狱辞。到成化元年增铸北司印信，一切刑狱不必关白本卫。连本卫所下的公事，也可直接上请皇帝解决，卫使不得干预，外廷三法司自然更不敢过问了。所以，镇抚职位虽卑，权力却是特重。这是统治者的深意所在，他看到卫权日重，不大放心，所以，特地予北司以特权，使其与卫互相牵制，分散权力，而自己从而折中之，这用心实在是十分深刻的。

### 侦缉逮捕的情形

锦衣卫的权力既如此之大，在执行它的职务时，自然就无恶不作了。

首先，这些官校在四处缉访时便有数不清的暴行。按规定，"凡缉事，必行贿受贿有人，现获有赃，获赃有地，谓之'四角全'，而后打入事件，有一不全，不敢行，恐反坐也"①。但事实上他们所缉访的都是只属风闻，多涉暧昧，如隆庆初给事中欧阳一敬所奏："有盗经出首幸免，故令多引平民以充数者；有括家橐为盗赃，挟市豪以为证者；有潜构图书，怀挟伪批，用妖言假印之律相诬陷者；或姓名相类，朦胧见收；父诉子孝，坐以忤逆。所以被访之家，谚称为划，毒害可知矣。"②这些缇骑抓到人以后，并不立刻带回，先找一个空庙祠宇，将逮到的人毒打一番，名曰打桩。而这些被抓的人也就"家资一空，甚至尽同室之有而席卷以去，轻则匿于档头火长校尉之手，重则与官瓜分"③。抓回以后，便百般拷打，锻炼成狱，然后再送交法司。东厂特务逮人也是同样情形，弘治十五年御史车梁曾痛切奏明此事：

> 东厂锦衣卫所获盗，先严刑具成案，然后送法司，法司不敢平反。请自今径送法司，毋先刑讯④。

而法司即使知道是冤枉，也不敢改动原案。如弘治九年刑部典吏徐珪所奏：

---

① 佚名：《谀闻续笔》卷四。
② 《明史·刑法志三》卷九十五。
③ 《明书·刑法志》卷七十三。
④ 《明史·胡献传》卷一八〇。

> 臣在刑部三年，见鞫问盗贼，多东厂镇抚司缉获。有称校尉诬陷者，有称校尉为人报仇者，有称校尉受首恶赃擅而以为从、令傍人抵罪者。刑官洞见其情，无敢擅改一字。①

这情况一直没有变更，朱厚熜时何孟春曾慨叹那时的情形道：

> 法司于东厂及本卫之所送问者。不敢一毫为平反矣，刑部尚有何人而能少易抚司之按语乎！②

至于这些特务逮人，则只凭驾帖。这驾帖的弊病，弘治元年刑部尚书何乔新曾剀切奏明，他说："旧制提人，所在官司，必验精微批文，与符相合者，然后发遣。此祖宗杜渐防微深意也。近者中外提人，止凭驾帖，既不用符，真伪莫辨。奸人矫命，何以拒之？"③正德初周玺也说："迩者皇亲贵幸有所奏陈，陛下据其一面之词，即行差官赍驾帖拿人于数百里之外，惊骇黎庶之心，甚非新政美事。"④

签发这驾帖的手续，是由逮人的特务拿了原奏情事到刑科签发，刑科在"姓名之下，以墨笔乙之，以防增入"⑤。但后来特务们却不管这一套，不拿原奏，便叫刑科签发，如《明史·刘济传》所载：

> 故事，厂卫有所逮，必取原奏情事送刑科签发驾帖。千户白寿赍帖至，（刑科都给事中刘）济索原奏，寿不与，济亦不肯签发。两人列词上。帝（朱厚熜）先入寿言，竟诎济议。

有时甚至连驾帖也没有，如成化十二年大学士商辂奏云：

> 近日伺察太繁，法令太急，刑纲太密。官校拘执职官，事皆出于风闻。暮夜搜检家财，不见有无驾帖。人心震慑，各怀疑惧。⑥

---

① 《明史·孙盘传》卷一八九。
② 《余冬序录》卷五。
③ 《明史·刑法志二》卷九十四。
④ 周玺：《垂光集》卷一，《论治化疏》。
⑤ 杨士聪：《玉堂荟记》卷下。
⑥ 《明书·宦官汪直》卷一五八。

## 锦衣狱

被抓来的人一律送入锦衣狱。这狱就是北镇抚司所管的，一走进这狱门，十九便无生理。瞿式耜说："往魏崔之世，凡属凶纲，即烦缇骑，一属缇骑，即下镇抚。魂飞汤火，惨毒难言。苟得一送法司，便不啻天堂之乐矣。"①诏狱与刑部狱相比，竟有天堂与地狱之别，则其惨毒，不难想见。至于狱内刑法更是残酷，"五毒备尝，肢体不全。其最酷者，名曰琶，每上，百骨尽脱，汗下如水，死而复生，如是者二三次。荼酷之下，何狱不成"②。既然成狱，自然不复有生理了。

有明一代各朝的锦衣卫都是十分恣横，据史称只有在朱厚熜时稍稍敛迹，《明史·刑法志三》："世宗立，革锦衣传奉官十六，汰旗校十五。复谕缉事官校，唯察不轨妖言人命强盗重事，他词讼及在外州县事毋相与。"但实际情形并不如此，这只要从当时诸臣的奏疏中便可看出。如嘉靖二年刑科都给事中刘济上言：

> 国家置三法司，专理刑狱，或主质成，或主平反……自锦衣镇抚之官专理诏狱，而法司几成虚设……罗织于告密之门，锻炼于诏狱之手，旨从内降，大臣初不与知，为圣政累非浅。③

尚书林俊亦言：

> 祖宗朝以刑狱付法司，事无大小，皆听平鞠。自刘瑾、钱宁用事，专任镇抚司，文致冤狱，法纪大坏。更化善治在今日，不宜复以小事挠法。④

给事中蔡经亦论其害：

> 国家内设法司，外设抚按、按察等官，皆为陛下奉三尺法者。故内外有犯，责之推鞠，在诸臣亦足办之矣。今陛下时差官校逮系，此属假势作威，淫行黩货。譬如虎狼蛇虺，咸被毒噬。愿自今罢勿遣。⑤

---

① 《瞿忠宣公集》卷一，《陈政事急着疏》。
② 《明书·刑法志》卷七十三。
③ 《明史·刘济传》卷一九二。
④ 《明史·刑法志三》。
⑤ 《续文献通考·刑考二》卷一三六。

詹事霍韬也说：

> 天下军卫一体也，锦衣等卫独称亲军，备禁近也。锦衣复兼
> 刑狱，不亦甚乎？天下刑狱付之三法司足矣，锦衣复横挠之，越
> 甲胄之职，侵刀笔之权，不亦甚乎！①

号称最"敛迹"的一朝仍是如此，则其他各朝自然不问可知了。

### 廷杖和会审

锦衣卫除了执行缉访、逮人、讯狱等任务以外，还有在廷杖时行杖和与法司会审的任务。

廷杖始于元代，元代中书省长官也有在殿廷被杖的记载。但这是元朝的野蛮行为，朱元璋却接受下来，而且较元代实行得更普遍、更厉害，无论是多大的官员，只要皇帝一不高兴，立刻就把他拖下去痛打一顿，打完了再拖上来，打死了就抛下去完事。拿棍子打人的就是锦衣卫的校尉，监刑是司礼监太监。这行杖的情形，艾穆曾有一段亲身经历的描写：

> 司礼大挡数十辈捧驾帖来，首喝曰：带上犯人来。每一喝则
> 千百人大喊以应，声震匐服。初喝跪下，宣驾帖杖吾二人，着实
> 打八十棍。五棍一换，总之八十棍换十六人。喝着实打，喝阁上
> 棍，次第凡四十六声，皆大喊应如前首喝时。喝阁上棍者，阁棍
> 在股上也。杖毕喝踩下去。校尉四人以布袱曳之而行。②

至于锦衣卫会审情形，据《明史·刑法志三》载：

> 锦衣卫使亦得与法司午门外鞫囚，及秋后承天门外会审，而
> 大审不与也。每岁决囚后，图诸囚罪状于卫之外垣，令人观省。

这样说来，锦衣卫不但自有法庭，连法司审鞫它也要干预了。

最后还要提一提的便是锦衣卫人员的升赏。因为它是特务机关，所以，只要卫的长官提请，无有不从。也正因为如此，这些官校就贪功冒滥，制造案件，栽诬良善来邀功获赏。隆庆初给事中欧阳一敬曾极言此弊，甚为中肯，他说：

> 缉事员役，其势易逞，而又各类计所获功次，以为升授。则

---

① 《续文献通考·刑考二》卷一三六。
② 艾穆：《熙亭先生文集》四，《恩谴记》。

凭可逞之势，邀必获之功，枉人利己，何所不至。①

可逞之势是皇帝特予的，必获之功也是皇帝特许的。独夫统治者不但要特务替他维持统治，而且还鼓励特务去栽诬良善，枉人利己了。特务的升赏，只是老百姓更多吃一些冤枉苦头而已。

锦衣卫成立于洪武十五年，较东厂成立早三十八年，一直到明亡为止，前后共二百六十年之久，可以说是与有明一代相终始了。明末嘉兴诸生沈起堂拟撰《明书》，谓"明不亡于流寇，而亡于厂卫"②。这虽然把明代灭亡的原因说得太简单了一点，但厂卫特务的屠杀人民，是明代灭亡的主要原因之一，却也是事实。而沈起堂以明代的人说出这样话，必有亲身目击的切肤之痛，这就更值得重视了。

### (三)厂卫与司礼监之互相倚结

厂卫一向是并称的，虽然系统不同，但职务却并没有什么差别。如若一定要区分的话，那么，可以这样说：锦衣卫是侦察一切官民的，而东西厂则是侦察一切官民和锦衣卫的，至于刘瑾所设的内行厂，则厂卫又均在其伺察之中。但这只是大体的区别，有时也不尽然，要看皇帝的信任程度如何而定。皇帝信任厂，那么，厂权就要超过卫；皇帝信任卫，那么，卫权就要超过厂；如果皇帝信任厂卫程度相等，那么，厂卫就势均力敌，不相上下。

无论厂卫权力消长如何，但二者同是特务机关，同由一个人（皇帝自己或是司礼太监）领导指挥，虽然偶或也互相内斗，一般说来，彼此还是勾结得很密切，相依相辅，狼狈为奸。《明史·刑法志三》有一节就说到厂卫相结及其消长的情形：

> 然厂卫未有不相结者，狱情轻重，厂能得于内。而外廷有扞格者，卫则东西两司房访缉之，北司拷问之，锻炼周纳，始送法司。即东厂所获，亦必移镇抚再鞫，而后刑部得拟其罪。故厂势强。则卫附之，厂势稍弱，则卫反气凌其上。陆炳缉司礼监李彬，东厂马广阴事，皆至死，以炳得内阁（严）嵩意。及后中官愈重，阁势日轻，阁臣反比厂为之下，而卫使无不竞趋厂门，甘为役隶矣。

① 《明史·刑法志三》。
② 见朱彝尊：《静志居诗话》卷二十二。

这段话末几句是厂卫消长的关键,宦官权重,厂权也重,厂与宦官是分不开的。而在明代,自朱棣以后,宦官之权,始终不曾怎样低落过,像前面所引陆炳侦缉司礼监李彬东厂马广的事,在明代是绝无仅有的事。所以,就整个看来,锦衣卫都是跟着东厂后面走的。查慎行《人海记》卷下说得好:

> 二百年阁与卫皆厂之私人,卫附厂以尊,而阁又附卫以重。

在这里,就必须提到特务的最高指挥机关司礼监了。如前所述,东厂在明代后半期是规定必须"专用司礼秉笔第二人或第三人为之",这就是说司礼监和东厂是一体的,监既能得之于内,厂又能得之于外,集行政立法司法三权于一,势力之大,实是莫与伦比了。

监与厂既二位一体,握有这样最高的实权,那么,对于一个不是由宦官主持的特务机关锦衣卫,他们自然也要抓在手中,进一步造成三位一体。于是他们便派自己的族戚私人来充任卫使。如朱厚照初年锦衣卫使高得林便是司礼太监高凤的侄子。《明史·葛浩传》称:

> 正德元年,帝允司礼中官高凤请,今其从子得林掌锦衣卫事。(御史葛)浩争之,言:"先帝诏锦衣官悉由兵部推举,陛下亦悉罢传奉乞官。今得林由传奉,不关兵部,废先帝命,坏铨举法,虚陛下诏。一举三失,由凤致之。乞治凤罪,而罢得林。"御史潘镗亦言:"凤得林操中外大柄,中人效尤,弊将安底。"帝不听。

后来司礼太监刘瑾得势,东厂提督邱聚,西厂提督谷大用,锦衣卫使石文义,都是他的私人。魏忠贤自理厂事,就派田尔耕任卫使,都是极明显的例子。

司礼监、东厂、锦衣卫三者既成一体,监与厂不可分,已如上述,而厂与卫不可分,实证就更多。比如上面说的,在卫的方面,高级人员如卫使多半是宦官私人,而在厂的方面,底下所有的番役,都是从卫里挑选来的(详见上)。因为关系如此密切,所以,有些任务就是由厂卫共同执行。如像"纠仪"就是。

明制,凡是朝会的时候,厂卫率领所属及校尉五百名,列侍奉天门下纠仪。如果有人失仪,就立刻褫脱衣冠,抓下镇抚司狱,痛打一顿,再送回来。嘉靖中詹事霍韬曾为此事上疏极谏,说得极为沉痛:

　　昔汉光武尚名节，宋太祖刑法不加衣冠，其后忠义之徒争死效节。夫士大夫有罪下刑曹，辱矣。有重罪，废之、诛之可也；乃使官校众执之，脱衣裳，就桎梏，朝列清班，暮幽犴狱，刚心壮气，销折殆尽。及覆案非罪，即冠带立朝班，武夫悍卒指目之曰："某，吾辱之。某，吾系执之"。小人无所忌惮，君子遂致易行。此豪杰所以兴山林之思，而变故弁仗节之士也。愿自今东厂勿与朝仪，锦衣卫勿典刑狱。士大夫罪谪废诛，勿加笞杖锁梏，以养廉耻，振人心，励士节。①

　　这里还要指出的，在廷杖的时候，是由锦衣卫行杖，司礼监监刑，这又是监卫共同执行一个任务了。

　　总括起来，我们可以作一个结论：明代帝王自身就是特务头子，司礼监是这特务头子的参谋本部，东西厂是和它二位一体，派出去的特务宦官也和它一个鼻孔出气，锦衣卫又和东西厂分不开，而司礼太监又是全国政治最高指挥者的"真宰相"，所以，明代政治就是这么彻头彻尾的特务化了。

---

　　① 《明史·刑法志三》。

# 诗文选

## 来城固谒黎邵西师 *

违帐三年百末成，支离愧说郑君门。

舞台粉墨劳京话，歌树丝弦唱国音。①

经世文尊方志议②，救时心寄注音文。

明朝又有关山役，依峦师门未忍行。

（1941 年于城固作）

## 祝北平师范大学卅九周年暨西北师范学院兰州分院开学纪念

匝地胡尘几播迁，甄陶依旧敢龙潜。

春风此日来秦陇，化雨当年想蓟燕。

海峤赓歌绵卅九，瀛园祝嘏倍三千。③

伫看北定河山日，厂甸欢开四秩筵。④

1941 年于兰州

---

\* 黎邵西即黎锦熙。1941 年作者应西北师范学院兰州分院之聘赴兰州，途经城固时作。

① 作者原注："在川主戏剧音乐学校教务，厉行国语训练，每有演出均博佳誉，盖本诸师训也。"

② 作者原注："师近著有《方志今议》一书。"

③ 作者原注："毕业生达六千人，散布海内外。"

④ 北平师范大学原校址在北京厂甸。

## 振华将之城固书怀[*]

风雪边城暗别情，三年苦斗各抒诚。

已无净土容歌哭，幸有新芽好植营。

枷舞敢辞文士志，群飞更固圣人心。

临歧期守当年约，天下英雄操与君。

1941 年于兰州

## 年末三十白发日增感赋

而今真个鬓如霜，犹逐春光日日忙。

作戏逢场聊复尔，著书积习总难忘。

一无用处真成废，漫不经心且学狂。

怒骂笑嬉恣快意，呼牛呼马只装佯。

1942 年于兰州

---

　　[*] 作者同窗好友耿振华，笔名木将，西南师范学院教授，抗战时期在兰州、城固、成都、重庆等地从事文教工作，并积极投身于民主运动。

# 癸未诗人节追吊屈子适闻鄂西捷音

灵修浩荡弃封疆，斫地呵天志亦伤。
漫道诗人多蹇厄，只缘文士自贞良。
沙潭风飒灵旗卷，郢邑云飞画戟扬。
鼓角招魂翻别样，楚些声里下渔阳。

滋兰树蕙写情深，一卷离骚赤子心。
泽畔至今挥客泪，江流终古咽哀吟。
千年碧血应难灭，九死丹忱未易沉。
总绾扶桑同此志，羞觞今日献俘擒。

1943 年于兰州

# 离兰州作

南北东西笑孔丘，枣花香里买归舟。
牌楼今已有三易①，蜗角何期竟两秋。
狂态自知难偶俗，豪情犹复笑封侯。
书成廿卷千毫秃②，纵使名山也白头。

1943 年于兰州

---

① 作者原注："师院牌楼圮而复建凡三易矣。"
② 作者原注："来兰后写成《中国文字形体变迁考释》十五卷、《文字学形义篇》三卷、《度陇集》一卷、《无闷词》一卷。"

# 《中国文字形体变迁考释》自叙

民国廿三年秋，予就学故都北平师范大学，从吴兴钱先生玄同，湘潭黎先生锦熙习文字文法之学，心焉好之，问业之暇，辄欲纂集甲骨金文匋铢篆隶汇为一编，穷其形体变迁，究其义训朔始，撰中国文字形体变迁考释一书，以供从事国字改革者之稽考，更欲借以籀绎殷契卜辞，周金铭文，旁及古籍，探古代词句文法之源，撰古代文法通纂一书，以资倡导国语文学者之借鉴，然自维学力未逮，不敢率尔，此志谨藏之中而已。

廿五年冬，黎先生以三百篇虚助词释稿片一束见授，令为缮定，则大喜，以为向者之志，此其发轫也。课余撰集，凡七阅月成"其"字、"彼"字、"匪"字、"不"字、"丕"字诸篇，方术既明，写定可待，而倭寇侵侮，七七事起，间关走出，稿片遂散佚不可复问。

其年冬随校播迁，由西安而城固，日从事宣传抗战，殊渺暇晷，益以行箧元书，此事遂令作废。翌年入川执教，课务丛脞，更未遑及此，荏苒三载，罕所成就，然而向者之志，终未渝也。

去年春来乐山，得同里朱先生光潜之介，因获尽观武汉大学所藏甲骨卜辞铜器铭文诸书，乱离睹此，喜出望外，乃决将文字形体变迁考释一书先事写成。遂排除他务，发愤键户，摹写迻录，参证考订。书为武大所无者，则辗转搜求假之他处，历时八月，稿乃粗具，秋应西北师范学院之聘来皋兰，复事董理缮定。又十阅月，全书始成。积年宿逋，一日偿清，虽属覆瓿，亦颇自喜。

于时抗战军兴，已及五载，而故都昔时从钱黎二先生问业之所，今为犬羊窟穴，钱先生以忧时谢世，且四年矣，是区区者，竟不能获其一正，缅怀畴昔又不禁怆然以悲也。唯幸黎先生康强犹昔，腰脚日健，本书之成，多得指谬，而赓此拟撰之古代文法通纂，犹获从容请益，是则又私衷所引为庆慰者矣。

书既成，爰识其缘起如上，至其旨趣，具在例中，不复赘述。

中华民国卅有一年除夕，叶鼎彝叙于兰州国立西北师范学院。

# 《中国文字与中国社会》序言

过去研究中国文字的人，是把文字当作研究中国古书的工具，管它叫做"小学"，附在"经学"范围之内，从不把它当做一种独立的学问来看待，这见解当然是很可笑的。后来呢，大家也明白了文字不仅仅是研究古书的工具，它本身就是一门科学；同时也发现了中国文字的繁难，成为普及文化的障碍，必须着手改革。于是便把它独立起来探讨研究，这是一个大大的进步。三十年来，这种研究工作是有着一定的成绩的。

不过文字也和其他学术一样，要想指出它的将来方向，必须先明白它过去的发展，而这发展却又不是孤立的，它是社会发展的一个反映。所以要想弄清楚中国文字的发展，必须要从中国社会发展中去寻找。如果不这样，那就只是一堆庞杂的材料，最多也只能说明文字是这样发展的，而不能说明为什么是这样发展的。现在从事这样研究工作的，似乎还不很多。

这本书就是这种研究工作的一个试验。

对于这一试验，我在这里要简单说明一下的，便是我对中国古代社会性质问题的看法。

中国古代社会性质到今天还没有定论，意见分歧之点，主要的是在西周，有的说是奴隶社会，有的说是封建社会。我个人在目前是主张前一说的，理由证据这里也无须多引，单就文字形体变化来看，西周文字结体多同殷商甲骨文，如果当时社会性质有了变化，是不会有这种现象的；而春秋战国之际文字变化的剧烈复杂，恐怕不能没有它的社会性质变化的基础。所以我在本书中就根据底下的主张撰写叙述：即殷商西周是奴隶社会，东周以后是封建社会。当然，这主张也只是在没有定论之前的一个假定，还有待于各方面的探讨研究，我并没有把它当做定论的意思。

还有呢，这本书不过是这种研究的初步试验，我之所以敢于贸然付印，主要的目的还是在希望引起搞文字学的朋友们对这方面的注意。不过既是试验，又是初步，自然也就不免粗糙，不妥当和错误的地方一定也很多，这就期待读者的指正了。

本书采用的图片主要的是根据：安特生的《甘肃考古记》，李霖灿的《么些象形文字字典》，罗振玉的《殷墟书契前编》，董作宾的《殷墟文字甲编》，吴式芬的《攈古录金文》，罗振玉的《三代吉金文存》，贞松堂的《集古

遗文》，郭沫若的《两周金文辞大系图录》，刘鹗的《铁云藏龟》，黄濬的《古
玺集林》，吴式芬的《封泥考略》，李佐贤的《古泉汇》，孙海波的《魏三字石
经集录》，郭沫若的《石鼓文研究》，容庚的《古石刻零拾》《秦汉金文录》，
冯云鹏、冯云鹓的《金石索》，罗振玉的《汉熹平石经残字集录》《流沙坠简》
等书，总记于此，图片中便不一一注明了。

图片的挑选和摹写，多得徐知白、高景成两兄之助，于此致谢。

1950 年 4 月 15 日丁易记于北京

# 《郁达夫选集》序

## 一

1945 年 9 月 17 日郁达夫先生被日本法西斯宪兵杀害于苏门答腊，到今天已经整整五年了。这五年之中，中国人民在中国共产党及人民的英明领袖毛泽东主席领导之下，完成了中国历史上的空前巨业，除了台湾、西藏以外，全国已经全部解放，并且开始进入了新民主主义建设时期，中国人民已经庄严地在全世界面前站起来了。达夫先生如果还活着，凭着他那热爱祖国的热情，眼看到今天祖国以英勇的姿态大踏步地向富强的道路上迈进，人民的生活也一天比一天改善起来，他一定会像今天许多文艺工作者一样，毫不吝惜地来改造自己，跟自己进行强烈的自我斗争，把自己变得更坚强更结实，无条件地献身于新中国的建设事业，但是令人悲痛的是他已经死了，这是不能不感到遗憾的。

## 二

达夫先生一生贯穿了五四运动，1927 年大革命，对日抗战几个重要的历史阶段，每一阶段对他的思想都或多或少地起了一定的影响，特别是五四对于他的思想简直具有决定的意义。

五四的基本精神是反帝反封建，提出了民主的科学的口号，跟几千年的封建思想，礼教以及传统的儒家学说作顽强的斗争，同时也兴起了以反对帝国主义侵略为主要内容的爱国主义，达夫先生这一时期的作品虽然是属于浪漫主义的感伤颓废，但却也带有这一战斗精神。

浪漫主义的感伤颓废是达夫先生作品中的一个主调，这主调一直到他后几年的小说中还是浓厚地存在着，但就他的初期作品来说，这感伤颓废与其说是个人的牢愁悲痛，毋宁说是对当时丑恶现实的反抗，因为他个人的牢愁悲痛，是根源于这丑恶的现实的。他在作品中赤裸裸地要求人生的物质生活，大胆地描写生理上的性欲苦闷，尽情地倾吐自己对现实社会的悲愤，甚至于在《给一位文学青年的公开状》中劝文学青年们去做贼，这些，对当时反动的军阀官僚政治，以及在社会上还有相当势力的虚伪的封建道德和吃人的旧礼教，都是一个刻骨的讽刺，沉重的打击，诚如郭沫若先生所说："他那大胆的自我暴露对于深藏在千年万年的背甲里面的士大夫的虚伪完全是一种暴风雨似的闪击，把一些假道学假才子们震惊得至于发狂了。为什么？就因为有这样露骨的真率，使他们感受到作假的困难。"①沫若先生这种说法是完全正确的。事实上，后来暨南大学打算聘达夫先生任教授，还为国民党反动政府的教育部长王世杰所批驳，说是他生活浪漫，不足为人师。② 由此也可见这批新官僚假道学是怎样把他恨入骨髓了。

达夫先生的感伤颓废的作品是对封建社会的叛逆宣言，但这叛逆却又不是冰冷无情的，相反，他倒是蕴藏着一股强烈的热情的。这就是他那颗热爱祖国的赤心，以及对帝国主义侵略中国的愤怒，他在他的第一篇创作《沉沦》的结尾曾这样呼喊：

> 祖国呀祖国，我的死是你害我的！
> 你快富起来，强起来吧！
> 你还有许多儿女在那里受苦呢！

祖国的衰弱不振，政治黑暗，军阀横行，人民贫苦；帝国主义穷凶极恶地加强侵略，对中国人民蛮横无理地侮辱欺凌。达夫先生在日本读书时深深地体验了这些，这是他最大的悲痛所在，后来他在《忏余独白》中曾说及那时的心情：

> 我的抒情时代是在那荒淫惨酷军阀专权的岛国里过的，眼看到故国的陆沉，身受到异乡的屈辱，与夫所感所想，所经所历的一切，剔括起来没有一点不是失望，没有一处不是忧伤，同初丧了夫主的少妇一般，毫无气力，毫无勇毅，哀哀切切，悲鸣出来的，就是那一卷当时很惹起了许多非难的《沉沦》。③

这是他的真情实感，所以那时的他一方面感伤颓废，愤世嫉俗，甚至

---

① 郭沫若：《历史人物》中的《论郁达夫》。
② 郭沫若：《历史人物》中的《论郁达夫》。
③ 《忏余集》。

于要自杀。另一方面呢，他又呼号呐喊，要祖国快一点富强起来。

　　但是可惜得很，达夫先生看出了中国现实社会的黑暗，却不知道如何消灭这黑暗；希望富强，却不知道怎样才可以使中国富强起来，这就使他坠入了更苦闷的境地。不过这苦闷，在五四前后的文艺工作者中也是普遍存在的，那时大家对这一问题的认识，都还分歧得很，但却也各自找出了道路：有的站在进化论立场和旧势力作斗争，有的抓住了人道主义在摸索前进，有的把自己沉溺在爱与美的幻想中，有的却在用狂风暴雨似的精神要来摧毁这世界。不过，达夫先生都没有走向这些道路，他却让自己走向荆棘丛中，那就是更感伤更颓废下去。感伤颓废得简直有些近乎自我麻醉，自己戕害自己。他写出了许多自叙传式的作品，描写个人的悲苦经历，描写性的苦闷，描写变态的性心理，描写妓女、肉欲、色情……

　　这些作品在积极方面虽然揭穿了旧礼教的虚伪和尊严，但这种精神情绪实在是不健康的，特别是在五四狂飙以后，中国共产党就已经成立，革命有了正确的领导，社会已向前跨进了一大步，这种消极的自戕式的反抗，对于现实的反动政治无损于秋毫，而在客观上对青年们的前进向上的热忱却起了一种很不好的消极作用。老实说，达夫先生这些作品在这个时期，不但已经丧失了它的社会意义，相反的，在一定程度上，倒成了社会前进的障碍了。

　　达夫先生这类小说写有十几篇之多，这里只选了《沉沦》《采石矶》《过去》三篇，这三篇都是他的自叙传式的小说，《采石矶》表面上虽是篇历史小说，但其中的黄仲则实际上也就是他自己。

## 三

　　五四新文化运动是在共产主义思想领导之下的一个统一战线的运动，通过这一运动，共产主义文化思想更广泛地流传开来，当时知识分子或多或少都受了一些社会主义思想的影响，达夫先生便也是受这思想影响的一个，他在1923年5月写了一篇《文学上的阶级斗争》，和郭沫若先生的《我们的文学新运动》一文同时发表在《创造周刊》第三期，他在这文中曾大声疾呼："世界上受苦的无产阶级者，在文学上社会上被压迫的同志，凡对有权有产阶级的走狗对敌的文人，我们大家不可不团结起来。"自然，这只是一些口号，而且是一些模糊不够明确的口号，但在当时却是有其一定的积极意义的。由于这点积极因素，所以在达夫先生初期的作品中，除去抒写个人感伤的作品而外，也还有以烟厂女工为题材的《春风沉醉的晚上》，以人力车夫为题材的《薄奠》。

这两篇小说是多少带有点社会主义色彩的。达夫先生开始有意地去写劳动人民，企图把他们的生活表现出来，事实上他也确把劳动人民的那种真诚淳朴，正直光明的高贵的品质给表现出来了。并且在《春风沉醉的晚上》借了女工二妹的口中说出了对于厂方的切齿仇恨，在《薄奠》里的"我"竟对那些汽车中的贵人这样叫骂起来："猪狗，畜生！你们看什么？我的朋友，这可怜的拉车者，是为你们所逼死的呀！你们还看什么？"像这些地方都已经正式接触到人类阶级关系的矛盾与斗争的方面，然而可惜得很，也就仅止于此而已，作者并没有更深一层更进一步地发掘下去，终于女工还是照旧要受厂方的剥削，受管理人的侮辱，而人力车夫仍不免于沉水而死。他们究竟应该走什么道路呢？作者是一点也没有指出的，这原因就是由于作者终究是站在第三者立场，这两篇作品中的"我"便是作者自己，这个"我"自始至终只是站在女工和车夫的那一阶级之外，去同情他们，热爱他们；却不是站在他们的阶级之中，去和他们共同生活，共同呼吸，共同战斗，共求解放。达夫先生是始终没有放弃他那小资产阶级知识分子立场的。

这一思想上的不彻底，便决定了达夫先生在大革命前后的行动和他的创作内容。

首先，由于他有了这一个进一步的基本认识，他是曾经几次地想振作起来的。1926 年，他高兴地跑到革命策源地的广州，不久又回到上海去编辑《洪水》，都显得很积极，但这积极却是没有深固的基础的，由于他的思想上的不彻底，一遇挫折，便又萎缩下去，这在本集中所选的《病间日记》中就可以看出端倪，而 1927 年他在《鸡肋集》题辞中更有一段很好的自白：

> 我和两三位朋友，束装南下，到了革命策源地的广州，在那里本想改变旧习，把满腔热忱，满怀悲愤，都投向革命中去的，谁知鬼蜮弄旌旗，在那里所见到的，又只是些阴谋诡计，卑鄙污浊。一种幻想，如儿童吹玩的肥皂泡儿，不待半年，就被现实恶风吹破了。这中间虽然没有写文章，然而对于中国人心的死灭，革命事业的难成，却又添了一层确信。

革命正如鲁迅先生所说"其中也必然混有污秽和血，绝不是如诗人所想象的那般有趣，这般完美"①，抱着满腔浪漫蒂克的热情，投向革命，而不是从实际出发，没有看清楚革命的基本力量——人民的力量，只看到上层的少数人的活动，那么一看到有人背叛革命，耍阴谋诡计的时候，那就自然会悲观失望，感到"革命事业难成"了。毋庸讳言，达夫先生这时对革命是有些动摇了。1927年这是中国历史上空前的动荡时代，达夫先生这时正在这动荡时代的旋涡中心上海，但他却没有卷入这旋涡之中，只在旋涡外边写下了《日记九种》，主要的事情却是在搞恋爱，而和他同在创造社的郭沫若、成仿吾两位先生却已投身于实际的革命斗争中了。

但是，应该指出的，达夫先生虽然对革命发生动摇，但他对反革命却仍然是深恶痛绝的，所以他的《日记九种》虽然沉溺于个人的恋爱纠纷，但他对蒋介石这个出卖革命的反动头子却表示了最大的痛恨。他在1927年4月22日的日记中有这样一段："买了一张外国报来读，蒋介石居然和左派分裂了，南京成立了他个人的政府，有李石曾、吴稚晖等在帮他的忙，可恨的右派，使我们中国的国民革命不得不中途停止了。"他这憎恨的感情是真实的，但却又不是从阶级观点出发，而是从爱国主义出发的，所以他接着就说："以后我要奋斗，要为国家而奋斗，我也不甘再自暴自弃了。"②这以后他在《钓台的春画》中还斥国民党中央为"中央党帝"，说他们"想玩个秦始皇所玩过的把戏"。这些都是他动摇中的积极因素，这因素使得他在1930年参加了左翼作家联盟，1932年又参加了中国民权保障同盟。

他参加这两个团体的时候，正是中国革命表面上受到挫折的时期，特别是在蒋介石统治的上海，特务的屠杀镇压造成了极大的白色恐怖，这又发展了达夫先生的动摇的一面，终致使他脱离了左联，跑到杭州归隐了。

## 四

这以后达夫先生的思想是处在一个极其矛盾的错综复杂的状态中，一方面他的感伤颓废蜕化而为一种隐遁逃避与世无争的思想；另一方面他的诗人气质和爱国主义的热情，却又不能使他真正地宁静下来，而不得不对现实有着愤懑。

---

① 鲁迅：《二心集》中的《对于左翼作家联盟的意见》。
② 《日记九种》中的《闲情日记》。

一般说来，达夫先生在离开上海以后到抗日战争爆发前这一段时期内，前一种思想是占上风的，这一时期可以说是他最消沉的时期，曾一度沦落到官僚的幕中，消沉得几乎近于妥协了。这时他大量地写下了一些游记小品之类的东西，充分表现出一种乐天安命的思想，悠游闲适的情趣，这思想这情趣也同样地流露在他的这一时期的小说里面，《迟桂花》和《东梓关》便是这一类的代表作品。

在《迟桂花》里作者写了一个在爱情中受了刺激的留学生翁则生，在杭州西湖多年养病之后，竟把一切都看穿了，"觉得在这世界上任你什么也没甚大不了的事情，落得随随便便地过去，横竖是来日也无多了。"于是便做了一城市山林的隐士，疏散无为，随遇而安，甚至连办自己的婚事也都像办别人的事一样的那么无动于衷了。在《东梓关》里面作者写了一个名医徐竹园，那完全是一个封建名士，喝喝酽茶，吸吸鸦片，卖卖药，行行医，读读古书，玩玩古董，对这样一种人，作者却借了文朴的口给了这样一个评价："大约像他老先生那样舒徐浑厚的人物，现在总也不多了吧？这竹园先生也许是旧时的这种人物的最后一个典型。"无疑的，可以看出作者对于这个人物的"不多"，是有一些惋惜。然而，在这里却忽略了一点，极其重要的一点，无论徐竹园是如何的"舒徐浑厚"，但他却仍要"经管祖上遗产"，而且"每年收入"还"薄有盈余"，这种不劳而获的地主剥削农民的行为，作者却丝毫没有触及。同样的《迟桂花》里的翁则生也是个薄有田产的少爷之类，作者似乎只看他们的悠游闲适的生活，而致以向往之忱，但却忘了这悠游闲适的生活是建筑在怎么样的血泪的经济基础之上。

这两篇小说的环境都是农村，在这里作者以前的对劳动人民的热爱和同情还是一贯存在的，他写出了乡村农民的诚朴和忠实，虽然缺点是把他们写得太闲暇了一点，和1930年以后的中国破碎的农村毫不相称，但在达夫先生的这两篇作品中该算是一点进步意识了。

这点进步意识对达夫先生倒是很重要的，这意识使他虽然神往于肥遯林泉，超然物外的隐士生活，但却不可能沉溺在里面，他仍然不得不伸出头来看一看现实，也就不得不对现实吐出愤懑，他在《薇蕨集》序中说：

> 财聚关中，百姓是富家的鱼肉，威加海内，天皇乃明圣的至尊，于是腹诽者诛，偶语者弃市，不腹诽不偶语者也一概格杀勿论，防患于未然也。这么一来，我辈小民，便无所逃于天地之

间了。①

这种愤懑是对大革命后以蒋介石为首的新军阀新官僚的愤懑。就在这种愤懑心情支配之下，达夫先生写下了以大革命时代为背景的两篇小说——《她是一个弱女子》和本集所选的《出奔》。

这两篇小说在达夫先生的创作题材方面是和以前有些不同的。以前的作品绝大部分是写他自己或是改了装的自己，这两篇小说却不同了，他已经把题材扩张到社会的各方面，企图来表现一个时代了。

《她是一个弱女子》是个中篇小说（达夫先生较长的小说只有这一篇和《迷羊》，此外全是短篇），时代背景主要的是大革命，但却也上追到五四，下说到"一·二八"，其中有新旧军阀的横行，有 1927 年 3 月上海工人群众的革命行动，有淞沪抗战日本帝国主义对我国同胞的屠杀。人物也很广泛，主要的有虚荣软弱的郑秀岳，有变态性欲的李文卿，也有性格坚强为革命事业奋斗不屈的投身工人行列的冯世芬。而作者在这里无疑地对郑秀岳和李文卿是否定的，而对冯世芬是肯定的。但由于作者对革命行动经验的缺乏，理解也就不能深入，于是对革命行动场面的描绘和对革命人物的塑造就显得有些浮泛平面，反倒是他过去作品中的主调——肉欲和色情的描写占了上风了。但是不管怎样，这篇小说在达夫先生作品中仍不失为具有进步意义的作品。因为篇幅太长，且色情描绘过多，所以没有选入，但也附在这里说一下。

《出奔》是 1935 年写的，在我所见到的达夫先生小说中这该是最后的一篇了，然而就在这一篇中，却显出了他的思想更向前一步的跃进。在这篇小说里，作者十分细致地刻画了地主阶级对农民的残酷的剥削行为，也描绘出地主阶级本身的贪鄙自私刻薄残忍的性格，并且分析了地主在革命过程中怎样钻空子混进革命阵营来破坏革命，前后一贯地流露出作者对地主阶级仇视憎恶的心情，所以也显得很有震撼人的力量，在达夫先生小说中实是一篇很难得的作品。虽然在结尾由钱时英一把火把那地主一家大小烧死完事，有点近乎幼稚的报复，但也可以由此窥见作者对地主阶级的憎恨是到了如何的程度。

自然，如果要说作者在这篇小说里已经看到了人民的力量，那还是没有的，达夫先生一直到他牺牲时止，对这点始终没有明确的认识，这就决定了他始终不能坚决地背叛自己阶级走向革命道路。

———————————

① 《断残集》，今本《薇蕨集》无此序，系由出版时抽去。

抗日战争爆发以后，达夫先生似乎没有写下什么创作，但他对抗战是积极的，他应郭沫若先生之约，参加了当时的政治部工作，到过台儿庄和其他前线劳军。① 和当时许多文艺工作者一样，他是怀着无比的热烈心情来投身抗战的。

后来他到了南洋，担任《星洲日报》编辑，领导新加坡文化界战时工作团，战时工作干部训练班和文化界抗日联合会，仍是一贯积极地为抗战工作。②

达夫先生对抗战工作虽然积极，但是由于他看不到人民的力量，所以对抗战认识是有些模糊的，这，可以引用抗战期间几乎和他是朝夕相处的胡愈之先生的一段话来说明：

> 达夫不满意国内政治，但是他所不满意的是人，而我所不满意的是独裁贪污制度。达夫对抗战前途有时带悲观倾向，但是，他的悲观不是由于反对抗战，而是由于不满意抗战的领导者。③

从以上所说的达夫先生思想情况看来，胡愈之先生这段分析是完全对的。

新加坡失守以后，达夫先生逃到苏门答腊，化名赵廉，仍然坚贞不屈，和敌人相周旋，他曾说："我没有勇气和力量杀死敌人，但我可以使他慢性麻醉而死。"于是他便吩咐他开的那个酒厂卖给日本人的酒，酒精的度数要越高越好。

诗人气质的郁达夫，始终是一个真正的爱国主义者。

达夫先生死了，他不能亲眼看到新民主主义的中华人民共和国的成立，而投身于人民的行列中，把自己思想更发展更提高，但他在中国新文艺上的贡献和功绩仍是不可磨灭的，他是五四以后有影响的作家之一。我们要了解中国新文艺史，他总是一个必须研究的作家。

# 五

最后，我想说一点编选的话，我编这部选集的时候，所见到的达夫先

① 郭沫若：《历史人物》中的《论郁达夫》。
② 胡愈之：《郁达夫先生的流亡和失踪》。
③ 胡愈之：《郁达夫先生的流亡和失踪》。

生的著作计有：《达夫全集》八册——《寒灰集》《鸡肋集》《过去集》《畸零集》《敝帚集》《薇蕨集》《断残集》，《忏余集》（本集没有标明是全集，但就编排的体例和年月来看，应该是全集之八）。中篇小说两篇——《迷羊》《她是一个弱女子》。另外还有《沉沦》一册，《达夫短篇小说集》上下两册，《达夫代表作》一册，《达夫自选集》一册，这些绝大部分甚至全部都已见于全集之中。还有散见于《文学杂志》中的一些零篇，如《出奔》便是从《文学》里选出的。此外便是五册散文和日记：《达夫散文集》《屐痕处处》《闲书》《日记九种》《达夫日记集》。

从以上集子里，我选出了如本书中的八篇小说，六篇散记。小说是按年月先后排列的，我觉得这样可以看出达夫先生的思想意识的矛盾及其错综复杂的情况来。散文除了第一篇《文学上的阶级斗争》而外，则是用了他自选集的五篇，排列次序一如自选集之旧。

达夫先生的旧体诗词也有他独具的风格，气息颇与黄仲则相近，而其阅世之深，意境之远，往往有黄仲则所不及处，不过这些诗词他并无专集行世，且又格于本书体例，这里也就割爱了。

1950 年 8 月 10 日序于北京

# 《大众文艺论集》前记

五四以来，在中国新文学运动史上，曾经发生过很多次文艺问题的讨论和争辩，有关这类的文献，差不多都有人给搜集编印了出来，如新文学大系里面的《建设理论集》《文艺论争集》，张若英编的《中国新文学运动史资料》，李何林编的《中国文艺论战》，苏汶编的《文艺自由论辩集》（按：苏汶即杜衡，在抗日战争期间做了汉奸，其人实不足道，但这部书里面还保存了当时的大部分文献），文逸编的《语文论战的现阶段》，新潮出版社编的《国防文学论战》，林综编的《现阶段的文学论战》，洛蚀文编的《抗战文艺论集》，胡风编的《民族形式讨论集》等，这样汇集资料，保存文献的工作，对于研究中国新文学的人是有很大的用处和方便的。

去年冬天和钟敬文兄偶然谈起这项工作，就谈到中国新文学史上有一次很重要的讨论到现在还没有给搜集编印出来，那就是 1930—1932 年的关于大众文艺的讨论，敬文兄劝我编辑一下，并且给我提供了一些材料。恰好我那时正在北京师范大学担任"中国新文学史"这门课程，手头也有一些这方面的文献，于是就留心搜集，着手编校，便成功了现在的这本书。

1930—1932 年的大众文艺的讨论，在中国新文学史上是一个很重要的文艺运动，它继承了五四以来中国新文学大众化的要求，和 1927 年"革命文学运动"时期工农文学方向的初步提出，在这个基础之上，使大众文艺理论和实践向前大大发展了一步，同时在这一运动中，也提出了或者接触了大众文艺的一些基本问题，如大众文艺的任务、内容和形式的问题，知识分子工农大众学习的问题，思想改造的问题，大众文艺的艺术价值的问题，普及与提高的问题等，这些问题有的在这次讨论中解决了，有的没有很好地解决或完全没有解决，但问题总算是提出了，这是中国新文学史上工农兵方向逐渐形成的一个重要阶段，对于后来的文艺运动是有很大影响的。

在这次讨论中没有很好地解决或完全没有解决的一些问题，后来在毛主席《在延安文艺座谈会上的讲话》中都全部彻底解决了，复习了中国新文学这段历史，也就更进一步地体会到毛主席在文艺思想和理论上的伟大的天才和光辉的卓见。因此，这部书的出版，对于今天研究新文学史或是大众文艺的朋友们，该多少有些帮助。

　　这部讨论集的文章都是 1930—1932 年的作品，那时有些作者对于中国革命性质问题还不大透彻明了，因此有些文章谈到这一方面就有些不妥当甚至错误的见解。不过这种不妥和错误今天看来已十分明显，所以在原文中也就不再加按语指出，只附记于此，希望读者注意。

　　文章的编排，略按发表年月的先后，因为这样可以看出讨论发展的线索。前面附了一篇《1930—1932 年关于大众文艺的讨论》，这是拙著新文学史稿中的一节，以代序言，供读者参考，当然，更希望读者指正。

1951 年 6 月 25 日丁易记于北京

# 接受中国学术遗产漫谈

中国学术遗产是应当而且必须批判接受的，毛主席在《新民主主义论》里已经有十分透辟的指示了，但是如何去批判呢？那就必须首先要掌握历史唯物论，辩证唯物论，即马列主义这一武器。假如马列主义没有学过，或者没有学好，那他就不能谈接受中国学术遗产，因为他手中没有武器，结果一定是倒在"遗产"的怀中变成"遗产"的俘虏。

马列主义的学习不是教条式的公式化的学习，必须和自己思想感情结合起来，变成自己的血和肉，只有具备了这样的武器，才能够大踏步地走进中国学术遗产的森林中，不为它所震眩，所迷惑，才能够剔除糟粕，吸收精华。否则的话，在"遗产"的森林中就会有茫无头绪之感，终于要被它震慑、降伏。

老实说，长期在蒋介石后方统治下从事中国学术研究的人，除了少数的例外，是很少有机会接触到马列主义的。自己对中国学术的看法或研究出的成果，就不免或多或少地带有封建主义、资本主义甚至买办阶级的观点。现在要想用马列主义来接受中国学术遗产，那就必须把这些观点毫无保留地、毫不爱惜地、彻头彻尾地扫除干净，必须这样，才能够从头学起，重新建立自己的看法。

彻底否定自己过去的看法和成果，说起来容易，做起来可不简单，想想看，自己辛辛苦苦地研究了十几年或几十年，掌握了不少的材料，撰写了不少的著作，在旧社会里有了一定的学术成绩和学术地位，现在要一下子全部推翻，重新来过，这就需要一番自我斗争，这斗争也许是很痛苦的，也许还不是一个短时期的，但只要有决心，忍受痛苦、慢慢地就会从痛苦中抬起头来，大彻大悟，这时候，你过去掌握的材料和研究成绩，对你还是有一定的帮助的，于是你会有一种新生的愉快。

用马列主义批判接受中国学术遗产，不等于比附，并不是抱着一堆中国学术遗产跑到马列主义仓库中，去寻找哪一件合于马列主义，哪一件又不合于马列主义，如果这样，那可糟糕，那是把马列主义肢解了，也是把中国学术肢解了。马列主义是有它一个极其严密的体系的，它绝对不容许有非马列主义的成分渗透进来；而中国学术遗产呢，也绝不可能有马列主义的成分。千万不要这样做吧，这是于己有害，于人也有害的事。

马列主义是实事求是的，用马列主义方法去批判中国学术遗产也应该是实事求是的，那就是说要顾及时间、环境和条件，要批判接受那些今天用得着的东西，不应该接受的当然不要，应该接受的而今天却不需要的也还是不要，这之间是有轻重缓急的区别的，并不是一谈到接受中国学术遗产就什么全都拿来了。

所谓接受今天用得着的东西，即"多少带有民主性与革命性的东西"，而这些又并不是生吞活剥给搬过来，也不是枝枝节节断章取义地给罗列出来，它应该是通过马列主义的融解以后提炼出来的东西。而这些对于今天的"用"处，也只是一个借鉴。假如把这"用"理解为用以表达我们时代的思想，用以解决中国今天现实的问题，那可大错而特错了。

研究过去是为了现在，这是从事批判接受中国学术遗产的人应该当做座右铭的，假如忽略了这一点，那就会让死人来压着活人，让过去来统治现在，那这个错误就犯得不小。所以一方面要把过去和现在严格地区分开，另一方面又要把过去和现在紧密地连接起来。

了解它，和它斗争，这也是从事批判中国学术遗产的人一个主要工作。中国经过将近三千年的封建社会，一百多年的半封建半殖民地社会，封建买办思想长期地盘踞在中国学术界，现在中国社会性质虽然基本上改变了，但这些思想还没有肃清，甚至还形成一些堡垒。了解它，分析它，摧毁它，肃清它，这是研究中国学术遗产的人责无旁贷的事。

1949 年《光明日报·学术》第一期

# 和轰炸作斗争

朝鲜已经没有前线和后方的区别，美国飞机经常骚扰，不断制造它的罪行。

越过鸭绿江桥便是新义州，这在朝鲜要算是一个大的城市，我们的汽车在深夜穿过市区，借着微弱的星光，可以看出街两旁是一片瓦砾，布满了蜂窝似的弹坑，里面的积水在星光下一摊一摊地闪着暗淡的光。远处间或也有一两座楼房黑黝黝地矗立在暗空中，但走近一看，却只剩了一个空壳。然而就凭这样，美国飞机还是常常来轰炸扫射。

在朝鲜不仅新义州是这样，我们所经过的大小城镇甚至村庄几乎绝大部分都是如此。

美国飞机的丧失人性的疯狂行为，有些简直不是人类所能理解的。底下是我亲眼看到的一个小例子：

在沙里院附近山中有一个小村子，四面包围着起伏的山峦。我们到的时候，正是雨后，山上松树翠绿欲滴，杜鹃花红得像胭脂，小桥下流水潺潺地响着，每家屋后盛开着几树樱花或杏花，这里既非城镇，又不是军事目标，只是疏疏落落地住着二十几家淳朴的农民，然而美国飞机却疯狂无耻地在这村子投下几颗炸弹，几堆黑色的灰烬可憎恶地堆在那里。

这样的例子，在朝鲜是多到不可胜数的。

我们在朝鲜一个月的勾留中，几乎每天都面对着这种景象。但所引起的情绪却不是伤心惨目，一片凄凉。相反的，而是从这些破墙颓壁的土堆中，倒塌房屋的灰烬中，甚至每一根柱头上，每一地瓦砾上，我们都仿佛看到了朝鲜人民的愤怒和仇恨的火焰在闪烁着，爆发着！

我说这话是一点也没有夸张的。

美国飞机可以轰炸朝鲜的大小城镇和村庄，但是它却丝毫不能炸掉朝鲜人民的英勇和智慧。朝鲜人民就用他们的英勇和智慧在和美国飞机作着顽强的斗争。

朝鲜人民从来没有"跑警报"这么一回事，每当美国飞机无论是B29轰炸机也好，装备着小炮的轻俯冲轰炸机也好，喷气式的驱逐机也好，从头上轰然飞过的时候，他们只是仰起头用愤怒的像一对火球似的眼睛注视着它，投过一个冷笑，接着仍然紧张地忙碌地从事自己的工作。

在田野里，老年人和妇女挥着汗在勤恳地翻地，播种。他们从经验中懂得敌机飞高飞低飞快飞慢的企图，以及怎么去躲。

在工厂里，工人巧妙地找到隐蔽的场所，昼夜不停地在做着工。

在市场上，商人毫无顾忌地摆出自己的商品，顾客们也毫无顾忌地来回挑选着。

在政府机关里，一切工作人员都在地下室中，夜以继日地在紧张地工作。

在铁路上，公路上，一到晚间，火车和汽车就像游龙似的飞驰奔跑。

在一切抢修工程的现场上，工人们毫无隐蔽地在挥着铁锤，进行抢修工作。

这些说明了什么呢？

这就是说美国飞机的轰炸扫射，不但没有影响朝鲜人民的战时工作，相反的，倒由于它的轰炸扫射，更提高了朝鲜人民的工作积极性，许多工作都提前完成了。

不过，朝鲜人民和敌机轰炸作斗争之所以获得这样的胜利，也不是单凭勇敢得来的。朝鲜人民知道怎样地把勇敢和智慧结合起来，他们十分巧妙地想出许多隐蔽方法，使敌机发现不到目标，终于只好盲目投弹，这样，顶多不过把平地炸成几个坑而已。

其次呢，美国空军之怯懦低能也是惊人的，美国兵是"少爷兵"，美国空军更是少爷，自从我们地上部队用步枪和机关枪击落了他们的飞机以后，他们从此就不敢低飞。但是飞得高呢，我们高射炮手射击的准确，也使他们胆战心惊。所以每次飞来，只要高射炮一响，就赶快掉转机头，仓皇投弹而去，投弹既一"仓皇"，那么顶多仍然不过把平地炸成几个坑而已！

朝鲜人民就是这样地深切明白了敌人吹嘘的什么空军制胜，完全是白天里说梦话。

朝鲜人民就是这样地和美国飞机轰炸作斗争取得了胜利。

原载《战斗的朝鲜后方》，北京师范大学出版部
1951 年 8 月初版

# 朝鲜战时的文艺和学术

整个的北朝鲜每个角落都燃烧着战争的复仇的火焰。

这火焰也正熊熊地燃烧在朝鲜的文艺界和学术界。

我们到达平壤后，曾经和正在艰苦斗争中的朝鲜文艺界和学术界的战友们举行了两次座谈会，还看了很多次的戏剧、舞蹈、音乐的演出，并且和一些战友作过个别的交谈。

在这些热情的亲密的接触中，我们看到了朝鲜文艺界和学术界是怎样地全体动员起来，通过文艺和学术这一武器来和敌人作斗争，更深切地体会了朝鲜人民不可屈服的英勇伟大的精神，以及中朝人民的思想情感又怎样地紧紧结合在一起。

4月16日，我们到达平壤后的第二天，朝鲜的一些著名的文艺工作者就和我们举行了一次亲切的座谈。

在4月温暖的阳光底下，在风景清丽的大同江边，在苍翠茂密的松林里面，我们会见了朝鲜的老作家朝鲜文学艺术总同盟委员长韩雪野，副委员长李泰俊，小说家金南天、崔明福，诗人赵基天、李灿，名演员文艺峰，舞蹈家郑芝树等。大家围坐在松荫底下，喝着茶，吃着点心，亲切地谈着。每一句话语，每一个动作，都洋溢着深厚的友谊。

在座谈会上，韩雪野先生给我们作了一个朝鲜战时文艺工作的报告。

这位头发苍白的老作家，用着激动的充满感情的声音告诉我们，在"八·一五"以前，日本帝国主义是不允许朝鲜有真正的人民文学的，那时文艺工作者无法发挥自己的才能，有的被逼着做些别的事。解放以后，文艺工作者这才有了充分的条件去进行创作。五年之中，成长了许多新的文艺工作者，并且有了自己的组织——朝鲜文学艺术总同盟。南半部的许多文艺工作者，也在文艺总同盟号召下进行活动，战争爆发后，朝鲜的文艺工作者几乎全部要求到前方工作。有五十多个作家、诗人、画家、演员、歌曲家随军到了前线，鼓舞了军民的战斗情绪，记录了人民军的英勇战绩，这是第一阶段。第二阶段则是在美帝国主义军队仁川登陆，人民军作战略上撤退的时期，这时到前线工作的作家们有的随军北撤，有的便留在敌后参加了游击队，或是在南部做地下工作，在这些战斗中，有许多作家光荣地牺牲了。第三阶段是在中国人民志愿军出击下进行反攻时期，这时作家们有一部分上了最前线，他们不但用笔写作，而且还拿起枪和敌人作战。另一部分则到新解放地区进行工作，把自己所体验到的群众生活，写成诗、小说和散文，或是编成戏剧和歌曲。留在后方的便在自己的作品中揭露美帝国主义的暴行，表扬人民军的英勇事迹，人民的顽强不屈的斗争，以及后方生产建设的情况。

当韩雪野先生进行报告的时候，敌人的飞机曾不断地在附近地方轰炸扫射，并且有几次从我们头上飞过，但韩雪野先生仍然屹立着滔滔不绝地说下去，我们也安安静静在倾听着。

最后，这位老作家十分恳切诚挚地这样说："中国人民把朝鲜人民所受的灾难当作自己的灾难，派出了自己的子弟组成志愿军援助朝鲜。这些志愿军爱朝鲜如同爱自己的国家一样，同样的，朝鲜人民爱护中国人民志愿军也如同爱护自己的子弟一样，凡是住过志愿军的村子，老百姓都希望他们再来，老百姓缺吃缺喝，但总要设法让志愿军吃饱吃足。我们的作家就应该把这些深厚不渝的中朝人民的情感写了出来，去教育群众，鼓舞群众。但目前这样的作品还不多，今后将要把这一主题作为我们朝鲜作家的重要任务之一，同时，我们也希望中国作家这样做。"

韩雪野先生的报告是概括了朝鲜战时文艺的全貌，后来我们在朝鲜一个月的勾留期间，常常和文艺界接触，通过许多见闻，更深切地体会了韩先生报告的精神。

首先，我们看到了朝鲜文艺工作是如此高度地和保卫祖国的战争结合了起来。在战争初期，朝鲜物质条件是相当困难的，印刷所多被炸毁，纸张也非常缺乏，一本书的出版是很不容易的事。但朝鲜作家们却克服了这些困难，诗人、小说家把自己的作品写了出来贴在墙报上，漫画家把自己的画幅贴在被炸毁的房屋的墙壁上，只要一贴出，群众立刻拥上去抢着看，这就大大鼓舞了群众的斗争情绪。戏剧音乐工作者没有了舞台，但他们却准备了许多简单短小的节目，在任何地方都可以演出，他们主要的是到战地和野战医院去，一两个人唱唱歌，五六个人在炕上就能表演。遇到坦克部队就唱坦克部队的歌，遇到炮兵就唱炮兵的歌，都是把民谣的调子配上新词，特别受到战士们的喜爱，这些文艺工作者经常这样说："残酷的战争教育了我们，我们的文艺是爱祖国，爱人民，爱兵，为兵服务的。"

当然，这并不是说朝鲜今天的文艺活动全是如此，今天朝鲜仍然有相当充实完备的管弦乐队，仍然有富丽堂皇的大规模的舞蹈。我们在朝鲜曾参加过很多次欢迎晚会，会上的乐队和歌唱队常常是五六十个人到一百多人，而且拥有那么多优秀的男女歌手。朝鲜的舞蹈更是出色，就拿我们所看的朝鲜国立艺术剧场的一次演出来说吧，传统的民族舞蹈，如"扇舞""小鼓舞"等都表现出朝鲜人民的优雅淳朴、爱好和平、不可屈服的传统精神，现代舞蹈如《胜利的旗帜》，则又表现出如此地轻快、英武和健壮。更令人兴奋的是这些青年男女文艺工作者，一个个都是英气勃勃，充满了青春的活力，忘我地为战争服务，从他们身上，我们看到了文艺上的革命乐观主义的具体表现，也看到朝鲜文艺的光辉灿烂的前途。

在平壤撤退时期，朝鲜作家们曾把自己的作品埋藏在地下，但都被敌人挖出来烧毁了。最近作家们已经渐渐地从转移的状态中定居下来，都在整理搜集的材料，恢复印刷所，准备出书了。这里有赵基天的长诗《从延烧的街头》，贯健的《炭脉》，金烺的《洛东江前线》，以及一些优秀作者的报告文学都是被人称道的作品。戏剧方面一年来演出成功的有韩凤植的四幕剧《祖国之女》，威世德的《山里的人们》，由鼓颂的《火焰》，韩恭尔的《白头山》，赵灵出的独幕剧《战友》，则是描写中朝军民深厚友谊的。《春香传》和《花鞋》，则是从朝鲜人民传统艺术旧戏中脱胎而来的。这些都是相当成功的作品。至于朝鲜电影则比较年轻，但其中优秀作品像《故乡》《熔矿炉》《母亲》等也都有了一定的水准。朝鲜国立摄影场在 5 月底还要完成三部新的艺术片。

在朝鲜，我们还听到文艺界许多忠贞不屈以及英勇战斗的事迹：

在人民军作战略上撤退时期，原来在南朝鲜的许多有良心的文艺工作者都逃到了北部，如女高音歌曲家权云漠便是在汉城撤退时逃到平壤来的。另一个著名的女高音歌曲家柳恩卿，她曾经到过莫斯科和北京，在一次欢迎晚会上，她用中国话为我们唱过《东方红》的，她的丈夫在战争开始时带着孩子和财产逃到了南朝鲜，而她却坚决地留在平壤。又一个男音乐家朴定羽，父亲做过道知事，哥哥在伪总督府工作，但他却一直反对他的父兄，坚决地为祖国解放而歌唱，终于光荣地加入了劳动党。

朝鲜的电影工作者为了摄取实际战斗的镜头，常常自己也就参加了战斗，像朝鲜国立映画摄影所摄影师申应浩，在解放汉城的战役中，他和一位助手同在战壕内摄取战斗镜头，敌人的三个连队包围了他们一个连队，形势非常危急。这时申应浩和他的助手立刻放下镜箱，拿起枪和战士们一起战斗，坚持了十二小时，他的助手牺牲了，他自己也负了伤，最后，我们志愿军援兵赶到，把敌人反包围，全部歼灭，申应浩终于胜利地完成了任务。另一摄影师洪一成，为了拍摄中朝战士解放水原的纪录片，就冒险先到水原近郊高地隐蔽起来，等候我军到达。但部队因为情况有了变化，总攻水原迟了两天，洪一成也就在隐蔽地饿了三天，最后当然还是完成了任务。还有一个摄影师赵昌瑞坐了坦克到前线摄影，不幸他那辆坦克被敌人打中，驾驶员当场牺牲了，三个敌人向他冲了上来，赵昌瑞立刻机智地跳出了坦克，端起轻机枪便向敌人扫射，结果反而把三个敌人全部俘虏了。

以上这些情况，都是我们在朝鲜听到的或是看到的，把这些情况配合上韩雪野先生的报告，我们就深切体会了美帝国主义在朝鲜疯狂的屠杀和破坏，不但没有摧毁朝鲜的文艺，相反的，朝鲜的文艺在战斗中是如此健壮有力地生长起来了。所有的文艺工作者在金日成将军领导之下，都投身战争之中，运用文艺这一武器，忘我地为战争服务，他们在朝鲜战场上已经锻炼成为一支很好的战斗部队了。

朝鲜的学术工作者和朝鲜的文艺工作者一样，也全部投身于战争之中，在忘我地为战争服务。

4月22日朝鲜学术工作者曾和我们开了一次座谈会，出席的有朝鲜教育省高等教育局金来运局长，高等教育局方法研究部朴俊泳部长，金日成综合大学研究院长物理学家都相禄教授，朝鲜史讲座长朴时亨博士，经济学部长金洗镇教授，数学讲座长金志政教授，考古学家都宥浩教授，语言学家金寿卿教授，哲学史讲座长林斗成教授，哲学家郑镇石教授，金策工业大学研究院长金应详教授，运输工学家刘基燕教授，平壤医学大学学长崔明鹤博士，京城延禧大学韩仁锡教授，政治经济学院金柄济教授等十余人。

这些学者专家们为了要和中国的学术界战友们晤谈，绝大部分都是从几十里外步行赶来的。和我们见面后，他们高兴得都来不及扑去身上的尘土，就和我们热烈地握着手，亲切地谈笑起来。他们都具有一副谦虚、淳朴、沉静的风度，令人感到他们都有着高度的学识修养。

下午1时左右，在敌机不断地骚扰中，我们围坐在一间屋子里开始了座谈，整整谈了一个下午。为了使我们更容易了解朝鲜战时学术情况，高等教育局局长金来运先生给我们写了一个书面报告，在这个报告里面详尽地叙述了朝鲜战前战后的学术界的成绩。

底下便是这个书面报告和座谈内容以及后来我们所见所闻的综合情况。

在"八·一五"以前，日本帝国主义是不让朝鲜人作学术研究的，那时北朝鲜连一所大学也没有。解放以后，在金日成将军的英明领导之下，北朝鲜高等教育就得到了巨大的发展，陆续成立了十五所大学。其中金日成综合大学尤为著名，拥有十九个学部，无论是在教学制度上，或是实验研究的设备上，比起先进国家的大学都无逊色。

除了这些大学而外，朝鲜还有朝鲜历史编纂委员会、朝鲜语文研究院、朝鲜物质文化遗物调查保存委员会等国家研究机关。此外政府各部也有的设有研究机关，如产业省就设有中央研究所，有研究员四百人，还有矿业地质研究所，农林省有家畜卫生研究所等。

在这些大学和研究机关中做研究工作的专家学者们五年来的研究成绩是相当可观的。这里且以金日成综合大学为例。

这个大学里面有一百七十多位学术工作者，分属于二十五个讲座，他们五年来在教学工作之外，研究工作的重要成绩有下面这一些：

研究的结果已经写成论文的，有马列主义讲座长宋君瓒的《关于朝鲜问题的马列主义的古典著作》，哲学讲座长林斗成的《朝鲜人民军英勇性的思想根源》，郑镇石的《服务于封建榨取阶级的朝鲜家族主义思想》，朝鲜史讲座长朴时亨的《李朝封建社会的田制》，教育心理学讲座长金宅源的《李朝教育制度的研究》，朝鲜文学讲座长尹世平的《朝鲜近代文学史》，李应洙的《朝鲜古代文学史》，法学理论讲座长崔客达的《苏联对于人民民主主义国家的援助》和《人民民主主义国家之宪法的性格》，民法学讲座长赵一浩的《农民的财产关系》，刑法讲座车淳鹏的《关于共和国刑法的制定》，经济学讲座金洗镇的《农民战争洪景来之乱》和《朝鲜国家成立的诸问题》，财政学讲座长韩圭鹤的《共和国财政政策的研究》，数学讲座李载坤的《泥儿代数学》，物理学讲座都相禄的《新普遍恒数》，无机化学讲座长李世勋的《电气石制造热力学的问题》，动物学讲座李喆楀的《平安南道的蝶相分布状态与其食性》。

此外在其他大学或其他研究机关中的学者们也都完成了卓越的研究工作，如朝鲜语文研究会金科奉先生完成了《朝鲜语缀写法》和《文字改革方案》，李克鲁完成了《朝鲜语音声学》，金寿卿完成了《朝鲜语文法》，金策工业大学金应桐研究院长等六人完成了对于机械振动的论文，元山农业大学金贞国在调查土壤时发现了新的微生物，而平壤医学大学到 1950 年 6 月为止，已经完成或正在完成中的研究题目就达四十八种之多。

这些研究成绩用金来运先生报告里面的话来说，便是"在科学研究的全领域，像百花烂漫般地活泼地展开"。

去年美帝国主义发动侵略战争以后，北朝鲜全体大学生和高级中学校的学生都争先恐后地自动参加了人民军，走上保卫祖国的前线，因此，大学和高级中学就没有了学生，不得不暂时停课。

这时所有的专家学者们每个人都按照自己的力量和技术到前线、工厂或政治工作部门，献身祖国，争取胜利，北朝鲜十五个大学中有九百四十六个学者参加了这些工作，其中参军的有三百七十五人，到南半部做政治工作的有三百五十五人，到工厂和其他机关协助工作的有二百一十六人。而平壤、咸兴、清津的三个大学的教员一百三十人全部动员了出来，留在大学里面的一个人也没有。

参军的学者们多半是从事于军队里面的政治教育工作和战地医疗工作，他们常常和战士们一样，要和美帝国主义军队作直接战斗。到南半部的学者们则帮助老百姓进行土地改革，恢复人民委员会，指导选举工作等，在和反动派的斗争中都发挥了高度的勇敢性。

到工厂协助工作的学者们多半从事于提高战时工作的生产技术，以及恢复被敌人破坏的生产设备的工作。其中有许多新的成就，例如在兴南肥料工场中就达到了不少的技术改造，家畜卫生研究所大量制造了传染病的预防血清。

美帝国主义军队在仁川登陆后，人民军暂时作了战略上的撤退，这时这些学者专家们有的参加了自己机关的图书及设备的疏散工作，有的参加了撤退时的组织工作，有的活跃在游击队里面，有的从事于后方秩序的强化工作，在这期间有不少的学者们为了保卫祖国而贡献出了自己的生命。

当撤退工作到一个段落时，大部分学者专家们都到北部某地集合起来，他们一方面为了进一步提高政治的警觉性，实行了集体的政治学习；另一方面仍然加强研究自己的专门业务，使业务更能高度地和战争结合起来，为战争服务，这其中特别在自然科学方面是有着很好的成绩的。

当中国人民志愿军和人民军进行反攻的时期，随着平壤汉城的解放，朝鲜的学者专家们又跟着军队南下，回到自己的活动范围。1950 年 12 月他们召开了一个大的座谈会，在这个会上，金日成将军号召他们说："全体的大学教授们，应该在祖国的复兴事业，教科书编纂事业以及政治教育事业上动员起来。"

朝鲜的学者专家立刻热烈地响应了这一号召，全体动员起来，有的去调查研究各工厂各企业的损失和复兴工作，有的从事于教科书的再审与完成工作，有的从事于培养干部的工作。

　　例如，金日成综合大学的许多经济学者，金策工业大学的许多科学技术工作者，以及南半部的许多专家们都参加了政府有关部门，协助拟订战后人民经济复兴与发展方面的具体计划，并担任了培养经济财政干部的工作。在教科书编纂方面，许多学者已经组织了起来，从事于教学方法，数学、物理学、医学、历史学、语文学、法学、生物学、经济学、化学、工业技术等大中学校教科书的编辑。历史学家们还努力搜集人民抵抗敌人的英勇事实，准备写朝鲜人民斗争史。在政治教育方面，从 3 月 1 日起，各个学者专家们已经自己集合起来开始进行。

　　为了逐年恢复高等教育，朝鲜现在已经成立了一所培养初中师资的教员大学，有三百多学生，分历史、地理、朝鲜文学史、俄罗斯文学、生物、化学、数学、体育八系，两年毕业。最近计划就要开学的还有一个俄文大学，两个医科大学。因此，有一部分学者们就又忙于校舍的修整，设备的恢复，以及新课程方案、教学提纲和教材的编制。

　　英勇的朝鲜学者专家们就是如此地百折不挠地站在自己的岗位上和敌人作着顽强的斗争。

　　在战争中美帝国主义对朝鲜学术文化进行了残酷的破坏和海盗式的劫掠。朝鲜大部分学校都被这些强盗们烧毁了，我们曾经到过金日成综合大学，一幢幢的富丽堂皇的图书馆、实验室、课堂、宿舍，现在都被烧得只剩下了空壳，十二万册藏书除事先抢运出三万册外，其余全被焚毁劫掠。国立中央图书馆藏书同样地被美李匪军抢去了大部分，黄海道载宁郡有一个大图书馆，里面收藏了许多朝鲜文字书籍，都是"八·一五"以后，政府用了很大力量从民间搜集来的，因为解放以前日本帝国主义禁止朝鲜文字书籍流行，这次也被敌人全部破坏了。伪总督府藏书，原藏汉城大学，也被敌人抢走。平壤历史博物馆旧藏朝鲜古代文物五千余件，美帝国主义侵占时期抢劫去其中最宝贵的一百余件、妙香山普贤寺博物馆和新义州博物馆都被炸毁，成川古建筑物东明馆和李朝末期最华美的建筑物安州百祥楼也被烧光。还有 1949 年在安岳郡发掘高勾丽及乐浪时代古坟时，发现坟内有最宝贵的壁画，画着死者一生的生活情况，物质文物调查保管委员会美术史部正进行临摹工作，但战争一起也就无法再进行了。

　　美帝国主义对朝鲜文物进行了如此严重的破坏和劫掠，但由于朝鲜政府的正确指导和朝鲜学者的英勇抢运，有许多文物仍被保存无恙，像旧李王府奎章阁图书和名贵的李朝实录原本一千册，解放汉城后都包装运出。

　　朝鲜的学者专家们不仅在岗位上坚持了战斗工作和参加了实际战斗，

并且在战斗中有很多人光荣地牺牲了。像著名的朝鲜古典文学家金台俊，在日本统治时期就英勇坚决地进行反日斗争，1945年任南朝鲜劳动党宣传部长，坚持地下工作，1947年被美李匪帮逮捕，1949年被害。他著有《朝鲜文学史》《朝鲜汉文学史》和《歌谣集成》等书。另外他还写有一部《朝鲜古代史研究》稿本有一千多页，他为了防备遗失，曾令他的学生抄了一个副本。但不幸当他被捕时，稿本和副本都在家中，被美李匪帮没收了去，后来多方设法寻觅，只得到了几张残稿，这是朝鲜史学界的一个大损失。还有汉城现代日报社社长朴启祐，1949年在太白山领导并坚持游击战争光荣牺牲。汉城师大教授植物学家张亨斗，经常借着采集植物标本为名到山里面与游击队联系，后经济州岛回仁川时被捕，受尽酷刑，终于不屈被害。此外，在战争中被敌机轰炸牺牲的还有煤油专家金在乙，海州教员大学校长金敬弘，金策工业大学物理学讲座长姜永焕等。而当人民军作战略撤退时期，在南半部工作的教授还有七十一人至今不明下落。

这些学者专家们的牺牲，对于朝鲜学术界自然是很大的损失，但也更加深了朝鲜学术工作者对美李匪帮的仇恨，他们深刻地把这仇恨融化在自己日常工作之中，每个人都在经常计划如何使自己的工作能够更好地更有效地为战争服务。

我深深地记得，当座谈会结束后，在暮色苍茫中，我们和出席座谈的朝鲜学者们热烈地握着手，互道"胜利后重逢"时，我看见了他们每个人的淳朴沉静的脸上都闪烁着坚定的不可动摇的胜利信心，在这里，我已经看到了朝鲜学术界的光辉的前途。

原载《战斗的朝鲜后方》，北京师范大学出版部
1951年8月初版

# 会见波列伏依

有一天下午，我遇见艾德林同志，他告诉我，打算介绍我和波列伏依同志谈谈，他并且可以替我们翻译。

这消息给我带来了很大的兴奋，我早就想见见著名的长篇小说《真正的人》的作者波列伏依同志了，何况这次又有苏联的著名汉学家艾德林同志给我们翻译，这机会更是难得。我感谢了艾德林同志的好意，并和他约定星期三上午一同去访问波列伏依同志。

星期三是 3 月 10 日，这一天天气很温和，路旁的积雪已经有些融化了，但街道却十分干净，许多清道的女工人正趁化雪的时候，在铲除路旁的积雪。

12 点钟左右，我同艾德林同志来到苏联作家协会。

走进大门，是一个很大的院落，正中是一座黄色楼房，两旁是两排平屋。艾德林同志引我向左边平屋走去。他告诉我这是苏联作家协会国外联络部，波列伏依同志就是这个部的负责人，又是苏联作家协会书记之一。

我跨进房门，首先就看见一个身材颇为高大像个工人模样的人，穿着一身灰色西服，在屋里来回踱着。他一抬头发现了我，还没有等得及艾德林同志介绍，便立刻像看见了多年不见的老朋友似的，热烈地用力地抓住我的手，几乎要把我拥抱起来。自然，我也就立刻知道这就是波利伏依同志了。

热烈、真诚、坦白、豪爽，这些字样我觉得还不能够恰当地形容出我当时对波列伏依同志的印象。当我被他拥进他的办公室以后，我已经沉醉在他那一团热烈真诚的友谊里面了。

我还没有来得及向他表示我对他的敬意，他就滔滔不绝地谈了起来。他十分自然地盘着一只脚坐在沙发上，一面好像怕我跑掉似的，紧紧地抓着我的手告诉我：他非常喜欢中国，喜欢中国的朋友，他有很多的中国朋友，像郭沫若、刘白羽等。他又亲切地告诉我，任何时候找他谈问题，他都是欢迎的。

他的热情的言语像流水似的泻出，使我竟没办法插进话去，于是我只好密切地注视着他，好容易抓住他说话换气的一个空隙，我便抢着表达了我对他的敬意，同时我也流水似的一口气地告诉他，苏联文学怎样极大地影响并帮助了中国现代文学的进展以及今天中国作家怎样在热烈地学习苏联社会主义现实主义文学的情况，他听了以后便谦逊地说："应该彼此学习，中国有悠久的丰富的文学遗产，而苏联有着较长时期的社会主义现实主义文学传统，应该彼此交流。"

由这里，我们便谈到接受文学遗产问题，他说，不重视自己国家的文学遗产是极端错误的，过去苏联无产阶级作家协会就有过这样错误的意见，列宁曾和他们作了不调和的斗争。从这以后，苏联文学工作者就用马克思列宁主义理论方法来从事自己祖国的伟大作家的研究，同时又创作文学作品宣扬祖国的伟大的历史事件和人物，像俄国历史上著名的农民起义领袖斯捷潘·拉辛、普加乔夫，著名的抵抗外族侵略的将军苏沃洛夫、库图索夫等，都已经写成小说、戏剧或编成电影。在这里，波列伏依同志着重地引用了毛主席的"剔除其封建性的糟粕，吸收其民主性的精华"两句话，他说这应该是我们研究分析古代文学作家和作品的指针。同时他告诉我，苏联作家现在正以极浓厚的兴趣在学习研究毛主席的著作。

因为他很忙，我虽然愿意和他多谈一谈，但又怕耽误他的时间，当我刚把这意思表达出来，他立刻使劲地抓着我的手，爽朗地大声地笑着说："没关系，没关系，无论我怎样忙，接待中国朋友，我总是有时间的。"

这真挚的话语里面，洋溢着中苏人民的深厚友谊，使我激动得半天说不出话来，我当时已经无法表达我这种激动的心情，我开始感到人类语言的不够应用了。

于是我们又坐下来谈论苏联文学和中国文学的一些问题。

他告诉我，在作品中，正确地贯彻党的政策，是苏联作家的历史传统，现在苏共中央号召提高农业生产，苏联作家便以实际行动响应这个号召，有许多作家已经深入农村去了。说到这里，他特别强调一个作家深入群众深入生活的重要性，他说："一棵树要想长得茂盛，必须把它的根深深地伸进土中；一个作家要想写出好作品，就必须把根深深地钻进人民里面。"接着他又幽默地说："如果坐在汽车里，依靠司机把你伸进群众中，那可是不行的。"我们听着都哈哈地笑了起来。这时艾德林同志告诉我波列伏依同志就是深入农村深入生活的一个作家，他在卫国战争中，不仅是一个记者，并且还是一个战士，曾经拿枪打过仗，他自己就是一个上校。

这时，他接着说，一个作家深入生活后，首先应该多写特写，把刚发生的有教育意义的事件很快地报告给群众，有些作家瞧不起特写，是不对的。他着重地说："作家应该和报纸有密切联系，写出特写，就在报上发表出来。"我听了这话，当时就想到我们中国作家和报纸的联系实在太不够了，如何加强，我想这是我们作家和报纸编辑部双方都应该注意的。

在谈话过程中，他说得兴起的时候，一面抓住我的手不放，一面不歇气地说下去，以致艾德林同志都无法进行翻译。有一次，艾德林同志拦住他的话头说："你得留个空儿给我翻译呀。"他就不好意思地天真地笑了，立刻从沙发上跳了起来，跑到屋角去看壁上的油画，让艾德林同志给我翻译。

我看了这一天真淳朴的动作，禁不住要喊出来："这是一个多么可爱的人啊！"

当我起身告辞的时候，我告诉他，他的《真正的人》在中国读者中起了极大的教育作用。他谦逊地说："这功劳不能归我，而应该归于'真正的人'。"接着他又告诉我，那个"真正的人"现在在一个大学做研究生，已快结业，并已提出科学论文，至于那慈祥的老医生，则不幸已于去年逝世了。

我和艾德林同志走出作家协会，温暖的阳光晒在我们身上，艾德林同志手里拿着波列伏依同志刚才送给我的那本近作——《现代人》，向我说："你们谈得很愉快。"

我笑着模仿波列伏依同志的语气道："这功劳应该归于您的翻译。"

艾德林同志也天真地爽朗地笑了。

《光明日报》1954 年 4 月 24 日《文艺生活》专栏

# 谒列夫·托尔斯泰故居

莫斯科的春天虽然来得很晚，但是来了以后，却又快得很，光秃秃的树枝，不过三五天光景，就已吐出嫩绿的新叶，远远看去竟是一片葱茏了。

就在这样一个春天——5月9日的早晨，我们一行四人坐了一辆小汽车，到列夫·托尔斯泰故乡亚斯拉亚·波利亚拉村去。

汽车出了市区，便向通往图拉的公路上驶去，公路全是柏油路，整洁平坦，汽车以一小时七八十公里的速度飞奔着。公路两旁连绵不断地出现许多集体农庄庄员的精致的住宅，面临公路的玻璃窗，全是雕花窗棂，窗内低垂着雪白的桃花窗帘，深红浅绿的盆景花草掩映在窗帘里面。有的窗帘打开了，便可以看到屋里挂着的各种鲜艳颜色的纱绸灯罩。这样玲珑美丽的玻璃窗布满在我们的全部行程——二百四十多公里的公路两旁。我在车里简直看得出神了，我仿佛觉得这些无穷无尽的美丽的玻璃窗都在闪着温柔的微笑，向我亲切地用无声的言语述说它们主人的幸福、美满和快乐。这时我忽然想起托尔斯泰一生都是非常关心农民的，但是，今天苏联农民这样美好的生活，却是托尔斯泰做梦也不曾想到的。于是，我又很自然想起列宁论托尔斯泰的两篇著名的论文，在这两篇论文中，列宁对托尔斯泰的艺术成就曾予以极高的评价，而对他的思想学说的空想的反动的一面，也给了极其严正的批评。

一路上，这些飘忽的没有系统的联想在我脑中翻来滚去，汽车却已经走了3个小时了。过了图拉，不到半点钟，我便看见路旁矗立着一座托尔斯泰半身塑像，汽车就从这塑像面前转到另一条路上。司机同志告诉我，一会儿就要到亚斯拉亚·波利亚拉村了。

5分钟后，汽车停在一个古老庄园的门口，这就是被列宁称为"俄国革命的镜子"的伟大的天才艺术家托尔斯泰的故居和他的坟墓所在地。

庄园门外停放着很多车辆，人们络绎不绝地从各地来到这里，瞻仰这位世界文学巨人的故居。

我们走进大门，首先看到的便是左手的一口很大的池塘，岸旁有几株倾斜的老树，嫩绿的新枝低吻着水面，水色十分清碧，里面似乎还有游鱼。翻译同志告诉我，托翁幼年常在这池塘洗澡。我在岸旁徘徊了一会

95

儿，凝视平静的池面，天光云影，仿佛托翁的声容笑貌已在自己的目前。

离开池塘，沿着一条沙石路前进，两旁全是高大的树木，把沙石路变成了一条长长的甬道，显得十分幽静沉寂，微风吹来树叶和野草发散出的清香，树上间或有一两声鸟啼，令人仿佛走入诗境。右手一片树林，托翁生前常在林中散步，现在树木都已经长得数人合抱了。想起这些树木都曾被托翁亲手抚摸，不禁悠然神往。

树林中也有一些较小的树木，这是 1920 年列宁参观莫斯科托尔斯泰博物馆的时候，在照片中看见树木有的已经枯朽，吩咐负责保管的人补栽的。列宁对于文化遗产异常重视，1921 年即手令加里宁将这庄园收归国有，改为博物馆，并命令加意保护。而在沙皇时代，托翁妻子索菲亚夫人要求政府把这庄园收归国有，以便保存，并供后人瞻仰，沙皇政府却一直未允许。

走完树林甬道，我们便来到一幢白色楼房前面，这就是托翁住了数十年的故居了。面临这用了六十多年的劳动给人类文化增添了无限丰富财产的艺术大师的工作地，我的心情便不自觉地有些肃然起来。

翻译同志接洽好一位保管人员给我们作向导，我们便走进这所楼房。

进门是一间不大的屋子，后壁立着两张书橱，放着一些英、法文书籍。旁边还有一张小玻璃橱，陈列着几支猎枪，托翁早年喜欢打猎，壁上嵌着一个鹿头角，便是他狩猎所获。晚年素食，便不再打猎了。

从屋的左边上楼，经过一条短狭过道，走进一间很大的房子，这是托翁的餐厅和会客室，一切陈设都按照托翁生前情况布置，连餐具也都照旧。壁上悬挂油画像五幅，两幅是托翁自己的像，其他三幅为托翁的次女、三女和索菲亚夫人。室中又有两架大钢琴，托翁自己能弹琴，也喜欢听音乐。常有音乐家来此演奏，他经常坐在门边一张长靠背椅上聆听。列宾曾为他画了一幅听琴图，描摹托翁听乐神情，栩栩如生，真是画工之笔。现在这张长靠背椅还是按照列宾所画的方位陈列着。

长靠背椅旁边的门是通向小客厅的，托翁在这屋中工作几达二十年，处女作就是在这屋里写的，索菲亚夫人给他抄写《战争与和平》也是在这屋里，屠格涅夫也曾在此屋朗诵自己的作品。

再走过去是托翁的书斋，书桌上陈设的文具、稿纸等，一如托翁生前原状，桌上两支白蜡烛，只点了一半，这还是托翁亲口吹熄的。壁上挂着很多照片，其中有托翁和农民们谈话，工作时的照片七幅。书斋门外有月台，面临一片花圃，里面长满绒毯般的青草和一些不知名的黄色野花。花圃过去，便是树林，一眼看去，只见一片阴阴翠绿。据说托翁休息时常在这月台凭栏远眺。我们在上面徘徊了一会儿，四周环境确是十分清静，如果月夜临眺，当更幽美。

再进便是寝室，床上有索菲亚夫人手织的睡毯，壁上挂着托翁的衬衣和毛衣各一件，盥洗柜下放着一对铁哑铃，看来托翁还是经常作体育运动的。柜旁挂着手杖和马鞭等。

出寝室，便走进索菲亚夫人住室，室甚宽敞，壁上悬满照片。夫人是1919年才去世的。

接着我们又参观了秘书室和藏书室，托翁藏书凡二万三千余册，其中有一万四千册有托翁亲笔批注，这些书都另藏别处。这里只陈列着两大厚册目录，供人翻阅。管理人员告诉我，托翁晚年对中国哲学极感兴趣，他通过外国文译本读了很多中国古书，如四书、五经、老子、庄子等。在他全集第四十三卷中曾引用孔子十八句，老子三十五句，四十四卷中有关于孔子、墨子的介绍。1906年曾和辜鸿铭通信，此信已刊全集。他晚年也非常向往中国，曾对人说，如果自己还年轻，一定要到中国去看看。

出藏书室便下楼，楼下最东头的一间屋子，原先本是仓库，后改作住室，故屋顶仍作圆形。托翁曾在此工作二十年，他的天才巨著《战争与和平》就是在这屋子里写的。

由此屋回转身往西是客房，屠格涅夫、高尔基均曾于此下榻。《安娜·卡列尼娜》即写于此室中。再西一室，便是托翁死后停放遗体的地方了，南向一门通花圃，托翁棺木即由此门抬出。

托翁去世时，各地来此凭吊者，凡万余人，这在沙皇时代实在是一件极不平常的事，由此也可见这位文学巨匠的艺术创作是怎样感动人心了。

托翁是1910年去世的，其时已是八十二岁的高龄，他一生关心农民生活，晚年思想更进一步，毅然决然反对土地私有制。不断地帮助农民，并为农民写作。他经常在住宅前那株"贫树"下面和农民谈话，并邀请农民到他家里。因为索菲亚夫人不愿意农民的泥脚沾污客厅的地毯，他就特地做了一个楼梯从后门直通书斋，让农民直接找他。然而，托翁这样关心农民，他却无法解决广大俄罗斯农民的实际问题。这原因便是如列宁所指出的：托尔斯泰"一方面揭发资本主义及其带给群众的苦难，另一方面对于国际社会主义无产阶级所领导的全世界解放斗争，却抱着完全冷漠态度"。正由于此，他晚年思想便陷于"绝顶矛盾"之中，他无法找到出路，也就无法安心，苦恼焦忧，达于极点。于是在一个严冬的夜里，10月28日，他一人从后门出走。八十二岁的老人当然经受不了俄国那样的严冬酷冷，终于在阿斯塔波伏小车站上病倒，11 月 7 日，这位世界文学巨人便与世长辞了。

列宁在论述托翁思想矛盾之后，又曾特别指出托翁在文学上的伟大的历史意义。他说："作为一个发明拯救人类的新的药方的先知，托尔斯泰是可笑的……作为俄国千百万农民在俄国资产阶级革命到来时所具有的思想和情绪的表现者，托尔斯泰是伟大的。托尔斯泰是富于独创性的，因为他的观点的总和虽然整个说来是有害的，却恰好表现了我们的革命，即农民资产阶级革命的种种特点。从这个观点看来，托尔斯泰观点中的矛盾，的确是我们革命中的农民的历史活动所处的各种矛盾状况的一面镜子。"又说："作为艺术家、思想家和说教者的托尔斯泰，主要属于 1861—1904 年的时期，把整个第一次俄国革命的历史特点，它的力量和它的弱点，非常突出地显示在自己的作品里面了。"列宁的这些话，可以说是托翁的"盖棺定论"了。

我们参观了托翁故居全部之后，便出门走向西北的森林中，去谒托翁的坟墓。森林极为稠密，树木也很高大，新叶已经能够遮蔽日光。我们沿着林中曲径缓缓地走着，清风吹来，倍觉静穆。约莫走了十多分钟，在一处溪壑回环的地方，几株大树底下，有一堆长方形的土冢，这便是托翁的长眠墓地了。树上挂着一块说明牌，大意是说这是托翁遗嘱中指定的墓地，并说遗嘱中曾叮嘱家人不要厚葬，只须一具普通棺木，坟墓也无须装饰，更不要碑铭。现在坟墓的样式便是遵照他的遗嘱办理的，仅在墓的周围用普通树枝疏疏落落地编了一道短篱，用以护墓，此外一切都十分淳朴、自然。

我们在墓前默立了几分钟，缅想这位文学巨人的生前理想，以及他因此致死的矛盾苦恼——土地私有制度的不合理的问题，今天在他的祖国苏联都早已彻底解决了，今天他的祖国的农民正过着人类历史上从来不曾有过的幸福生活，并且大踏步地向共产主义社会迈进。托翁是可以安眠地下了。

今天苏联人民和政府对于自己祖国文化遗产的重视，是世界上任何国家所不能比拟的。托翁故居在卫国战争期间，曾被德寇毁坏一部分，但是赶走德寇之后，苏联政府就立刻把它完全恢复起来，现在已经看不见一丝战争痕迹了。对于托翁遗著的编印整理，更是不遗余力，除不断出版各种不同版本的遗著之外，又集中许多学者编纂托尔斯泰全集，全部九十一巨册，现已出七十余册。

参观完毕，略事休息。当我们踏上归途已是下午 5 时左右。这时沿途集体农庄的男女庄员已经做完了一天的工作，大家聚集在住宅门前的空地上，老年人坐在安乐椅里絮絮闲谈，年轻小伙子有的打球，有的跳舞，姑娘们穿着漂亮的绸衣，在树荫下迎风歌唱，孩子们蹬着三轮脚踏车，在比赛谁蹬得快。

这些美满生活的生动的画面，像电影无数镜头似的，一个连着一个延绵不断把我一直送到莫斯科市区。

原载《人民文学》1954 年 7 月号

# 中国现代文学史略

## 绪 论

# 一 中国现代文学运动与新民主主义革命运动的关系和它的性质

毛泽东同志在他的名著《新民主主义论》中，说到中国革命历史特点的时候，曾英明地指出："中国革命的历史特点是分为民主主义和社会主义两个步骤，而其第一步现在已不是一般的民主主义，而是中国式的、特殊的、新式的民主主义，而是新民主主义。"毛泽东同志接着分析了这个新民主主义革命形成的过程和它的性质，他这样说道："中国资产阶级民主主义革命，自从 1914 年爆发第一次帝国主义世界大战和 1917 年俄国十月革命在地球六分之一的土地上建立了社会主义国家以来，起了一个变化。在这以前，中国资产阶级民主主义革命，是属于旧的世界资产阶级民主主义革命的范畴之内的，是属于旧的世界资产阶级民主主义革命的一部分。在这以后，中国资产阶级民主主义革命，却改变为属于新的资产阶级民主主义革命的范畴，而在革命的阵线上说来，则属于世界无产阶级社会主义革命的一部分了。为什么呢？因为第一次帝国主义世界大战和第一次胜利的社会主义十月革命，改变了整个世界历史的方向，划分了整个世界历史的时代。"①而在中国近代史上，作为新民主主义革命开始的主要标志的，是五四运动。

一定的文化是一定社会的政治与经济在观念形态上的反映。文化是服从于政治的，并且是替政治服务的。1917 年以后，中国革命性质既然起了变化，是新民主主义革命，那么作为上层建筑的文化，也必然要起变化，这是一种新的文化，是在观念形态上反映新政治与新经济的东西，是替新政治新经济服务的。所以在内容和形式上都以一种新的面貌出现的中国现代文学革命运动，也就是一般人习惯称为的新文学运动恰恰发生在五四前夕，成为当时新文化运动的主要旗帜，就是由于新民主主义革命的要求，

① 《毛泽东选集》第二卷《新民主主义论》。

并且服从于这一要求，而为这要求所规定。

因此，中国现代文学运动是和新民主主义革命运动分不开的，并且血肉相连而成为新民主主义革命运动的一部分。这两者之间的关系，简单地说来就是：现代文学运动是为革命运动所规定，但同时它又对革命运动起了一定的影响和推动作用，必须通过这种关系去考察中国现代文学，才可以看出中国现代文学的社会意义和社会任务。

中国现代文学运动在各个时期都有其不同之处，都是有变化有发展的，而这发展又都是根据它的社会基础，这就是说它是随着革命运动的发展而发展的。这发展的过程也就是和革命运动逐步地深入结合的过程。

如前所说，五四运动时期文学革命运动之所以发生，是由于革命的要求所规定。五四运动是新民主主义革命运动的开始的标志，它是无产阶级领导的，有广大人民群众作基础的，为了要向广大人民宣传反帝反封建的革命思想，那么，与广大人民有着深厚的历史渊源的文学，当然是最好的宣传武器；再为了要文学能够广泛流传，就必须要求用白话来表达。所以白话文学的提倡，成为文学革命运动最早的口号。

文学革命运动发生以后，对五四革命运动又起了推动作用。因为要提倡新的文学，就必须反对封建文学，而要反对封建文学，就又必须反对封建思想意识和封建社会制度。这样，文学革命运动就推动了五四运动的进展，而通过五四运动，又扩大了这个文学革命运动。到了第一次国内革命战争前夕，中国共产党领导的革命运动鼓舞了许多文艺作家，有一部分作家则投身到实际革命斗争中，这样，文学运动和革命运动较之五四前后就有了进一步的结合。

第一次国内革命战争以后，中国资产阶级背叛了革命，革命营垒中原有的四个阶级这时只剩下了三个，剩下了无产阶级、农民阶级和其他小资产阶级，而由中国共产党单独的领导群众进行革命。这情势就规定了文学运动的新的发展，产生了左翼文学运动。1930年，在中国共产党领导下成立了中国左翼作家联盟，以鲁迅为旗手，和国民党反动爻政治作了许多英勇的斗争，同时号召作家要了解工农大众的生活，要参加实际革命斗争。这些都推动了广大的小资产阶级知识分子和青年学生走向革命，对中国革命曾有过很大贡献。

抗日民族解放战争爆发后，由于抗战的要求，产生了抗战文学运动，作家纷纷走上前线，写出了许多通讯、报告、短剧及其他文学作品，鼓舞了广大群众的抗战热情。而抗战初期的许多演剧队和战地服务团到部队和农村中进行宣传，也对抗战起了推动作用。特别是在共产党领导下陕甘宁边区和许多敌后抗日根据地，文学更和抗战及广大人民有了进一步的结合。

1942 年，毛泽东同志发表了具有伟大历史意义的《在延安文艺座谈会上的讲话》，他天才地给五四以来的中国文学运动作了英明的总结，并正确地指出了今后文学运动的新方向——工农兵方向，文学首先应为工农兵服务，文艺作家必须长期地无条件地全心全意到工农兵群众中去，到火热的斗争中去，改造自己的旧的思想感情。从这以后，中国文学运动就有了一个根本的变化，文艺作品也面貌为之一新。文学运动在解放区不但与革命运动相结合，而且更与革命的人民大众密切地结合起来了。

1949 年 10 月，中华人民共和国成立。这时期毛泽东文艺思想取得了各个不同部门不同倾向的文艺工作者的一致拥护，《在延安文艺座谈会上的讲话》成了新中国文学运动的战斗的共同纲领。从这以后，中国文学运动就在全国范围之内和革命运动以及人民大众密切结合起来了。中国文学运动开始跨进了一个伟大的新的阶段。

以上就是三十年来中国文学运动是新民主主义革命运动的一部分，它为革命运动所规定，又对革命运动起了推动作用的简略叙述。

底下再说明中国现代文学运动的性质。

中国现代文学运动是无产阶级领导的，统一战线的，人民大众的，反对帝国主义，反对封建主义，反对官僚资本主义的文学运动。

新民主主义革命是无产阶级领导的，以工农联盟为基础，各革命阶级参加的反对帝国主义、反对封建主义、反对官僚资本主义的革命运动，中国现代文学运动是新民主主义革命运动的一部分，也就必然具有这种性质。

首先，中国现代文学运动是无产阶级领导的。

新的现代文学运动开始于"五四"前夕，五四革命运动和新文化运动是无产阶级领导的，现代文学运动是新文化运动最主要的一环，所以现代文学运动必然也是无产阶级领导的，这个领导在其一开始主要地是表现在无产阶级革命思想的领导方面，那时的共产主义知识分子李大钊以及革命民主主义者后来成为共产主义者的鲁迅，就在这个运动中起了极大的影响和作用。1921 年，中国共产党成立以后，无产阶级思想的领导更为明显，如茅盾在《自然主义与中国现代小说》中提出文学要"注意社会问题，爱被损害者与被侮辱者"。郭沫若在《我们的文学新运动》中主张要在文学中"爆发无产阶级的精神"，在《革命与文学》中又说："我们所要求的文学，是表同情于无产阶级的社会主义的写实主义的文学。"第一次国内革命战争后，党对文学的领导更为加强，左联便是在党的领导之下通过共产主义者鲁迅的指导成立的，当时马克思列宁主义文学理论、高尔基的文艺思想以及苏联的社会主义现实主义的文艺理论和作品不断地大量地介绍过来，并被运用到中国文学运动上。从这时起一直到抗战前期，中国文学运动中起主要作用的是无产阶级革命文学理论。1942 年以后，毛泽东文艺思想成为全国文学运动的指导思想，全国文艺工作者都坚决表示愿为贯彻毛泽东文艺路线而斗争，这更是十分清楚明白的事了。

其次，中国现代文学运动是统一战线的。

三十年来中国文学运动也是统一战线的运动，在运动过程中，虽然也产生一些偏向，但基本上是有团结有斗争的。现代文学运动初期就是由共产主义知识分子，小资产阶级知识分子和资产阶级知识分子所联合组成的统一战线。他们一方面和封建主义的旧文艺作了英勇的斗争，另一方面建立了反帝反封建为内容的新文艺，在反帝反封建革命运动中起了很大的作用。但在这个统一战线内部阵营中却没有进行思想斗争，以致当资产阶级知识分子在文学方面表现了反动倾向的时候，如"现代评论派"的出现，除鲁迅一人曾揭露他们的反动本质外，没有很好加以攻击。第一次国内革命战争后，左翼文学运动是无产阶级知识分子和革命的小资产阶级知识分子的统一战线的文学运动，它的组织形式是中国左翼作家联盟，它在无产阶级的领导下，在中国新文化旗手共产主义者鲁迅的指导下，和国民党反动统治以及反动的文学倾向如法西斯"民族主义文学"、反动的"文艺自由论"、帮闲文学"论语派"等作了许多英勇的斗争，并取得了胜利，同时又锻炼出来了大批的革命文艺干部。这对当时革命运动都起了很大的作用。但在这个运动中，有一部分文艺工作者在统一战线的问题上曾经表现了狭隘的关门主义的倾向。抗日战争前夜，由于政治上的抗日民族统一战线的号召，抗日不仅是左翼作家的要求，而为一切爱国作家的普遍要求，于是1936 年左联自动解散，在多次讨论的过程中，初步结成了广泛的文艺界的统一战线。抗日战争爆发后，1938 年，成立了中华全国文艺界抗敌协会，这是文艺界抗日统一战线的形式上的完成，这个统一战线是以抗日为共同目标，以无产阶级为领导，广泛地包含了无产阶级文艺家，小资产阶级文艺家，资产阶级文艺家，以及其他一切爱国的新旧文艺人士。这个统一战线运动对于反动的汉奸的文学倾向如"文学可以与抗战无关""战国策派"等荒谬言论曾经进行了斗争，对于抗日战争和民主运动也有一定的贡献。但在某些阶段上，却忽略了统一战线内部的原则斗争和严肃批评，有些右倾倾向，所以团结得并不巩固。1942年，延安文艺座谈会以后，在解放区，确定了文艺的工农兵方向，文学开始真正地和广大的人民大众相结合，民间艺人也得到应有的重视，这样，统一战线就更加扩大，同时在文学必须为工农兵服务这一正确方向之下，和小资产阶级文学倾向也作了一定的斗争。在国民党统治区则初步纠正了前期的右倾倾向，坚决和国民党法西斯统治以及反动文学倾向作了斗争。1949年，全国文学艺术工作者代表大会召开，中华人民共和国成立，全国文学工作者在毛泽东文艺思想指导之下，形成了中国文学界空前未有的最广泛的统一战线。这就是三十年来中国文学运动统一战线的基本情况。

再次，中国现代文学运动是人民大众的。

中国现代文学运动是人民大众的这个历史发展过程相当迂回曲折，但最后终于达到和人民大众的结合一致。这可以从两方面来考察：从文学理论的发展来看，文学大众化一直是中国现代文学所努力的方向，五四时期，提倡白话文学，这在本质上就反映了人民大众的要求，虽然没有明确地提出文学大众化的口号，但很明显，大众化的要求是有的。而这时民间文艺的整理研究，也是在这一要求之下产生的。1926年，郭沫若在《革命与文学》中号召文学青年"应该到兵间去、民间去、工厂间去、革命的旋涡中去!"这就含有文学应该和工农兵大众相结合的意思。1927年，成仿吾在《从文学革命到革命文学》中也主张"我们要以工农大众为我们的对象"，要用"接近工农大众的用语"。左联成立后，文艺大众化一直成为左翼文学运动的中心口号，并展开多次的热烈论争。抗日战争爆发后，为了宣传抗战，文学大众化问题的讨论更广泛展开，如"通俗文艺"的讨论，"民族形式"问题的讨论都是。所有这些讨论虽然也解决了一些问题，但是一个主要的关键性的问题——小资产阶级文艺工作者的思想改造问题在理论上没有得到很好的解决，因而文学理论和创作实践就不能一致。一直到1942年延安文艺座谈会以后，这个问题才彻底解决了。毛泽东同志说："许多同志爱说'大众化'，但是什么叫做大众化呢？就是我们的文艺工作者自己的思想感情应与工农兵大众的思想感情打成一片。而要打成一片，就应当认真学习群众的语言，如果连群众的语言都有许多不懂，还讲什么文艺创造呢?"①毛泽东同志这段话极其概括扼要地从内容到形式解决了文学大众化的问题,从这以后,大众化的创作实践就得到了普遍展开。同样的,如果从文学创作方面来看,也表现了以人民大众为主体的精神。在内容方面,初期新文学作品虽然以工农兵大众为主要主人公的在数量上还不多,但著名作品却都是以工农大众特别是农民为主人公的,如鲁迅的《阿Q正传》《故乡》《祝福》等,郭沫若的《女神之再生》都是。1927年以后,作品中以工农兵为主人公的在数量上就逐渐增多了,如茅盾的《春蚕》,丁玲的《水》,张天翼和叶紫的一些短篇小说,殷夫的诗,洪深的戏剧《五奎桥》,夏衍的报告《包身工》等,都是以工农为主要主人公,而茅盾的《子夜》也写出了许多工农革命运动的热烈场面。抗日战争期间,东平和艾芜的一些短篇小说,沙汀的《还乡记》都是以抗日英雄和农民为主人公的。延安文艺座谈会以后,工农兵群众在解放区所有作品中都取得了主人公地位,最著名的小说如赵树理的《李有才板话》《小二黑结婚》,丁玲的《太阳照在桑干河上》,周立波的《暴风骤雨》,刘白羽的《无敌三勇士》等短篇,柳青的《种谷记》,草明的《原动力》。诗歌如李季的《王贵与李香香》,戏剧如《白毛女》等,都是以工农兵群众为主要主人公的。在形式方面,延安文艺座谈会以前,大众化形式的努力虽然走了一些曲折的道路,但也曾不断提出语言大众化作品通俗化的要求,并也有过一些实践,如小说方面一些作家努力采用人民语言,诗歌的采取民歌形式,以及通俗读物的编写等。延安文艺座谈会以后,由于文艺工作者遵照毛泽东同志的指示,努力与工农群众相结合,努力学习民间文艺和工农群众的语言,无论体裁、结构、语言都是以人民大众的喜闻乐见的形式来表现,因而就正确地解决了形式大众化的问题。

最后,中国现代文学是反对帝国主义反对封建主义反对官僚资本主义的。

反对帝国主义,反对封建主义,反对官僚资本主义是中国现代文学运动的基本精神,这个基本精神,贯串了中国现代文学运动全部过程,无论在文艺理论方面和创作实践方面都表现得十分充分。在文艺理论方面,第一次国内革命战争以后,文学的反帝反封建的任务,在许多文艺论文中已经一再明确地强调地提出,并为一切进步作家所实践,这点特别明显,可以无须详说。在初期文学运动中,虽说并没有明确提出反帝反封建的口

---

① 《毛泽东选集》第三卷《在延安文艺座谈会上的讲话》。

号，但在鲁迅、钱玄同以及后来的茅盾、郭沫若的许多论文中也都充满了这一精神。抗日战争期间，反帝反封建斗争已经从理论转入更具体更深入的实践，许多文艺工作者走到前线和农村。延安文艺座谈会以后，这个斗争实践得到更正确更广泛地开展，在抗日战争中，在减租减息运动中，在土地改革运动中，在人民解放战争中，都有无数的文艺工作者参加，反帝反封建反官僚资本主义的斗争已经成为文艺工作者的具体行动了。在创作实践方面，反帝反封建一直是现代文学的主要内容。五四前后，中国现代文学现实主义开山大师鲁迅的第一篇小说，也是中国现代文学史上第一篇小说《狂人日记》就充满了彻底的不妥协的反封建精神。此后如郭沫若的一些诗歌，叶绍钧的一些小说，也都具有反对封建政治、礼教、思想的内容。从第一次国内革命战争到抗日战争期间，茅盾、丁玲、张天翼、叶紫、萧红、沙汀、艾芜等人的小说，田汉、洪深、曹禺、夏衍的戏剧，殷夫、艾青、柯仲平、田间的诗歌，以及许多救亡小说、戏剧和诗歌，都充分表现了强烈的反帝反封建的意识。抗日战争后期，在国民党统治区，郭沫若的《屈原》，茅盾的《腐蚀》，陈白尘的《升官图》，马凡陀的《山歌》，都猛烈地攻击了官僚资本主义及法西斯统治的罪恶。在解放区，则由于作家亲身投入了反帝反封建反官僚资本主义的实际斗争，改造了自己的思想情感，取得了明确的人民立场，因而所写的作品的反帝反封建反官僚资本主义的内容，就更为具体，更为深入，如赵树理、丁玲、周立波、柳青、草明、刘白羽、李季等的一些小说、诗歌和戏剧《白毛女》等，都可作为代表作品来看的。

总之，中国现代文学运动是无产阶级领导的，统一战线的，人民大众的反对帝国主义反对封建主义反对官僚资本主义的文学运动，这就是中国现代文学运动的性质。

# 二 中国现代文学的现实主义的来源和发展及中国现代文学史的阶段的划分

中国现代文学，从五四发展到现在，它的主潮一直是现实主义，并且是朝着社会主义现实主义方向发展的。社会主义现实主义的方向，是五四以来中国文学运动的基本方向。

中国现代文学中的现实主义是有着它自己的历史传统的。这传统便是中国古代文学中的现实主义。中国文学有三千多年的历史，现实主义和现实主义精神是很早就发生并发展了的。从周代到鸦片战争，中国社会长期地处在封建主义时代，但作为封建社会来说，它早期的产生和文化都达到了惊人的高度，而在长期的封建主义时代中，社会也并不是停滞不前的，无论在哪方面都在不断地发生了复杂的变化，并有了很大的发展。社会生活经常动荡不安，斗争非常激烈；农民革命前仆后继，从来没有停止过，社会思想不但复杂多样，并且有变化有发展，人民在文化上的创造力是非常旺盛的，并能吸收外来民族的文化的优点来丰富自己。这些就是我们民族虽然如此长久地在封建主义统治之下，而仍然产生了许多伟大的思想家、文学家、艺术家以及其他方面的天才的基本原因。在文学上，我们有许许多多的辉煌的现实主义作家和作品，例如我国最早的一部诗总集《诗经》以及屈原、司马迁、陶潜、杜甫、李白、白居易、辛弃疾、关汉卿、王实甫、施耐庵、吴承恩、吴敬梓、曹雪芹等，还有极其丰富的民间文学，如汉魏乐府诗，敦煌的变文，宋元以来的平话小说，戏曲、鼓词、弹词、民歌、传说、地方戏等，这些伟大的作家和作品，都有其自己的独特的辉煌的特色，他们都具有极其强烈的对黑暗政治的愤慨，他们描写人民疾苦所反映出来的人民性，是极其丰富而明显的。这些现实主义的优良传统，都为中国现代文学所继承所发展，不过这种继承和发展，却又不是一般的所谓进化或演变，而是通过一个划历史的新民主主义革命运动来继承发展的。这种继承和发展，表现在鲁迅作品中最为明显，也最为深刻，鲁迅是继承并发展中国古代现实主义文学传统的最杰出的代表。

中国现代文学除了有它自己的历史传统之外，也还接受了外来的影响，这主要的是吸收了外国文学中特别是俄罗斯文学中的现实主义。当然，这种吸收也是一种创造性的吸收，即吸收它们的战斗性和进步思想来进行反帝反封建的斗争，而对于苏联文学中的社会主义现实主义，则更是吸收其先进的经验与方法，来建立我们的新的文学。

明白了中国现代文学中的现实主义的历史传统和它的外来影响，底下再说明中国现代文学的社会主义现实主义方向的发展。

如前所说，1917 年以后，中国革命已经是新民主主义的性质，毛泽东同志在《新民主主义论》一书中会明确地指出这个革命是"属于世界无产阶级社会主义革命的一部分"，它是无产阶级领导的。因此，毛泽东同志在同书中又明确地指出："新民主主义的政治、经济、文化，由于其都是无产阶级领导的缘故，就都具有社会主义的因素，并且不是普通的因素，而是起决定作用的因素。"又说："我们在政治上经济上有社会主义的因素，反映到我们的国民文化也有社会主义的因素。"中国现代文学运动是五四以来新文化运动最主要的一面，是中国新民主主义革命的一部分，因此，五四以来的进步文学在思想内容上也就必然具有社会主义因素，而在创作方法上也就必然是向着社会主义现实主义方向前进的。

新民主主义革命的基本任务就是彻底地不妥协地反对帝国主义和反对封建主义，而能够领导这个斗争的，不可能是软弱动摇的中国资产阶级，只能是新兴的无产阶级。同样，在文学上能够真实地反映中国人民这种彻底地不妥协地反帝国主义反封建主义的要求、愿望和实际斗争的，能够反映出中国人民现实生活的发展方向的，能够在思想战线上坚持这种反帝反封建斗争的，能够坚持文学上现实主义精神的，也不可能是软弱无力的资产阶级文学，而只能是在无产阶级思想领导之下的人民大众的文学。无产阶级领导的人民革命的要求和创作上现实主义的要求相结合，这就构成了社会主义现实主义的倾向。正由于这样，就使五四时期中国文学中开始产生了社会主义现实主义因素；也正由于这样，就决定了中国现代文学的发展只有沿着社会主义现实主义的方向前进，而不可能有其他方向。

不过，这里说中国现代文学从五四以来就是朝着社会主义现实主义方向前进，并不等于说五四时期就有了成熟的社会主义现实主义的文学作品，我们的社会主义现实主义的文学，是从萌芽状态随着革命的发展而逐渐发展成长起来的。五四时期，我们文学中便已经有了社会主义现实主义因素，这是起决定作用的因素，随着革命的发展，这因素越来越多，逐渐前进，逐渐发展，经过以鲁迅为首的左翼作家联盟的倡导，经过毛泽东同志在延安文艺座谈会上的明确的指示和详尽的分析，我们现代文学中的社会主义现实主义的理论也就逐渐完备，社会主义现实主义的作品也就一天一天地接近成熟，而终于有了像获得斯大林奖金的《太阳照在桑干河上》、《暴风骤雨》和《白毛女》那样优秀的作品。

就是这样，社会主义现实主义在中国现代文学史上始终是一道主流，这主流在前进的过程中，逐渐发展，逐渐充实，逐渐壮大，并汇合了一些支流，而终于成为汪洋大海。这个发展情况大略如下。

五四时期的"文学革命运动"就是在共产主义思想影响、启示和指导之下发生的，那时一些共产主义知识分子和革命知识分子在这个运动中就起了极大的影响和作用。其中特别是鲁迅，不屈不挠地和反动的封建主义文学以及买办资产阶级文学进行了坚决彻底的斗争，这在当时的历史条件下，完全是新民主主义革命所要求的，因此，鲁迅当时也和中国共产党人一样成为新民主主义革命的急先锋。在文学创作方面，鲁迅是奠定中国现代现实主义文学基础的大师，他这一时期的创作虽然还没有取得明确的社会主义的观点和立场，但是他这时是一个革命民主主义者，他战斗在世界无产阶级革命的时代，他的战斗是受了十月革命的号召与推动的。因而他这一时期的革命民主主义思想是在无产阶级思想领导与影响之下发生发展的。这思想表现在他前期作品中，便是强烈地贯穿着一种彻底的不妥协的反帝反封建的精神，以及对于祖国和劳动人民的高度热爱，对有害于祖国，有害于劳动人民的一切封建制度的无比的憎恨，而在热爱和憎恨之中，也有对于新的希望的肯定（如在《狂人日记》中有力地喊出了"救救孩子"的呼声，在《故乡》中热诚希望宏儿和水生不再有隔膜，并将有新的生活等都是）。这种革命民主主义的思想立场，和勇猛的战斗的精神就远非一般的属于旧民主主义的批判的现实主义所能范围，而完全是合乎新民主主义革命要求的。而鲁迅自己在《自选集自序》中也说过，他的小说是"遵命文学"，"所遵奉的是那时革命前驱者的命令"。所以，从这个意义来看，鲁迅这一时期的作品，也可以说在一定程度上是有着社会主义现实主义因素的。当然，这因素还是不显著的，还是处于萌芽状态的，但这因素在鲁迅作品中却是起决定作用的，逐渐增多的，逐渐发展的，终于逐渐成熟，到1927年，鲁迅从革命民主主义者成为共产主义者以后，他的作品就完全是社会主义现实主义作品，而他本人就成为我国社会主义现实主义文学的伟大先驱者了。所以，社会主义现实主义在鲁迅作品中的发展历史，也可以说完全体现着中国现代文学中社会主义现实主义的发展历史。

1921年，中国共产党成立以后，共产主义思想在文学方面的领导更为明显，这在前节中所引用的茅盾、郭沫若的一些论文中都可以看得出来。这些论文今天看来，尽管有些地方不够明确甚至不够正确，但是在社会主义思想主张方面，在社会主义现实主义创作方法的提倡方面，却是十分明显的事实。在文学创作上，郭沫若在五四后期写出的《女神》，那种狂暴地诅咒黑暗社会，猛烈地反抗封建传统思想的革命精神，也是合于当时革命要求的。到了"五卅"前后，他写的《前茅》《恢复》等诗集，便逐渐有了明确的社会主义立场了。此外，五四前后的一些诗歌，"五卅"前后蒋光慈的一些小说，也在一定程度上有了社会主义的立场。当然，所有这些作品，社会主义的立场观点都还不是纯粹的，其中在不同程度上还杂有小资产阶级的思想，但具有社会主义现实主义的因素，而且这因素是越来越多的，却是无可置疑的事实。

第一次国内革命战争以后，鲁迅所领导的左翼文艺运动是五四以后中国社会主义现实主义文学进一步发展时期，中国左翼作家联盟的理论纲领上就明白地宣称："我们的艺术是反封建阶级的，反资产阶级的，又反对'失掉社会地位'的小资产阶级的倾向，我们不能不援助而且从事无产阶级艺术的产生。"当时曾经响亮地提出了"无产阶级现实主义"或是"新现实主义"创作方法的要求（"无产阶级现实主义"或"新现实主义"就是"社会主义现实主义"）。从这时起一直到抗战前期，中国文学运动中起主要作用的是无产阶级革命文学理论。这一时期，以鲁迅为首的左联，曾经运用马克思列宁主义的文艺理论的武器和一切反人民文学倾向进行了英勇的斗争，并获得了伟大胜利。而在抗日战争期间，和一些错误的反动的文学倾向的斗争，也都是用马克思列宁主义文学理论这一武器来进行的。

这一时期，在鲁迅的关怀和指导之下，越来越多的革命作家走向社会主义现实主义的文学道路上来，出现了在不同程度上有了社会主义立场观点的作家和作品，其中最著名的便是茅盾的《子夜》，作者站在革命的立场，生动地写出了中国资产阶级的动摇性、买办性和反动性，同时也形象地描写了中国革命的主要动力——中国共产党领导的工人运动和农民运动。这部作品虽然也还有些缺点，但在当时是尽了宣传革命教育群众的任务的。此外，还有许多革命作家，像丁玲、张天翼、叶紫、萧红、沙汀、艾芜（小说），田汉、夏衍、陈白尘（戏剧），殷夫、艾青、柯仲平、田间、马凡陀（诗歌）等，他们虽然由于处在国民党反动统治之下，或多或少地脱离了工农群众的实际生活和革命斗争，但他们却是一贯地站在革命的立场，明确地朝着社会主义现实主义方向努力，在文艺界形成了一道主要的洪流，推动了革命运动，教育了广大青年。这一时期的前后，也还有一些优秀的民主主义作家，像叶绍钧、巴金、老舍、洪深、曹禺等，他们在当时的历史条件下，也写了一些在一定程度上于革命有益的作品。在这同时，全国各地工农民主政权地区中，也开始产生了工人和农民自己的文艺运动，这就为后来抗日战争时期中社会主义现实主义更进一步的发展准备了基础。这时，鲁迅曾经在《黑暗中的中国文艺界现状》一文中说，"在中国，无产阶级的文艺运动，其实就是唯一的运动，因为这乃是荒野中的萌芽，除此以外，中国已经毫无其他文艺"。他又在《对于左翼作家联盟的意见》中说："无产阶级文学，是无产阶级解放斗争的一翼，它跟无产阶级的社会势力的成长而成长……"鲁迅的话是完全正确的，中国的社会主义现实主义文学运动就是伴随着无产阶级所领导的革命运动的发展，从萌芽状态而逐渐发展和成长起来的。

在左翼文学运动时期中，中国文学中社会主义现实主义的因素是进一步的发展了，但同时也从革命知识分子身上带来了各种各样的非无产阶级的思想意识。这思想意识成为社会主义现实主义文学继续发展的障碍。1942年延安文艺座谈会就是根据五四以来革命文学运动的发展的基础，以及在这个发展过程中所带来的许多缺点和问题必须解决的情况下召开的。在会上，毛泽东同志发表了具有伟大历史意义的《在延安文艺座谈会上的讲话》，解决了从五四以来一直没有解决的文艺工作者为群众和如何为群众的根本问题以及其他许多重要问题。同时针对着各种小资产阶级的文艺思想和倾向，进行了严正而尖锐的批判，区别了无产阶级与一切非无产阶级思想的界限，保卫了无产阶级思想的纯洁性、严肃性。毛泽东同志在这部著作中并着重指出工人阶级作家应当以社会主义现实主义作为创作方法，其中关于文艺问题的一系列的指示，都是关于社会主义现实主义的创作任务、态度和方法的最根本的问题，都是属于社会主义现实主义的原则性的指示。从这以后，中国的社会主义现实主义的文学，就在毛泽东同志的文艺方针的指导下，在五四革命传统的基础上，取得了进一步的发展和新的巨大的成就。许多革命文艺工作者实践了毛泽东同志的文艺方向，产生了不少优秀的社会主义现实主义作品，像《太阳照在桑干河上》《暴风骤雨》《白毛女》等都是。此外，如赵树理、刘白羽、柳青、草明、李季等人的作品，也都在一定程度上尽了以社会主义思想教育人民的任务。延安文艺座谈会无疑地是标志了五四以来中国革命文艺运动发展的新阶段。

说延安文艺座谈会以后中国社会主义现实主义文学有了更大的成就，这并不等于说这一时期的所有的进步文学作品，都已经是社会主义现实主义作品了。在当时，就全国范围来说，还有许多进步文学作家，由于没有经过思想改造的过程，还不能接受或掌握社会主义现实主义创作方法。不过，在今天，全国解放已经四年多，我们的社会基础已经发生了根本的变化，全国文艺工作者经过文艺整风和学习，原来不能接受社会主义现实主义的，现在是能够或者愿意接受了。因此，在今天，社会主义现实主义已经成为全国一切进步作家共同努力的方向和目标。

三十年来，在中国文学运动的战线上，首先应当划分的，是人民的和反人民的界限，在为人民的文学中间，便是如上所说，是以社会主义现实主义的文学作为主流。而作为这主流的逆流的，便是反人民的文学，例如五四时期的代表资产阶级文艺思想的胡适之、陈西滢、梁实秋等，左翼文学运动时期的代表买办资产阶级文艺思想的"新月派"等，他们企图把中国现代文学引到颓废主义、唯美主义、形式主义以及各种各样反现实主义的道路上去。但这些，在中国现代文学史上都是越来越没落，越来越被人民唾弃的东西，而他们自己终于也就走到帝国主义和蒋介石的怀抱里去了。

了解了中国现代文学的社会主义现实主义方向的历史发展，那么，中国现代文学史的阶段的划分，也就可以迎刃而解了。根据以上的分析，中国现代文学史大略可以分为四个阶段：第一阶段从五四前夕到1927年第一次国内革命战争结束，这一阶段社会主义现实主义还处在萌芽状态中。第二阶段从1927年经过抗日战争初期到1942年延安文艺座谈会的召开，这一阶段社会主义现实主义已被明确地提出，并有了进一步的发展。第三阶段是从1942年到1949年中华人民共和国成立，这一阶段由于毛泽东同志的《在延安文艺座谈会上的讲话》的发表，确定了中国社会主义现实主义文学运动的指导方针，中国社会主义现实主义文学有了更大的发展和成就。中华人民共和国成立以后，毛泽东文艺思想取得了全国文艺工作者的一致拥护，并成为他们的创作指针，中国文学从此又进入了一个新的光辉灿烂的阶段，这一阶段目前尚在发展之中，所以本书只叙述到第三阶段为止。

这就是中国现代文学的社会主义现实主义发展的大概情况以及它的阶段划分的根据。

中华人民共和国成立以来，中国文学在毛泽东文艺思想指导之下，文学和工农兵有了广泛的更进一步的结合，作家纷纷到了工厂，农村和部队，许多伟大的政治运动，例如抗美援朝，土地改革，镇压反革命，以及"三反""五反"运动，在文学上都有了一定程度的反映，文学作品中出现了许多新的英雄人物和新的英雄事迹，取得了许多新的成绩。表现爱国主义伟大主题，发扬五四以来的革命文学传统，进一步学习社会主义现实主义的创作方法，成为全国文学工作者所一致努力的目标。毫无疑问，今后在我们的国家逐步地广泛地进行工业化和社会主义改造的伟大过程中，文学必将起着更大的鼓舞作用和推动作用，必将出现更优秀的社会主义现实主义作品。

# 第一章　五四运动与中国现代文学革命运动的兴起、发展和斗争以及鲁迅的贡献

## 第一节　中国现代文学革命运动兴起的原因——五四运动与共产主义文化思想的传播

### 一　五四运动与新民主主义革命

1840 年鸦片战争以后，长期的中国封建社会开始发生根本的变化，逐步地变成了一个半殖民地半封建社会。这一百多年来的中国，一方面是帝国主义的侵略，威胁着中国人民的生存，使中国的经济不能发展，中国的政治不能进步；另一方面是中国封建统治阶级依靠了帝国主义，并且互相勾结，共同来压迫中国人民。因此，反对帝国主义和封建主义，推翻帝国主义和封建主义在中国的统治，就成为中国革命的最基本的任务。

中国人民为了完成这个基本任务，曾经进行了许多次反帝反封建的斗争，像 1841 年的平英团，1850 年的太平天国，1900 年的义和团，以及 1911 年的中国资产阶级领导的"辛亥革命"。但是所有这些斗争和革命都失败了。这原因是：中国农民阶级虽然人数众多，也具有反帝反封建的决心，但由于得不到先进阶级先进政党的领导，又受了旧的落后的生产方法的限制，看不到斗争前途，所以不能担负领导完成革命的任务。至于中国资产阶级则是一出世就受着帝国主义和封建官僚的排挤和压迫，因而十分软弱，他们既害怕帝国主义和封建主义，又害怕工人和农民，他们不但不能解决反帝反封建的问题，甚至不敢提出这问题。所以中国资产阶级领导的属于旧民主主义革命范畴的辛亥革命，虽然推翻了满清的专制统治，建立了所谓"中华民国"，但很快地便跟帝国主义和封建势力妥协了。统治中国的仍然是帝国主义封建主义，中国仍然是一个半殖民地半封建社会，没有发生任何变化。这些历史事实就有力地说明了中国农民阶级领导的农民战争，和中国资产阶级领导的旧民主主义革命，都不能也不可能领导中国人民的反帝反封建的革命斗争走向胜利，都不可能改变中国的半殖民地半封建社会性质。因此，完成伟大的反帝反封建革命的历史任务就不得不由

新兴阶级——无产阶级来担负领导的责任了。

这就是无产阶级领导的新民主主义革命。

1919 年的五四运动就是中国民主革命由旧民主主义革命转到新民主主义革命的转折点。1914 年到 1918 年的第一次帝国主义世界大战期间，各帝国主义国家都忙于打仗，暂时放松了对中国的侵略，使中国薄弱的民族资本主义得到了进一步的发展，这发展虽然还是有限，还是脱不了对帝国主义的依赖，但却使得中国的工人阶级日益壮大起来。当时产业工人据统计有三百万左右。同时，1917 年，震动世界的俄国十月社会主义革命成功，无产阶级领导一切劳动人民建立了苏维埃政权，并向中国发出宣言，声明"凡以前俄罗斯帝国政府时代所取得特权，都交还给中国，不受何种报酬"。这大大感动了中国一切劳动人民和进步知识分子，更鼓舞起中国无产阶级的战斗意志和信心。随着马克思列宁主义被介绍到中国，为大量的进步知识分子所欢迎所接受。这些力量逐渐汇合，成为一股壮大的洪流，在 1919 年四月"巴黎和会"中，各资本主义国家承认了战后日本承继德国在山东的各项权利的消息传来的时候，就掀起了一个反对帝国主义的爱国高潮——五四运动爆发了。这个运动展开以后，到"六三运动"时，就有了无产阶级参加，就成为一个全国性的反帝反封建的革命运动。从此以后，中国革命运动就正式成为中国无产阶级领导的新民主主义革命，并且成为世界无产阶级社会主义革命的一部分。关于这一运动的伟大的历史意义，毛泽东同志在《新民主主义论》中曾做了科学的总结，他指出："五四运动是反帝国主义的运动，又是反封建的运动。五四运动的杰出的历史意义，在于它带着为辛亥革命还不会有的姿态，这就是彻底地不妥协地反帝国主义和彻底地不妥协地反封建主义。五四运动所以具有这种性质，是在当时中国的资本主义经济已有进一步的发展，当时中国的革命知识分子眼见得俄、德、奥三大帝国主义国家已经瓦解，英、法两大帝国主义国家已经受伤，而俄国无产阶级已经建立了社会主义国家，德、奥（匈牙利）、意三国无产阶级在革命中，因而发生了中国民族解放的新希望。五四运动是在当时世界革命号召之下，是在俄国革命号召之下，是在列宁号召之下发生的。五四运动是当时无产阶级世界革命的一部分。"①

五四运动发生于 1919 年，但五四运动不是突然发生的，它有它的准备阶段，这就是从 1917 年就开始的在共产主义思想领导之下的新文化运

---

① 《毛泽东选集》第二卷。

动。一般所谓五四运动是包括这几年在内的。

底下便要叙述这一时期的共产主义文化思想的传播。

**二 五四运动以前文化战线的概况以及五四时期共产主义文化思想的传播**

上面所说的是中国现代文学革命运动的社会原因，它的发生是由于当时新的革命形势的要求。同时，它还有它的文化原因，那就是当时的共产主义文化思想的传播。而这两方面又是互相关联不可分割的。

关于五四以前和五四以后中国文化战线上的情况，毛泽东同志在《新民主主义论》中曾经这样分析："在中国文化战线或思想战线上，'五四'以前和'五四'以后，构成了两个不同的历史时期。在'五四'以前，中国文化战线上的斗争，是资产阶级的新文化和封建阶级的旧文化的斗争。……在'五四'以后，中国产生了完全崭新的文化生力军，这就是中国共产党人所领导的共产主义文化思想，即共产主义的宇宙观和社会革命论。"①这就是五四运动前后中国文化思想战线上的基本情况。

在五四运动以前，在中国旧民主主义革命时代里，中国文化思想界曾经发生了一些变化，这变化是在中国资产阶级领导的不彻底的旧民主主义革命的社会基础之上发生的。这就是所谓"新学运动""文学改良运动"等。当时一些士大夫阶级改良主义者，和资产阶级革新运动者，都做了一些宣传资产阶级思想意识的工作。严复翻译了许多西洋资产阶级思想家的重要著作，像孟德斯鸠的《法意》，亚丹斯密的《原富》，穆勒的《名学》，赫胥黎的《天演论》等。林纾翻译了欧美资产阶级文学家的许多作品，像小仲马的《茶花女遗事》，史妥夫人的《黑奴吁天录》，迭更司的《块肉余生述》等。但是他们翻译的文体却用的是古文，只在士大夫阶级中起了一些作用，没有能够得到广泛地流传。这也就说明了这种封建文体是不能适合资产阶级民主革命思想内容的，新的思想必然要求新的表现形式。这样，当时在文体方面就出现以梁启超为代表的"新文体"。梁启超在戊戌政变前，就努力介绍西洋资产阶级政治制度和思想学说。戊戌政变失败后，逃亡日本，先办《清议报》，后来又办《新民丛报》。这时他认识到旧文体不适合宣传资产阶级民主革命思想，于是便创出了新文体，这文体用的仍是文言，但却"平易畅达，杂以俚语及外国语，纵笔所至不检束"。当时古文大家斥之为"野狐禅"，但却为广大知识分子所欢迎，宣传对象较之严复、林纾就要来得

① 《毛泽东选集》第二卷。

广泛一些了。同时谭嗣同、夏曾佑、黄遵宪等倡导"诗界革命",形式仍用的是五七言绝律,但却注入一些资产阶级民主思想内容,也采用方言和外国语,并学习民歌。但这种"新文体"和"诗界革命",都还不能勇敢地抛弃封建文体的束缚,实际上只是不彻底的改良主义的产物。这也是中国资产阶级旧民主主义革命的不彻底在文学上的反映。此外当时还有王照创制官话字母,提倡拼音文字,要来开通民智,还有些人编印了白话报,白话丛书,要用白话文来作初通文字的教育工具。梁启超也注意到小说的宣传价值,要求"新"小说。而李伯元、吴沃尧的作品,如《官场现形记》《二十年目睹之怪现状》,暴露并讽刺封建社会和政治的黑暗,代表了当时知识分子的政治改革的要求,较之旧的通俗小说有了新的意义。但一般说来,他们却并不怎样特别重视这些工作,他们把拼音字母和白话文只单纯地当做教育工具,而暴露讽刺黑暗政治的小说却又堕落为黑幕小说,因而成绩也就不大。

关于这一时期文化界情况,毛泽东同志在《新民主主义论》曾作了一个科学的总结,他指出:"那时的所谓学校、新学、西学,基本上都是资产阶级代表们所需要的自然科学和资产阶级的社会政治学说(说基本上,是说那中间还夹杂了许多中国的封建余毒在内)。在当时,这种所谓新学的思想,有同中国封建思想作斗争的革命作用,是替旧时期的中国资产阶级民主革命服务的。可是,因为中国资产阶级的能力和世界已经进到帝国主义时代,这种资产阶级思想只能上阵打几个回合,就被外国帝国主义的奴化思想和中国封建的复古思想的反动同盟所打退了,被这个思想上的反动同盟军稍稍一反攻,所谓新学,就偃旗息鼓,宣告退却,失了灵魂,而只剩下它的躯壳了,旧的资产阶级民主主义文化,在帝国主义时代,已经腐化,已经无力了,它的失败是必然的。"

在旧民主主义革命时代里,这些文化工作,对于当时来说,便如毛泽东同志所指出"有同中国封建思想作斗争的革命作用",因而对于以后的启蒙运动,当然也就起了一定的影响,准备了一定的条件,特别是由于它的失败,给后来的启蒙运动带来了不少教训。这主要的是使人明白了宣传民主革命思想,不能仅仅以上层知识分子为对象,必须注意"平民"。其次,也使人明白了要宣传民主革命思想,旧的文言文固然不行,就是旧文体的局部改良,如梁启超的"新文体",也是无用,必须抛弃文言文,采用白话文。

以上就是中国旧民主主义革命时代的文化思想界情况及其对后来的影

响和作用。

但是到了五四运动时期情形就完全不同了，这时中国产生了完全崭新的文化生力军，中国共产党人所领导的共产主义文化思想，即共产主义的宇宙观和社会革命论传播开来了。

远在 1917 年，在当时鼓吹新思潮的杂志《新青年》的第二卷第五号上的"读者通信"里面，就有了提倡社会主义的主张，可见那时社会主义思想已经有了初步的传播。

当时努力传播社会主义思想并起了很大影响的是共产主义知识分子卓越的思想家李大钊。

李大钊在 1916 年就在《新青年》上发表了《青春》文，号召青年："冲决过去历史之网罗，破坏陈腐学论之囹圄，勿令僵尸枯骨，束缚现在活泼泼地之我，进而纵现在之我，扑杀过去青春之我；促今日青春之我，禅让明日青春之我……进前而勿顾后，背黑暗而向光明……"①这段话里面已经表现出否定一切腐朽封建文化的勇猛直前的气概，并且显示了一种新的思想和新的精神。到 1918 年，他又发表《今》一文，更明显地提出："大实在的瀑流，永远由无始的实在向无终的实在奔流，吾人的'我'，吾人的生命，也永远合着生活上的潮流，随着大时代的奔流，以为扩大，以为继续，以为进转，以为发展，故实在即动力，生命即流转。"②这里不仅表现出热情奔放的战斗意志，而且显示出了朴素的辩证唯物论的思想。

1917 年，俄国十月社会主义革命成功，马克思主义介绍到中国。1918年 11 月，李大钊连续发表了《庶民的胜利》和《Bolshevism 的胜利》两篇文章③。在《庶民的胜利》中，他指出了第一次世界大战有两个结果：政治的结果是专制主义失败，民主主义胜利；社会的结果是"资本主义失败，劳工主义战胜"。最后，他更明确地指出："1917 年的俄国革命，是 20 世纪中世界革命的先声，"而得出"今后的世界，变成劳工的世界"一个结论。在《Bolshevism 的胜利》一文中说得更为透辟，他指出：这"是社会主义的胜利，是布尔什维克主义的胜利，是赤旗的胜利，是世界劳工阶级的胜利，是 20 世纪新潮流的胜利"。他说俄国布尔什维克党是反对战争的，"但是他们也不恐怕战争"。"他们的战争是阶级战争，是全世界无产庶民对于世界资本家的战争"。"他们将要联合世界的无产庶民，拿他们最强的抵抗

①《新青年》第二卷第一号。
② 同（四）第四卷第四号。
③ 同（四）第五卷第五号。

力，创造一个自由乡土"。最后他更以坚定自信的语气这样说："俄国的革命，不过是使天下惊秋的一片桐叶罢了。Bolshevism 这个字，虽为俄人所创造，但是他的精神，可是 20 世纪全世界人类人人心中共同觉悟的精神。所以 Bolshevism 的胜利，就是 20 世纪世界人类人人心中共同觉悟的新精神的胜利。"

当时除李大钊之外，还有一些共产主义知识分子和激进的民主主义者也发表了许多宣传社会主义思想的文章：像恽代英写有《物质实在论》①，陈独秀写有《俄罗斯革命与我国民之觉悟》②等，这些文章都是在五四运动前发表的，它对于宣传社会主义思想和十月革命的成就，在当时进步知识分子中，曾起了很大的影响，对于五四运动当然也就起了推进作用。

五四运动以后，中国的无产阶级认识提高了，力量也壮大了，马克思列宁主义思想通过这一运动得到广泛地传播，形成了一个伟大的启蒙运动。当时李大钊、陈独秀编有《新青年》，毛泽东同志编有《湘江评论》，此外还有《每周评论》《浙江潮》等刊物，风起云涌，纷纷出现，都是宣传社会主义思想科学的。1919 年《新青年》并出了一个《马克思研究号》，而马克思、恩格斯《共产党宣言》跟着也就译成中文出版，在中国文化思想界发生了极大的作用。

在这一思想影响指导之下，那时一些共产主义知识分子和一些激进的民主主义者，以及具有这种思想的青年和学生，就进而具体地从事民众的文化启蒙运动，例如许多学生会在学校附设平民夜校，暑期中到乡村去作时事和通俗的科学演讲，在农村办暑期夜校等。这些民众文化启蒙运动工作虽然还谈不上深入，和工农群众结合得也并不够，但这却是一个很重要的新的开始，它说明了这个文化运动在其一开始的时候就是已经注意到工农群众的。

毛泽东同志在《新民主主义论》中说："五四运动，在其开始，是共产主义的知识分子、革命的小资产阶级知识分子和资产阶级知识分子（他们是当时运动中的右翼）三部分人的统一战线的革命运动。"③因此，当时文化思想界除了作为主潮的共产主义思想而外，还有在这主潮领导影响之下以同盟军姿态出现的，一些代表革命的小资产阶级与资产阶级的思想。当时鲁迅更是革命的小资产阶级知识分子中最杰出的一个，他十分彻底，十分

---

① 同（四）第三卷第三号。
② 同（六）第四号。
③ 同（一）。

坚定地和一切旧的封建的势力作了不调和的斗争。至于右翼资产阶级知识分子代表人物便是胡适，但那时虽然也不大满意封建势力，但却处处表现犹豫动摇以致妥协的态度。

这两个阶级的民主主义思想和当时思想界主流无产阶级的文化思想本质上虽然不同，但是他们，特别是革命的小资产阶级知识分子，敢于勇猛地向旧教条挑战，反迷信，反盲从，反复古，反传统的封建思想。在这些点上，却和当时无帝阶级斗争目标互相一致。由于具有这一共同目标，所以便很自然地结成了一条统一战线，整一步伐，同心合力向旧阵营进攻。不过这种热烈情形，并没有继续多久，五四运动以后，那些资产阶级代言人，五四运动的右翼，大部分就和敌人妥协，站到反动方面去了，最显著的代表人物便是胡适。而另一部分革命的小资产阶级知识分子却随着时代的进展，克服了自己的弱点，终于走向无产阶级阵营中来，如鲁迅便是。

以上是五四运动前后中国革命摆动的形势和文化思想界的大概情形，当时文学革命运动就是在这样的革命运动形势之下，在这样的文化思想领导影响之下兴起的。这就是中国文学革命运动兴起的主要原因。

# 第二节　文学革命运动的兴起和理论的建立

## 一　文学革命运动的倡导

五四运动和共产主义文化思想的传播是中国现代文学革命运动发生的两个基本原因。也正是由于这两个原因，所以中国文学革命运动在其一兴起时，它的革命任务就注定是反对帝国主义反对封建主义的，它的阶级基础则是无产阶级领导的，统一战线的，它完全是为了适应人民革命的要求而诞生的。

因此，中国文学革命运动的基本内容就完全是创造的，是新的，是属于新民主主义革命范畴的。为了适应这一新的内容，它就必然要采用一种新的形式，所以文学革命运动的倡导在形式上又是以提倡白话文开始的。

但这却并不是说文学革命运动就是白话文运动，这样理解是完全错误的，白话不过是一个形式，它是为文学的基本内容所决定的。不过当时提倡白话文除了这一基本原因而外，也还有其他两个原因：这首先是历史的传统。在中国长期封建社会里，统治阶级垄断着一切文化，人民大众几乎没有文化生活可言。但人民大众却在这垄断压制之下，自己不断地创造了丰富的文化，这就是历来的口传文学和民间艺术，以及唐宋以来的大量的白话小说和戏曲（这里面虽然有些经过知识分子的润饰，但基本上是人民大众的创作）。这些作品一向都是被统治阶级所轻视，甚至予以压抑的；但却为历来人民大众所喜爱，因而得到广泛的流传。所以文学革命运动采用白话的形式是有着历史传统，并且是有群众基础的。关于白话小说和民众关系这一点，在旧民主主义革命时期，梁启超等也已经注意到，他认为"今日欲改良群治，必自小说界革命始；欲新民，必自新小说始"。① 他并且刊行了《新小说》杂志，自己还写了一篇小说《新中国未来记》，但由于历史条件的限制，以及他自己对于革命和对于文学认识的限制，当然不可能引起文学革命运动。其次是由于战斗的要求。文言文是封建统治的重要工具，是封建思想封建文学最主要的表现形式。要摧毁一切封建思想、封建文学以至封建统治，首先就必须摧毁它的重要的工具，而摧毁这个工具的最有力的武器便是白话文。同时封建的文言文经过旧民主主义革命，大家提倡"新学"，提倡"新文体"，编印白话报，这许多工作已经侵蚀了文言文的基础，所以也很容易摧毁。

就由于这些原因，那时就要求彻底摧毁封建的文言文，否认它的正统文学的地位，肯定白话文学是文学的正宗。就是这样，中国文学革命运动的倡导在形式上便以提倡白话文开始了。

就在这样的新民主主义革命形势的要求之下，鲁迅、陈独秀、钱玄同、胡适等纷纷在《新青年》上发表文学革命的论文，其中特别是鲁迅，并发表了新的文艺创作，显示了文学革命的实绩。由于他们代表了当时广大知识分子的要求，便引起了各方面的响应，开始了轰轰烈烈的"文学革命运动"。1918 年 1 月，《新青年》编辑部改组，完全改用白话文，这是最早的白话文杂志。接着李大钊主编的《每周评论》，北京大学学生们编的《新潮》，相继出刊，于是文学革命运动就热烈展开了。

## 二　鲁迅对于文学革命理论建立的贡献及初期文学革命理论

中国现代文学革命运动发生于 1917 年，但远在 1907 年，鲁迅即已在《摩罗诗力说》②一文中发表了他的卓越的战斗的现实主义的文学主张。

在这篇论文里面，鲁迅指出斗争是永恒的，绝对的，而所谓和平不过是暂时的，相对的。他说："平和为物，不见于人间。其强谓之平和者，

---

① 《论小说与群治之关系》。

② 《坟》。

不过战事方已或未始之时，外状若宁，暗流仍伏，时劫一会，动作始矣。"
这个意见本身便充满了强烈的战斗气息，所以鲁迅认为人类历史，从古到
今，都是充满着斗争的，他说："古民曼衍播迁，其为争抗劬劳，纵不属
于今，而视今必无所减。"因此，鲁迅认为文学也应该适应社会变化，也应
该是斗争的，所以他倡导"摩罗诗派"，他说："至力足以振人，且语之较
有深趣者，实莫如'摩罗诗派'。"因为"摩罗诗派"有强烈的自觉之声，"每
响必中于人心，清晰昭明，不同凡响"。"无不刚健不挠，抱诚守真，不取
顺于群，以随顺旧俗；发为雄声，以起其国人之新生，而大其国于天下"。
鲁迅认为要改造当时暮气沉沉的中国，正需要这样的文学，于是就把当时
欧洲所有著名的民主主义作家，如普希金、莱蒙托夫、拜伦、雪莱、密克
威支、斯洛伐支奇、裴多非等在文中一一介绍给中国读者，并指出这些人
的作品"大都不为顺世和乐之音"，"立意在反抗，指归在动作，而为世所
不甚愉悦者"。鲁迅不仅对这些作品表示崇敬，而且首先是对于他们的那
种反抗传统的斗争行动更表示由衷的向往。鲁迅是想借这些作家和作品的
战斗精神，来引起中国人民争取民族独立的反抗斗争的。

　　这篇文章是在当时《河南》杂志上发表的，由于那时革命条件尚未成
熟，所以没有引起什么反响，但其中对于文学的见解，特别是指出文学的
战斗性这一点，在十年后的文学革命运动时期的许多文学论文中还没有一
篇能够说得这样透彻、深入的。所以，提到中国文学革命理论的建立，就
必须首先提到鲁迅这篇论文，鲁迅是中国文学革命运动的先驱者。

　　文学革命运动展开以后，鲁迅在文学理论和创作实践方面又给文学革
命运动打下了坚实的基础。他这时在共产主义思想影响之下，已经明确地
认识到文学必须服从于革命的政治，文学必须进行反封建制度的斗争，他
在《呐喊自序》中曾说他这时之所以写小说，为的是要改变人们的精神，是
要把他们"从昏睡到死灭"中惊醒过来，是要"慰藉那在寂寞里奔驰的猛士
们，使他不惮于前驱"。他说他的《呐喊》是"听将令"的，这个"将令"据他
后来解释，就"是那时革命前驱者的命令"，他并申明"也是我自己所愿意
遵奉的命令"。① 把文学的政治性和斗争性提得这样鲜明坚决，这亦当时实
在是没有第二人。但更重要的是那时鲁迅不仅是有这样卓越的文学认识，
他并且以具体的文学创作来实践他的文学认识，他的短篇杰作《狂人日记》
发表于1918年5月的《新青年》上，这是他的反封建制度的斗争宣言，也

---

　　① 《南腔北调集》：《自选集自序》。

是中国现代文学史上第一篇小说，据他自己说："算是显示了文学革命的实绩。"①这话是完全符合当时历史情况的，没有鲁迅的创作，文学革命运动无论理论建立得怎样，也只是徒托空言，无法开展的。所以，鲁迅不仅是中国文学革命运动先驱者，也是中国现代文学的创始者和奠基者，运动展开后又是一个伟大的领导者，他的初期的彻底的反帝反封建的爱国主义思想，以及后期的为共产主义事业不屈不挠的战斗精神，始终引导着中国文学向前迈进。

对初期文学革命运动作了巨大贡献的是鲁迅，当时参加这一运动的还有陈独秀、钱玄同、胡适等，他们在反对封建文学，提倡白话形式方面，也都起了不同程度的影响和作用。

陈独秀并不是一个好的马克思主义者，他在五四运动前和五四运动期间以中国的激进民主派著名，当马克思主义传入中国后，他成了有很大影响的社会主义宣传者，后来他堕落成为托洛斯基匪徒。在文学革命运动初期，陈独秀就是以激进的民主派姿态出现的，1917年2月，他在《新青年》上发表了《文学革命论》，提出"文学革命"的口号，他说："余甘冒全国学究之敌，高张'文学革命军'大旗……旗上大书特书吾革命军三大主义：曰，推倒雕琢的阿谀的贵族文学，建设平易的抒情的国民文学；曰，推倒陈腐的铺张的古典文学，建设新鲜的立诚的写实文学；曰，推倒迂晦的艰涩的山林文学，建设明了的通俗的社会文学。"②他把贵族和国民，古典和写实，山林和社会对立起来看，这就表现了他的激进的民主主义思想，这思想多少是受了社会主义思想感染或引导的。不过他却没有明确地认识到文学的社会基础和阶级基础，因而对他所提倡的那三种文学的具体内容究竟是什么也就没有指出，所以就显得比较模糊笼统了。

钱玄同对于文学革命的主张，在当时是比较坚决的。他又是章炳麟的学生，对中国文字音韵之学有很高的造诣，因此他出马攻击封建文学，在当时影响就比较大，他反对封建文学的态度很彻底，会提出"桐城谬种，选学妖孽"的口号，又曾反对胡适"不用典"的改良主义的解释，他说："凡用典者，无论工拙，皆为行文之疵病。"③他主张应该"认定白话是文学的正宗，正是要用质朴的文章去铲除阶级制度里野蛮款式……对于腐朽的旧文

---

① 《新文学大系小说二集导言》。
② 《新青年》第二卷第六期。
③ 《寄陈独秀》。

学，应该极端驱除，淘汰净尽，才能使新基础稳固。"①他又极力提倡旧白话小说，如《水浒传》《红楼梦》《儒林外史》等。从这些主张里面，可以看出他的激进的民主主义思想，也多少受了社会主义思想的感染。但他也仍然没有认识到文学的社会基础和阶级基础，他所说的"阶级制度"也没有明确的界说。不过他提倡旧小说，看出了《水浒传》是写"官逼民反"，《聊斋志异》是寓意"排满"，从小说中看出政治意义与影响，在当时是很难得的。他又主张改革文字，攻击旧剧，意见有的正确，有的也不免失之偏激，但他的勇猛坚决的态度，对文学革命的进展却是起了好的作用。

至于胡适则是代表当时右翼资产阶级知识分子来参加文学革命运动的，他认为文学革命运动只是白话文运动，或国语文学运动，根本没有看到这个文学运动和革命运动的关系，和反帝反封建的关系。而他对文学革命的进行，也是动摇妥协的，在这运动起来之后，他还给陈独秀一封信说："此事之是非，非一朝一夕所能定……吾辈已张革命之旗，虽不容退缩，然亦不敢以吾辈所主张为必是而不容他人之匡正也。"因此，他的文学主张基本上却是改良主义和形式主义的。

他的文学上的形式主义主张，在他讨论文学革命的最初两篇文章——《文学改良刍议》和《建设的文学革命论》②中便已经表现得很明显，在这两篇文章中他把他的意见归纳成为"八不主义"：一、不作"言之无物"的文字；二、不作"无病呻吟"的文字；三、不用典；四、不用套语滥调；五、不重对偶——文须废骈，诗须废律；六、不作不合文法的文字；七、不摹仿古人；八、不避俗字俗语。这"八不主义"只有第一、第二两条和内容有关，但也十分空泛笼统，没有具体的思想内容；至于其余六条，则全是属于形式方面的。而在这形式方面，他的"革命"也是妥协的，不彻底的。例如他主张"不用典"，但却又说广义之典可用，而"狭义之典，亦有工拙之别，其工者偶一用之，未为不可"。那还主张个什么"不用典"呢？此外如他在《谈新诗》中也主张："文学革命运动，不论古今中外，大概都是从文的形式一方面下手，大概都是先要求语言文字文体等的大解放……这一次中国的文学革命运动，也是先要求语言文字和文体的解放。"这里他把"内容决定形式"颠倒为"形式决定内容"了。这完全是十足的形式主义者的论调。严格说来，胡适这种游移、动摇、妥协的文学上的形式主义和改良主义的

---

① 《新青年》四卷二期：《尝试集序》。
② 《新青年》第二卷第五期及第四卷第一期。

主张，也实在和戊戌政变后梁启超的意见相连无几。这也就有力地说明了五四运动时原在文化界统一战线中的胡适，后来为什么走向反动的原因了。

当时刘半农和周作人也发表了一些文章，提倡文学革命。刘半农写有"我之文学改良观"，主张"文言白话可暂处于对待之地位"，也是改良主义观点。但他提倡腰止旧韵，主张写无韵诗，改革应用文，提倡标点符号，这在当时都还是有进步意义的。周作人在抗日战争期间堕落到做了汉奸，其人实不足一道。他这时曾写有《人的文学》一文，提倡人道主义的文学，后来又写有一篇《平民文学》，提出了"平民"两字，但这"平民"，诚如毛泽东同志所指出："实际上还只能限于城市小资产阶级知识分子，即所谓市民阶级的知识分子。"①并不是指的工农群众。

伴随着"文学革命"的提倡和讨论，大家也开始注意到中国古代一些现实主义小说，例如：《水浒传》《红楼梦》《金瓶梅》《三国演义》《西游记》《儒林外史》等，并把它们提到文学正宗的地位，给了高度评价，有力地打破了封建传统观念，这是一大历史功劳。不过，也无容讳言，那时的一些提倡者对这些伟大作品，却也并没有深刻的认识，即并没有真正认识到它们的现实主义精神和人民性。一部分人，例如胡适，不过仅仅认为这些作品是用白话写的缘故，所以加以提倡；而对其思想内容，则反而横加诬蔑，持着极端否定的态度。另一部分人虽也在一定程度上看出这些作品的政治意义，例如上面说过的钱玄同，但他们也没有作深入的研究。这时，对我国这宗伟大文学遗产真正作了深刻钻研和系统分析的是鲁迅，他在这一时期编著了一部《中国小说史略》，这是我国第一部小说史，从这以后，研究中国文学的人才开始注意并研究中国古代小说了。

### 三　文学革命运动的展开及其偏向

以上所述文学革命理论的讨论和研究，大都是在五四运动以前，还只限于少数人之中，但通过1919年的五四运动，文学革命运动就获得了群众基础，得到了很大的开展。有人估计，1919年一年当中，至少出了四百种白话报，同时，也出现了一些新的杂志和报纸副刊，如《湘江评论》《少年中国》《星期评论》《解放与改造》《建设》等，北京的《晨报剧刊》，上海《民国书报》的《觉悟》《时事新报》的《学灯》等，这些杂志和副刊政治立场虽不完全相同，性质也不完全是纯文学的，但却都刊有新文学作品，都是提倡

①　《新民主主义论》。

新文化运动，采用白话文，因而也就推动了文学革命运动的开展。随着新民主主义革命运动的潮流的激荡，文学革命运动的影响普遍到全国范围了。

由于文学革命运动的展开，当时的国语运动也得到进一步的推进，西洋文学名著的翻译以及民歌、民谣的搜集整理也得到了提倡，而这三者又反转来帮助了文学革命运动的进展。国语运动在 1913 年就成立了国语读音统一会，议定了注音字母，但常时不过把它常作识字教育运动看待，等到文学革命运动兴起，倡导白话文，这就和"国语"结合了起来，两者就起了互相推动的作用。西洋文学名著的翻译，特别是俄罗斯文学和弱小民族文学的翻译，当时倡导文学革命的人们也很注意这工作，1918 年《新青年》四卷六期还出过《易卜生专号》。这时期虽然翻译不多，但对当时文学革命运动还是有一定的影响的。民歌民谣和民间故事的搜集整理，当时北京大学便很注意这事，1918 年成立歌谣征集处，后改为歌谣研究会，并出有《歌谣周刊》，搜集了很多歌谣。这工作对于当时新诗很起了一些作用，像刘半农的新诗就有很多是有意模仿民歌的。

总起来看，五四运动时期文学革命主要内容，一般是以反对旧文学建立新文学为主，这所谓"旧"，是指封建的内容和文言的形式；所谓"新"，是指反帝反封建的内容和白话的形式。但当时参加这一运动的人，意见也并不完全一致，像鲁迅就对旧内容旧形式都坚决反对，并且是从反对旧内容出发；而胡适只是单纯的形式主义观点，认为新文学就是白话文学。但不管他们意见如何分歧，对于反对旧文学提倡新文学这一原则却是一致的，因而不自觉的就形成文学上的一条统一战线。但也正由于这分歧，等到文学革命运动发展到一定阶段时，这个统一战线就开始分化了。

如上所说，五四时期的文学革命运动是有着伟大的成绩的，但是，也无容讳言，这运动也有其缺点，这主要的就是有一些人盲目崇拜西方资产阶级文化，特别是对自己民族文学遗产采取了错误的完全否定的态度，只片面地看到民族遗产的封建性和落后性的一面，而没有认识到这些遗产是我们伟大民族的精神宝库，其中蕴藏着不少具有丰富的人民性的伟大的现实主义作品。这现象在相当长的时期内曾经普遍地存在着，给后来的文学发展以有害的影响。关于这，毛泽东同志在论五四运动时曾经这样指出："五四运动时期，一班新人物反对文言文，提倡白话文，反对旧教条，提倡科学和民主，这些都是很对的。在那时，这个运动是生动活泼的，前进的，革命的。……揭穿这种老八股，老教条的丑态给人民看，号召人民起来反对老八股，老教条，这就是五四运动时期的一个极大的功绩。……但五四运动本身也是有缺点的。那时的许多领导人物，还没有马克思主义的批判精神，他们使用的方法，一般地还是资产阶级的方法，即形式主义的方法。他们反对旧八股，旧教条，主张科学和民主，是很对的。但是他们对于现状，对于历史，对于外国事物，没有历史唯物主义的批判精神，所谓坏就是绝对的坏，一切皆坏；所谓好就是绝对的好，一切皆好。这种形式主义地看问题的方法，就影响了后来这个运动的发展。"①毛泽东同志这段话虽然是论五四运动，但也是文学革命运动的一个英明的总结。

## 第三节　文学革命理论的发展

**一　中国共产党的成立及其所领导的革命运动的高涨在文学运动上的反映**

第一次世界大战之后，帝国主义势力更加紧了对中国的侵略，中国大资本家投入了帝国主义的怀抱，封建势力勾结了帝国主义，对中国人民进行了更高度的压榨。更由于帝国主义国家之间的矛盾，因而各助中国封建军阀，互相倾轧，造成封建军阀之间的混战局面。这样，就使得当时封建势力与帝国主义互相勾结的黑暗统治，更加厉害，更加残酷。

在革命力量这一方面，由于五四运动促成了中国工人运动和马克思列宁主义的结合，为中国共产党的成立作了准备。五四后一年，共产主义的小组在上海、北京、汉口、长沙、广州、济南、杭州等地成立起来。1927年7月1日，各地共产主义小组选出代表，在上海举行第一次代表大会，通过了中国共产党的第一个党章，选举了党的中央机关，组成了中国共产党。从此，在中国共产党领导之下中国革命走上了新的阶段。

党在成立以后便集中力量领导了工人运动，经过1922年香港海员大罢工，1923年平汉铁路工人"二七"大罢工，以至1935年"五卅"运动。这些工人运动规模一次比一次壮大，激荡起全国的革命高潮。另一方面，1923年，中共第三次代表大会讨论与孙中山领导的国民党建立统一战线，1924年，孙中山接受中国共产党的建议，改组了国民党，并宣布了联俄、联共，扶植农工三大政策。在中共的倡议、领导和支持下，成立了广东的

① 《毛泽东选集》第三卷：《反对党八股》。

革命政府，在全国发起了召集国民会议和废除不平等条约的人民运动，而工人运动和农民运动也日益开展起来，替 1926 年的北伐战争军事行动作了准备。

这样的革命形势反映到文化上的就是五四运动以来的文化界的统一战线开始了第一次的分化。这就是如鲁迅所说的"有的高升，有的退隐，有的前进"了①。

共产主义知识分子李大钊等经过五四运动，已正式走向实际的革命工作中，1920 年，《新青年》杂志迁到上海，改为纯粹政治性的刊物，对于文学革命事业的实际工作便无法兼顾了。

至于代表当时右翼的资产阶级知识分子胡适，因为看到当时庞大群众一天比一天觉悟起来，马克思列宁主义有了广泛的传播，便开始恐怖动摇了。1919 年，他就在《每周评论》上发表了一篇《多研究些问题，少谈些主义》，企图阻止马克思列宁主义的流传。同时对文学革命运动也就不再热心，并别有用心地提倡用资产阶级实验主义方法《整理国故》去了。

其他的文学革命战士们，如钱玄同、刘半农等，也都沉默的沉默，转向的转向，原来的蓬勃的战斗热情，昙花一现似地消失了。

这时只有鲁迅和一批五四后涌现的革命的小资产阶级知识青年仍然坚持着文学革命的阵地，在和反动的新旧封建势力作着不妥协的斗争。特别是鲁迅，愈战愈强，给当时的影响也最大。

这些革命的小资产阶级知识分子，在当时一方面身受封建黑暗统治的压迫，一方面又受了中国共产党领导的革命运动的影响，基本上都是有革命要求的。但是由于他们自身的阶级限制，对无产阶级力量还是认识不够，或竟是没有认识到。因之，对于中国革命前途，乃至个人前途，就找不到正确的方向，从而感到苦闷。就在这样思想情况之下，他们大批的从事了文学运动，用文学来作战斗武器，暴露当前封建社会的黑暗；同时也借此抒发自己的苦闷心情。到"五卅"运动时期，无产阶级的革命力量空前高涨，革命前途也日益显著，推动了这批革命的知识分子，这时他们大部分开始认清了自己应走的道路，于是就参加到实际革命斗争之中，这样，就使得新文学运动在质与量的两方面都有了大的发展。

---

① 同（十二）。

二　鲁迅对于这一时期的文学革命运动的领导以及文学研究会和创造社的文学主张

如上所说，五四以后，初期文学革命的战士们，只有鲁迅在坚持着文学革命的阵地，以文艺为武器，英勇地向代表封建主义帝国主义势力的官僚、买办、"学者""名流"进攻，写了许多战斗的小说和杂文。他那种彻底的不妥协的战斗精神，精湛的广博的文学造诣，以及对青年的关怀和热爱，大大鼓舞了并感动了当时的文学青年，他们热情兴奋地纷纷走到鲁迅旗帜下来，在鲁迅领导之下从事文学事业，因而使当时文学运动得到了进一步地发展。

鲁迅这时仍然认定文学是改变国民精神的有力武器，文学是人民群众在斗争中发出的火光，同时又引导人民群众前进，文学本身就是战斗的，所以从事文艺的人，自己就必须也是一个战士和闯将。他在1925年曾这样告诉当时青年："文艺是国民精神所发的火光，同时也是引导国民精神的前进的灯火。……中国人向来因为不敢正视人生，只好瞒和骗，由此也生出瞒和骗的文艺来，由这文艺，更令中国人更深地陷入瞒和骗的大泽中，甚而至于已经自己不觉得。世界日日改变，我们的作家取下假面，真诚地，深入地，大胆地看取人生，并且写出他的血和肉来的时候早到了；早就应该有一片崭新的文场，早就应该有几个凶猛的闯将。……没有冲破一切传统思想和手法的闯将，中国是不会有真的新文艺的。"①

当时在鲁迅的关怀和鼓舞之下，在北方就出现了一些文艺团体，其中影响较大和鲁迅关系较多的是语丝社和莽原社。

语丝社成立于1924年，发行有《语丝周刊》，后来改为半月刊，1927年移到上海，鲁迅曾编过一个时期，不久即停刊。关于语丝社的性质，鲁迅曾说过是："任意而谈，无所顾忌，要催促新的产生，对于有害于新的旧物，则竭力加以排击——但应该产生怎样的'新'，却并无明白表示。"②这一基本认识也正和当时其他几个主要的文艺团体一样，都是对于封建势力十分愤恨，而对于革命前途和无产阶级的力量又认识不明确，这也是当时革命小资产阶级一般情况。语丝社主要人物多半是《新青年》的旧人，如鲁迅、钱玄同、周作人、林语堂等。他们的意见也并不一致，所以"五卅"以后，便起了分化，如鲁迅便坚决地走向革命文学阵营，而林语堂和周作

① 《坟》：《论睁了眼睛看》。
② 《三闲集》：《我和语丝的始终》。

人或堕落成为买办，或竟做了汉奸。

莽原社成立于 1925 年，出有《莽原周刊》，后改为半月刊。是当时一些文学青年在鲁迅领导之下，感到需要一个富有战斗性的刊物和文学团体而成立的。因为他们都是青年，革命要求比较强，希望借文学来反抗旧社会的心情也更迫切，他们要求文学成为攻击旧社会的武器。但是由于那时革命形势日益发展，革命浪潮已经澎湃全国，单纯攻击旧势力而不能指出新方向的文学，已不能满足革命青年的要求，加上 1926 年鲁迅离开北京，没有人领导，便停顿下去了。

从 1921 年到 1925 年，除鲁迅在北京领导一些文艺青年坚持文艺战线的斗争之外，在南方，主要的是在上海，也出现许多文艺团体，发表他们对于文学的主张，其中影响最大的是文学研究会和创造社。

文学研究会是沈雁冰、郑振铎、耿济之、王统照、叶绍钧、许地山等十二人发起的，1921 年 1 月在北京成立，后来又移到上海。

文学研究会成立时会发表宣言，宣布目的是："其一曰联络感情，其二曰增进知识，其三曰建立著作工作之基础。"这目的很像是个同业工会的组织。但其中也提出了一些对文学的意见，即反对旧时代的文学观。宣言中认为旧时代那样的"将文学当作高兴时的游戏，或失意时的消遣的时期已经过去了"，因此，他们也曾经和代表这种文学观的"鸳鸯蝴蝶派"和复古倾向作过战斗。这主张表面上好像只是消极的否定旧文学，但实际却也有其积极意义，这意义据后来茅盾解释，就是认为"文学应该反映社会现象，并讨论及表现人生的一般问题"。① 这显然是现实主义的主张，但是反映什么社会现象呢？表现什么阶级的人生呢？又站在什么立场去反映去表现呢？这些问题，那时是没有接触到的。文学研究会组织很散漫，对文学的意见，大家也不一致，并且也没有要求一致，如果有所谓一致的话，那么恐怕就是上述的那一基本态度。

不过那时文学研究会中一些起着领导作用的人物的文学主张，却是比较上述的基本态度要明确一些、系统一些的，这可以拿沈雁冰（茅盾）的意见作代表。沈雁冰在文学研究会成立以后写过不少的文学论文，归纳他的意见，要点如下：首先，他主张文学应该反映时代反映社会，不应该逃避现实。文学应该"担当唤醒民众而给他们力量的重大责任"。② 其次，他进

---

① 《新文学大系小说一集导言》。
② 《大转变时期何时来呢》。

一步指出应该反映怎样的社会。他说："我们现在的社会背景，是怎样的社会背景？应该产生怎样的创作？由浅处看来，现在社会内兵荒屡见，人人感着生活不安的痛苦，真可以说是乱世了。反映这时代的创作应该怎样的悲惨动人呀？……总之，我觉得表现社会生活的文学是真文学，是于人类有关系的文学，在被迫害的国度里更应该注意这社会背景。"①最后，他又指出不仅要表现在被迫害的国度的被损害者与被侮辱者，而且表现的态度不应该是纯客观的，应该"注意社会问题，爱被损害者与被侮辱者"。②这些主张虽然没有明确的阶级观点，但要求"爱被损害者与被侮辱者"，这在当时实是很进步的理论了。

沈雁冰的意见是可以代表文学研究会一部分进步会员的意见的。根据这一现实主义的文学主张，所以他们反对颓废主义、唯美主义、感伤主义，他们"觉得现在文坛上太多了感伤的作品，这是件可虑的事"③。同时他们也很注意介绍外国文学作品，翻译了俄国、法国、北欧的许多名作家的著作，也经常介绍苏联文艺界情形，他们尤其注意被压迫民族的文学，曾在《小说月报》出过《被压迫民族文学专号》。他们的代表刊物有：《小说月报》《文学周报》和《文学旬刊》等。

不过，如前所论，文学研究会同人对于文学的意见也并不是一致的，除上述的沈雁冰的意见而外，还有两种不同的主张，例如："郑振铎会在同一篇文章内，既主张"文艺的对象，应该是被侮辱与被践踏者的血和泪"；但却又认为"如果作者以教导哲学，宣传主义为他的目的……则文学也要有加上坚固的桎梏的危险"④。这就表现了他思想上的矛盾。而周作人、冰心女士等，或者认为应该有"与人脱离关系的艺术"；或者逃到唯心论的泥淖之中。这也就是后来文学研究会分化的思想根源，五卅运动以后，茅盾终于走向革命文学的阵营，郑振铎也克服了自己思想矛盾，坚持现实主义的文学道路，而冰心女士却成为资产阶级作家，周作人竟更加逃避现实，脱离政治。但到这时候，文学研究会也就无形取消了。

创造社是1920年左右几个留日学生郭沫若、郁达夫、成仿吾、田汉、郑伯奇等发起的，正式与社会相见，则是在1922年《创造季刊》出版的时候。

---

① 《社会背景与创作》。
② 《自然主义与中国现代小说》。
③ 沈雁冰：《什么是文学》。
④ 《新文学观的建设》。

创造社初期的文学主张，虽然带有浪漫主义的倾向，但基本上也还是现实主义的。《创造季刊》第二期《编后余谈》中说："我们所同的，只是本着内心的要求，从事于文学活动。"表现内心要求，而不重视反映客观现实生活，这就是浪漫主义的倾向。因此，他们是反对文学上的功利主义，重视表现自我，重视灵感和天才等。但这只是他们的主张的一方面，而且不是主要的一方面，另一方面却是主要的，就是他们也主张文学应该"为社会""为人生"，例如成仿吾在《新文学之使命》文中，既主张文学要"除去一切功利打算"，但却又强调文学的时代使命，认为"对于时代的虚伪与他的罪孽，我们要不惜加以炮火……我们的时代已经被虚伪罪孽与丑恶充斥了！生命已经在浊气之中窒息了！打破这现状是新文学家的天职。"而在《写实主义与庸俗主义》一文中，更明白地主张写实主义。这两种相反思想同时并存，看来好像很矛盾，其实并不奇怪，因为在当时的中国的现实社会里，"所谓'象牙之塔'一点没有给他们准备着，他们依然是在社会桎梏之下呻吟着的'时代儿'"。[1] 生活在半殖民地半封建的中国社会里，是没有办法不看一看这现实社会和人生的。所以创造社的文学主张虽然带有浪漫主义的倾向，但基本上仍然是现实主义的。这也就是后来创造社之所以提倡革命文学的根源。

创造社的机关刊物有：《创造季刊》《创造周报》《创造日》以及后来的《洪水》(1925 年创刊) 和《创造月刊》(1926 年创刊) 等。1929 年，创造社被国民党反动政府查封，1930 年中国左翼作家联盟成立，创造社也就自动取消了。

文学研究会和创造社的文学主张，看来好像不同，但在本质上却是一致的，那就是这两个团体的成员大都是革命的小资产阶级知识分子，又都生活在中国的半殖民地半封建的社会里面，因而都有着反帝反封建的革命要求，对当时封建黑暗统治和帝国主义的侵略都极端愤怒，并与之进行反抗斗争，但却也都没有看到造成这黑暗社会的根源，对革命前途和广大人民群众的革命力量也都认识不明确。在这一基本认识上和斗争目标上，这两个团体是没有什么不同的。但从这基本认识出发，这两个团体却又代表了当时革命的小资产阶级知识分子两种不同的倾向：文学研究会同人，一般说来，都经过五四运动的锻炼，接受了五四时代新文化思想，因而态度比较稳健，具有实事求是的精神，能够正视现实社会人生，所以倾向于现

---

① 郑伯奇：《中国新文学大系小说三集道论》。

实主义。创造社的主要人物都是留日学生，他们没有受到五四运动的锻炼，但在帝国主义国家受教育，对帝国主义的压迫感受得比较真切，因而对中国的封建黑暗统治也比较更为痛恨，所以反抗情绪高，革命要求强，可是却不够冷静。他们更多地接受了欧洲资产阶级初期浪漫主义思想的影响，因而倾向于浪漫主义。也正由于两种倾向的不同，他们之间便会有一些矛盾，但基本认识和斗争目标既然没有什么差异，那么这矛盾实际上就只是"文人相轻"的习气的表现，就谈不上什么原则了。

总起来看，这一时期的文学革命运动由于有了大批的革命知识青年参加，运动得到了很大的开展。在 1921 年以前，没有独立的文艺团体，也没有纯文艺刊物，新文学书籍出版的也很少；但 1921 年以后到五卅运动这一时期，据不完全统计，出现的文艺团体大小约有一百三十几个之多，刊物约有一百种，新文学著作和翻译有千种左右，新文学阵营的力量较之初兴起时要雄厚得多了。

### 三　革命文学理论的前奏

五四运动后，革命的小资产阶级知识分子，一般说来，虽然一方面要求革命，一方面又找不到正确的革命道路，因而陷于彷徨苦闷，但在当时共产党领导的日益高涨的革命运动中，马克思列宁主义的思想传播中，也必然要受一些影响和鼓舞，这表现在当时文学方面，便是开始出现了初步地从文学的社会基础和阶级基础来分析讨论文学的文章，这也就是第一次国内革命战争以后提倡的"革命文学"的前奏。

1923 年 5 月，郭沫若在《创造周报》第三期上发表了一篇《我们的文学新运动》，其中便已透出"革命文学"的呼声，他说："我们反对资本主义的毒龙。我们反抗不以个性为根底的道德。我们反抗否定人生的一切既成宗教。我们反抗藩篱人生的一切不合理的畛域。我们反抗由以上种种所产生出的文学上的情趣。我们反抗盛容那种情趣的奴隶根性的文学。我们的运动要在文学之中爆发出无产阶级的精神，赤裸裸的人性。我们的目的要以这生命的炸弹来打破这毒龙的魔宫。"要"反对资本主义的毒龙"，要"爆发出无产阶级的精神"，这一口号的喊出，并不是偶然的。那时中国共产党成立已经两年，在党领导之下的各地革命运动正在蓬勃开展，就在这篇文章发表前三个月，即 1923 年 2 月，已经爆发了京汉铁路工人争自由、争人权，反帝反军阀的"二一七运动"；同时，苏联的新经济政策已经胜利成功，新兴的无产阶级文艺已经成为国际文坛注目的焦点；这口号便是在这样的国内国际情况之下提出的。

　　和郭沫若这篇文章同时在《创造周报》第三期上发表的，又有郁达夫的一篇《文学上的阶级斗争》，他这样呼喊："世界上受苦的无产阶级者，在文学上社会上被压迫的同志，凡对有权有产阶极的走狗对敌的文人，我们大家不可不团结起来。"

　　当然，这些文章里面的思想还是比较杂乱，基本上仍是属于激进的个人主义的，文章里面只是汹涌着个人的热情，没有看到广大群众的力量，因此，也没有指出文学和广大群众的关系，只是一些热烈的口号，而这些口号也嫌不够明确，但无论怎样，提出了这些口号，在当时文坛上仍是有着一定的积极意义的。

　　这以后，蒋光慈也写了几篇关于革命文学的文章，据钱杏邨后来说，他在《新青年》上曾发表过一篇《无产阶级革命与文化》，1925年，在《觉悟》新年号上又发表过《现代中国社会与革命文学》，1924年办过一个《春雷周刊》，专门提倡革命文学。

　　1923年，《中国青年》杂志也发表过几篇讨论文学的文章，其中也有一些进步的理论，如恽代英主张新文学应该"能激发国民精神，使他们从事于民族独立与民主革命的运动"。[①] 要反对"八股"一样无用的文字。秋士主张作家应该走进工人群众中去，认为"现在还没有进煤窑的文学家"，"是文学家的耻辱"。[②] 邓中夏主张一个新诗人应该："第一，须多作能表现民族伟大精神的作品"；"第二，须多作描写社会实际生活的作品"；"第三，新诗人须从事革命的实际活动"。[③] 这些主张较之上面所说的郭沫若、郁达夫的意见就更要具体一些，切实一些了。

　　不过，所有这些文章发表以后，在当时却并没有形成一个运动。这原因是：一方面由于当时革命运动虽然蓬勃高涨，但在全国范围内还没明朗地开展起来；另一方面在革命前夕，许多革命知识分子离开了文学参加了实际革命斗争。这样，形成运动的条件就没有具备，只是替后来革命文学运动做了一个准备工作。等到第一次国内革命战争后，革命文学运动便蓬勃开展，逐渐扩大到全国，而成为中国新文学的主流了。

---

① 《中国青年》第八期：《八股》。
② 《告研究文学的青年》。
③ 《贡献于新诗人之前》。

## 第四节　以鲁迅为首的文学革命阵营和
## 封建文学及右翼资产阶级文学的斗争

### 一　和封建文学的斗争

文学革命运动在一开始时就在共产主义思想领导之下，联合一切可能的同盟军，首先向封建文学进行猛烈地攻击，尖锐地指出那些具有封建思想的古文家是"选学妖孽，桐城谬种"。

当时攻击封建文学最彻底、最有力、最能制敌死命的是鲁迅。1918年，他在《新青年》上发表的后来收进《热风》里面的那些《随感录》，全都是攻击封建文化和封建文学的文字：他攻击那时的所谓"国粹派"道："倘说：中国的国粹特别而且好；何以现在糟到如此情形，新派摇头，旧派也叹气。""保存我们，的确是第一义。只要问他有无保存我们的力量，不管他是否国粹。"[1]他攻击那时反对白话文的人这样说："做了人类想成仙；生在地上要上天；明明是现代人，吸着现在的空气，却偏要勒派朽腐的名教，僵死的语言，侮蔑尽现在，这都是'现在的屠杀者'。杀了'现在'，也便杀了'将来'。——将来是子孙的时代。"[2]此外，对于当时的"鸳鸯蝴蝶派"文人以及各种各样的守旧派和一切封建文化代表，鲁迅在那些随感录中都会予以猛烈无情的攻击，辛辣刻骨的讽刺，并具有绝大的说服力量。

与鲁迅进行攻击封建文学的同时，《新青年》同人公推钱玄同归纳了封建文人的许多荒谬见解，用一个王敬轩的假名给《新青年》编者去一封信，再由刘半农答复，同时在《新青年》上发表出来，答复中把那些荒谬见解驳斥得体无完肤，痛快淋漓地给以致命一击。就是这样，在鲁迅和《新青年》同人的猛烈攻击之下，封建古文家也就凭借着反动政治力量来进行垂死反攻了。

这些封建古文家的反攻可以林纾为代表，他曾写有《论古文之不当废》和《论古文白话之相消长》两篇文章，又写信给当时北京大学校长蔡元培，都是拥护封建礼教和反对白话文的，但却都论不出正当理由，只是力竭词穷的嘶喊。蔡元培也会复了他一封信，义正词严地予以驳斥。林纾无可奈

---

① 《热风》：《随感录三十五》。

② 《热风》：《随感录五十七》。

何，于是便一方面进行无聊的谩骂，一方面便企图挑动封建军阀用武力来制止白话文了。

当时反对文学革命运动的还有严复以及北京大学一些守旧的教员和学生，严复在当时没有发表什么长篇大论的文章，只是后来在一些书札中旁敲侧击地认为反对文言提倡白话，是"遗弃周鼎，宝此康瓠"，却也不能说出更多理由来。

林纾对文学革命运动的反攻是 1919 年二三月间的事。过了几个月，五四运动就爆发了，这运动给当时北洋军阀一个沉重的打击，使得他们手忙脚乱，用全力来对付这运动还感到应接不暇，于是对文学革命的压迫，自然就更顾及不上。林纾等失去了政治的依靠，也就不再叫嚣了。

五四运动后，随着帝国主义的再来，与军阀统治的加强，封建文学对文学革命运动又采取了一种新的攻势，这就是"学衡杂志派"和"甲寅杂志派"的活动。

《学衡》于 1921 年在南京创刊，主要人物为梅光迪、胡先骕、吴宓等。梅光迪写有《评提倡新文化者》，胡先骕写有《中国文学改良论》，吴宓写有《论新文化运动》，都是反对新文学，拥护旧文学的。他们的意见也超越不出林纾等人主张的范围，实际上并没有发生什么作用。

《甲寅杂志》创刊于 1925 年，是反动官僚北洋军阀政府的司法总长兼教育总长章士钊办的，他是想借反动政治力量来攻击新文学，写有《评新文化运动》《评新文学运动》等文章，所持理由仍不外是林纾和"学衡派"的一套滥调。但这时已是第一次国内革命战争前夕，这些滥调更不会引人注意了。

对这种封建文学复古运动的再起，当时文学革命阵营中都会予以反击，例如茅盾写有《四面八方的反对白话声》，郑振铎写有《新与旧》，成仿吾写有《读章氏新文化运动》，郁达夫写有《骂甲寅十四期评新文化运动》。但其中攻击得最尖锐，最有力，最能制敌死命的仍是鲁迅。

对于"学衡派"，鲁迅有《估学衡》一文，里面列举他们的文字不适之处，最后这样指出："可惜的是于旧学并无门径，并主张也还不配。倘使字句未通的人也算是国粹的知己，则国粹更要惭惶煞人！'衡'了一顿，仅仅衡出了自己的铢两来，于新文化无伤，于国粹也差得远。我所佩服诸公的只有一点，是这种东西也居然会有发表的勇气。"①鲁迅这样的"以子之矛，

① 《热风》。

攻子之盾"的迎头一击，"学衡派"也就被打得窘态毕露，只好哑口无言了。

对于"甲寅派"，鲁迅在《答 KS 君》中，指出了章士钊的文章中连成语也用不清楚，如"每下愈况"之类，最后这样说："倘说这是复古运动的代表，那可是只见得复古派的可怜，不过以此当作讣闻，公布文言文的气绝罢了。"①

鲁迅的话是完全正确的，历史的进展，规定了封建文学复古运动只是"气绝"前的回光返照而已。

### 二 和右翼资产阶级文学的斗争

五四运动以后，封建文学的复古运动，既是"气绝"前的回光返照，已经毫无力量，不堪一击；但这时却出现了另一股新的逆流，那就是从五四运动阵营中分化出去的右翼资产阶级的"现代评论派"。

五四运动后，代表资产阶级右翼的胡适，开始在政治上表现了反动性，先后办有《努力周报》和《读书杂志》，主张"好人政府"和"整理国故"。1925 年又创刊《现代评论》，在中国共产党领导的革命运动高涨的时候，他们公开地支持段琪瑞军阀反动政府，反对学生运动，反对中国共产党。这派主要人物除胡适外，还有陈西滢、徐志摩等。

《现代评论》的反动性质和林纾、《学衡》《甲寅》等派是有着本质上的不同的。因为"这一次已经不是国故和新文化的分别，而是新文化内部的分裂：一方面是工农民众的阵营，别方面是依附封建残余的资产阶级。这新的反动思想，已经披了欧化，或所谓五四化的新衣服"。而这又是由于"旧的卫道先生们渐渐的没落了，于是需要在他们这些僵尸的血管里，注射一些'欧化'的西洋国故和牛津、剑桥、哥伦比亚的学究主义，再加上一些洋场流氓的把戏，然后僵尸可以暂时'复活'，或者多留恋几年'死尸的生命'。"②

这些复活的僵尸欧化绅士们，在五卅运动的时候，说"打倒帝国主义"的口号是"分裂与猜忌的现象"（徐志摩）。说中国人喊"打，打，宣战，宣战"，是"这样的中国人，呸！"这意思就是说中国人应该被外国人打而不做声（陈西滢）。他们"三一八"之后，立刻就说"执政府前原是'死地'……群众领袖应负道义上的责任"。这些言论十足地表现出买办阶级的一副卑鄙无耻的奴才面孔。

---

① 《华盖集》。
② 瞿秋白：《鲁迅杂感选集序言》。

对于这些反动卖国言论予以致命打击的是鲁迅，他指出这些家伙是"媚态的猫"，是"比他主人更严厉的狗"，是"吸人的血还要预先哼哼地发一通议论的蚊子"，是"嗡嗡地闹了半天，停下来舐一点油汗，还要拉上一点蝇矢的苍蝇"。鲁迅又更形象地把这些帮凶的奴才——欧化绅士们比为山羊，这山羊是牧人养着不杀，作为领导胡羊之用的，"脖子上还挂着一个小铃铎，作为知识阶级的徽章……能领了群众稳妥平静地走去，直到他们应该走到的所在。……这是说：虽死也应该如羊，使天下太平，彼此省力"。① 鲁迅当时会写下很多这样猛烈地攻击"现代评论派"的文章，后来都收到《华盖集》和《续编》里，这些文章看来好像都是攻击某几个欧化绅士，但实质上，这某几个欧化绅士是代表了当时那一群类型的，是可以当作普通名词来看的。

这一群欧化绅士在他们政论刊物上，每期也都附有文学作品，后期的北京《晨报副刊》和《诗镌》都是徐志摩主编的。他们在文学上也和他们在政治上一样的反动，他们披着五四新文化的外衣，也使用白话来写文，但实质上不但没有反帝反封建的气息，倒是表现了对帝国主义的崇拜和对封建社会的留恋。对于这一文学上反动倾向进行斗争的，也只有鲁迅，他对徐志摩的诗和文章都会予以热情的讽刺和批判。

"现代评论派"的反动倾向，当时除鲁迅以外，很少有人和他们进行斗争，这是由于"当五卅时期，一般人，甚至革命者的思想，都在'一致对外'的口号之下，多多少少忽略了国内的阶级斗争的同时开展"②的缘故。那时只有鲁迅锐敏地看出了这一反动倾向，并坚决和他们进行了斗争，这在那时思想界文艺界都是一件大事。

但也正由于这斗争几乎是鲁迅一人在孤军作战，没有展开大的阵势，以致这些欧化绅士们到后来又依附了新的反动势力——国民党反动政府，产生了"新月派"等反动文学集团，继续与革命文学为敌，继续成为现代文学的逆流，因而在左联时期，又和他们展开了第二次斗争。

---

① 《华盖集续编》：《一点比喻》。
② 同（三七）。

# 第二章　左翼文学运动(上)

——以鲁迅为旗手的中国左翼作家联盟的活动及革命文学理论的进展和斗争

## 第一节　革命运动的深入和革命文学运动

### 一　第一次国内革命战争和革命营垒的分化

自从 1921 年中国共产党成立以来，中国人民在中国共产党的领导与组织之下，展开了全国范围的工人运动、农民运动和青年运动，在各地进行了轰轰烈烈的反帝反封建的斗争。使革命得到空前的发展与胜利。1926年，中国共产党领导全国人民开始进行伟大的第一次国内革命战争，在全国的工农群众和革命知识分子的全力支援的基础之上，以及伟大的友邦苏联的援助，战争迅速地取得了胜利。但是，就在这胜利的紧要关头，由于当时的同盟者国民党反动集团和大资产阶级在 1927 年叛变了这个革命；再由于中国共产党内以陈独秀为代表的右倾投降主义路线在党的领导机关中占了统治地位，以致党反动派回头向人民反噬的时候，中国共产党不能迅速有效地领导组织人民去抵抗，使得这个革命终于失败了。

失败以后，国民党反动集团便正式露出了本来的狰狞面孔，大规模屠杀共产党员、工农群众和革命青年，竟公开宣称"宁可枉杀三千，不可轻放一个"。后来据红色中国救济总会统计，在 1927 年到 1929 年三年之中，被国民党反动集团屠杀的共产党员和革命群众约四十五万人之多。

这时中国共产党首先清算了陈独秀的投降主义的错误。同时领导了 8月 1 日的南昌起义，以及各地的秋收起义和广州起义，高举革命大旗，继续进行斗争。9 月，毛泽东同志将湖南、江西边界秋收起义的工农武装编为工农革命军第一军第一师，到达井冈山，建立了革命根据地，展开游击战争，进行土地革命。开始第二次国内革命战争。

这是第一次国内革命战争后中国革命的新局面。这局面据毛泽东同志分析是："革命营垒中发生了变化，中国大资产阶级转到了帝国主义与封建势力的反革命营垒；民族资产阶级也附和了大资产阶级；革命营垒中原有的四个阶级，这时只剩下了三个，剩下了无产阶级、农民阶级和其他小资产阶级（包括革命知识分子），所以这时候，中国革命就不得不进入一个新的时期，而由中国共产党单独地领导群众进行这个革命。"①

## 二 文学运动的新阵线的形成

第一次国内革命战争以后革命营垒中的变化在新文学方面的反映，是和政治上一样，也起了巨大的分化，这就是五四以来参加了文学界统一战线的资产阶级知识分子跟着中国资产阶级转到了反革命营垒，文学界统一战线中只剩下了两部分人——无产阶级知识分子和革命的小资产阶级知识分子，而由中国共产党单独地领导这个文学运动前进。

在第一次国内革命战争中，有很多革命的知识分子参加了这个战争，经受了革命战争的锻炼，已经成为具有无产阶级革命思想的知识分子了。战争失败后，这些人一部分随着革命力量深入到农村，另一部分人遭受了反动派的屠杀，还有一部分人仍留在城市中，借着各种各样的掩护，在中国共产党领导之下，配合党的政策，在文学阵地上，布置新的战线，以文学为武器，坚持战斗。

当时革命的小资产阶级知识分子一方面由于他们本有革命要求，对国民党反动统治是反对的；另一方面他们对革命的认识仍还不够清楚。对中国共产党的政策不能完全了解。于是在革命遭受挫折之后，便以文学为出路，用文学作为向旧社会战斗的工具。

这两部分人当时就在中国共产党领导下，在文学阵地上展开了新的斗争。由于这些无产阶级知识分子在革命运动中接受了马克思列宁主义的革命理论，便把它应用到文学上来，提出了"革命文学"这一口号，使文学运动和革命运动自觉地结合了起来。因此，文学运动在第一次国内革命战争以后，不但没有消沉，相反地，发展得更壮大，跃进到更高的阶段了。

首先提出"革命文学"口号的是上述两部分人组成的文学社团——创造社和太阳社。

创造社在五卅运动前后即已逐渐趋向革命，郭沫若、成仿吾等并参加了第一次国内革命战争。革命失败后，他们又回到上海重新从事文学运动。这时又增加了一批从革命战线退下来的生力军，如李初梨、冯乃超、彭康等。他们都是接受了无产阶级思想的知识分子。出版的刊物除1925年创刊的《创造月刊》和《洪水》仍继续发行外，又新出有《文化批判》。

------

① 《新民主主义论》。

太阳社是蒋光慈、钱杏邨几个人组成的，他们也参与革命运动，基本上也接受了无产阶级思想。1928 年 1 月，他们出版了《太阳月刊》。

革命文学通过这些刊物的提倡，便正式地热烈地展开了讨论。

### 三　革命文学的理论及其偏向

远在 1923 年，郭沫若的《我们的文学新运动》一文中已有了革命文学的萌芽。1926 年，郭沫若到了广东，参加了实际革命斗争，就在这年 5 月间，他在《创造月刊》第三期发表了一篇《革命与文学》。他要求作者"要把自己的生活坚实起来"，"应该到兵间去，民间去，工厂间去，革命的旋涡中去"。指出"我们所要求的文学，是表同情于无产阶级的社会主义的写实主义的文学"，同时他又发表了《文艺家的觉悟》，成仿吾也发表了《革命文学与它的永远性》，其论点和《文学与革命》大致相同。在这些文章中，对于革命文学理论还没有全面地系统地提出，同时由于大家都参加了实际革命斗争，也没有展开讨论。

革命失败后，文学运动的新的战线逐渐形成，1928 年 1 月，成仿吾发表了《从文学革命到革命文学》一文，其中接触到了文学和社会发展的关系、作家的世界观、革命文学的创作方法、以工农大众为对象等问题，算是比较全面系统的明确了革命文学的理论。接着就展开了讨论，蒋光慈、钱杏邨、李初梨、冯乃超等都发表了很多文章。

经过这次讨论，革命文学理论更明确了，归纳起来，要点如下：第一是关于文学的阶级性问题。他们根据马克思列宁主义基本观点，肯定了文学的阶级性，肯定了文学是阶级斗争的工具，肯定了文学应该服从政治和革命的要求。第二是关于作家的世界观问题。他们认为革命文学作者应该克服小资产阶级根性，努力获得无产阶级意识、马克思列宁主义的世界观、唯物辩证法的方法，参加革命行动。创作无产阶级革命的文学，宣传无产阶级革命意识，促进无产阶级革命运动。把今后的文学运动推进一步，从文学革命到革命文学。第三是关于革命文学的对象问题和作家体验生活的问题。他们认为对象应该是工农大众，作家应该体验工农大众的生活。把革命文学推广到工农群众中去。第四是关于革命文学的形式问题。他们认为革命文学对象既然确定是工农大众，那么革命文学的形式就一定要浅显通俗，要能为工农大众所理解，所接受。要用接近工农大众的用语，文句应该通俗化，应该反映工农的意识。①

---

① 这些文章，后来李何麟辑成《中国文艺论战》一书。

以上四点是革命文学理论的要点，其中大部分基本上还是对的，因此对当时文学运动起了很大的推动作用。但问题虽然初步提出了，却没有进行深入讨论，有些问题也没有得到解决。这原因就是由于这理论产生了偏向。

这偏向首先是由于提倡者都还没有克服自己的小资产阶级的缺点，教条地去理解马克思列宁主义，不能很好地把它和中国革命的实际结合起来，对革命认识还很模糊。在没有认清中国文学运动当前主要任务，没有理解建立文艺上统一战线的重要性，于是机械地理解无产阶级革命文学，完全否定了当时的一些革命的民主主义作家。

这一认识上的偏向，表现在行动上的便是对鲁迅和茅盾的批评，他们错误地认为鲁迅"是资产阶级代言人"，是"封建余孽"，说他的作品是"有闲阶级无聊的作品"，是"中伤革命"，对于茅盾则说"他的意识仍然是资产阶级，对无产阶级是反对的"。这些认识和批评是完全不符合当时鲁迅和茅盾的实际情况的。把鲁迅和茅盾当作革命文学的敌人，这在当时无异于削弱革命文学阵营的力量，这是一个严重的错误。这错误产生的原因，除了由于机械地理解无产阶级文学而外，也还有如瞿秋白所说的"文人的小集团主义"思想在作祟。

其次是没有认识到作家思想改造的重要性，更不知道思想改造是一件长期的，艰巨的和细致的工作，他们错误地认为阶级的"转变"是很容易的事。"不怕他昨天还是资产阶级，只要他今天受了无产者精神的洗礼，他的作品就是普罗列塔利亚的文艺。"而这所谓"洗礼"，就是"努力获得辩证法的唯物论"①，只强调观点而不重视把观点很好地与实际生活结合起来，这当然不是现实主义的精神。

这一理解的错误，表现在当时创作实践上，也产生了偏向，大家以为只要按照"唯物辩证法的方法"来写就行，不去改造自己思想感情，不去仔细分析现实事物，只是按着唯物辩证法的公式去主观想象，于是便出现许多"公式主义"的作品，写出的现实并不是真的现实，写出的工农兵，那就像毛泽东同志所说的："衣服是工农兵，面孔却是小资产阶级。"②

革命文学理论由于这两点偏向，因而所提出的问题有很多也就无法得到解决。例如他们提出要获得无产阶级世界观，要体验工农大众生活，要

---

① 郭沫若：《旧子的跳舞》。
② 《毛泽东选集》第三卷：《在延安文艺座谈会上的讲话》。

作品大众化等，要解决这些问题必须有一个先决条件，那就是作家本身的思想改造，必须在思想改造的基础之上，无产阶级世界观才有获得的可能，工农大众的生活才能体验深入，作品才能大众化，否则，不可避免地要流于空谈和教条，问题是无法得到解决的。

### 四 鲁迅对于革命文学的态度和意见

鲁迅对革命文学，始终没有反对过，在创造社攻击他的时候，他虽然也曾经写过文章来反驳，但他的态度并不是反对革命文学，正如画室所说："我们在鲁迅的言行里，完全找不出诋毁整个革命的痕迹来，他至多嘲笑了革命文学的运动（他也并没有嘲笑革命文学本身），嘲笑了追随者中个人的言论与行动。"①

相反地，鲁迅这时对革命文学的认识，较之那些革命文学提倡者还要认识得深刻彻底，而在那次论争中他倒是尽了"浪漫蒂克革命家的诤友"②的责任，例如他在 1927 年就曾说过："我以为根本问题是在作者可是一个'革命人'，倘是的，则无论写的是什么事件，用的是什么材料，即都是'革命文学'。从喷泉里出来的都是水，从血管里出来的都是血。'赋得革命，五言八韵'，是只能骗骗盲试官的。"③鲁迅这见解较当时的那些革命文学提倡者就要深刻得多了，他已经明确地指出参加实际革命斗争，以及思想感情和革命斗争相融合，是一个革命作家的先决条件。这时革命文学运动还没有正式展开，等到展开以后，提出了文学应该为革命政治服务，这也是鲁迅在"五四"时代就肯定了的。但他这时却进一步认为文学不仅应该为革命政治服务，还一定要服务得好，所以他指出革命文学应该"先求内容的充实和技巧的上达，不必忙于挂招牌"。又说："我以为一切文艺固是宣传，而一切宣传却并非全是文艺，这正如一切花皆有色（我将白也算作色），而凡颜色未必都是花一样。革命之所以于口号、标语、布告、电报、教科书……之外，要用文艺者，就因为他是文艺。"④这种见解也不是当时那些革命文学提倡者所能见到的。由于当时那些革命文学提倡者多半是小资产阶级出身，这个不稳定的阶级地位，决定了他们当时政治立场的不稳定，因而对于事物不能有明确的认识，见解时常有些模糊、朦胧，鲁迅针对着这一缺点，曾经借着分析他们所办的一些刊物予以批评，他说："然

---

① 《革命与知识阶级》，见李何麟编《中国文艺论战》。
② 瞿秋白：《鲁迅杂感选集序言》。
③ 《而已集》：《革命文学》。
④ 《三闲集》：《文艺与革命》。

而各种刊物，无论措辞怎样不同，都有一个共通之点，就是：有些朦胧。这朦胧的发祥地，由我看来……也还在那有人爱，也有人憎的官僚和军阀。和他们已有瓜葛，或想有瓜葛的，笔下便往往笑眯眯，向大家表示和气，然而有远见，梦中又害怕铁锤和镰刀，因此也不敢分明恭维现在的主子，于是在这里留着一点朦胧。和他们瓜葛已断，或则并无瓜葛，走向大众去的，本可以毫无顾忌地说话了，但笔下即使雄纠纠，对大家显英雄，会忘却了他们的指挥刀的傻子是究竟不多的，这里也就留着一点朦胧。于是想要朦胧而终于透漏色彩的，想显色彩而终于不免朦胧的，便都在同地同时出现了。"①革命文学论争结束后，鲁迅曾把这个运动作了一个很深刻的分析，他说："那时革命文学运动……未经好好的计划……对于中国社会，未曾加以细密的分析，便将在苏维埃政权之下才能运用的方法，来机械地运用了。"②这分析是极其中肯，极其正确的。

至于茅盾，当时也并没有反对革命文学，并认为革命文学的理论基本上还是对的。他不赞成的只是那些"既不能表现无产阶级的意识，也不能让无产阶级看得懂"的革命文学作品。③

但这次论争却推动了鲁迅更进一步深入研究马克思列宁主义的文艺理论，他自己会说："我有一件事要感谢创造社的，是他们'挤'我看了几种科学底文艺论，明白了先前的文学史家说了一大堆，还是纠缠不清的疑问。并且因此译了一本普列汉诺夫的艺术论，以救正我——还因我而及于别人——的只信进化论的偏颇。"④这正是鲁迅伟大的地方，他由进化论走向阶级论，无条件的接受了马克思列宁主义的思想和文艺理论，并坚决为之奋斗，终于成为"无产阶级和劳动群众的真正友人以至于战士。"⑤

这次论争对于茅盾也有好的影响，这以后，他的立场就此较更明确，写的作品如《子夜》《春蚕》等，就比《蚀》要进步多了。

这次论争虽然有些偏向，但其性质是革命文学内部的思想斗争，经过论辩就使得革命文学理论向前推进了一步，引导到深入的研究，给后来革命文学新阵营——中国左翼作家联盟的成立作了理论上的准备，正如瞿秋白所分析："真正的革命文艺思想正在这一时期开始深入的发展。在这新

---

① 《三闲集》：《"醉眼"中的朦胧》。
② 《二心集》：《上海文艺之一瞥》。
③ 《读"倪焕之"》，见李何麟编《中国文艺论战》。
④ 《三闲集序言》。
⑤ 瞿秋白：《鲁迅杂感选集序言》。

阶段上，革命文艺思想经过内部的斗争而逐渐形成新的阵营，这种不可避免的斗争提出了新的问题，这已经不是父与子间的问题，也不仅是暴露指挥刀后的屠伯们的问题，这是关于革命队伍的战略的论争。"①

至于论争的偏向，到 1930 年筹备左联成立时，大家也作了自我检讨，认为这次论争有四点应当指摘：（一）小集团主义乃至个人主义；（二）批判不正确，即未能应用科学的方法及态度；（三）过于不注意真正敌人，即反动的思想集团以及普遍全国的遗老遗少；（四）独将文学提高，而忘却文学的助进政治运动的任务，成为为文学而文学的运动。②

## 第二节　以鲁迅为首的中国左翼作家联盟的成立及其和反动政治的斗争

### 一　土地革命运动的胜利和日本帝国主义发动"九一八"事变

第一次国内革命战争失败后，毛泽东同志领导革命深入农村，建立了革命根据地，发动群众，展开了游击战争。这战争由于毛泽东同志的正确领导，很快地取得了发展和胜利，到 1930 年秋天，就建立了十五个革命根据地，散布在江西、湖南、湖北、广西、广东、福建、安徽、河南等省，每个根据地估有一县到数县不等。正式红军有十三个军，六七万人，到 1931 年竟达十万以上。在这些根据地中，中国共产党领导农民群众进行了大规模的土地改革，1931 年 11 月在江西瑞金成立了工农民主中央政府，毛泽东同志被选为主席。另一方面，工农红军在毛泽东同志亲自领导下，在 1930 年到 1933 年四年之中，粉碎了蒋介石反革命对革命根据地的四次进攻。

在蒋介石反革命方面则是厉行残酷的反动统治，镇压人民民主运动，屠杀共产党员和革命群众。1935 年 11 月，清华大学等十一校的救亡通电称：从 1927 年以来，"青年之遭杀戮者，报纸记载至三十万人之多，而失踪监禁者更不可胜记，杀之不快，更施以活埋；禁之不足，复加以毒刑。地狱现形，人间何世"。这里所说的还只是被屠杀的青年，如果把工农革命群众都计算在内，从 1928 年以后四五年间，直接被杀害的最少也在一

---

① 瞿秋白：《鲁迅杂感选集序言》。
② 见《萌芽月刊》第一卷第三期的记载。

百万人以上。

就在工农红军革命力量继续壮大，蒋介石厉行法西斯恐怖统治的这个时候，1932年，日本帝国主义发动了企图独占中国的"九一八"事变。由于蒋介石依靠帝国主义进行反对工农红军的内战，坚持不抵抗的卖国政策，日本迅速地占领了东北全境，1932年1月，又进攻上海，1933年，占领热河和察哈尔的北部，1935年，占领河北的东部。在日本侵略者进攻中国以后，中国共产党首先主张武装抵抗，并领导了和积极参加了全国人民的抗日运动和东北人民的抗日游击战争。代表了全国人民的要求，获得了全国人民的拥护。

总起来说，这一时期，就如毛泽东同志所指出："是一方面反革命的'围剿'，又一方面为革命深入的时期。这时有两种反革命的'围剿'：军事'围剿'和文化'围剿'。也有两种革命深入：农村革命深入和文化革命深入。"[①]

## 二 中国左翼作家联盟的成立及其理论纲领和任务

毛泽东同志所说的"文化革命的深入"，其中一种就是中国共产党领导的以鲁迅为首的中国左翼作家联盟的成立，及其革命文学活动。

革命根据地的不断扩大，工农红军一再粉碎蒋介石的进攻，工农民主政权的成立，——这一革命胜利的高潮，鼓舞了全国人民的革命意志和信心，是左联成立的一个主要因素，其次，1928年以来，马克思列宁主义科学理论和苏联的文艺理论的介绍，以及那次革命文学理论的讨论，给左联的成立作了理论上的准备。第三是经过那次革命文学的讨论，整顿了自己的队伍，明确了革命战略，大家都感到迫切需要在同一目标之下紧密地团结起来，和共同的敌人作斗争。由于以上三个原因，促成了左联的成立。

1929年冬天，在上海，以鲁迅为首的一些革命作家便进行左联成立的酝酿工作，1930年2月开始筹备，3月2日正式成立。参加的人有：鲁迅、茅盾、郁达夫、沈端先、画室（冯雪峰）、钱杏邨、蒋光慈、冯乃超、田汉、柔石等五十余人，当天到会的有鲁迅等四十余人。大会通过了理论领导，这纲领全文如下：

社会变革期中的艺术，不是极端凝结为保守的要素，变成拥护顽固的统治之工具，倾向进步的方向勇往迈进，作为解放斗争的武器。也只有和历史的进行取同样的步伐，艺术才能够焕发它的明耀的光芒。

---

① 《新民主主义论》。

诗人如果是预言者，艺术家如果是人类的导师，他们不能不站在历史的前线，为人类社会的进化，清除愚昧顽固的保守势力，负起解放斗争的使命。

然而，我们并不抽象地理解历史的进行和社会发展的真相。我们知道帝国主义的资本主义制度已经变成人类进化的桎梏，而其"掘墓人"的无产阶级负起其历史的使命，在这"必然的王国"中作人类最后的同胞战争——阶级斗争，以求人类彻底的解放。

那么，我们不能不站在无产阶级的解放斗争的战线上，攻破一切反动的保守的要素，而发展被压迫的进步的要素，这是当然的结论。

我们的艺术不能不呈献给"胜利不然就死"的血腥的斗争。

艺术如果以人类之悲喜哀乐为内容，我们的艺术不能不以无产阶级在这黑暗的阶级社会之"中世纪"里面所感觉的感情为其内容。

因此，我们的艺术是反封建阶级的，反资产阶级的，又反对"失掉社会地位"的小资产阶级的倾向。我们不能不援助而且从事无产阶级艺术的产生。

我们的理论要指出运动之正确的方向，并使之发展，常常提出新的问题而加以解决，加紧具体的作品批评，同时不要忘记学术的研究，加强对过去艺术的批判工作，介绍国外无产阶级艺术的成果，而建设艺术理论。

我们对现实社会的态度不能不参加世界无产阶级的解放运动，向国际反无产阶级的反动势力斗争。[①]

这纲领后面还附了一个行动纲领和工作方针，行动纲领的要点是："（一）我们文学运动的目的，在求新兴阶级的解放；（二）反对一切对我们的运动的压迫。"工作方针是："（一）吸收国外新兴文学的经验，及扩大我们的运动，要建立种种研究的组织；（二）帮助新作家之文学的训练，及提拔工农作家；（三）确定马克思主义的艺术理论及批评理论；（四）出版机关杂志及丛书小丛书等；（五）从事产生新兴阶级文学作品。"

大会选出了常务委员会，并通过成立"马克思主义文艺理论研究会""国际文化研究会""文艺大众化研究会"，发生左翼文艺的国际关系，发动左翼艺术大同盟的组织，确定各左翼杂志的计划等十七件提案。[②]

鲁迅在大会上发表了《对于左翼作家联盟的意见》的演说，这是一篇具

① 《萌芽月刊》第一卷第四期。
② 均见《萌芽月刊》第一卷第三期及《拓荒者》第一卷第三期的记载。

有历史意义的文件。他在这文件中指出左联今后应该注意的事项是:"第一,对于旧社会和旧势力的斗争,必须坚决,持久不断。旧社会的根柢原是非常坚固的,新运动非有更大的力不能动摇它什么。并且旧社会还有他使新势力妥协的好办法,但他自己是决不妥协的。"第二是"战线应该扩大"。第三是"应当造出人群的新的战士"。第四是"联合战线是以有共同目的为必要条件","如果目的都在工农大众,那当然战线也就统一了。"①

另外他又针对着当时文学运动的实际情况和缺点,生动具体地提出了大家应该警惕和注意的地方,这些当在下节详细叙述。

左联成立以后,便在党所领导的中国左翼文化总联盟(当时简称文总)领导之下,并完全信任了鲁迅的领导,开展了工作,当时文总所领导的进步文化团体并不止左联一个,例如还有社会科学作家联盟,新闻记者联盟,电影员联盟等。但左联由于得到鲁迅的领导,阵容声势就更为浩大,各重要地区都建立了分部,而成为文总的主力军。

1931年11月,左联执行委员会决议了一项"中国无产阶级革命文学的新任务",这在当时是作为一个总的指导理论的,内容分为六点:

第一是"关于过去的批判",指出过去屡陷于右倾机会主义与"左"倾空谈的错误,现在必须在国际革命作家联盟第二次大会的根本精神与正确指导之下,和这两种错误作斗争,特别是对于右倾的斗争。

第二是"新的任务",指出在文学领域内,要加紧反对帝国主义,反对代表地主资产阶级的国民党政权工作。宣传苏维埃革命斗争。组织工农兵通讯员运动及其他工农文化组织,促进工农作家的产生,扩大革命文学在工农大众中的影响。参加苏维埃政权及白区内一切劳苦大众的文教工作。反对一切反革命的思想和文学。

第三是"大众化问题的意义"。指出文学大众化问题的解决是完成一切新任务所必要的一道路。在创作、批评和其他诸问题,乃至组织问题上,都必须贯彻执行正确的大众化。

第四是"创作问题——题材,方法,及形式"。指出在题材方面,必须注意中国现实社会生活中广大题材,特别是最能完成目前新任务的题材。在方法上,必须从普洛世界观来观察来描写,作家必须成为一个唯物的辩证法论者。在形式上,必须用工农能懂的以及接近他们的语言,必要时可用方言,并要创造新的语言。在体裁方面,也应以易为工农大众接受为原则。

---

① 《二心集》:《对于左翼作家联盟的意见》。

第五是"理论斗争和批评"。指出要加强理论斗争和批评活动，要和大众自己的封建的，布尔乔亚的，小布尔乔亚的意识斗争。要和各种反动文艺斗争。组织领导进步的和有好的倾向的作家。要经常纠正同志作家的各种不好的倾向。理论批评家必须诚实地研究马克思列宁主义，防止"左"或"右"的偏向。

第六是"组织和纪律"。指出左联是一个有一定而且一致的政治观点的行动斗争的团体，而不是作家的自由组合，要选拔工农干部到领导机构来。要吸收优秀文学青年施以训练和教育。同时必须整饬纪律，严密组织，在左联内，不许有反纲领的行动，不许有不执行决议的行动，不许有小集团意识或倾向的存在，不许有超组织或怠工的行动。此外，还要加强自我批评。① 这个决议有些是正确的，但有些，特别是关于斗争的方式方法上和创作理论上也有着很大的偏向，这些在后面将要提到。

### 三　中国左翼作家联盟在压迫与斗争中壮大

左联既然有了自己的组织和纲领，在党的领导下执行着新的任务，这样，它就成为当时整个革命运动的一环，和当时许多革命团体一样，与国民党反动政治作着坚决无情的斗争，当然，反动派对左联的压迫也就越发厉害，而以鲁迅为首的左联就在这残酷的压迫之下，顽强地作着斗争，并且就在这斗争中成长起来，壮大起来。

国民党反动政府对左联的压迫是和当时它的军事"围剿"配合进行的。首先是对进步的文艺书刊的出版加以种种的限制，制定反动的"出版法"等，成立"图书杂志审查委员会"，对进步书刊或不准出版，或任意删改。

其次是对于进步图书杂志的禁止发行，左联机关刊物如《萌芽》《拓荒者》《文学月报》《北斗》等都相继被迫停刊。1934 年 2 月，上海一地就有一百四十九种文艺书籍被国民党中央党部禁止出售，其中包括有鲁迅、郭沫若、茅盾以至巴金的作品。

第三是对于进步文化机关的破坏。1933 年 11 月，上海艺华影片公司被自称"影界铲共同志会"特务们捣毁，跟着许多出版新文艺书籍的书店也被破坏，同时，上海所有的影戏院和书店、报馆都接到特务们的恐吓信。

最后便是对文化工作者的捕杀。1930 年，中国左翼戏剧家联盟的会员宗晖被杀于南京。1931 年 2 月，著名的优秀作家共产党员柔石、殷夫、胡

---

① 　钱杏邨：《现代中国文学论》，《一九三一年中国文坛的回顾引文学导报》第 8 期。

也频、李伟森、冯铿等在上海龙华被秘密枪杀。1932年秋，上海反帝同盟被破坏，所有到会的人都被当场枪杀了。1933年夏，一百五十个反法西斯大会的参加人，也被送到南京去屠杀。同年5月，作家丁玲和潘梓年在上海被特务绑去，监禁在南京的监狱里，并当场枪杀拒绝绑票的作家应修人。同年7月，另一作家共产党员洪灵菲在北平被捕，跟着被秘密枪杀。还有诗人潘漠华被杀于天津。1935年6月，中国革命领袖卓越的文艺理论家，革命文艺运动出色的领导者，共产党员瞿秋白被害于福建。这些特务们对于鲁迅更是千方百计地进行压迫和谋害，并行文通缉。鲁迅后半世，几乎无时无刻不在蒋介石的特务走狗们追索之下，直到1936年鲁迅逝世时，特务走狗们所追索的黑名单上，才少了一个位置。

对国民党反动政府这样疯狂的压迫，以鲁迅为首的左联是以顽强不屈的斗争来回答的。如鲁迅当时所说：反动派这样对"左翼作家逮捕，拘禁，秘密处以死刑，至今并未宣布。这一面固然在证明他们是在灭亡中的黑暗的动物，一面也在证实中国无产阶级革命文学阵营的力量，因为如傅略所罗列，我们的几个遭害的同志的年龄、勇气，尤其是平日的作品的成绩，已足使全队走狗不敢狂吠。"又说："无产阶级革命文学却仍然滋长，因为这是属于革命的广大劳苦群众的，大众存在一日，壮大一日，无产阶级革命文学也就滋长一日。我们的同志的血，已经证明了无产阶级革命文学和革命的劳苦大众的一样的压迫，一样的残杀，作一样的战斗，有一样的运命，是革命的劳苦大众的文学。"①

这就是国民党反动政府文化"围剿"的结果。

### 四　中国左翼作家联盟的成就和缺点

左联在中国共产党领导下，以鲁迅为首，执行了自己的纲领任务，坚持斗争，从成立到1936年为了另组织抗日民族统一战线的文学团体而自动解散，六年来的斗争对于文学运动的进展是有着很大的成就的。

这成就首先是左联和当时的实际革命运动的紧密结合，并且是有组织有计划地进行工作。在成立大会上便曾通过"参加革命诸团体"，"组织中国自由运动大同盟分会"，"与各革命团体发生密切的关系"，"参加工农教育事业"等提案。"九一八"事变发生，中国共产党发表宣言，号召全国一致抗日，武装人民进行民族革命战争。瞿秋白同志便著文表示"中国的革

---

① 《二心集》:《中国无产阶级革命文学和前驱的血》。

命文学和普罗文学，没有疑问的，一定要赞助这种革命战争"。① "一二八"事变发生，鲁迅、茅盾等四十三人曾发表《上海文化界告世界书》，反对日本帝国主义进攻中国，丁玲等又发起成立中国著作家抗日会。此外，上海各项革命群众运动，左联都会派代表参加，又派代表出席苏维埃区域代表大会，筹备组织苏联文化参观团，帮助上海青年反帝大同盟。并且发动不少作家走进工厂，从事实际的工人运动。

第二是确定无产阶级革命文学理论的指导，明确了斗争目标，大家一致认为必须加强学习马克思主义文艺理论和苏联社会主义现实主义理论，并以之为指针，成立了马克思主义文艺理论研究会，普罗诗社，无产阶级文学俱乐部，和以后的一些进步文艺社团，都是以马克思主义文艺理论作为中心指导。又编了很多刊物如《前哨》(出一期后即改名《文学导报》)《萌芽》《拓荒者》《巴尔底山》《海燕》《文学月报》《北斗》《大众文艺》等，也都在理论方面作了很多的研究和宣传。并翻译了很多的马克思主义文艺理论的书籍和苏联的文艺理论及作品。此外对反动文艺进行了坚决的斗争，如对"新月派"，"民族主义文学"，"第三种人文学"的斗争，也有很大的成绩。

第三是发展了文学大众化的理论和创作实践。认清并确定文学大众化是当前文学运动的中心，热烈地展开了研究和讨论，获得了一定的成绩，并有了一些创作实践。

第四是培养了大批的新的文艺战士。这一时期出现了很多的新的优秀的作家，如丁玲、张天翼、沙汀等，这些作家绝大部分到后来都是文艺战线上的勇敢战士。此外，在创作方面也有很大的收获，这收获之丰富，超越过"延安文艺座谈会"以前的任何时期。中国文学中的社会主义现实主义得到了进一步的发展。

第五是左联在党的领导下首先团结了鲁迅，尊重他并重视他的意见，信任他并支持他来领导左联，把他作为党所领导的人民的革命文学的一面大旗，使他能够发挥他的卓越的无坚不摧的，无攻不克的战斗艺术天才。并由于他的领导，获得了上述的这些成就，这件事左联是做得完全正确的。这面大旗的胜利，是鲁迅的胜利，也是中国共产党的胜利。

当然，左联除了取得这些成就之外，还是有它的缺点的。但这缺点却不能由领导左联的鲁迅来负责，而是与那时在上海的中共中央的"左"的和"右"的错误倾向——如1945年4月20日中国共产党第六届中央委员会扩

---

① 《乱弹及其他》：《战争文学》。

大的第七次全体会议通过的"关于若干历史问题决议"中所指出的那一些——相联系着的。这些缺点是：

首先，那时把左联当作了从事直接政治斗争的一般群众的革命团体，忽视了它的应该特别发挥的特殊战斗性能与作用——文学斗争和思想斗争，并通过这种斗争去完成政治斗争任务。这一缺点在上述的1931年左联执行委员会决议的"中国无产阶级革命文学的新任务"（以下简称"决议"）中就可以看出。

其次，是没有正确估计到国民党反动派的力量，主观地想以自己的很不充分的力量去冲破压迫，完全放弃了去争取公开的、"合法""半合法"的存在与斗争，忘记了应该积蓄革命力量。于是就不得不向地下发展，由半秘密而成为完全秘密的存在，实际上把活动一天一天地缩小，后来只剩下少数几个没有被捕的作家与党员在坚持了。这种斗争的方法，方式是错误的。

再次，是把左联当成近乎政党的组织，如在上述的决议的"组织与纪律"中所规定的那样严格，便是证明。这样就很自然地走上了关门主义的错误道路，忽视中间阶级在当时的作用，因而便很少去策动广泛的作家来共同奋斗。那时留在左翼以外的中间作家就很多，他们也并不满意反动政治和文化，也很苦闷，不过战斗意志不强。但左联却没有很好地团结教育他们，组织他们的力量，以致左联虽然是一个统一战线的组织，却没有造成可能造成的更庞大的统一战线。

第四，是文艺理论上的教条主义和机械论的倾向，这倾向是1928年革命文学讨论时遗留下来的，但这时却没得到应有的批判，又进一步地接受和提倡创作方法上典型的机械论——即唯物辩证法的创作方法论。这是受了拉普（即俄罗斯无产阶级作家联盟）理论家的影响，这在上述的决议的"创作问题——题材，方法及形式"中便明显地表现出来。

这些缺点，有的在执行过程中便得到了克服，例如创作方法上的机械论，在1933年苏联文学界清算拉普时便曾予以纠正，有的等到1936年左联自动解散时也得到了清算。

# 第三节　鲁迅和瞿秋白在革命文学方面的领导与努力

### 一　鲁迅对于革命文学的贡献

从 1930 年到 1936 年，左联的一切活动、斗争和成就是和鲁迅的领导分不开的。

在中国共产党的领导和人民的力量支持下，鲁迅一直是哺育着左联，关心着左联。他一方面领导左联和反动政治、反动文化作着顽强的斗争；一方面又领导左联从事马克思列宁主义文艺理论的建设工作。左联时期的一些重要的文艺运动和斗争，例如大众文艺运动，大众语运动，苏联文艺理论和作品的翻译介绍以及和"新月派"的斗争，和法西斯的"民族主义"文学的斗争，和"第三种人"文学的斗争等，都是鲁迅在领导进行的。而且由于他的领导特别是他的辉煌的战斗文章，使这些运动和斗争都取得了很大的成绩和战果，后来冯雪峰回忆当时情况曾这样说："在那时候，只要鲁迅先生存在，左联就存在。只要鲁迅先生不垮，左联就不会垮。只要鲁迅先生不退出左联，不放弃领导，左联的组织和它的活动与斗争就能够坚持。"[1]这话是一点也没有夸张的。

这一时期，鲁迅除了和反动的错误的文学思想作了坚决的斗争而外，更重要的是他这时对于中国革命文学思想建设作了突出的贡献，他不断地以无产阶级思想来教育当时的进步作家和青年。他着重地指出小资产阶级思想对于革命文学的危害性，以及参加实际革命斗争深入实际生活对于一个革命作家的重要性。

中国是一个小资产阶级人数众多的国家，中国文艺工作者又大多数是小资产阶级出身，因而使得小资产阶级思想在文学上发生了很大的影响，这影响并侵入了革命文学思想的阵营，因此，和小资产阶级文学思想的斗争，便成为革命文学工作的一个经常的严重的任务。

在革命文学运动初期，鲁迅就已经注意到了小资产阶级的一些严重缺点，并曾予以批判。这时，鲁迅更着重地提出了这一问题，他在左联成立大会上发表的对于左翼联盟的意见的演说，主要地就是针对着革命的小资产阶级的那些脱离实际自视特殊的倾向来说的。他深刻地指出："'左翼'

---

① 《回忆鲁迅》；《鲁迅先生对左联的态度》。

作家是很容易成为'右翼'作家的。为什么呢？第一，倘若不和实际的社会斗争接触，单关在玻璃窗内做文章，研究问题，那是无论怎样的激烈，'左'，都是容易办到的；然而一碰到实际，便即刻要撞碎了。……坐在客厅里谈谈社会主义，高雅得很，漂亮得很，然而并不想到实行的。这种社会主义者，毫不足靠。……第二，倘不明白革命的实际情形，也容易变成'右翼'。革命是痛苦，其中也必然混有污秽和血，决不是如诗人所想象的那般有趣，这般完美；革命尤其是现实的事，需要各种卑贱的，麻烦的工作，决不如诗人所想象的那般浪漫；革命当然有破坏，然而更需要建设，破坏是痛快的，但建设却是麻烦的事。所以对于革命抱着浪漫蒂克的幻想的人，一和革命接近，一到革命进行，便容易失望。"他指出一个作家不应该自视特殊时，这样说："以为诗人或文学家高于一切人，他底工作比一切工作都高贵，也是不正确的观念。""以为诗人或文学家，现在为劳动大众革命，将来革命成功，劳动阶级一定从丰报酬，特别优待，请他坐特等车，吃特等饭，或者劳动者捧着牛油面包来献他，说：'我们的诗人，请用吧！'这也是不正确的……"①

这些意见在今天看来，也还是有极其重要的现实指导意义的。

这以后，鲁迅经常不断地在和小资产阶级文艺思想作斗争，他痛切地指出小资产阶级的动摇，变节，时"左"时"右"的劣根性。他说这些小资产阶级是"翻着筋斗的小资产阶级"，"有些忽然一天晚上自称突变过来的小资产阶级革命文学家，不久就又突变回去了。"他严正地告诉大家："这样的翻着筋斗的小资产阶级，即使是在做革命文学家，写着革命文学的时候，也最容易将革命写歪；写歪了，反于革命有害。""这些作者，是无论变与不变，总写不出好的作品来的。"②一直到1936年，他对于左联内部的小资产阶级知识分子闹无原则纠纷又曾予以正确的分析和深刻的针砭，他指出："在左联结成的前后，有些所谓革命作家，其实是破落户的漂零子弟。他也有不平，有反抗，有战斗，而往往不过是将败落家族的妇姑勃谿，叔嫂斗法的手段，移到文坛上。喊喊嚓嚓，招是生非，搬弄口舌，决不在大处着眼。这衣钵流传不绝。"③

在创作方法方面，鲁迅特别强调地告诉当时作家，一定要参加实际革命斗争，他说："革命文学家，至少是必须和革命共同着生命，或深切地

---

① 《二心集》：《对于左翼作家联盟的意见》。
② 《二心集》：《上海文艺之一瞥》。
③ 《且介亭杂文末篇》：《答徐懋庸并关于抗日统一战线问题》。

感受着革命的脉搏的。"对于当时之所以不能产生好的无产阶级文学，鲁迅指出就是由于当时革命作家没有深入无产阶级生活，对无产阶级不熟悉的缘故。他说："但现存的左翼作家能写出好的无产阶级文学来么？我想，也很难。这是因为现在的左翼作家还都是读书人，——知识阶级，他们要写出革命的实际来，是很不容易的缘故。……这是因为作家生长在旧社会里，熟悉了旧社会的情形，看惯了旧社会的人物的缘故，所以他能够体察；对于和他向来没有关系的无产阶级的情形和人物，他就会无能，或者弄成错误的描写了。"在这里，鲁迅已经接触到一个作家对于自己的旧的思想感情改造的必要了。但鲁迅对于当时没有好的无产阶级文学出现，却并不悲观，他说："倘是一个战斗者，我以为，在了解革命和敌人上，倒是必须更多的去解剖当面的敌人的。要写文学作品也一样，不但应该知道革命的实际，也必须深知敌人的情形，现在的各方面的状况，再去断定革命的前途。唯有明白旧的，看到新的，了解过去，推断将来，我们的文学的发展才有希望。我想，这是在现在环境下的作家，只要努力，还可以做得到的。"①

鲁迅这些珍贵的意见，对于当时革命文学运动和革命文艺工作者都起了极大的影响和作用，促进了中国文学中的社会主义现实主义的发展。

**二　鲁迅和瞿秋白领导的文学大众化运动**

和鲁迅同样，瞿秋白在左联活动的一个时期中，也曾参加了领导，起了很大的决定性的作用。

瞿秋白是 1931 年夏天才参加左联领导工作的，他很快地便和鲁迅成为亲密的战友。他在这一时期写下了很多的辉煌的论文和杂文，又系统地介绍了马克思列宁主义的文学理论和苏联文学作品。在大众文艺运动中以及和"第三种人文学"的斗争中，他的论文都起了决定性的作用。在和敌人的斗争中，他的杂文和鲁迅的杂文一样，发挥了高度的战斗力量。由于他和鲁迅都具有为中国人民解放和共产主义的胜利而奋斗的共同思想和行动，他们很快地便成为亲密的战友，瞿秋白后来写信给鲁迅说："我们是这样的亲密的人，没有见面的时候就这样亲密的人。"他们就这样亲密地共同领导了一个时期的左联工作。到 1934 年 1 月，瞿秋白才离开上海到瑞金。在这两年半之中，他的工作与领导，对于当时左联和革命文学运动的影响，可以说和鲁迅所起的影响差不多是相等的。

---

① 《二心集》:《上海文艺之一瞥》。

左联时期的文学大众化运动，便是鲁迅和瞿秋白两人共同领导进行的。

在1928年，讨论革命文学的时候，曾提出要以工农大众为对象，这就已经初步接触到文学大众化的问题。

左联成立后，文学大众化便被正式地重视起来，并且列为左联的中心工作，当时鲁迅从中国社会实际情况出发，认为"在现下的教育不平等的社会里，仍常有种种难易不同的文艺，以应各种程度的读者之需。不过应该多有大众设想的作家，竭力来作浅显易解的作品，使大家能懂，爱看，以挤掉一些陈腐的劳什子。"①同时钱杏邨、沈端先、冯乃超等都纷纷撰文发表意见，指出文学大众化的目的是要"深入群众"，② 鼓励他们的斗争的勇气和情绪。在形式上，"一方面利用旧的，大众所理解的形式，一方面不断的发展代替它的新形式"。③

1931年，瞿秋白发表了大众文艺现实问题一文，内容比较1930年所讨论的就丰富得多了，不但问题整理得有条有理，而且提出了具体的办法和方案。1932年，瞿秋白又在文学月报创刊号上发表了一篇大众文艺的问题，接着周起应、何大白、止敬等纷纷发表文章，大众文学运动便展开了。

这次讨论的要点，大略如下：

首先，是更进一步地指出了"大众化"是当前革命运动中文学部门的一个重要任务，应该作为目前文艺运动的基本路线和创作方向提出。目的是要提高大众文化的水平，通过革命的大众化文艺，去协助政治上的组织大众工作。如瞿秋白所说："普洛大众文艺应当在思想上意识上情绪上一般文化问题上，去武装无产阶级和劳动民众：手工工人城市贫民和农民群众。"④又说："现在决不是简单地笼统的文艺大众化的问题，而是创造革命的大众文艺问题。"⑤至于执行方案当时提出了举办工人夜校，建立工人读书会，发动工农通讯运动。这些方案当时是有过实践的，但由于国民党反动政府的压迫摧残，夜校等只能秘密地冒险进行，而从事这些工作的作家和青年就有很多被逮捕屠杀，所以这一工作没有广泛展开。

---

① 《集外集拾遗》：《文艺的大众化》。
② 冯乃超：《大众化问题》。
③ 钱杏邨：《大众文艺与文艺大众化》。
④ 《普洛大众文艺的现实问题》。
⑤ 《大众化文艺的问题》。

其次，是大众文学的内容问题。这是大众化的中心问题，当时认为：第一，"是鼓励作品。"要把这当作是"一种在一定的事变之中的反对一切种种反革命的武断宣传"。第二，"是为着组织斗争而写的作品。这就是说一般的阶级斗争，经常一切问题上的阶级斗争……是主要题材"。第三，"是为着理解人生而写的作品……需要从无产阶级的观点去了解，需要清楚地发现现实生活的意义……以及无产阶级的理想（社会主义）的解说"。① 为了要很好地写出这样内容，作家就必须向大众学习，生活要大众化。如周起应说："革命作家，他不是旁观者，而是实际斗争的积极参加者，他不是隔离大众，关起门来写作品，而是一面参加着大众的革命斗争，一面创造着给大众服务的作品……只有到大众中去，从大众去学习，产生健全的大众作品。"②而作家生活的大众化，当时一致承认是文艺大众化的极重要的一面，如瞿秋白论："作家生活的大众化自然是最中心的问题。"③但是生活如何具体的"大众化"呢？当时却没有展开讨论，这就是说作家生活大众化的最基本的问题——思想改造的问题，只是粗粗地接触了一下，不但没有放在首要地位，也没有十分明确地提出来，因而这问题当时并没得到解决。

第三，是大众文学的形式问题。关于这，当时的意见是：革命的大众文艺在其开始时，必须利用旧的形式的优点，但利用并不等于盲目模仿，相反的，倒是要和那些传统的反动的大众文艺作斗争，更需要在旧形式的基础上创造新形式，并向国际普罗文学形式学习。如瞿秋白说："在实际工作开始之后，经验还会告诉我们许多新的方法，群众自己会创造许多新的形式。完全盲目地模仿旧的形式，那就要走到投降的道路上去。"④周起应说："我们要尽量地采用国际普罗文学新的大众形式。如……报告文学、群众朗读剧等。"⑤其次，应该重视大众文学的语言，要反对"五四式的白话"和"旧小说的白话"，要用现代的话来写，这现代的话的标准就是"读出来可以听得懂"，必要时"还应常用某些地方的土话来写"。⑥ 这一些当时也都有过创作实践。特别是学习国际文学形式如报告文学、街头剧等，有着一定的成绩，带来了形式上新的趋向，后来并得到高度的发扬。而大众语

① 钱杏邨：《大众文艺与文艺大众化》。
② 周起应：《关于文学大众化》。
③ 《我们是谁》。
④ 《大众化文艺的问题》。
⑤ 周起应：《关于文学大众化》。
⑥ 《大众化文艺的问题》。

言的采用，也开始被很多作家重视，在创作实践上也表现了很大的成绩。

第四，是大众文学的艺术价值问题。大众文学有没有艺术价值，或是文学大众化了会不会伤害艺术价值，这在当时是曾经成为一个问题的。因为那时有人认为大众文学没有或者很少有艺术价值，而具有艺术价值的还是非大众文学。关于这一问题，当时周起应这样答复："不顾目前小中国劳苦大众的一般文化水准的低下，而一味地高谈什么应当提高大众的程度来鉴赏真正的伟大的艺术，那实际上就是拒绝对于大众的服务，就是一种取消主义！所以我们要暂时利用根深蒂固的盘据在大众文艺生活里的小调、唱本、说书等的旧形式，来迅速地组织和鼓动大众，同时要提高教育和文化的一般水准，使劳苦大众一步一步接近真正的伟大的艺术。""所以文学大众化不仅不是降低文学，而且是提高文学，即提高文学的斗争性，阶级性的。"①这就是说一方面要普及，一方面也要提高，不过，怎样去普及呢？又怎样才能提高呢？普及与提高之间的关系又是怎样呢？这些当时都没有提到。所以问题虽然提了出来，仍是没有得到解决。

这时期，鲁迅对于大众文学也发表了许多珍贵的意见，特别是在旧形式利用的问题上，他深刻地指出这不是简单的"旧瓶装新酒"，而是"推陈出新"。他说："旧形式是采取，必有所删除，既有删除，必有所增益，这结果是新形式的出现，也就是变革。"②这种把旧形式的利用和新形式的创造统一起来的辩证的观点，在当时讨论中是没有一个人能够见到的。此外，他在《论翻印木刻》《论"第三种人"》《连环图画琐谈》《门外文谈》等文中，都会讨论到大众艺术形式问题，大众文学语言问题，以及普及与提高问题，而所有这些意见，都是十分正确，并为我们今天文艺实践所证明了的。

在大众文学讨论中，由于语言是文学形式的最根本的要素，必须把这一问题解决，大众文学的新形式的创造才能得到进一步的开展，因而就展开了1934年的大众语的讨论。

这次讨论相当热烈，但主要地却是讨论中国文字"拉丁化"的问题，而在讨论语言问题方面，却有一个错误的认识，即有一部分人认为语言也是有阶级性的，不明白语言不是上层建筑，它不跟着经济基础变动而变动，它是没有阶级性的，因而也就没有什么阶级的语言。其次，在讨论中国文

---

① 均见丁易编：《大众文艺论集》。
② 《且介亭杂文》：《论"旧形式的采用"》。

字拉丁化时，完全否定了汉字。汉字固然有它的缺点，但也有它的很多优点，应该在一定条件下加以改革，完全予以否定是不正确的。①

在这次讨论中，鲁迅不仅没有发表这种错误的见解，他并且对大众语标准问题，发表了极其卓越的意见，这意见是可以当作这次讨论的结论来看的，他指出："现在在码头上，公共机关中，大学校里，确已有着一种好像普通话模样的东西，大家说话，既非'国语'，又不是京话，各各带着乡音，乡调，却又不是方言，即使说得吃力，听得也吃力，然而总归说得出，听得懂。如果加以整理，帮它发达，也是大众语中的一支，说不定将来还简直是主力。我说要在方言里'加入新的去'，那'新的'来源就在这地方。待到这一种出于自然，又加人工的话一普遍，我们的大众语文就算大致统一了。"②这意见在今天看来，也还是完全正确的。

### 三　鲁迅和瞿秋白对于马克思列宁主义文艺理论的介绍及苏联文学作品的翻译

1928年"革命文学"的提倡，本来是根据马克思列宁主义基本理论出发的，但由于没有很好地了解和掌握这一理论，没有和中国革命实际及中国文学运动实际相结合，以致发生了偏向。为了克服这一偏向，为了清除旧的文艺理论，为了使革命文学理论和创作的健全发展，就迫切要求系统地研究马克思列宁主义创作理论和社会主义现实主义创作方法，这样，马克思列宁主义文艺理论便大量介绍进来了。

介绍马克思列宁主义文艺理论出力最多的是鲁迅、瞿秋白和冯雪峰。鲁迅在1929年和1930年两年之中，翻译了普列汉诺夫的艺术论，庐那卡尔斯基的《艺术论》和《文艺与批评》以及《苏联文艺政策》等书。瞿秋白则翻译了列宁和高尔基的许多文学论文，冯雪峰翻译了普列汉诺夫的《艺术与社会生活》，庐那卡尔斯基的《艺术的社会基础》。当然，普列汉诺夫和庐那卡尔斯基的文艺理论是有着它的缺点的。例如普列汉诺夫只肯定了艺术的自发的阶级性，而没有深入研究它的自觉的战斗性；而没落阶级的艺术与新兴阶级的艺术，哪一个是好的，是有前途的，他也没有予以适当的分析和估价。又如庐那卡尔斯基在《艺术论》中提到"美感"问题，便有着唯心论的倾向。但基本上却是解决了马克思列宁主义文艺理论的基本问题。因而对中国文学运动起了很大的影响，这就是鲁迅所说的这些理论"给大家

---

① 关于大众语问题讨论的文字，文逸辑有《语文论战的现阶段》。
② 《且介亭杂文》：《门外文谈》。

能够互相切磋，更加坚实而有力"①。

为了使革命文学创作更进一步的发展，学习社会主义现实主义文学，这一时期对苏联文艺作品也有了大量的翻译介绍。这首先仍然要归功于鲁迅和瞿秋白的倡导，鲁迅在"革命文学"运动之前就注意到了苏联的小说，以后更尽力提倡，自己并翻译了法捷耶夫的《毁灭》，雅各武莱夫的《十月》。瞿秋白也翻译了很多高尔基的小说。以后苏联文学作品便大量地介绍了过来：如高尔基的《母亲》《三人》《幼年时代》等和很多的短篇小说，绥拉菲莫维支的《铁流》，萧洛霍夫的《静静的顿河》，以及其他一些作家的诗歌、小说、剧本等。这些作品都曾大大地鼓舞了中国作家的革命热情和信心，在创作方法上更指示了正确的途径，提供了社会主义现实主义文学的具体的范本，对当时青年的文艺习作，起了极大的好的作用。

# 第四节　苏区文艺运动

## 一　古田会议在文艺工作方面的决定

自 1927 年毛泽东同志在井冈山建立革命根据地时起，到 1934 年工农红军开始"两万五千里长征"时止，在这七八年当中，由于革命力量日益发展，在根据地内，文学也开始了它的新的历史阶段，那就是文学第一次和工农兵结合起来了。

1929 年，在古田会议决议当中，毛泽东同志"根据教育士兵的需要，发动群众斗争的需要和争取敌方群众的需要，就指示了很多为当时条件所能实现的文艺工作方法，规定要很艺术的编制士兵教育课本，要把革命故事、歌谣、图、报当作教材，要提倡打花鼓、演剧、游戏、出壁报等类活动，要把宣传当作红军宣传工作的重要工具，把整理训练宣传队当作党要加紧努力的工作之一，把红军中的艺术股充实起来，出版石印、油印书报，要宣传队化装、宣传股组织和指导化装宣传，要士兵会里面建设俱乐部，另外还要各政治部负责征集并编制表现各种群众情绪的革命歌谣"。有了毛泽东同志这一明确指示，文艺工作就很快地在工农红军中展开了，"从那时起，文艺工作就是部队政治工作的一个组成部分，就是必须要有而不是可有可无的一种部队形式和生活形式。从那时起，文艺活动就广泛

---

① 《二心集》：《上海文艺之一瞥》。

地表现于广大指战员的各种活动之中。在部队中，往往紧跟着工作任务或战斗任务而来的，就有文艺活动的协同动作"①。

毛泽东同志那时不但注意指导了部队中的文艺工作，而且也同样地注意指导了农村的文艺工作。例如江西兴国县长冈乡在 1933 年全乡便有俱乐部四个，每村一个。每个俱乐部下有体育、墙报、晚会等很多的委员会。每村一个墙报，放在列宁小学，十篇文章中列小学生的占六篇，群众占四篇。俱乐部都有新戏。又如福建上杭县才溪乡在 1933 年上才溪有俱乐部一个，任俱乐部工作的五十多人，内新剧团占三十多人。墙报四处，每村一处。下才溪有俱乐部一个，工作人员五十多人，墙报五处。从这两个乡的情况，便可以看到当时农村文艺活动的普遍了。

**二　工农民主政府的文艺政策**

当时在毛泽东同志正确领导下的工农民主政府对文艺工作也特别予以重视，那时的教育部部长是瞿秋白，教育部隶属的一个艺术局也由他兼管，他在文艺方面做了很多有意义有价值的工作，后来据李伯钊回忆说："苏区当时群聚性的文艺工作中心在红军大学。红军大学先后由叶剑英同志和刘伯承同志任校长。他们都很重视文艺工作对教育工作所起的辅助作用。由外来的少数文艺工作的爱好者与红军中高级干部发动组织的工农剧社，很短期间就推广到各省县，以至于区都组织起工农剧社的分社。工作的范围扩大，文艺工作干部的需要也随着增加，中央苏区就创办了第一所戏剧学校，当时瞿秋白同志提议学校的名称应以高尔基来命名。"②

这个高尔基戏剧学校学生"百分之九十以上是共产青年团员，都是参加过土地革命苏维埃斗争的农村青年男女，有粗通文字的，也有文盲。最感困难的是教员，只有少数的几个人，又多是兼职。……当时俘虏来的白军军官中有擅长美术与舞台装置的，有长于导演的，经过一时期工作的考验，党就决定请他们当教员"。③ 至于学校的教学方针和计划，瞿秋白曾强调指出两点："第一，学校要附设剧团，组织到火线上去巡回表演，鼓励士气，进行作战鼓动。平时按集期到集上流动表演，保持同群众密切的联系，搜集创作材料，他说：'闭门造车是绝不能创造出大众化的艺术来的。'第二，他主张学校除普通班外应添设红军班和地方班。红军里面的文化娱乐工作与各军团剧社的活动是政治工作的重要部分，他认为戏剧学校

---

① 傅钟：《关于部队文艺工作》，见《文代大会纪念文集》。

② 1950 年 6 月 18 日《人民日报人民文艺》：《回忆瞿秋白同志》。

③ 1950 年 6 月 18 日《人民日报人民文艺》：《回忆瞿秋白同志》。

如果不为红军部队培养艺术干部，就失掉了创办的重要意义"。①

这时根据地内人民剧团在各县甚至各区都已普遍成立，瞿秋白还要大量发展它，提高它，便"建议把瑞京（按即瑞金）云集区工农剧社的社长，长汀县工农剧社社长，中央印刷厂工农剧社社长，各区的社长调来训练，开设地方班，半年毕业。他说：'没有戏剧工作骨干，就谈不到什么工农戏剧运动'"。②

那时对戏剧运动特别注意，因为这一艺术形式是最容易接近群众，最容易为群众所接受。这个高尔基戏剧学校就曾训练出一千多学生，后来编成六十个戏剧队。队员们的足迹印遍了乡村和前线，并且吸收了很多从苏维埃乡区来投效的预备演员。由于农民文化食粮的缺乏，他们对这些戏剧队特别欢迎，戏剧队下乡时，农民都自动地替他们运输，供给他们膳宿。这些队员们包括剧作家、导演、演员，他们也都能和农民生活在一起，打成一片。

此外，工农民主政府对于民歌的搜集和运用，也是非常注意的。在庆祝二苏大会上，云集区的俱乐部唱了几个歌子，很好听，后来打听出都是江西民间最流行的"竹片歌""砍柴歌""十骂反革命歌"。当时瞿秋白就指示大家应该重视这一工作，他说："通俗的歌词对群众的教育作用大，没有人写谱，就照民歌曲谱填词。好听，好唱，群众熟悉，马上就能流传，比有些创作的曲子还好些。"③

### 三　苏区文艺运动的历史意义

由于苏区文艺运动，在中国现代文学史上是文艺第一次深入群众，所以它就具有特殊的历史意义。

这首先表现在文艺开始在实际上行动上和士兵、农民结合了，这一结合是"五四"以来革命文学的一个重要发展。虽然由于环境艰苦客观条件困难的关系，大家不可能多作理论上的研究，没有明确地提出文学必须为工农兵服务这一课题，但实际上是这样做了。

其次，由于这一运动是在毛泽东同志直接领导之下，由于工农民主政府的民主自由的环境，文艺大众化得到了正确的领导，和广泛地实践，因而就取得丰富的经验，这种长期的从实践中取得的经验是极可宝贵的，它给文学的工农兵方向创造了实例，因而推动了文学的工农兵方向的发展，

---

① 1950 年 6 月 18 日《人民日报人民文艺》：《回忆瞿秋白同志》。
② 1950 年 6 月 18 日《人民日报人民文艺》：《回忆瞿秋白同志》。
③ 1950 年 6 月 18 日《人民日报人民文艺》：《回忆瞿秋白同志》。

并为后来抗日战争期间社会主义现实主义更进一步的发展奠定了基础。

第三，1927年以后，中国革命文学运动就被敌人分割成两支弟兄部队，一支是苏区文艺部队，另一支就是在国民党反动统治区域内也是在中国共产党领导下以鲁迅为首的左联文艺部队，这两支部队虽然被蒋匪阻隔，信息难通，但在斗争的方向上却基本上是一致的。苏区文艺运动和左联是起了极好的配合作用。

## 第五节  以鲁迅为首的革命文学阵营和 反动文学倾向的斗争

### 一  和买办资产阶级"新月派"的斗争

"新月派"的前身就是"现代评论派"，主要人物除"现代评论派"原有的胡适、徐志摩、陈西滢外，又纠合了梁实秋、叶公超、沈从文等辈。他们在北伐战争以前，依靠帝国主义仰承北洋军阀鼻息反对共产主义，北伐后，他们又投靠了新主子——蒋介石反动政府，反对革命文学。

1928年，他们出版《新月》月刊，一出马就和革命文学采取了鲜明的对立的态度。他们在《新月》创刊号的发刊词《新月的态度》中提出反对文学上十三种倾向，其中有：功利派、攻击派、偏激派、热狂派、稗贩派、标语派、主义派……这些用意都是在攻击革命文学的。他们又提出了两个文学的原则："一是不妨害健康的原则，二是不折辱尊严的原则"。这所谓"健康"，就是不能攻击社会黑暗，不要批评政治腐败；所谓"尊严"，就是要装出资产阶级的绅士态度，不要写无产阶级生活。他们又认为当时文学界有许多派别，思想很混乱，是因为太自由的缘故。他们说："现在我们在思想上有了绝对的自由，结果是无政府的凌乱。"这简直是向他们的反动主子献计，要统治思想了。

接着梁实秋在《新月》上又发表了一篇《文学与革命》，便正式向革命文学进攻，他说："革命文学这名词很本不能成立"。"伟大的文学乃是基于固定的普遍的人性"。"大多数就是没有文学，文学就不是多数的"。他认为文学"都是极少数的天才的创造"。文学是独立的，"并不含有固定的阶级观念，更不含有为某一阶级谋利益的成见"。

对于这些反动的买办资产阶级文学理论，当时创造社的彭康、冯乃超等都曾撰文予以驳斥，要点是：（一）指出当时思想界毫无自由，他们所谓

"有了绝对的自由",是替反动统治张目。（二）指出他们的所谓"健康"与"尊严",是买办资产阶级的巩固反动统治的幌子。（三）指出文学并不是什么少数天才的创造,它是劳动群众以集体劳动为媒介的产物。（四）指出根本就没有什么"固定的普遍的人性",人性是随着社会变化的,是有阶级的。人性应该是指人的社会性和阶级性,文学就是反映人的社会性和阶级性的。（五）文学是属于大众的,为大众,为革命服务的,否认这点,就是资产阶级代言人。①

1928年正是革命文学运动高涨的时候,"新月派"的进攻,并没有起什么作用,实际上是失败了。但他们这一小撮人的买办资产阶级立场却是非常坚定的,对革命文学仍然一直在明攻暗击,当然反动理论仍然是那一套。这期间鲁迅曾不断地尖锐地予以驳斥。1929年鲁迅指出:"新月社"中的批评家,是很不以满于现状的人为然,但只是不满于一种现状,是现在竟有不满于现状者。这大约就是……挥泪以维持治安的意思。"②1930年鲁迅又指出:"文学不借人,也无以表示'性',一用人,而且还在阶级社会里,即断不能免掉所属的阶级性……倘说,因为我们是人,所以以表现人性为限,那么,无产者就因为是无产阶级,所以要做无产文学。"③

"新月派"经过这几次剥出原形,1930年以后,就逐渐地销声匿迹了。

## 二　和法西斯"民族主义文学"的斗争

左联成立后三个月,即1930年6月,国民党反动派豢养的文人王平陵、黄震遐、朱应鹏等发表了《中国民族文艺运动宣言》,并出版《前锋月刊》《文艺月刊》等,他们宣称:"那自命左翼的所谓无产阶级的文艺运动又是那样的嚣张,把艺术拘囚在阶级上。"说明了它的成立就是为了和左联为敌的。

买办资产阶级,法西斯匪徒是常常利用"民族主义"这块招牌来欺骗人民的。他们为了巩固自己阶级的统治,剥削和压迫人民,都是在这块招牌之下进行的。实际上,他们的所谓民族主义,只是属于他们那一阶级的少数人,与人民毫不相干,相反的,倒是与人民为敌的。而半殖民地的中国反动统治者国民党反动派,他们又是帝国主义的走狗,所以他们嚷嚷的什么"民族主义",比资产阶级提倡的"民族主义"更为无耻,因为那恰恰是出卖民族的。"民族主义文学运动"本质上就是这样一个东西。

---

① 彭康写有《新月态度的批语》,冯乃超写有《批驳梁实秋的文学与革命》,均见《中国文艺论战》。
② 《三闲集》:《新月社批语家的任务》。
③ 《二心集》:《硬译与文学的阶级性》。

当时鲁迅曾对这个阴险无耻的运动作过极其刻骨的分析，他首先指出提倡这一运动的人是"洋大人"的"宠犬"，是一群"流尸"的堆积，这些"宠犬"和"流尸"觉到自己"将与在上的统治者同共运命，于是就必然漂集于为帝国主义所宰割的民族中的顺民所竖起的'民族主义文学'的旗帜之下，来和主人一同做一回最后的挣扎"。这些流尸虽然很杂碎，但却"和主人一样，用一切手段，来压迫无产阶级，以苟延残喘"。鲁迅更具体分析了这些"宠犬"们的几篇作品，指出他们的目的只是反苏反共，而对于日本帝国主义的侵略倒是欢迎的。所以他们对于"帝国主义是有益的，这叫做'为王前驱'，所以流尸文学仍将与流氓政治同在"。①

"民族主义文学"既经鲁迅剥出原形，欺骗伎俩更无所施，他们的《文艺月刊》虽然到抗战期间还在印行，但却早已没有人理睬了。

### 三 和反动的小资产阶级的"文艺自由论"的斗争

"文艺自由论"发生在 1932 年，其中包括有两种人物，一是自称"自由人"的胡秋原，一是自称"第三种人"的苏汶。但两人对文学的主张却差不多，都是站在反动的小资产阶级立场替资产阶级反动文艺作辩护。而胡秋原却又披着普列汉诺夫的外衣，当时颇能迷惑一部分青年，这就是左联在1931 年决议中曾指出要注意的"在各种遮掩下——'左'的或灰色的遮掩下的反动性和阴谋性"的具体实例。

他们当时在一些刊物上（主要的是《现代》）发表了很多文章，提倡他们的反动文艺理论，他们认为文艺是可以脱离政治、脱离阶级而自由，可以不替阶级服务，不做阶级斗争武器。因此反对政治干涉文艺，认为现在"第三种人"作者都搁了笔，就是由于左联批评"干涉"了的缘故。又反对左联提倡文学大众化，反对利用民间形式如连环图书和唱本，说左联"左而不作"。最后他们说是"第三种人"就未必做得成，第三种文学是可以成立的。②

对于这种反动文艺理论，当时鲁迅、瞿秋白、周起应、冯雪峰等都曾予以严正的批评，指出他们的反动本质。

鲁迅在《论"第三种人"》③一文中就精辟地指出："这'第三种人'的'搁笔'，原因并不在左翼批评的严酷，真实原因的所在，是在做不成这样的'第三种人'，做不成这样的人，也就没有了第三种笔，搁与不搁，还谈不

---

① 《二心集》：《民族主义文学的任务和运命》。
② 胡秋原苏汶的文章，均见苏汶编《文艺自由论辩集》。
③ 见《南腔北调集》。

到。生在有阶级的社会里而要做超阶级的作家，生在战斗的时代而要离开战斗而独立，生在现在而要做给予将来的作品，这样的人，实在也是一个心造的幻影，在现实世界上是没有的。"至于苏汶所攻击的"连环图书和唱本"，鲁迅是这样答复的："我相信，从唱本和说书里是可以产生托尔斯泰、弗罗培尔的，现在提起密开朗该罗们的画来，谁也没有非议了，但实际上那不是宗教的宣传画，《旧约》的连环图画么？而且是为了那时的'现在'的。"

瞿秋白（当时用易嘉笔名）也在《文艺的自由和文学家的不自由》①一文中说："在有阶级的社会没有真正的实在的自由。当无产阶级公开的要求文艺的斗争工具的时候，谁要出来大叫'勿侵略文艺'，谁就无意之中做了伪善的资产阶级的艺术至上派的'留声机'。"最后，他尖锐地指出，这些"第三种人"只是"不好意思公开地做资产阶级的走狗"而已。

胡秋原和苏汶的理论，经过鲁迅和瞿秋白的批评，反动性质已经明确，最后冯雪峰（用何丹仁笔名）写了一篇《关于"第三种文学"的倾向与理论》②站在巩固统一战线的立场，诚恳坦白地批评了自己，也批评了苏汶等，平心静气，不躁不矜，可以说是一个总结。

但历史却证明了鲁迅和瞿秋白对"第三种人"的指责是完全正确的，胡秋原和苏汶后来由"不好意思公开地做资产阶级的走狗"终于变成了公开的走狗了。

### 四 和帮闲文学"论语派"及其他反动文学倾向的斗争

1932年，从五四文学革命阵营中分化出来投到国民党反动政府去当帮闲清客的林语堂创刊了《论语》，1933年又创刊《人间世》，专门提倡幽默的闲适的小品文，说是"今之所谓小品文者……盖诚所谓宇宙之大，苍蝇之微，无一不入我范围矣"。③ 但实际上谈的只是"苍蝇"，而幽默却变成了说笑话，闲适则是地主庄园生活的"闲适"，而其目的则不外是企图使大家对国民党反动派黑暗统治不闻不问，而收得巩固反动统治的效果，是十足的帮闲文学。

当时鲁迅对这"帮闲文学"曾予以严正的批语，他指出他们提倡的幽默，作用是"将屠户的凶残，使大家化为一笑"。④ 而写的小品文"却在特别

---

① 见《乱弹及其他》。
② 见《文艺自由论辩集》，《雪峰论文集》第一卷亦收入。
③ 《人间世》第六期，林语堂：《论小品文笔调》。
④ 《南腔北调集》：《论语一年》。

提倡那和旧文章相合之点，雍容，漂亮，缜密，就是要它成为'小摆设'，供雅人的摩挲，并且想青年摩挲'小摆设'，由粗暴而变为风雅了。"①

此外，在这一时期中，还出现其他一些反动文艺倾向，例如施蛰存要青年从《壮子》与《文选》中找文学修养，周作人、林语堂等提倡明人小品，沈从文反对左翼文学的"差不多"，邵洵美、曾今可提倡"词的解放"等，对于这些反动文艺倾向的本质，鲁迅都曾予以批语和揭露。并在广大人民中发生巨大的影响，这些战斗的文字，都收入了鲁迅的这一时期的杂文集中。

① 《南腔北调集》：《小品文的危机》。

# 第三章　左翼文学运动(下)

—— 文艺界抗日民族统一战线及抗战文学理论的进展和斗争

## 第一节　文艺界抗日民族统一战线的形成

### 一　抗日民族统一战线的形成

"九一八"以后，国民党反动政府对外一贯坚持"不抵抗"的卖国投降政策，对内则用全力进攻革命根据地，并镇压人民爱国救亡运动，公然宣称："有言抗日者杀无赦。"

中国共产党在毛泽东同志正确领导下，粉碎了蒋介石反革命的四次围攻。但1934年，由于党的领导机关拒绝了采取毛泽东同志的战略原则，没有能够粉碎反革命的第五次围攻，工农红军主力乃离开中央根据地，开始了有名的"二万五千里长征"。1935年1月，长征队伍到达贵州遵义，中国共产党召开了中央政治局会议，纠正了党内一些同志的"左"倾错误，树立了以毛泽东同志为首的党中央的正确领导。10月，红军主力到达陕北。这时期，由于日本帝国主义的深入侵略，及蒋介石国民党的卖国政策，民族危机更加严重。中国共产党于8月1日发表了为《抗日救国告全国同胞书》，11月28日，公布"抗日救国十大纲领"，号召建立抗日民族统一战线，停止内战，一致抗日。12月9日，在中国共产党的号召、组织与领导下，北平学生举行了抗日救国示威运动——"一二九"运动，掀起了全国人民的抗日救亡高潮。

由于民族危机的加深，全国人民的抗日救亡高潮的激荡，国内阶级关系就起了新的变化，这就是中国工人阶级农民阶级原本是革命的主力，现在自然更积极地参加革命斗争。小资产阶级由于本身受到了帝国主义和反革命的重大损害，现在眼看就要当亡国奴，也加强了革命意志。在反革命营垒方面，则是发生了新的动摇、分裂与冲突，一部分民族资产阶级和许多乡村的富农、小地主为了自身利益，对于目前开始的新的民族运动，便有了采取同情中立以至参加的可能。而国民党军人中原有的矛盾，在民族危机到了严重关头的时候，便进一步加深，以致破裂，这对于革命是有利的。剩下来的只是少数的大地主、大买办资产阶级仍在坚决反对民族革命。这样，就如毛泽东同志所指出"扩大了民族革命营垒的势力，减弱了民族反革命营垒的势力"。因此，"党的任务就是把红军的活动和全国的工人、农民、学生、小资产阶级、民族资产阶级的一切活动汇合起来，成为一个统一的民族革命战线"①。

1936 年 12 月，张学良、杨虎城举行了"西安事变"，扣留蒋介石，要求停止内战，实行抗日。中国共产党助成了西安事变和平解决。这就为抗日统一战线的形成打下了基础，推动了抗日战争的实现。

抗日民族统一战线是中国共产党提出的、促成的，实际上是中国共产党领导的，党在统一战线中是独立自主的，毛泽东同志在《统一战线中的独立自主问题》一文中曾正确地指出："用长期的合作支持长期战争，就是说使阶级斗争服从于今天抗日的民族斗争，这是统一战线的根本原则。在此原则下，保存党派和阶级的独立性，保存统一战线中的独立自主；不是因合作和统一而牺牲党派和阶级的必要权利，而是相反，坚持党派和阶级的一定限度的权利；这才有利于合作，也才有所谓合作。否则就是将合作变成了混一，必然牺牲统一战线。在民族斗争中，阶级斗争是以民族斗争形式出现的，这种形式，表现了两者的一致性。一方面，阶级的政治经济要求在一定的历史时期内以不破裂合作为条件；又一方面，一切阶级斗争的要求都应以民族斗争的需要(为着抗日)为出发点。这样便把统一战线中的统一性和独立性，民族斗争和阶级斗争，一致起来了。"②毛泽东同志的这个指示，是统一战线的原则，必须深切体会了这个原则，才能很好地掌握各方面的包括文艺界在内的统一战线的精神和方向。

二　文艺界抗日民族统一战线的酝酿

在"一二九"运动的时候，全国文化界一致响应了学生运动，要求团结御侮，抗日救亡。1935 年 12 月 28 日，上海文化界救国会成立，1936 年 5 月，全国各界救国联合会成立，纲领是赞成中国共产党的"八一宣言"，主张停止内战，各党各派合作抵抗日寇的侵略。抗日救亡刊物更是风起云涌，全国不下千余种之多，单是上海一地就有一百多种，著名的如《大众生活》《永生》《新学识》《生活知识》《妇女生活》《世界知识》……这些刊物都成为全国青年最喜爱的读物，因而教育了全国的广大青年。

---

① 《毛泽东选集》第一卷：《论反对日本帝国主义的策略》。
② 《毛泽东选集》第二卷。

这些刊物大部分都是上海的进步文艺工作者创办的。那时的文艺界根据"八一宣言"的精神，对当前文艺运动有一个共同要求，即主张不分新旧，不分阶层，不分党派，除汉奸以外的一切文艺作家，都应该在共同抗日救亡的总目标之下，一致团结起来，用文艺这一武器，努力抗日救亡的工作，组成文艺界的抗日民族统一战线。

为了促进这个统一战线的形成，为了巩固一切作家的团结，1936年春天，中国左翼作家联盟宣布自动解散，并清算了过去的宗派主义、关门主义的错误，把自己的主要任务不再单纯的放在前一阶段的工农大众阶级斗争的革命文学上面，而是要来促进一切作家的团结，把一切力量集中到抗日救亡的民族解放革命战争的文学上来。

当然，这并不是说放弃了阶级斗争，正如政治上的统一战线一样，是把民族斗争与阶级斗争一致起来，阶级斗争以民族斗争的形式出现。因此，这一新的文艺运动的展开对左翼文学来说，并不是后退，而是配合着现实形势的更高的昂扬。对其他一切文学来说，却又是全国文艺界在新形势下的共同要求。所以这个文艺界的统一战线，是各派各阶层作家各以战友的态度和民主的方式所结成的，它的最低的共同目标，就是抗战——对侵略我国的日本帝国主义抗战，对出卖民族利益的汉奸抗战，对直接或间接援助日本帝国主义和汉奸的其他帝国主义抗战。

### 三 "国防文学"与"民族革命战争的大众文学"的争论和鲁迅的意见

文艺界的抗日民族统一战线既成为当时作家的一致要求，在新的政治革命情势之下。这个统一战线就应该包括以前"革命文学"统一战线中所没有包括的一般资产阶级作家甚至旧文学作家。这是一个巨大的变化，如何掌握这变化，贯彻统一战线的目标和方针，来团结一切有抗日救亡要求的作家，这是一个新的而又复杂困难的问题，为了解决这一问题，左翼作家就发生了"国防文学"和"民族革命战争的大众文学"两个口号的争论。

"国防文学"的口号是先提出的，它的主张大略如下：第一是要促进统一战线的结成。"要号召一切站在民族战线的作家，不问他们所属的阶层，他们的思想和流派，都来创造抗敌救国的艺术作品，把文学上反帝反封建的运动，集中到抗敌反汉奸的总流。"而左翼作家更应该克服关门主义去"联合那些在思想和艺术上原和我们有着不小的距离"[①]的作家。"甚而至于旧文学者，如'礼拜六派'等等，在他们有参加民族解放的诚意，而且他们

---

① 周扬：《现阶段的文学》。

的工作能够促进这个运动的条件之下"，① 都应该欢迎。因此，"国防文学运动就是一个最大限度地动员文艺上的一切救亡力量的运动。"②其次在内容方面，"国防文学应该是多样的统一，而不是一色的涂抹。这儿应该包含有各种各样的文艺作品，由纯粹社会主义的以至于狭义爱国主义的，但只要不是卖国的，不是为帝国主义作伥的东西。"③第三，在创作方法方面，则要求作家采用进步的现实主义的方法。因为"进步的现实主义者才是真正的爱国主义者，而真正有爱国热情的人所走的也就是进步的现实主义的路。"④但这并不等于说其他创作方法就不容许。第四，并不取消批评。对于一切中间层的文学中的"反帝要素，应当给以应有的评价，同时自然也要具体地指出这些作品中所表现的小有产的观点和世界观，怎样妨碍了对于民族革命之本质的认识和正确的艺术发展。"⑤而对于"没有正确的世界观而能把持着客观真实的人"，可以"希望他要有正确的世界观，并希望一般人不要以之为例"。⑥ 以上这些，就是主张"国防文学"的人的几点重要意见。

"国防文学"虽然也认为应该以人民大众为主体，但从口号表面上看来，却好像是主张以民主的盟友的态度来联合各阶级阶层。为了使口号具体明确，不致被人误解，于是鲁迅和茅盾便拟定了一个"民族革命战争的大众文学"的口号。

必须指出，鲁迅和茅盾提出这口号的本意并没有要和"国防文学"口号来对立，更没有取消它的意思。鲁迅曾说过："民族革命战争的大众文学，正如无产革命文学一样，大概是一个总的口号罢。在总口号之下，再提些随时应变的具体的口号，例如'国防文学''救亡文学''抗日文艺'……我以为是无碍的，不但没有碍，并且是有益的，需要的。"⑦而茅盾也认为两个口号可以并行不悖。

鲁迅和茅盾的意见是正确的，实际上这两个口号基本原则并没什么不同，都是统一战线的口号。但是，由于当时左翼文艺界宗派主义倾向还没有完全肃清，于是有些人在争论中也就夹杂着许多宗派倾向，并有人借此

---

① 何常槐：《文艺界联合问题我见》。
② 周扬：《关于国防文学》。
③ 郭沫若：《国防、炼狱、污池》。
④ 郭沫若：《国防、炼狱、污池》。
⑤ 周扬：《关于国防文学》。
⑥ 郭沫若：《国防、炼狱、污池》。
⑦ 《且介亭杂文末编》：《论现在我们的文学运动》。

中伤鲁迅。

鲁迅这时已在病中，但他为了坚持中国共产党的抗日统一战线的政策，一方面，在革命阵营内部和宗派主义倾向作斗争，另一方面，又和托洛斯基匪徒的阴谋破坏作斗争。他立即写了两篇重要的具有指导意义的文字：《论现在我们的文学运动》和《答徐懋庸并关于抗日统一战线问题》。①

"答徐懋庸"这篇文章很长，这是可以作为这次论争的结论来看的。鲁迅在文中说："中国目前革命的政党向全国人民所提出的抗日统一战线的政策，我是看见的，我是拥护的，我无条件地加入这战线，那理由就因为我不但是一个作家，而且是一个中国人，所以这政策在我是认为非常正确的。……其次，我对于文艺界统一战线的态度。我赞成一切文学家，任何派别的文学家在抗日的口号之下统一起来的主张。我也曾提出过我对于组织这种统一的团体的意见过……我以为文艺家在抗日问题上的联合是无条件的，只要他不是汉奸，愿意或赞成抗日，则不论叫哥哥妹妹，之乎者也，或鸳鸯蝴蝶都无妨。但在文学问题上我们仍可以互相批判……我以为应当说：作家在'抗日'的旗帜，或者在'国防'的旗帜之下联合起来；不能说：作家在'国防文学'的口号下联合起来，因为有些作者不写'国防为主题'的作品，仍可从各方面来参加抗日的联合战线……因此，我很同意郭沫若先生的'国防文艺是广义的爱国主义的文学'和'国防文艺是作家关系间的标帜，不是作品的原则上的标帜'的意见。……我以为在抗日战线上是任何抗日力量都应当欢迎的，同时在文学上也应当容许各人提出新的意见来讨论，'标新立异'也并不可怕……但现在文坛上仿佛已有'国防文学'牌与'民族革命战争大众文学'牌的两家，这责任应该徐懋庸他们来负，我在病中答访问者的一文里（按即《论现在我们的文学运动》）是并没有把它们看成两家的。自然，我还得说一说'民族革命战争的大众文学'这口号的无误及其与'国防文学'口号之关系。……如果它是为了推动一向囿于普洛革命文学的左翼作家们跑到抗日的民族革命战争的前线上去，它是为了补救"国防文学"这名词本身的在文学思想的意义上的不明了性，以及纠正一些注进"国防文学"这名词里去的不正确的意见，为了这些理由而被提出，那些它是正当的，正确的。……这里的'大众'，即照一向的'群众'，'民众'的意思解释也可以，何况在现在，当然有'人民大众'这意思呢。我说'国防文学'是我们目前文学运动的具体口号之一，为的是'国防文学'这口号，

---

①　二文均见《且介亭杂文末编》。

颇通俗，已经有很多人听惯，它能扩大我们政治的和文学的影响，加之它可以解释为作家在国防旗帜下联合，为广义的爱国主义的文学的缘故。因此，它即使曾被不正确的解释。它本身含义上有缺陷，它仍应当存在，因为存在对于抗日运动有利益。"

由此看来，这次论争，鲁迅、茅盾和郭沫若（其时在日本）三人的意见是没有什么不同的。其他人的论争，有一部分都是受了残余的宗派主义的影响，经过鲁迅的指出，论争也就逐渐停止了。

当时茅盾也写了一篇《关于引起纠纷的两个口号》，他的结论是："'民族革命战争的大众文学'应是现在左翼作家的创作口号！'国防文学'是全国一切作家关系间的标帜！"这意见和鲁迅基本上是相似的。

鲁迅这时发表的另一篇《论现在我们的文学运动》一文，内容是关于文艺界统一战线的原则方针的，这在当时是一篇具有极重要的指导意义的文件，他这样指出："左翼作家联盟五六年来领导和战斗过来的，是无产阶级革命文学的运动，这文学和运动，一直发展着；到现在更具体底地，更实际斗争底地发展到民族革命战争的大众文学。民族革命战争的大众文学，是无产阶级革命文学的发展，是无产革命文学在现在时候的真实的更广大的内容。这种文学，现在已经存在着，并且即将在这基础之上，再受着实际战斗生活的培养，开起烂缦的花来吧。因此，新的口号的提出，不能看作革命文学运动的停止，或者说'此路不通'了。所以，决非停止了历来的反对法西斯主义，反对一切反动者的血的斗争，而是将这斗争更深入更扩大，更实际，更细微曲折，将斗争具体化到抗日反汉奸的斗争，将一切斗争汇合到抗日反汉奸斗争这总流里去。决非革命文学要放弃它的阶级的领导的责任，而是将它的责任更加重，更放大，重到和大到要使全民族，不分阶级和党派，一致去对外。这个民族的立场，才真是阶级的立场。托洛斯基的中国的徒孙们，似乎糊涂到连这一点都不懂。但有些我的战友，竟也有在做相反的'美梦'者，我想，也是极糊涂的昏虫。"

鲁迅这意见融会贯通了政治上统一战线政策的原则，正确而又具体地和当时文艺运动的实际结合了起来。这些意见当时参加讨论的一部分人虽然也接触到一些，但却远不及鲁迅这意见的明确、周密和完备。所以，这段意见是可以作为当时文学运动的一个指导文件来看的。

#### 四　文艺界抗日民族统一战线的建立和鲁迅的逝世

当"国防文学"与"民族革命斗争的大众文学"进行争论，大家都要求成立一个抗日救亡统一战线的时候，一部分作家于 1936 年 6 月成立了中国文艺家协会，另一部分作家又共同签名发表了中国文艺工作者宣言。从两方面的宣言看来，意见也没有什么大的不同，都是主张为了民族利益要团结一致；而且从两方面列名的人看来，也都包括了各种不同见解的作家，都是统一战线的组织。但是大家本意都是为了团结，却又形成了两个集团，表现了新的对立。这种做法，当然是错误的。由于中国共产党的正确领导，两个口号纠纷的廓清，再加上革命情势的迫切要求，这个错误很快地便被纠正，文艺界统一战线组织就得到了进一步地发展，这就是《文艺界同人为团结御侮与言论自由宣言》的发表。

这宣言主要内容是：首先指出国民党政府不能"团结御侮"，今后必须"不作妥协之让步"。其次号召"全国文学界同人应不分新旧派别，为抗日救国而联合"。在文学上，"不强求相同，但在抗日救国上，应团结一致，以求行动之更有力"。"不必强求抗日立场之划一，但主张抗日力量即刻统一起来"。因此，希望"民族解放的文学或爱国文学在全国各处风起云涌，以鼓励民气"。但允许"各人各派之自由发展，与自由创作"，最后，主张"言论自由，急应争得"，指出"除非不要人民爱国，否则，予人民发表救国意见之自由，在今日实属天经地义，无可怀疑"。因此，"要求政府当局即刻开放人民言论自由；凡足以妨害人民言论自由之法规，如报纸检查，刊物禁扣等，应立即概予废止"。并"答请全国的学者、新闻记者、作者与读者，一致起而力争言论自由，促其早日实现"。

在这宣言上签名的有：巴金、王统照、包天笑、沈起予、林语堂、洪深、周瘦鹃、茅盾、陈望道、郭沫若、夏丏尊、张天翼、傅东华、叶绍钧、郑振铎、郑伯奇、赵家璧、黎烈文、鲁迅、谢冰心、丰子恺。这些人包括了当时文艺界各方面的代表人物，其范围之广，可以说是空前未有。这就奠定了文艺界抗日民族统一战线的基础，而成为 1938 年的中华全国文艺界抗敌协会成立的准备。

这篇宣言是 1936 年 10 月初发表的，到 10 月 19 日，中国新文化旗手、中国现代文学的奠基者和领导者鲁迅在上海寓所逝世，这是中国现代革命文学不可补偿的损失，也是中国革命不可补偿的损失。在举世哀悼之际，"学习鲁迅"，"发扬鲁迅精神"，成为中国进步文艺界和广大青年的一致呼声。鲁迅虽然去世了，但他的战斗精神和他的伟大不朽的遗著却永远引导着中国革命文学运动向前迈进。

# 第二节　抗日战争的爆发与文学服务于抗战

## 一　抗战爆发后中国文艺界的动态

1937 年 7 月 7 日，日本帝国主义侵略军队向驻防北平南郊卢沟桥的中国守军发动进攻。中国守军奋起抵抗。8 月 13 日，日寇又攻击上海，上海守军也奋起抵抗。中国共产党于"七七"事变的次日，就通电号召"立刻给进攻的日军以坚决的反攻"。8 月 15 日，中共中央公布了"抗日救国十大纲领"，主张实行全国人民总动员，推行民主政治，改善人民生活，发动群众，进行人民的抗日战争。中国工农红军改称为八路军和新四军，首先出发抗战。

国民党反动政府自始至终是不想抗战的，但当时迫于全国人民的要求，以及它和帝国主义之间的矛盾，也只好被迫应战，但它的目的却仍是想在对于它有利的条件下来妥协投降的。

这样，全面的抗日战争就爆发了。这是一个中国历史上从来不曾有过的伟大的战争。全国爱国人民都一致地怀着无比的热情，抛开一切，献身抗战。

这战争对于爱国的中国文艺工作者说来，正是他们多年希求争取而未能获得的，战争爆发后，便把他们投入了一个极度高扬狂热的情绪之中，因而在各方面激起了巨大的变化——这主要的是作家生活和工作起了巨大的变化。

在战前，由于国民党反动统治的压迫，进步作家是不可能公开地和人民大众接近的。现在，由于战争爆发，作家可以自由活动了，他们纷纷走到战场、中小城市和农村，参加一切战时工作。绝大多数并结成或参加了战时团体，如"战地服务团""宣传队""演剧队"等组织，分散全国各地，进行宣传鼓动工作。作家们在这些工作之中，不仅是写作，并且还担任了写作以外的如宣传教育等工作。有些作家并在这战争工作的锻炼之中，成为政治工作者或民众教育者。这些多种多样的现实生活丰富了他们的认识，因而也就提高了或改正了他们的创作方法，更向人民大众的文学道路上迈进。

至于那些中间层以及落后的作家，以前是或多或少地和现实游离的，现在由于战时生活的变动，使得他们不能不正视现实，走向大众，因而对自己以前的思想方法和创作态度，就有了或多或少的改变，有的并因此走上了革命的道路。当然，也有一些少数的人，仍然沉溺在原来的狭小的天地里，也有的更为落伍倒退，甚至当了汉奸，然而，这些人也就立刻受到了历史的淘汰。

此外，由于战争的要求，无数的文艺青年，响应了祖国号召，投身到实际斗争之中。例如抗战一开始时，有着"一二九"光荣传统的平津学生就组织了救亡工作队一类团体，其中宣传工作主要的便是演剧、写壁报、歌咏等，这也许可以说是抗战爆发后最初的较实际的抗战文艺活动。全面抗战展开后，部队和农村中也有无数的青年在努力文艺宣传工作，真诚坦白地报道了战场和后方的许多真实情况。这些文艺界坚强有力的后备队伍，在民族解放战争中逐渐地培育成长起来。

由于这些文艺工作者广泛地参加了抗战工作，扩大了生活范围，接近了广大群众。同时扩大群众由于战争的激发和对于战事的关心，他们也迫切需要提高文化生活。因此，文学大众化的问题便比较普遍地被重视起来。此外，由于战事使作家们分散开来，为了要更进一步地团结争取政治民主，抗战胜利，为了加强彼此之间的联系，就感到有建立一个中心组织的必要。

以上便是抗战爆发后一年多——即从"七七"事变到 1938 年 10 月武汉失守时的文艺界的动态。

**二 中华全国文艺界抗敌协会的成立及其主要工作**

为了更广泛地团结并组织文艺界一切抗日力量，争取民主胜利，为了领导整个抗战文艺运动，为了加强分散在全国的作家之间的联系，中华全国文艺界抗敌协会经过了一个时期的筹备，于 1938 年 3 月 27 日在汉口正式成立了。

在成立大会上，通过了大会宣言。宣言首先指出：新文艺运动的历史一贯是紧紧伴随着民族痛苦挣抗，以血泪为文章，为正义而呐喊。文艺作家虽然生活窘迫，处境困难，但从不屈服绝望，前仆后继，始终不肯放弃良心，不肯为身家的安全而畏缩。抗战爆发，文艺作家更本着向来不逃避不屈服的精神，以笔为武器，争先参加抗战工作。其次，宣言又指出，为了发挥更大的力量，作家们必须联合起来，对国内，必须喊出民族的危机，宣布日寇的罪状，造成全民族的抗战情绪和生活，以求持久的抵抗，争取最后胜利。对世界，必须揭露日本的野心与暴行，引起全人类的正义感，以共同制裁侵略者。最后，宣言中说："必须把抗敌除暴的决心普遍打入民间，同时把民间的实况传达给当局，一方面我们竭诚的激励士气民气，一方面我们也不能不揭发各方面的缺点和弱点，以求补救与革新。诚心抗日的是我们心目中的英雄，妨碍抗日的是汉奸，我们的善恶分明，也希望全民族辨清是非。"

大会又通过了设立全国文艺作家通讯网，组织前线将士慰劳队及慰问空军将士与难民儿童，组织通俗文艺工作委员会等提案。选出了郭沫若、茅盾、冯玉群、丁玲、许地山、巴金、夏衍、郁达夫、郑振铎、田汉、朱自清等四十五人为理事。周恩来等为名誉理事。

文协的成立，是 1936 年以来文艺界统一战线形式上的完成，同时也是和当时政治上的统一战线互相配合。但在政治上的统一战线里面，真正坚持抗战的是中国共产党和全国广大的爱国民主人士，而国民党反动派则是观望战争，随时准备妥协投降的。因此，在文协方面也是如此，真正坚持抗战文艺运动的，是在中国共产党领导下的进步的爱国的作家，至于文协中少数国民党反动文人则是阻碍甚至破坏抗战文艺运动的。但是，文协自从成立那一天起，一直就是在中国共产党领导之下，在进步的爱国的文艺作家共同努力之下推进抗战文艺运动，国民党反动文人是不能起丝毫作用的。

文协成立以后，主要的工作是：第一，号召作家"入伍""下乡"，这一方面是为了广泛深入地宣传抗战，另一方面是由于抗战而再度着重提出的文艺大众化的许多问题，都必须在作家深入大众的实践中才能获得比较正确的解决。当时文协会几次地派遣过代表到前线劳军，1939 年，又组织了一个"作家战地访问团"，访问了西北和中原的几个战场。但这种工作后来因为反动政府多方阻碍，没有能够再继续下去。第二，号召或协助组织了很多分会，计先后成立了广州、成都、昆明、桂林、香港、襄樊、延安、晋东南、贵阳、曲江、上海等地分会，这些分会有些因为战事关系而中途停顿，但也有些活动较久的。它们也做了一些坚持抗战民主，团结作家和教育文艺青年的工作。第三，参加了反对国民党法西斯统治的斗争，参加了许多民主斗争，并一直坚持下来。因而它的继续存在，对国民党反动统治，也就多少起了一定的对抗作用。

文协虽然做了一些工作，但也还存在着许多缺点，这缺点主要的便是斗争性不强，没有正确理解"以斗争求团结"的统一战线的原则，并且后来也没有得到很好的纠正。这原因固然很多，但文协自己主观努力不够，也是一个主要因素。

文协成立于 1938 年，到 1945 年日本投降后改称中华全国文艺界协会。1949 年 7 月，中国革命取得了基本胜利，在北京召开了"中华全国文学艺术工作者代表大会"，文协和解放区的一些文学团体就统一成立了中华全国文学工作者协会。

### 三　在国民党反动政府消极抗战反共反人民的高潮下抗战文学所受的压迫及其斗争和偏向

"七七"事变后，国民党反动政府原是被迫应战的。1938 年 10 月武汉失守以后，便由"应战"一变而为"观战"，或想通过其他帝国主义国家来与日寇妥协，或简直企图向敌人投降。同时，对反共反人民的活动，却越来越积极，以作投降的实际准备。因此，抗战初期的一点比较蓬勃的进步活跃的气象，便迅速消失，代之而起的是法西斯统治的恐怖气象。

1939 年，国民党发动第一次反共高潮，秘密颁布"防止共党活动办法"和"共党问题处置办法"，12 月，蒋介石匪帮便出动陆空军向抗战民主堡垒陕甘宁边区进犯，边区政府和人民站在自卫立场，坚决予以还击，打退了这次反共高潮。1941 年 1 月，国民党又发动第二次反共高潮，袭击新四军，造成"皖南事变"，下"令"取消新四军番号。中国共产党严正地驳斥了蒋介石的"命令"，并迅速整顿了新四军，粉碎了蒋匪帮的进攻。当时反动政府除发动这两次反共高潮外，在它的统治区域内更加强法西斯统治，特务机构和"集中营""劳动营"遍设各地，逮捕屠杀各地的抗日进步青年。

在这样血腥的法西斯统治之下，一切进步的，民主的，抗日的文学自然也遭受了残酷的压迫。

在国民党发动第一次反共高潮时，很多的流动演剧队，抗日宣传队在国民党统治区，都一律被解散或强迫停止活动，所有一切部队、工厂、农村，都一律禁止文艺作家前往。所有言论、集会、结社，全都没有了自由，而书籍、杂志、报纸的检查、扣留和禁止，也一天比一天加紧起来。

"皖南事变"以后，国民党反动政府对进步的抗战文学运动的压迫越发变本加厉。1941 年至 1942 年间，在国民党统治区，新出版的进步的文艺杂志和书籍，几乎绝迹，就是旧有的也都被迫停刊或被禁止，进步的文艺作家随时都有被捕被杀的可能，成批的文艺青年被投入了集中营和牢狱。

在这样血腥的高压之下，虽然有少数文艺作家表现了消沉的情绪，但整个说来，绝大多数文艺作家并没有因此而失去对抗日战争的胜利信心，中国共产党领导的解放区和敌后的坚持抗战的军民大众的伟大力量，始终成为鼓舞国民党统治区的一切文艺作家的胜利信心的基本力量。文艺运动仍旧继续保持了传统的革命的战斗精神，巩固了广大的统一战线，并通过种种方式对反动派进行斗争，例如庆祝作家创作生活的若干周年纪念，举办同人的救济事业，各地文协召开小型的座谈会，举办文艺讲座等，使文艺运动比较活跃。而对于反动文艺例如对"文学与抗战无关"等反动论调，以及汉奸特务文学也进行了严厉的批评，对反动的文艺刊物则采取不合作态度。而在沦陷区的各大城市中，例如上海，抗战文艺工作也始终没有停顿过，地下的进步文艺作家都英勇地坚持岗位，用各种方式和日寇汉奸作斗争。

但是，也不容否认，这些斗争是很不够的，这不够的原因，主要的是由于这一时期文艺运动处在一种右倾状态之中。

这种右倾的偏向是受了当时政治上的影响的，在抗日战争初期，中国共产党个别的负责同志在他们所负责的工作中，违反了党的纪律，不执行党的正确路线，否认"有团结有斗争，以斗争求团结"的正确的统一战线方针，要求共产党人对国民党反人民政策实行让步，把自己的行动限制在国民党蒋介石反动派所允许的范围之内，这是第一次国内战争时期陈独秀右倾机会主义在新的情况下的复活。当时毛泽东同志立即和这种错误思想进行了坚决的斗争，因而使这种错误思想在没有发生更大的危害的时候，就在实际工作中得到了克服。

这种错误思想直接影响了当时文艺运动，使得当时文艺运动没有能够在抗日文艺统一战线达到极广泛的程度的有利条件下，加强无产阶级思想的领导，把进步思想的影响扩大到各阶层和广大群众中去，把文艺运动基础安置群众之中。却把主要力量仅仅放在团结各个派别的作家这一点上，而这种团结又不是出发于思想的加强领导与互相批评，没有积极地去强调抗日文艺的人民大众立场和群众路线，错误地认为"容忍即民主"，形成了互相退让，互相敷衍，互相洽谈的局面，甚至有意地避开批评和斗争，以图取得表面上的和谐。所有这些，都是由于没有正确地掌握统一战线的原则，对基本群众力量的信任不够，使得无产阶级思想的领导日趋软弱，而被小资产阶级那种单纯的充满幻想的爱国热情所代替了。在这一思想情况之下，有一部分作家就逐渐忽略了现代文艺运动一贯以来的人民大众立场，同时也忽略了自身意识改造的任务。在创作方面也就出现一些不好的倾向来，例如诗歌和散文流行着一种忧郁气氛，戏剧上市侩主义的倾向都是。

文艺上这一右倾状态并没有能够像政治上一样得到及时地纠正，而

1942 年毛泽东同志发表的《在延安文艺座谈会上的讲话》这一具有历史意义的文件，在国民党区进步文艺界虽然也进行了学习，但却没有机会结合自己思想进行检查，因而这一右倾状态就没有得到很好地克服，直到 1945 年以后才逐渐纠正过来。

**四 在共产党领导下的积极抗战发扬民主的陕甘宁边区和广大敌后抗日根据地的抗战文学的蓬勃发展**

和国民党完全相反，在中国共产党领导下的陕甘宁边区和广大敌后抗日根据地，抗战文学得到广大劳动人民和民主政府的重视与协助，因而获得了蓬勃的开展。

陕甘宁边区在中国共产党领导之下，一面和日寇进行坚决顽强的斗争，扩大并巩固了许多敌后根据地；一面抵御并粉碎了蒋介石反动派的军事进犯，巩固了边区民主政府。采取了发展生产，减租减息，精兵简政，拥军爱民，建设政权，时事教育等政策。边区广大人民不仅改善了自己生活，而且获得了真正的民主和自由。

1939 年，陕甘宁边区文化协会召开了第一次代表大会，发出宣言，① 着重指出今后边区文化界和全国文化界应该共同努力争取抗战建国的胜利，反对一切悲观失望、分裂倒退和妥协投降的思想，为抗日民族统一战线的更加扩大和巩固而斗争。文化运动必须有力地服务于政治，它本身也必须不断地进步发展，必须努力使艺术走向大众，反映现实，更广泛地深入地进行抗战教育和普及教育。在国民党区，要争取政治上的民主自由，反对国民党区政治上文化上的一切倒退现象，反对对于进步思想言论出版方面的压迫和限制，此外，还要进一步在生活上和工作上帮助文化工作者，使他们能更好地进行工作，要消灭国民党区的进步文化工作者流离失所的现象。

边区抗战文艺运动也是按照这一总的方向，并在苏区文艺运动优良传统的基础上向前迈进。

这首先是鼓励组织和帮助文艺作家深入人民大众，成立了许多文工团，工作队，剧团等。最著名的如丁玲领导的西北战地服务团，文化界救亡协会组织的抗战文艺工作团，鲁迅艺术学院的实验剧团，八路军政治部的烽火剧团等等，都深入部队、农村、从事抗日宣传工作。其中如抗战文艺工作团就组成了四个小组，深入前线和敌后工作。有的小组曾"突抛过

---

① 《文艺阵地》第四卷第十一期转载。

敌我犬牙交错的大片战地，共行七千余里"，有的小组"曾经不畏艰难，深入到敌人占领的太原城里去过"。① 这种深入战争，深入群众，使作家们锻炼了自己，丰富了经验，提高了对政治对文艺的认识。例如鲁艺文工团总结中便指出，作家上前线只是当作"为了写作而收集材料的单纯活动，那绝对是不够"。"今天的文艺工作应该是适合抗战新阶段推动文艺走向大众，使它在大众间生长起来，为大众所爱好，接受，而且同样作为一个有力的斗争武器，为大众中所把握的活动，由文艺工作来推动广大的工农群众和士兵，造成一个新文艺运动"。② 这是从实践中得来的总结，就不同于一般空泛的理论了。

其次是部队文艺和农村文艺的活跃。部队文艺和农村文艺继承并发扬了红军时代的优良传统，同时又由于大批知识分子和文艺作家的参军下乡，对于部队文艺和农村文艺的发展与提高，也起了一定的作用。这时"部队文艺已成为更广泛深入的群众性活动，广大指战员的文艺创作、欣赏、吸收与批判的能力大大发挥，部队文艺活动已能采用更多的形式"。而"部队文艺作品之多，更是中国人民文化生活历史上从来未有的现象，因而更多地反映了和指导了广大指战员和人民群众的斗争生活"。③ 农村文艺则大量采用为老百姓所爱好的容易接受的民间形式，加以改造和提高，一方面罗致民间艺术家来共同研究整理民间艺术并向他们学习，另一方面又注意在工农兵群众中培养出新的艺术家。那时农村中的文艺工作有"民众剧团"的组织。"民众剧团所运用的完全是边区老百姓所喜闻乐见的秦腔，因此在农村中有极大的影响，对于政治上的民众动员，民众剧团起了极大的推动作用"。④

最后是对于文艺青年的教育和培养。边区对培养文艺青年是特别重视的，当时成立了鲁迅艺术学院，专门负责这件工作。教育方法是理论与实际一致。学习马克思列宁主义的任务，是为了学习如何研究实际，即如何认识生活与反映生活的方法。因此同学就必须研究边区的地方与部队的文艺现状、经验与特殊的问题，并参加实际工作。在这样教学方针之下，鲁艺培养了很多的文艺干部，在边区各部门文艺运动中发挥了很大的作用。此外，边区在物质困难的条件下，还出版了很多的文艺刊物，如《挺进》

---

① 《抗战文艺》第四卷第三四期合刊，刘白羽：《抗战中文艺工作的一个实践》。
② 《抗战文艺》第六卷第二期，荒煤：《关于敌后文艺工作的意见》。
③ 傅钟：《关于部队的文艺工作》，见《文代大会纪念文集》。
④ 艾思奇：《论中国特殊性及其他》，《抗战中陕甘宁边区文化运动》。

《西北文艺》《大众文艺》《文艺战线》《文艺突击》等，至于油印的刊物以及壁报等就更不计其数了。

总起来看，边区的抗战文艺运动在中国共产党和毛泽东同志的正确领导下得到了蓬勃的开展，这首先是坚持了抗战，并扩大了统一战线，把从来文艺界所没有注意的民间艺术家都团结在统一战线之内，参加了抗战文艺工作。其次是文艺进一步地深入到大众之中，文艺作家在大众中受到了教育，同时也帮助了大众文艺的开展。第三是文艺作家在深入大众的过程中，一方面固然受到了教育，另一方面也就暴露了自己的许多缺点，这主要的是小资产阶级知识分子的思想感情和资产阶级艺术观点，妨碍了向工农兵群众的深入，因而也就逐渐地有了改造思想的要求。

**五　毛泽东同志的"新民主主义论"的发表**

1940 年 1 月，毛泽东同志发表了他的天才著作《新民主主义论》，这是毛泽东同志把马克思列宁主义的普遍真理和中国革命的具体实践结合起来的光辉的典范著作之一。

在《新民主主义论》中，毛泽东同志"从中国的历史和世界的历史出发，说明了在俄国十月社会主义革命以后，中国革命的领导权必须属于中国工人阶级，说明了中国革命必须分为新民主主义和社会主义两个阶段，而在工人阶级领导下的新民主主义的前途必然是社会主义，说明了在新民主主义革命时期，党必须采取既区别于资本主义，又区别于社会主义的新民主主义的政治纲领、经济纲领和文化纲领，《新民主主义论》的发表，极大地帮助了全党和全国革命人民的思想的统一，极大地帮助了全国人民解放区的政策的统一，因而极大地加强了中国革命"。①

《新民主主义论》是指导中国革命的光辉著作，中国革命就是由于根据这理论来进行而获得了伟大的胜利，它的历史意义和价值，这里不可能作详尽的阐述，这里要说明的只是这部著作对于当时中国文学的巨大的指导意义。

毛泽东同志在这部著作中说到"新民主主义文化"的时候，他首先指出中国文化革命的历史特点，是"'五四'以前和'五四'以后，构成了两个不同的历史时期"。而"在'五四'以后，中国的新文化，却是新民主主义性质的文化，属于世界无产阶级的社会主义的文化革命的一部分"。这种"新民主主义的文化，就是人民大众反帝反封建的文化……这种文化，只能由无

———————————

① 胡乔木：《中国共产党的三十年》。

产阶级的文化思想即共产主义思想去领导，任何别的阶级的文化思想都是不能领导了的。所谓新民主主义的文化，一句话，就是无产阶级领导的人民大众的反帝反封建的文化"。而"新民主主义的政治、经济、文化，由于其都是无产阶级领导的缘故，就都具有社会主义的因素，并且不是普通的因素，而是起决定作用的因素"。毛泽东同志这些指示对于当时从事革命文学各方面工作的人都是一个极大的启示，这启示是从来不曾有过的。在这以前，他们的思想上从没有这样明确的认识，现在得到了毛泽东同志的指示，对于中国新文化的历史特点，领导关系以及性质等等都十分明确地认识了，因而就极大地帮助了抗战文学运动的推进。

毛泽东同志在阐明中国文化革命的历史特点之后，接着分析了文化革命的统一战线的四个时期的特点，并彻底批判了资产阶级专制主义的文化。最后他总结性地指出中华民族的新文化的三大特性：第一，"这种新民主主义的文化是民族的。它是反对帝国主义压迫，主张中华民族的尊严和独立的。它是我们这个民族的，带有我们民族的特性"。但这却不是排斥外来文化，相反的，毛泽东同志指出："应该大量吸收外国的进步文化……还有外国古代文化，例如各资本主义国家启蒙时代的文化"，但这吸收，必须是"把它分解为精华和糟粕两部分，然后排泄其糟粕，吸收其精华……决不能生吞活剥地毫无批判的吸收。"第二，"这种新民主主义的文化是科学的。它是反对一切封建思想和迷信思想，主张实事求是，主张客观真理，主张理论和实践一致的"。但这并不是否定中国古代文化，相反的，毛泽东同志指出："中国的长期封建社会中，创造了灿烂的古代文化。清理古代文化的发展过程，剔除其封建性的糟粕，吸收其民主性的精华，是发展民族新文化提高民族自信心的必要条件；但是决不能无批判地兼收并蓄。必须将古代封建统治阶级的一切腐朽的东西和古代优秀的人民文化即多少带有民主性和革命性的东西区别开来。中国现时的新政治新经济是从古代的旧政治旧经济发展而来的，中国现时的新文化也是从古代的旧文化发展而来，因此，我们必须尊重自己的历史，决不能割断历史。但这种尊重，是给历史以一定的科学的地位，是尊重历史的辩证法的发展，而不是颂古非今，不是赞扬任何封建的毒素。"第三，"这种新民主主义的文化是大众的，因而即是民主的。它应为全民族中百分之九十以上的工农劳苦民众服务，并逐渐成为他们的文化"。在这里，毛泽东同志指出普及和提高的关系，他说："要把教育革命干部的知识和教育革命大众的知识在程度上互相区别又互相联结起来，把提高和普及互相区别又互相联结起来。"毛泽东同志更着重指出："革命文化人而不接近民众，就是'无兵司令'，他的火力就打不倒敌人。为达此目的，文字必须在一定条件下加以改革，言语必须接近民众，须知民众就是革命文化的无限源泉。"这些宝贵指示，到 1942 年，毛泽东同志在《在延安文艺座谈会上的讲话》一文中又曾予以更详细的发挥。

毛泽东同志这些指示，实质上也就是对于中国现代文学前途方向的指示，在当时，解放区文艺运动和文艺工作者已经把这指示，作为行动的指针，而在国民党统治区的革命文艺运动和革命文艺工作者也由此明确了中国革命和中国文学的性质、前途和方向，因而更满怀信心地加强革命的抗战文艺运动。

# 第三节 抗战文学理论的进展、讨论和斗争

## 一 关于"文学服务于抗战"的一些问题

抗战爆发后，曾经有个极短的时期，在文艺界特别是青年文艺工作者中流行过"文学无用"的主张，但很快地大家也就明白这个民族解放战争是全面的，持久的，因而这战争就要求每个人站在自己的岗位上，去推动并坚持战争走向胜利，而文艺恰是最好的宣传教育的武器。这样，文学在抗战中的作用就被肯定了，文学也就被重视起来。

但是，那时有一部分人重视文学，只是单纯地把它作为动员民众鼓舞士气的工具，把抗战文艺的范围看得十分狭小，只局限于描写战争。这些作品当然也有写得很好的，但也有一部分作家战地生活体验并不丰富，或是根本就没有，只凭观念想象，因而作品中的人物多半是定型化的，抗战将士一律写成神化人物，而汉奸的形态也是一模一样，甚至结局也是一样。这样就形成了"公式主义"的倾向。形成这倾向的原因，一方面固然是作家的生活实践不够，对抗战现实把握得不够；另一方面也是由于作家对抗战理解得不够，片面地强调写战争，没有了解抗战现实是多方面的，英勇的战士，悲壮的战斗，固然要写，但是争取政治上的民主自由，后方人民生活的苦痛以及农村、壮丁、难民、伤兵……问题，工人、学生的运动，这些都是抗战的一面，都是应该写的。

公式主义倾向，在抗战初期几乎成了普遍现象，抗战深入以后，又经过批评讨论，后来基本上算是克服了，但就在这克服的过程中，又接触到

另一问题——暴露与讽刺问题。

作家写作既不必局限于战争，要广泛到全民族的各个角落的现实。但广泛的抗战现实中，有光明的一面，却也有黑暗的一面，而在国民党妥协投降的政策之下，法西斯统治之下，黑暗的一面又是多于光明的一面的，这一面，应不应该写呢？当时是主张要予以暴露和讽刺的，并且要求批评家号召作家来从事这工作，如茅盾说："批评家号召了作家写新的光明，紧接着必须号召作家们同时也写新的黑暗。"因为消灭黑暗，"是争取最后胜利之首先第一的要件。目前的文艺工作必须完成这一政治任务"。① 这意见在当时是一致的。这种暴露和讽刺目的即在推动抗战，因而它不是悲观失望的，当时曾指出："没有使人悲观的讽刺与暴露。"②这就是说暴露黑暗主要的目的还是为了要争取光明，"让暗影残留在光明之中，固不能容许，然而更不能忽略的是要看见暗影中的光"③当然，那时也有少数人反对写黑暗，说是揭发了现实的污秽，会使读者垂头丧气；或者说光明有前途，黑暗没有前途，应该要写有前途的东西。说这样话的，除了个别的想法过于天真的人而外，主要的是国民党反动文人，他们唯恐把国民党的黑暗统治揭露了出来，影响了国民党的统治，便巧妙地提出这些"道理"。但是大多数人也都明白他们的阴谋，这"道理"也就丝毫不起作用，暴露讽刺的作品还是大量地写了出来。

在讨论公式主义问题，暴露与讽刺问题的同时，批评工作问题也接触到。当时曾经指出批评的贫乏。如适夷说，当时批评界为了统一战线，为了避免摩擦，"批评起来，限定论几句客气话为止"。因而他指出"避免摩擦绝不是取消批评，为着一件事业的改善与前进，批评的精神是万分必要的"④接着茅盾等也写文提出同样的主张⑤。但可惜的是当时并没展开讨论，文艺批评仍然沉寂，到 1940 年以后，连这样提议也很少了。这原因就是如前节所说的没有正确地掌握统一战线"有团结有斗争，以斗争求团结"的原则，甚至有意避开批评，以求取得表面的和谐，或是不痛不痒地说几句，所以批评的贫乏，在抗战前期是一直存在着的。

## 二 文学大众化问题的讨论

抗战爆发后，客观环境给文学大众化提供了空前有利的条件：这首先

---

① 《抗战文艺》二卷一期，《论加强批评工作》。
② 《文艺阵地》一卷十二号，茅盾：《暴露与讽刺》。
③ 《文艺阵地》三卷一号，适夷：《暗阴的光》。
④ 《抗战文艺》一卷十期，适夷：《批语的贫乏》。
⑤ 茅盾有《论加强批语工作》，还有罗荪：《也还需要批语》，见《抗战文艺》三卷三期。

是过去反动政治的阻碍，在抗战一开始时，是暂时地减少了。其次是人民大众特别是部队开始正式向文艺工作者要求文化食粮。第三是文艺工作者开始比较广泛地接触了人民大众，走进他们生活之中，因而更感到文学大众化的需要的迫切。在这一情况之下，文学大众化问题就又被着重地提出，并且展开了讨论。

这次讨论的内容，大体上是围绕着下面三个问题来进行的。

第一是文学大众化的当前任务问题。对于这一问题有两种不同的意见：一种意见是，文学大众化的当前任务，只是为了抗战宣传，根本否认当时文学有向更高阶段发展的必要，这意见在抗战初期曾流行过一时。另一种意见则是认为当前文学大众化的根本任务是要"解决着现在很迫切的两个问题，一方面是迫不及待的革命（抗战）的政治宣传，一方面又是文学向更高阶段的飞跃"。这两个问题是矛盾的，文学大众化就是要统一这个矛盾，而且是可以统一这矛盾的。① 很显然，前一种意见是错误的，他把文艺大众化还原到"通俗化"，甚至"低级化"了。后一种意见比较进了一步，但却又强调了文学与政治的矛盾。把它们平列了起来。其实呢，文学是离不开战斗的，它本身便是阶级斗争的反映，它是服从于政治的，因而它与政治根本就没有矛盾不矛盾的问题存在了。

在讨论这一问题的时候，自然也就接触到第二个问题——普及与提高的问题。在这一问题上，当时也有许多不同的意见，有的认为大众文学应集中精力向大众作抗战宣传，提高没有必要，而满足于一些拙劣庸俗的宣传作品。有的又认为普及只是为了宣传，不是文学。这两种意见看来好像相反，但实质上却是一个思想根源，都是把普及和提高分成了两橛。也有人反对这两种说法，认为一方面要普及，一方面也要提高，认为"抗战的通俗宣传现在极端的重要，但有艺术力的这种宣传品则更需要"。"艺术大众化绝不是迁就大众……大众艺术的创作，是应当不停地提高的"。② "普及和提高并不是两个不共戴天的仇人，实际上倒是互相因果，彼此配合的，抽象地说，没有普及了而不会得到提高，也没有提高的努力不有助于普及"。③ 这些意见虽然比前两种要进步一点，但是向谁普及？向谁提高？在什么样基础上提高？普及与提高的关系又怎样？这些关键性的问题仍然没有得到证明，所以仍然不能解决问题。

---

① 《抗战文艺论集》，冯雪峰：《关于艺术大众化》。
② 《抗战文艺论集》，冯雪峰：《关于艺术大众化》。
③ 《论持久战中的文化运动》。

第三个问题是关于旧形式的问题。在这一问题上，大家一致认为对旧形式不是盲目地模仿，而是要注进新的内容，要"翻旧出新"。[①] 要把其中带有反动性的封建迷信的毒素和进步的带有人民性的东西区别开来。[②] 至于旧形式与"五四"以来的新文艺形式的关系，当时周扬曾指出：首先，应该明确利用旧形式不是从新形式后退，而是帮助新形式前进，使新形式比较适合大众体裁的如街头剧、活报等和大众生活联系起来，使之更向前发展。其次是新形式应该从旧形式吸收营养，一方面从民族固有艺术中来认识自己民族国家，另一方面学习它的简洁明确的语言。第三是旧形式必须经过艺术上思想上的改造，使之发展为较高的艺术；而新文艺也应该切实大众化，直到能为一般大众所接受。这二者互相补充，互相渗透，互相发展，一直到艺术与大众之最后的完全的结合，而建立民族的新形式。[③]

总起来看，这次讨论，是在战前的，特别是左联时期的大众文艺的理论基础之上进行的，但却要来得广泛、具体一些。在战前，文学大众化虽然是被肯定，但只是限于狭小的进步文艺工作者的圈子里，这次就扩大了，除汉奸反动派以外，文学大众化已成为一切爱国作家的要求。其次，由于现实的要求，这时有了较多的大众文学创作实践，结合了这实践，讨论得就比较具体。因此，以前讨论过的问题，这次虽然也有所重复，但基本上是向前发展了。不过左联时期讨论而未能解决的问题，这次也依然没有得到解决，其中特别是文艺工作者自身思想改造问题依然没有被当作重要课题提出。虽然那时也有人认为文艺工作者"一方面是民众的教育者，而另一方面却又要同时向民众学习，学习他们的生活思想，以及言谈"。[④] 但却提得很含糊，不够明确。这一些问题，一直到毛泽东同志《在延安文艺座谈会上的讲话》发表以后，方才获得了全面的彻底的解决。

## 三 "民族形式"问题的讨论

1938 年 10 月，毛泽东同志在其名著《中国共产党在民族战争中地位》中谈到"学习"问题时，有这样一段指示："我们这个民族有数千年的历史，有它的特点，有它的许多珍贵品。对于这些，我们还是小学生。今天的中国是历史的中国的一个开展；我们是马克思主义的历史主义者，我们不应

---

① 《抗战文艺论集》，茅盾：《大众化与利用旧形式》。
② 穆木天的《关于通俗文艺》，林淡秋的《抗战文学与大众化》，冯雪峰的《关于艺术大众化》中均有这样的意见，原文均见《抗战文艺论集》。
③ 《中国文化》第一期，周扬：《对旧形式利用在文学上的一种看法》。
④ 《文艺战线》第三期，艾思奇：《旧形式运用的基本法则》。

当割断历史。从孔夫子到孙中山，我们应当给以总结，承继这一份珍贵的遗产。这对于指导当前的伟大的运动，是有重要的帮助的。共产党员是国际主义的马克思主义者，但是马克思主义必须和我国的具体特点相结合并通过一定的民族形式才能实现。马克思列宁主义的伟大力量，就在于它是和各个国家具体的革命实践相联系的。对于中国共产党说来，就是要学会把马克思列宁主义的理论应用于中国的具体环境。成为伟大中华民族的一部分而和这个民族血肉相连的共产党员，离开中国特点来谈马克思主义，只是抽象的空洞的马克思主义。因此，使马克思主义在中国具体化，使之在其每一表现中带着必须有的中国特性，即是说，按照中国的特点去应用它，成为全党亟待了解并亟须解决的问题。洋八股必须废止，空洞抽象的调头必须少唱，教条主义必须休息，而代之以新鲜活泼的、为中国老百姓所喜闻乐见的中国作风和中国气派，把国际主义的内容和民族形式分离起来，是一点也不懂国际主义的人们的做法，我们则要把二者紧密地结合起来。在这个问题上，我们队伍中存在着的一些严重的错误，是应该认真地克服的。"①

毛泽东同志这篇报告发表以后，在延安，大家都进行了学习，陈伯远、周扬、艾思奇等并写出了学习的心得，也讨论了旧形式的运用以及如何创造新的民族形式问题，都是根据毛泽东同志的报告的精神，发表自己的体会，并没有发生偏向。但到了 1940 年，在国民党统治区展开这一问题讨论的时候，却意见纷纭起来。

毛泽东同志所说的"民族形式"，运用到中国现代文学上来，主要的应该就是文学为工农兵服务的问题，因为工农兵是中国的主人：真实地写出了中国主人，那基本上自然就是"民族形式"作品。但当时在国民党统治区讨论中，虽然也认识到"民族形式"和文艺大众化的关系，但却没有接触到这一主要关键，因而在展开讨论和争辩的时候，意见就很纷纭复杂。这些意见归纳起来，大致可以分为两种。

第一种意见是认为民间形式是真正的为老百姓所喜闻乐见的民族形式，而"新质发生于旧质胎内"，所以"现实主义者应该在民间形式中发现民族形式的中心源泉"。② 至于五四以来的新文艺形式是欧化形式，不是民族形式。这意见指出现实主义者应该向民间文艺学习是正确的，但却也有

---

① 《毛泽东选集》第二卷。
② 向林冰：《论民族形式的中心源泉》，见胡风编：《民族形式问题讨论集》。

错误，这首先是他没有从革命运动中，革命斗争中来考察文艺。其次是只就文学形式来讨论形式，忽略了内容是决定形式的主要因素。第三是五四以来新文艺虽然有其缺点，但也有很大的战斗业绩，不能粗暴地完全予以否定。第四是重视并学习民间文艺是完全应该的，但却不能提高到成为民族形式的中心源泉。

这一意见发表之后，立刻便召致了各方面的反对，这些反对的意见很多，其中比较有力的是胡风的主张，他说："民族形式是五四的现实主义传统在新的情势下面主动地争取发展的道路。"因此，"以现实主义的五四传统为基础，一方面在对象上更深刻的通过活的面貌把握民族的现实（包括对于民间文艺和传统文艺的吸取），一方面在方法上加强接受国际革命文艺底经验（包括对于新文艺缺点的克服），这才能够创造为了反映'新民主主义的内容'的'民族的形式'。"①这意见看来好像很全面，但实际上也是脱离了革命斗争来考察文学，离开内容来谈形式。因而这意见虽然好像在保卫五四以来新文艺形式，但五四以来的特别是当时文艺中泛滥着的小资产阶级意识也就在其保卫之中了。所以后来茅盾便指出：这是"在保卫'文艺新形式'的名义下坚守着小资产阶级文艺的小天地——其所保卫的是'形式'，实际上是深恐藏在这种形式下的内容受到损害"。② 在这一思想情况之下，自然对民族的文艺传统和民间文艺形式的学习就采取了拒绝的态度。所以就错误地认为新文艺要接受民族和民间遗产，"都是绝对有害的理论，非彻底地得到肃清不可"③了。

总的说起来，在这次论争中，参加讨论的人对毛泽东同志的"马克思主义和我国的具体特点相结合并通过一定的民族形式才能实现"这一指示的精神，都没有很好的体会，以致把问题局限于"形式"的讨论，弄到后来，由于意见的过于分歧，甚至陷入了混乱状态，这就无论如何也讨论不出结果来了。

但是通过这次论争，却也使大家看出了原封不动地利用旧形式的思想，以及照旧地保存欧化的文艺新形式的看法，两方面都有偏向，因而以后在文艺创作形式上展开了比较多样性的发展，研究民间文艺的风气也逐渐普遍起来，方言文艺也得到应有的注意和讨论，这一些都是这次论争的积极成果。

① 胡风：《论民族形式问题》。
② 茅盾：《在反动压迫下斗争和发展的革命文艺》，见《文代大会纪念文集》。
③ 胡风：《论民族形式问题》。

### 四 与反动文学倾向的斗争

如前所说，在抗战初期，由于作家的热情冲激，对抗战现实的理解不够深入，而产生了"公式主义"的偏向，这偏向后来也很快地得到了克服。

但是那时买办阶级文人梁实秋却借着清算"公式主义"的机会，提出了文学可以"与抗战无关"的要求来。1938 年武汉失守后，他在报上就这样公开地提出，他说："现在抗战高于一切，所以有人一下笔就忘不了抗战。我的意见稍为不同，与抗战有关的材料，我们最为欢迎，但是与抗战无关的材料，只要真实流畅，也是好的，不必勉强把抗战截搭上去。至于空洞的抗战八股……那是对谁都没有益处的。"①

梁实秋这种谬论一出，立刻使得到了严正的批判，首先，大家指出，生在抗战的时代，一切都是与抗战有关的，欢笑和眼泪与抗战有关，吃饭、睡觉和恋爱也都与抗战有关，因此，写文章"一下笔就忘不了抗战"，那是理所当然的。其次，所谓"空洞的抗战八股""对谁都没有益处"，那是武断和诬蔑，因为"读者确是感到益处的，他在这些速写里认识了抗战的一面，增强了抗战的决心"。"感不到益处的怕只剩着两种人，一种是也可以'与抗战有关'也可以'与抗战无关'的这种骑墙派；一种是梦想着'王道乐土'的那些'蠢奴才'；第三，今天的抗战文艺有一部分不够坚实和深刻是事实，但绝不是提倡"与抗战无关"所能补救的，相反的，这一缺陷的产生，正是由于"作者'与抗战有关'的程度还不够深"。② 要补救这一缺陷，更需要作家在各方面加强"与抗战有关"的深度。

梁实秋提倡这种谬论，正是蒋介石反动集团发动第一次反共高潮的时候，所以他在当时是有其政治上的企图的。远在 1929 年，梁实秋就大肆攻击过"革命文学"，那时他是代表了买办资产阶级文人集团，现在呢，他仍是站在这个立场。买办资产阶级是不喜欢抗战的，但是在抗日民族统一战线的坚强的力量之下，他们是没有办法公开说出来的，而广大爱国人民的"抗战到底"的呼声又像怒潮似的澎湃全国，这又使得他们心头感到万分沉重，恰恰这时蒋介石发动了第一次反共高潮，于是梁实秋便曲曲折折地提出了文学可以"与抗战无关"的口号来，企图敲敲边鼓，发生一点影响，减轻心头的沉重。这正和蒋介石反动集团准备妥协投降的做法是一鼻孔出气的。

---

① 《抗战文艺》第三卷第二期"每周论坛"引。
② 《抗战文艺》三卷二期，宋之的：《谈抗战八股》。

　　当然，这种反动论调在当时抗战高潮之下是不会起什么影响的，经过严正驳斥，也就消沉下去。

　　这以后，随着蒋介石的法西斯统治的强化，也不断有些反动文学替这法西斯统治宣传鼓吹，例如 1939 年左右，蒋介石豢养的走狗陈铨在昆明就纠合了一些反动落后文人办了一个《战国策》刊物，公然鼓吹法西斯，而陈铨自己写的《野玫瑰》，便是一个歌颂法西斯特务匪徒的戏剧。对于这一反动文学倾向，当时文艺界也曾严正地予以揭发和驳斥，同时读者群众在抗战中也提高了觉悟程度，对他们这种反动言论和作品也都弃置不顾；他们的叫嚣，只是更显出他们的日暮途穷的垂死挣扎而已。

# 第四章　中国文学的工农兵方向

——毛泽东同志的《在延安文艺座谈会上的讲话》的发表以及文艺理论的斗争

## 第一节　《在延安文艺座谈会上的讲话》的发表

**一　《在延安文艺座谈会上的讲话》发表前后的抗日战争的形势和整风运动**

自从1938年武汉失守以后，蒋介石时时刻刻都在作投降日本帝国主义的准备，同时，对反共反人民的活动，就越来越积极。1939年到1941年，蒋介石发动了两次反共高潮，抗日根据地军民，依照毛泽东同志的坚决自卫的方针，英勇地予以回击，并获得了胜利。

蒋介石的第二次反共高潮，是配合日本帝国主义进行的。从1941年初，日本帝国主义对解放区加紧了大规模的"扫荡"，实行烧光、杀光、抢光的"三光政策"。蒋介石又密令他自己很多的军队投降日寇，然后在日寇指挥之下去进攻八路军和新四军。1941年6月，法西斯德国进攻苏联，同年冬，日本在太平洋向英美进攻；法西斯阵线在战争初期的进展，更加扩大了国民党反动派投敌、通敌、包围解放区、反共、反人民的黑暗潮流。在这样情形之下，解放区的面积、人口、军队，都缩小了，财政也发生了很大的困难。

在这样艰苦的岁月里，中国共产党领导解放区的机关学校和部队一律实行生产自给，精兵简政，借以减轻人民负担。并领导人民发展农业生产，救济灾害。又领导农民实行大规模的减租减息运动。同时大大地发展民兵，领导人民实行反"扫荡"斗争。由于这些努力，就战胜了一切困难，解放区得到了进一步的巩固，并且从1934年起又逐步地扩大了。

1941年到1943年，是国际国内局势变化较少的时期。中国共产党抓紧了这一时期，在1942年，进行了全党范围的马克思列宁主义教育，采取了整风运动的办法，领导全党的干部和党员来认识并克服广泛存在于党内的伪装马克思列宁主义的小资产阶级思想作风，提高了党员的政治理论水平和纪律性。这运动并扩展到全解放区的军、政、民各级干部中，各级干部都在思想意识上进行了检讨，在思想方法上进行了革命，他们的革命立场是更加坚定了。在这运动开始的时候，毛泽东同志发表了《改造我们的学习》《整顿党的作风》《反对党八股》等文件，《在延安文艺座谈会上的讲话》也是在这时候发表的。这些文件在这个学习运动中起了巨大的作用。

这次整风学习运动的成绩，毛泽东同志后来在 1947 年 12 月发表的《目前形势和我们的任务》中曾总结说："抗日战争时期我党内部的整风运动，是一般收到了成效的，这种成效，主要的是在于使我们的领导机关及许多干部，进一步掌握了马克思列宁主义的普遍真理与中国革命的具体实践之统一这样一个基本方向。在这点上，我们党是比较抗日以前的几个历史时期大进一步了。"

《在延安文艺座谈会上的讲话》就是在上述的这样情况之下发表的，它是整风学习运动的一个主要指导文件，是一个关于革命的思想工作的辉煌的科学著作，而从文艺方面来看，又是马克思列宁主义的文艺理论在中国革命文艺工作实际中的具体的运用和发展的光辉典范。

**二 《在延安文艺座谈会上的讲话》发表前后中国文艺界一般思想情况**

毛泽东同志的在《延安文艺座谈会上的讲话》英明地总结了五四运动以来的中国文学的历史，并在这历史基础之上，透彻地解决了五四运动以来在中国文艺界中，在一般文艺理论中所存在着的许多历史性的问题。因此，在研究这篇光辉的著作之前，了解一下当时中国文艺界思想情况是有其必要的。

五四运动以来，中国文学运动是有着很大成绩的，它是新民主主义革命运动的一部分，始终是在共产主义思想与中国共产党指导之下，以统一战线的形式，以人民大众为主体，坚决地进行了反帝反封建的斗争，它的主潮一直是现实主义，并且一直是朝着社会主义现实主义方向发展的。这一基本性质，不仅贯彻在文学运动和文学理论之中，而且也贯彻在文学创作里面。整个地说来，它对中国革命作了重要的贡献。但是，它又有一个问题长时期地未能得到解决，这就是五四运动以来，中国文学虽然是一贯在企图以人民大众为主体，为人民大众服务，"文学大众化"的问题，从 1927 年革命文学运动后，一直是当作文艺上中心问题提出的，并展开了很多次讨论，但结果呢，这问题却一直没有获得彻底解决，许多革命文艺工作者，虽然在理论上承认文学是应该为人民大众，但多半是教条的认识，在思想感情方面却始终没有把这问题搞透彻。所以，文学应该为人民大众服务这一中心任务，在理论方面既没有阐述得明确清楚，在创作实践方面也没有更好地完成。这就产生了一个很大的矛盾——为人民大众服务的运动目标和实际做法不能完全一致的矛盾。

产生这矛盾的原因就是由于中国是一个广大的小资产阶级国家，小资产阶级文艺作家在整个文艺战线上是一个重要的力量。五四运动以来的文学作品绝大部分是描写小资产阶级的，对象也是他们。进步的小资产阶级作家虽然口头上也主张文学应该为人民大众服务，但实际上写出来的却仍是为了小资产阶级，即或是描写了人民大众——工人和农民，但也只是衣服是工农，面孔却是一小资产阶级。因此，这里面就存在着一个无产阶级思想和小资产阶级思想的矛盾问题。这是一个根本矛盾，这矛盾在文学上表现出来的就是文学为人民大众服务的运动目标和实际做法的不完全一致。

这个矛盾在抗战以前左翼文学阵营里已经有些暴露，但那时是处在反动统治的残酷压迫之下，要用全力和强大的敌人作斗争，这种内部矛盾还不可能表现得十分明显。抗战爆发后，许多左翼文艺作家到了延安，在抗战初期，他们也曾积极地做了许多工作，在鼓舞抗日情绪和提高胜利信心上是有贡献的。但在1941年到1942年整风运动以前这一段时间内，由于抗日战争早已进入了艰苦的相持阶段，延安的物质生活更加困难，再加上有了更多的文艺工作者从国民党统治区来到了延安，这个矛盾就发展得很尖锐了。其中最突出的表现，便是如毛泽东同志在"讲话"里面所痛斥的那些糊涂的和荒谬的言论。这种错误倾向并不是个别的偶然现象，在整风运动以前的延安，虽然为期不长，但却有一部分作家参加这种错误的文艺活动，也得到一些作者的支持附和。也有些人虽然在理论上没有支持附和，但所写的某些作品却实际是属于或接近于这种倾向。当然，也有一些作者是反对这种倾向的，他们提出"歌颂光明"的口号与之对抗。但这些作者并不能从理论上来公开地彻底地批判这种倾向，他们所写的作品也还是比较肤浅的带有小资产阶级情感的歌颂。在文学为人民大众服务的运动目标和实际做法不完全一致的问题上，这些作者的缺点就暴露得更为明显。

这一根本问题，文学与人民大众结合的问题，在抗战以前，因为有帝国主义和国民党反动派的阻挠和破坏，是不能得到彻底解决的，但到了解放区——延安还不能解决，这就不能再推论是客观条件还未具备，而赤裸裸地暴露出主观思想上的弱点了。这同时也就说明了这些作者虽然承认艺术服从阶级，服务政治的原则，但他们的理解还是抽象的，不是具体的，理论与实践是脱节的。

　　根据这一基本思想情况，就可以看出，当时延安文艺界的问题正是中国有革命文艺运动以来就存在着的主要问题——无产阶级思想和小资产阶级思想的矛盾问题，以及由此产生的文学为人民大众服务的运动目标和实际做法不完全一致的矛盾问题——集中地表现出来了：有一些曾经在帝国主义和国民党反动派的压迫之下拥护工人阶级，愿意站在工人阶级的旗帜之下与敌人作战的文艺作家，到了工人阶级领导的人民大众当权的地区，却可以对工人阶级及其所创造的现实心怀不满，以致严重对立。又有一些曾经宣称自己的工作是要为工农大众服务的文艺作家，到了客观条件完全具备以后，却又用自己的手所筑的墙和他们隔绝起来。这两种错误经验，在中国现代文学历史上，是具有极其深刻的意义的。

　　毛泽东同志的"讲话"就是针对着这一基本思想情况，非常雄辩地展开了无产阶级对非无产阶级的思想斗争，系统地彻底地解决了上述的两个根本问题以及围绕它们而发生的许多问题。总结了五四以来的文学历史，指出了今后文学的新方向，把中国文学运动推进到了一个新的阶段。

# 第二节　《在延安文艺座谈会上的讲话》的内容及其伟大的历史意义

### 一　关于文学是为什么人的问题和小资产阶级文艺工作者的思想改造问题

　　毛泽东同志解决文艺问题正如他解决中国革命的一切问题一样，有力地抓住了整个问题的最基本的有决定性的环节，他在"讲话"中，首先就提出："我们的文艺是为什么人的？"这样一个根本的、原则的问题。针对着新文学运动以来的大部分是小资产阶级知识分子出身的文艺工作者，他又进一步尖锐地提出：我们的文艺第一是为工农兵呢，还是第一是为着小资产阶级呢？毛泽东同志明确地、肯定地答复：第一要为工农兵。他说："什么是人民大众呢？最广大的人民，占全人口百分之九十以上的人民，是工人、农民、兵士和城市小资产阶级。所以我们的文艺，第一是为工人的，这是领导革命的阶级。第二是为农民的，他们是革命中最广大最坚决的同盟军。第三是为武装起来了的工人农民即八路军、新四军和其他人民武装队伍的，这是革命战争的主力。第四是为城市小资产阶级劳动群众和知识分子的，他们也是革命的同盟者，他们是能够长期地和我们合作的。

这四种人，就是中华民族的最大部分，就是最广大的人民大众。我们的文艺，应该为着上面说的四种人。"

但是，小资产阶级文艺工作者要他们全心全意为工农兵服务，把工农兵放在第一位，并不是一件容易的事。小资产阶级知识分子长期地习惯于单独工作或在很小的集团内工作，而在文艺修养上又往往受了很深的以个人主义为中心的资产阶级文艺的影响，这一切就养成了小资产阶级知识分子特有的个人主义的心理和习惯。这样，他们对一切问题的分析和处理，就不可能站在无产阶级立场，而只是站在小资产阶级立场，但是要为工农兵服务，就必须站在无产阶级立场，而不能站在小资产阶级立场。

针对着这些小资产阶级文艺工作者的思想，毛泽东同志进行了极其深刻的分析和批判。他说："在今天，坚持个人主义的小资产阶级立场的作家是不可能真正地为革命的工农兵群众服务的，他们的兴趣，主要是放在少数小资产阶级知识分子上面。而我们现在有一部分同志对于文艺为什么人的问题不能正确解决的关键，正在这里。我这样说，不是说在理论上。在理论上，或者说在口头上，我们队伍中没有一个人把工农兵群众看得比小资产阶级知识分子还不重要的。我是说在实际上，在行动上。在实际上，在行动上，他们是否对小资产阶级知识分子比对工农兵还更看得重要些呢？我以为是这样。有许多同志比较地注重研究小资产阶级知识分子，分析他们的心理，着重地去表现他们，原谅并辩护他们的缺点，而不是引导他们和自己一道去接近工农兵群众，去参加工农兵群众的实际斗争，去表现工农兵群众，去教育工农兵群众。有许多同志，因为他们自己是从小资产阶级出身，自己是知识分子，于是就只在知识分子的队伍中找朋友，把自己的注意力放在研究和描写知识分子上面。这种研究和描写如果是站在无产阶级立场上的，那是应该的。但他们并不是，或者不完全是。他们是站在小资产阶级立场，他们是把自己的作品当作小资产阶级的自我表现来创作的，我们在相当多的文学艺术作品中看见这种东西。他们在许多时候，对于小资产阶级出身的知识分子寄予满腔的同情，连他们的缺点也给以同情甚至鼓吹。对于工农兵群众，则缺乏接近，缺乏了解，缺乏研究，缺乏知心朋友，不善于描写他们；倘若描写，也是衣服是劳动人民，面孔却是小资产阶级知识分子。他们在某些方面也爱工农兵，也爱工农兵出身的干部，但有些时候不爱，有些地方不爱，不爱他们的感情，不爱他们的姿态，不爱他们的萌芽状态的文艺（墙报、壁画、民歌、民间故事等）。他们有时也爱这些东西；那是为着猎奇，为着装饰自己的作品，甚至是为着追求其中落后的东西而爱的。有时就公开地鄙弃它们，而偏爱小资产阶级知识分子的乃至资产阶级的东西。这些同志的立足点还是在小资产阶级知识分子方面，或者换句文雅的话说，他们的灵魂深处还是一个小资产阶级知识分子的王国。这样，为什么人的问题他们就还是没有解决，或者没有明确地解决。"

因此，小资产阶级出身的文艺工作者要彻底解决这一问题，就必须进行思想改造。把自己的"思想感情和工农兵大众的思想感情打成一片"，而要"打成一片，就得下决心，经过长期的甚至是痛苦的磨炼"。毛泽东同志说："知识分子出身的文艺工作者，要使自己的作品为群众所欢迎，就得把自己的思想感情来一个变化，来一番改造。没有这个变化，没有这个改造，什么事情都是做不好的，都是格格不入的。"

思想改造是以工人阶级的先进思想去克服一切落后思想，这里面就包含了一个人的整个世界观、人生观的改变，整个思想、情感、心理、习惯、趣味的改变，对于被改造者来说，必然要经过一个相当时间的、剧烈的、痛苦的内心斗争的过程。毛泽东同志指出："要彻底解决这个问题，非有十年八年的长时间不可。"但是同时毛泽东同志又指出："时间无论怎样长，我们却必须解决它，必须明确地彻底地解决它。我们的文艺工作者一定要完成这个任务，一定要把立足点移过来，一定要在深入工农兵群众、深入实际斗争的过程中，在学习马克思主义和学习社会的过程中，逐渐地移过来，移到工农兵这方面来，移到无产阶级这方面来。只有这样，我们才能有真正为工农兵的文艺，真正无产阶级的文艺。"

毛泽东同志在解决了这一个问题的最后，更着重指出："为什么人的问题，是一个根本的问题，原则的问题。"这个根本问题解决了，"其他许多问题也都可以解决了"。

在延安，就是由于遵照毛泽东同志的指示，进行了对小资产阶级的思想改造，初步解决了这个问题，当时延安的文艺和文艺工作者的面貌就为之焕然一新。

**二 关于文学如何为工农兵群众的问题**

文学第一是为工农兵，小资产阶级出身的文艺工作者要全心全意为工农兵，而不是半心半意为工农兵，那就首先要进行一个思想改造，要和工农兵群众打成一片。但是文艺工作者的思想改造是和他的生活实践与创作实践分不开的，思想、生活和创作三者必须在文艺工作者本人的劳动和经验的基础上统一起来。而积极地参加群众的实际斗争，则是彻底改造自己思想，将自己的创作和工农兵群众生活，和群众的阶级斗争真正结合起来的关键。毛泽东同志对这一点有极透彻地说明，他指出人民生活是文学艺术的唯一的源泉，他说："一切种类的文学艺术的源泉究竟是从何而来的呢？作为观念形态的文艺作品，都是一定的社会生活在人类头脑中的反映的产物。革命的文艺，则是人民生活在革命作家头脑中的反映的产物。人民生活中本来存在着文学艺术原料的矿藏，这是自然形态的东西，是粗糙的东西，但也是最生动、最丰富、最基本的东西；在这点上说，它们使一切文学艺术相形见绌，它们是一切文学艺术的取之不尽、用之不竭的唯一的源泉。这是唯一的源泉，因为只能有这样的源泉，此外不能有第二个源泉。"

人民生活是文学艺术的唯一源泉，但人民生活却不等于文艺，文艺是要正确地表现人民生活的，毛泽东同志在这里指出了文艺的重要作用，他说："人类的社会生活虽是文学艺术的唯一源泉，虽是较之后者有不可比拟的生动丰富的内容，但是人民还是不满足于前者而要求后者。这是为什么呢？因为虽然两者都是美，但是文艺作品中反映出来的生活却可以而且应该比普通的实际生活更高，更强烈，更有集中性，更典型，更理想，因此就更带普遍性。革命的文艺，应当根据实际生活创造出各种各样的人物来，帮助群众推动历史的前进。"

既然人民生活是文学艺术的唯一的源泉，文学艺术要集中、典型、理想地去表现这些取之不尽的人民生活，因此，文艺工作者就必须投身到这个源泉中去。毛泽东同志在"讲话"中发出了这样的号召："中国的革命的文学家艺术家，有出息的文学家艺术家，必须到群众中去，必须长期地无条件地全心全意地到工农兵群众中去，到火热的斗争中去，到唯一的最广大最丰富的源泉中去，观察、体验、研究、分析一切人，一切阶级，一切群众，一切生动的生活形式和斗争形式，一切文学和艺术的原始材料，然后才有可能进入创作过程。否则你的劳动就没有对象，你就只能做鲁迅在他的遗嘱里所谆谆嘱咐他的儿子万不可做的那种空头文学家，或空头艺术家。"

毛泽东同志就是这样系统地、生动地、具体地解决了文学如何为工农兵群众的问题。后来的文艺运动全部经验证明：凡是忠实地执行了毛泽东同志的指示，和群众联系密切的时候，文艺工作总是显得生气勃勃的；而没有严格执行这指示，一旦离开了群众，文艺工作就必然陷于停滞和瘫痪状态。

### 三 关于文学上的普及与提高的问题

文学既然第一是为工农兵，而为工农兵，首先就要求文艺工作者改造自己思想，投身到火热的斗争中去，这个根本问题解决了。那么在文学创作的实践上还是努力于提高呢，还是努力于普及呢？

关于这个问题，即普及和提高的关系问题，毛泽东同志在"讲话"中作了最正确、最科学的规定。

首先，毛泽东同志指出了普及和提高的正确标准，他说："有些同志，在过去，是相当地或是严重地轻视了和忽视了普及，他们不适当地太强调了提高。提高是应该强调的，但是片面地孤立地强调提高，强调到不适当的程度，那就错了。我在前面说的没有明确地解决为什么人的问题的事实，在这一点上也表现出来了。并且，因为没有弄清楚为什么人，他们所说的普及和提高就都没有正确的标准，当然更找不到两者的正确关系。我们的文艺，既然基本上是为工农兵，那末所谓普及，也就是向工农兵普及，所谓提高，也就是从工农兵提高。用什么东西向他们普及呢？用封建地主阶级所需要、所便于接受的东西吗？用资产阶级所需要、所便于接受的东西吗？用小资产阶级知识分子所需要、所便于接受的东西吗？都不行，只有用工农兵自己所需要、所便于接受的东西。因此在教育工农兵的任务之前，就先有一个学习工农兵的任务。提高的问题更是如此。提高要有一个基础。比如一桶水，不是从地上去提高，难道是从空中去提高吗？那末所谓文艺的提高，是从什么基础上去提高呢？从封建阶级的基础吗？从资产阶级的基础吗？从小资产阶级知识分子的基础吗？都不是，只能是从工农兵群众的基础上去提高。也不是把工农兵提到封建阶级、资产阶级、小资产阶级知识分子的'高度'去，而是沿着工农兵自己前进的方向去提高，沿着无产阶级前进的方向去提高。而这里也就提出了学习工农兵的任务。只有从工农兵出发，我们对于普及和提高才能有正确的了解，也才能找到普及和提高的正确关系。"

普及和提高的标准搞清楚了，那么普及和提高的任务关系也就明白了，毛泽东同志着重指出：普及任务是更为迫切的。他说："什么是文艺工作中的普及和提高呢？普及的东西比较简单浅显，因此也比较容易为目前广大人民群众所迅速接受。高级的作品比较细致，因此也比较难于生产，并且往往比较难于在目前广大人民群众中迅速流传。现在工农兵面前的问题，是他们正在和敌人作残酷的流血斗争，而他们由于长期的封建阶级和资产阶级的统治，不识字，无文化，所以他们迫切要求一个普遍的启蒙运动，迫切要求得到他们所急需的和容易接受的文化知识和文艺作品，去提高他们的斗争热情和胜利信心，加强他们的团结，便于他们同心同德地去和敌人作斗争。对于他们，第一步需要还不是'锦上添花'而是'雪中送炭'。所以在目前条件下，普及工作的任务更为迫切。轻视和忽视普及工作的态度是错误的。"

"但是，普及工作和提高工作是不能截然分开的。"毛泽东同志说："不但一部分优秀的作品现在也有普及的可能，而且广大群众的文化水平也是不断地提高着。普及工作若是永远停止在一个水平上，一月两月三月，一年两年三年，总是一样的货色，一样的'《小放牛》'，一样的'人、手、口、刀、牛、羊'，那末，教育者和被教育者岂不都是半斤八两？这种普及工作还有什么意义呢？人民要求普及，跟着也就要求提高，要求逐年逐月地提高。在这里，普及是人民的普及，提高也是人民的提高。而这种提高，不是从空中提高，不是关门提高，而是在普及基础上的提高。这种提高，为普及所决定，同时又给普及以指道。就中国范围来说，革命和革命文化的发展不是平衡的，而是逐渐推广的。一处普及了，并且在普及的基础上提高了，别处还没有开始普及。因此一处由普及而提高的好经验可以应用于别处，使别处的普及工作和提高工作得到指导，少走许多弯路。就国际范围来说，外国的好经验，尤其是苏联的经验，也有指导我们的作用。所以我们的提高，是在普及基础上的提高，我们的普及，是在提高指导下的普及。正因为这样，我们所说的普及工作不但不是妨碍提高，而且是给目前的范围有限的提高工作以基础，也是给将来的范围大为广阔的提高工作准备必要的条件。"

正确地解决了普及与提高的关系，那么文艺专门家和做普及工作的同志之间的关系也就解决了。毛泽东同志特别指出文艺专门家应该和普及工作者建立正确的关系，发生密切的联系，文艺专门家要重视工农兵的萌芽状态的文艺，重视群众的墙报，军队和农村中的小剧团，群众的歌唱。文艺专门家对于在群众中做文艺普及工作的同志们，"一方面帮助他们指导他们，一方面又向他们学习，从他们吸收由群众中来的养料，把自己充实起来，丰富起来，使自己的专门不成其为脱离群众、脱离实际、毫无内容、毫无生气的空中楼阁"。毛泽东同志着重指出："一切革命的文学艺术家只有联系群众，表现群众，把自己当作群众的忠实的代言人，他们的工作才有意义。只有代表群众才能教育群众，只有做群众的学生才能做群众的先生。如果把自己看作群众的主人，看作高踞于'下等人'头上的贵族，那末，不管他们有多大的才能，也是群众所不需要的，他们的工作是没有前途的。"

自从革命文学运动以来，曾经不断地讨论过文艺大众化问题，利用旧形式问题以及通俗文艺问题等，每次讨论也都接触到普及与提高的关系，但一直都没有得到根本解决。这次，毛泽东同志系统地透辟地从思想内容到表现形式解决了这一问题，从这以后，革命文艺运动就在"在普及基础上提高，在提高指导下普及"这一指示的原则之下，开始了前所未有的崭新的面貌。

**四　关于文艺批评的标准问题**

毛泽东同志很重视文艺批评，指出这是"文艺界主要的斗争方法之一"，应该要好好发展它。文艺批评是一个很复杂的问题，但是其中最主要地是一个基本的批评标准问题，标准问题解决了，其他问题无论怎样复杂，也就不难解决。

毛泽东同志抓住这一主要环节，提出了"文艺批评有两个标准，一个是政治标准，一个是艺术标准"。对于这两个标准，他并加以精密的解说："按照政治标准来说，一切利于抗日和团结的，鼓励群众同心同德的，反对倒退、促成进步的东西，便都是好的；而一切不利于抗日和团结的，鼓动群众离心离德的，反对进步、拉着人们倒退的东西，便都是坏的。这里所说的好坏，究竟是看动机（主观愿望），还是看效果（社会实践）呢？唯心论者是强调动机否认效果的，机械唯物论者是强调效果否认动机的，我们和这两者相反，我们是辩证唯物主义的动机和效果的统一论者。为大众的动机和被大众欢迎的效果，是分不开的，必须使二者统一起来。为个人的和狭隘集团的动机是不好的，有为大众的动机但无被大众欢迎、对大众有益的效果，也是不好的。检验一个作家的主观愿望即其动机是否正确，是否善良，不是看他的宣言，而是看他的行为（主要是作品）在社会大众中产生的效果。社会实践及其效果是检验主观愿望或动机的标准。我们的文艺批评是不要宗派主义的，在团结抗日的大原则下，我们应该容许包含各种各色政治态度的文艺作品的存在。但是我们的批评又是坚持原则立场的，对于一切包含反民族、反科学、反大众和反共的观点的文艺作品必须给以严格的批判和驳斥；因为这些所谓文艺，其动机，其效果，都是破坏团结抗日的。按着艺术标准来说，一切艺术性较高的，是好的，或较好的；艺术性较低的，则是坏的，或较坏的。这种分别，当然也要看社会效果。文艺家几乎没有不以为自己的作品是美的，我们的批评，也应该容许各种各色艺术品的自由竞争；但是按照艺术科学的标准给以正确的批判，使较低级的艺术逐渐提高成为较高级的艺术，使不适合广大群众斗争要求的艺术改变到适合广大群众斗争要求的艺术，也是完全必要的。"

关于这两个标准之间的关系，毛泽东同志也作了极其精密透彻的分析，他说："又是政治标准，又是艺术标准，这两者的关系怎么样呢？政治并不等于艺术，一般的宇宙观也并不等于艺术创作和艺术批评的方法。我们不但否认抽象的绝对不变的政治标准，也否认抽象的绝对不变的艺术标准，各个阶级社会中的各个阶级都有不同的政治标准和不同的艺术标准。但是任何阶级社会中的任何阶级，总是以政治标准放在第一位，以艺术标准放在第二位的。资产阶级对于无产阶级的文学艺术作品，不管其艺术成就怎样高，总是排斥的。无产阶级对于过去时代的文学艺术作品，也必须首先检查它们对待人民的态度如何，在历史上有无进步意义，而分别采取不同态度。有些政治上根本反动的东西，也可能有某种艺术性。内容愈反动的作品而又愈带艺术性，就愈能毒害人民，就愈应该排斥。处于没落时期的一切剥削阶级的文艺的共同特点，就是其反动的政治内容和其艺术的形式之间所存在的矛盾。我们的要求则是政治和艺术的统一，内容和形式的统一，革命的政治内容和尽可能完美的艺术形式的统一。缺乏艺术性的艺术品，无论政治上怎样进步，也是没有力量的。因此，我们既反对政治观点错误的艺术品，也反对只有正确的政治观点而没有艺术力量的所谓'标语口号式'的倾向。我们应该进行文艺问题上的两条战线斗争。"

这两种错误倾向，是自革命文艺运动以来就长期存在着的，有许多小资产阶级出身的文艺工作者缺乏基本的政治常识，发生了各种糊涂观念，强调艺术的独立性，脱离政治，脱离群众，实际上是使文艺去为资产阶级的利益服务。另一些小资产阶级出身的文艺工作者则是庸俗地去了解文艺的政治任务，只是把肤浅的政治概念和公式化的故事粗糙地糅合在一起，人物没有血肉没有性格，不是现实生活的深刻反映，这样公式化概念化的作品，当然不会对群众产生真正的教育作用。这两种倾向的表现虽然不同，但是产生它们的根源却是一样的，同是由于脱离群众，脱离斗争，对于政治的无知以及思想的懒惰，因而结果同样是歪曲了现实，障碍了革命文学的发展。

毛泽东同志针对着这一历史情况，尖锐地提出了"应该进行文艺问题上的两条战线斗争"的口号，并又针对着产生这两种错误倾向的根源，着重指出"现在更成为问题的，我以为还是在政治方面"。

这两种错误倾向直到今天还是存在着的，因此，目前文艺工作仍然应当进行毛泽东同志所指示的两条战线的斗争。

五　关于党的文艺工作问题、文艺界统一战线问题以及学习问题

毛泽东同志在"讲话"中，对于党的文艺工作问题首先指出："在现在世界上，一切文化或文学艺术都是属于一定的阶级，属于一定的政治路线的。……无产阶级的文学艺术是无产阶级整个革命事业的一部分，如同列宁所说，是整个革命机器中的'齿轮和螺丝钉'。因此，党的文艺工作，在党的整个革命工作中的位置，是确定了的，摆好了的；是服从党在一定革命时期内所规定的革命任务的。反对这种摆法，一定要走到二元论或多元论……我们不赞成把文艺的重要性过分强调到错误的程度，但也不赞成把文艺的重要性估计不足。文艺是从属于政治的，但又反转来给予伟大的影响于政治。革命文艺是整个革命事业的一部分，是齿轮和螺丝钉，和别的更重要的部分比较起来，自然有轻重缓急第一第二之分，但它是对整个机器不可缺少的齿轮和螺丝钉，对于整个革命事业不可缺少的一部分。如果连最广义最普通的文学艺术也没有，那革命运动就不能进行，就不能胜利，不认识这一点，是不对的。"在这里，毛泽东同志更着重地指出："我们所说的文艺服从于政治，这政治是指阶级的政治、群众的政治，不是所谓少数政治家的政治。政治，不论革命的和反革命的，都是阶级对阶级的斗争，不是少数个人的行为。革命的思想斗争和艺术斗争，必须服从于政治的斗争，因为只有经过政治，阶级和群众的需要才能集中地表现出来。"

其次，对从事文艺工作的共产党员，毛泽东同志这样告诫他们，"要站在党的立场，站在党性和党的政策的立场。"因为有些共产党员"还不大清楚无产阶级和小资产阶级的区别"。或是"在组织上入了党，思想上并没有完全入党，甚至完全没有入党"。毛泽东同志针对这一情况，这样指出："我们的党，我们的队伍，虽然其中的大部分是纯洁的，但是为要领导革命运动更好地发展，更快地完成，就必须从思想上组织上认真地整顿一番。而为要从组织上整顿，首先需要在思想上整顿，需要展开一个无产阶级对非无产阶级的思想斗争。延安文艺界现在已经展开了思想斗争，这是很必要的。小资产阶级出身的人们总是经过种种的方法，也经过文学艺术的方法，顽强地表现他们自己，宣传他们自己的主张，要求人们按照小资产阶级知识分子的面貌来改造党，改造世界。在这种情形下，我们的工作，就是要向他们大喝一声，说：'同志'们，你们那一套是不行的，无产阶级是不能迁就你们的，依了你们，实际上就是依了大地主大资产阶级，

就有亡党亡国的危险。只能依谁呢？只能依照无产阶级先锋队的面貌改造党，改造世界。"这里面所说的"就有亡党亡国的危险"，完全不是危言耸听，而是有血的经验教训的。这只要看一看《关于若干历史问题的决议》，就可以明白当小资产阶级的思想在党内居于领导地位的时候，给中国革命中国人民带来了何等巨大的损失。

关于文艺界统一战线问题，毛泽东同志指出，应该和政治上统一战线一样，必须在无产阶级领导之下，中国共产党领导之下，实行又团结又斗争的政策。他极其具体而又周密地这样指出："文艺服从于政治，今天中国政治的第一个根本问题是抗日，因此党的文艺工作者首先应该在抗日这一点上和党外的一切文学家艺术家（从党的同情分子、小资产阶级的文艺家到一切赞成抗日的资产阶级地主阶级的文艺家）团结起来。其次，应该在民主一点上团结起来；在这一点上，有一部分抗日的文艺家就不赞成，因此团结的范围就不免要小一些。再其次，应该在文艺界的特殊问题——艺术方法艺术作风一点上团结起来；我们是主张社会主义的现实主义的，又有一部分人不赞成，这个团结的范围会更小些。在一个问题上有团结，在另一个问题上就有斗争，有批评。各个问题是彼此分开而又联系着的，因而就在产生团结的问题比如抗日的问题上也同时有斗争，有批评。在一个统一战线里面，只有团结而无斗争，或者只有斗争而无团结，实行如过去某些同志所实行过的右倾的投降主义、尾巴主义，或者'左'倾的排外主义、宗派主义，都是错误的政策。政治上如此，艺术上也是如此。"

因为小资产阶级作家在文艺界统一战线中是一个重要力量，他们的思想和作品都有很多缺点，但他们却比较地倾向革命，比较地接近于劳动人民。所以毛泽东同志又指出："帮助他们克服缺点，争取他们到为劳动人民服务的战线上来，是一个特别重要的任务。"至于如何去帮助他们克服缺点呢，那还是只有遵照毛泽东同志的指示，帮助他们进行思想改造。

关于学习问题，毛泽东同志首先指出：一切文艺工作者都要学习马克思列宁主义，要很虚心的学习。他说："学习马克思主义，是要我们用辩证唯物论和历史唯物论的观点去观察世界，观察社会，观察文学艺术，并不是要我们在文学艺术作品中写哲学讲义。"其次，毛泽东同志说：还要"学习社会，这就是说，要研究社会上的各个阶级，研究它们相互关系和各自状况，研究它们的面貌和它们的心理。只有把这些弄清楚了，我们的文艺才能有丰富的内容和正确的方向"。再其次，便是要学习中国和外国的优秀的文学遗产。毛泽东同志说："对于中国和外国过去时代所遗留下来的丰富的文学艺术遗产和优良的文学艺术传统，我们是要继承的，但是目的仍然是为了人民大众，对于过去时代的文艺形式，我们也并不拒绝利用，但这些旧形式到了我们手里，给了改造，加进了新内容，也就变成革命的为人民服务的东西了。"又说："我们必须继承一切优秀的文学艺术遗产，批判地吸收其中一切有益的东西，作为我们从此时此地的人民生活中的文学艺术原料创造作品时候的借鉴。有这个借鉴和没有这个借鉴是不同的，这里有文野之分，粗细之分，高低之分，快慢之分。所以我们绝不可拒绝继承和借鉴古人和外国人，哪怕是封建阶级和资产阶级的东西。但是继承和借鉴绝不可以变成替代自己的创造，这是绝不能替代的。文学艺术中对于古人和外国人的毫无批判的硬搬和模仿，乃是最没有出息的最害人的文学教条主义和艺术教条主义。"

### 六　和错误的文艺思想的斗争

如本章第一节所说，当时延安文艺界是存在着一些错误的思想的。这些错误思想虽然集中表现在延安，但在全国文艺界也同样是存在着的，是带有一般性的。（在今天资产阶级和小资产阶级还存在的时候，这些错误思想也仍然不可避免地还要不时出现。）毛泽东同志在"讲话"里面，对于这些错误思想中最突出的一些，曾予以极严正地驳斥，非常雄辩地展开了无产阶级对非无产阶级的思想斗争。

首先，毛泽东同志驳斥了所谓"人性论"的荒谬的说法。他指出："只有具体的人性，没有抽象的人性。在阶级社会里就是只有带着阶级性的人性，而没有什么超阶级的人性。我们主张无产阶级的人性，人民大众的人性，而地主阶级资产阶级则主张地主阶级资产阶级的人性，不过他们口头上不这样说，却说成为唯一的人性。有些小资产阶级知识分子所鼓吹的人性，也是脱离人民大众或者反人民大众的，他们的所谓人性实质上不过是资产阶级的个人主义，因此在他们眼中，无产阶级的人性就不合于人性。现在延安有些人们所主张的作为所谓文艺理论基础的'人性论'，就是这样讲，这是完全错误的。"

其次，毛泽东同志驳斥了"文艺的基本出发点是爱，是人类之爱"的糊涂说法，他指出："爱是观念的东西，是客观实践的产物。我们根本上不是从观念出发，而是从客观实践出发。我们的知识分子出身的文艺工作者爱无产阶级，是社会使他们感到和无产阶级有共同的命运的结果。……至于所谓'人类之爱'，自从人类分化成为阶级以后，就没有过这种统一的爱。……真正的人类之爱是会有的，那是在全世界消灭了阶级之后。阶级使社会分化为许多对立体，阶级消灭后，那时就有了整个的人类之梦，但是现在还没有。我们不能爱敌人，不能爱社会的丑恶现象，我们的目的是消灭这些东西。"

再次，毛泽东同志驳斥了"从来的文艺作品都是写光明和黑暗并重，一半对一半"和"从来文艺的任务就在于暴露"的两种糊涂说法。他指出："文艺作品并不是从来都这样。……只有真正革命的文艺家才能正确地解决歌颂和暴露的问题。一切危害人民群众的黑暗势力必须暴露之，一切人民群众的革命斗争必须歌颂之，这就是革命文艺家的基本任务。""对于革命的文艺家，暴露的对象，只能是侵略者、剥削者、压迫者及其在人民中所遗留的恶劣影响，而不能是人民大众。人民大众也是有缺点的，这些缺点应当用人民内部的批评和自我批评来克服，而进行这种批评和自我批评也是文艺的最重要任务之一。但这不应该说是什么'暴露人民'。对于人民，基本上是一个教育和提高他们的问题。"

再次，那时还有人这样主张："还是杂文时代，还要鲁迅笔法。"对于这种错误说法，毛泽东同志这样指出："鲁迅处在黑暗势力统治下面，没有言论自由，所以用冷嘲热讽的杂文形式作战，鲁迅是完全正确的。……如果不是对人民的敌人，而是对于人民自己，那末，'杂文时代'的鲁迅，也不会嘲笑和攻击革命人民和革命政党，杂文的写法也和对于敌人的完全两样。对于人民的缺点是需要批评的……但必须是真正站在人民的立场上，用保护人民、教育人民的满腔热情来说话。如果把同志当作敌人来对待，就是使自己站在敌人的立场上去了。"

那时还有人这样说："我是不歌功颂德的；歌颂光明者其作品未必伟大，刻画黑暗者其作品未必渺小。"毛泽东同志这样严正地尖锐地告诉他们："你是资产阶级文艺家，你就不歌颂无产阶级而歌颂资产阶级；你是无产阶级文艺家，你就不歌颂资产阶级而歌颂无产阶级和劳动人民：二者必居其一。""对于人民，这个人类世界历史的创造者，为什么不应该歌颂呢？无产阶级，共产党，新民主主义，社会主义，为什么不应该歌颂呢？也有这样的一种人，他们对于人民的事业并无热情，对于无产阶级及其先锋队的战斗和胜利，抱着冷眼旁观的态度，他们所感到兴趣而要不疲倦地歌颂的只有他自己，或者加上他所经营的小集团里的几个角色。这种小资产阶级的个人主义者，当然不愿意歌颂革命人民的功德，鼓舞革命人民的斗争勇气和胜利信心。这样的人不过是革命队伍中的蠹虫，革命人民实在不需要这样的'歌者'。"

此外，又有人说："立场是对的，只是表现不好，结果反而起了坏作用。"又有人说："提倡学习马克思主义就是重复辩证唯物论的创作方法的错误，就要妨害创作情绪。"毛泽东同志对于这些错误意见都予以切中要害的驳斥，他指出只凭动机不问效果是错误的，效果问题也就是立场问题，所以应该在实践中总结经验，改正错误，进行诚意的自我批评。至于"学习马克思主义，是要我们用辩证唯物论和历史唯物论的观点去观察世界，观察社会，观察文学艺术，并不是要我们在文学艺术作品中写哲学讲义。空洞干燥的教条公式是要破坏创作情绪的，但是它不但破坏创作情绪，而且首先破坏了马克思主义。教条主义的'马克思主义'并不是马克思主义，而是反马克思主义的"。

总之，这一些思想都是非无产阶级思想，都是资产阶级思想或小资产阶级思想，都是和无产阶级思想对抗的。他们顽强地想经过文学艺术的方法，宣传他们的主张，要求人们按照小资产阶级知识分子的面貌来改造党，改造世界。这种思想必须坚决无情地打垮它，打垮的唯一办法就是用毛泽东同志创造的思想改造的方法，整风的方法。

当时在延安，这些错误倾向的代表人物是王实味和萧军。

王实味的文学主张是托洛茨基的文学主张，他否定了无产阶级文学，不主张文学为无产阶级人民大众服务，主张文学是为抽象的人类服务，是表现抽象的人性的，而其实则是真真实实地为了剥削阶级与黑暗势力服务。他根本不信任人民大众在文化艺术上的创造能力，对于大众，他完全是一种贵族式的轻蔑的态度，他把文学和政治分离，实质上也就是把文学和大众分离了。王实味本算不了什么文艺家，但他这种主张，是十分有害的主张，所以那时在延安曾对他这主张展开了斗争，1942年周扬根据毛泽东同志的文艺思想写了一篇《王实味的文艺观与我们的文艺观》，对这荒谬反动的文学主张，予以严厉的驳斥。

至于萧军在那时则是资产阶级小资产阶级极端自私自利的个人主义的集中代表人物，他曾利用鲁迅在1927年一篇讲演《政治与文艺的歧途》中的某些论点如："文艺和政治时时在冲突之中"，"政治是要维持现状，自然和不安于现状的文艺处在不同的方向"，来作为他反人民的文艺活动的根据。其实鲁迅这个讲演只是就他当时所熟知的反动统治阶级的政治来讨论问题，鲁迅这样的话只能说明进步的革命文艺与反动的政治之间的矛盾，并不适用于全部的文艺与政治之间的关系，反动文艺是并不与反动的政治冲突的，并且是为它服务的，进步的革命的文艺与进步的革命的政治之间也是如此。这道理鲁迅后来也曾不断地着重地指出过，但萧军却故意抹杀，只撷拾鲁迅片言只语，断章取义，作为自己荒谬理论的根据，并且拒绝参加延安文艺界的整风学习。当时延安"文协""文抗"都曾开会对他这种错误思想予以批评，但他坚决不改。因而他的错误思想就没有得到克服，1948年他到东北后就有了更坏的发展，竟在他编的《文化报》上散出反对人民，反对革命，反对苏联的反动言论来。1949年，东北文艺界曾对萧军这种反动思想展开了激烈的批评，刘芝明写有《关于萧军及其文化报所犯错误的批评》，张如心写有《反对萧军思想保卫马列主义》，丁玲写有《批判萧军错误思想》，东北文艺协会等十五团体并召集会议，详细地讨论和分析了萧军所犯的错误，作出"东北文艺协会关于萧军及其《文化报》所犯错误的结论"。中共中央东北局同意了这个结论，指出萧军"是一个自私自利的、惯于采取两面手法和敲诈手段的、无原则的野心家。他的带有封建色彩的资产阶级思想妨碍他真和人民群众站在一起"。并决定要在党内外展开对萧军反动思想和其他类似的反动思想的批判。

这一事实，十分生动地说明了一个小资产阶级出身的文艺工作者，如果不按照毛泽东同志所指示的把自己的思想感情来一番彻底改造，他是不会有前途的，萧军便是一个典型的例子。

### 七 《在延安文艺座谈会上的讲话》的伟大历史意义

毛泽东同志的《在延安文艺座谈会上的讲话》的伟大的历史意义，有如"日月经天，江河行地"，是无可比拟的，是无法形容的。这里只就著者所能了解到的，提出如下的三点。

首先，毛泽东同志这部"讲话"的伟大意义并不仅限于它对文学直接所作的贡献，而是像他的其他许多重要著作一样，都是运用马克思列宁主义来解决中国革命中的实际问题的杰出范例。这部著作以讨论文艺问题的方式，天才地说明了许多革命理论问题，丰富并发展了马克思列宁主义。一切革命干部都可以从里面学习到最深入，最具体的辩证唯物主义和历史唯物主义的革命理论。它是世界的马列主义天才著作的宝库中一宗宝贵的财产。

其次，毛泽东同志这部"讲话"对于文艺方面来说，它是中国人民革命文艺运动的战斗纲领，它指出了中国革命文艺发展的正确方向——工农兵方向，指示一切前进的和革命的文艺工作者必须确立共产主义世界观、人生观和艺术观，必须坚决进行思想改造，掌握正确的思想方法和创作方法，努力使文艺真正地和工农群众相结合，和群众的阶级斗争相结合。保证了今后文艺工作不至于迷失方向。这部著作在中国的出现，是中国现代文学历史上空前未有的光荣，它的光辉给中国一切文艺工作者带来了莫大的幸福。

第三，毛泽东同志在"讲话"中确定了文学的工农兵方向，这是在"五四"以来革命文学发展的基础上把中国现代文学推进到一个新的阶段。它在文学事业上所引起的变革，较之"五四"时期更为伟大、更为深刻。它不仅有力地扫荡了一切帝国主义、封建主义的反动文艺，而且特别针对着各种小资产阶级的文艺思想和倾向，进行了严正而尖锐的批判，区别了无产阶级思想与一切非无产阶级思想的界限，保卫了无产阶级思想的纯洁性、严肃性。提出文艺必须为工农兵服务，从根本关键上解决了文艺与广大人民结合的任务，这是"五四"以来一直企图解决而没有解决的任务。毛泽东的文艺思想武装了一切党的与非党的革命文艺家，把他们引到了与工农兵群众结合的道路，从这以后，在毛泽东思想光辉照耀之下，中国文学中的社会主义现实主义便得到更大的发展和成就。

# 第三节　抗战后期和战后在国民党反动统治下的革命文学运动以及文艺理论的斗争

## 一　在国民党反动统治下的革命文学运动

1942 年以后，与中国共产党在艰苦奋斗中前进的同时，国民党反动政府一天天走到腐败的极点，投降活动变本加厉，公开和敌伪往来。蒋、宋、孔、陈四大家族利用政治地位，利用抗日战争，集中了大量财富，控制中国经济，迅速发展了官僚资本，以致国内经济日益严重，人民生活痛苦不堪。另外，蒋介石对反共反人民却越来越积极，1943 年又发动第三次反共高潮，公然号召"讨伐"共产党，调动大批军队，准备袭击陕甘宁边区，但终在中国共产党的事前揭露、声讨和全国人民反对之下，被迫停止。1944 年，希特勒匪帮在英勇的苏联军队的进攻下迫近灭亡，日本在太平洋的地位愈来愈困难，急于想把从北京到广州和南宁的交通线打通，便发动了对于中国正面战场的新进攻。由于国民党军队望风溃逃，日寇在八个月中，迅速占领了河南、湖南、广西、广东、福建的大部和贵州的一部，人民损失惨重。这时，在以苏联为中坚的世界反法西斯战争的伟大胜利，以及中国人民解放区战场的胜利鼓舞之下，全国人民对于国民党反动统治再也不能忍受了，国民党统治区的人民民主斗争冲破国民党反动派的严重压迫而高涨起来。要求改组国民党政府为民主联合政府，成为爱国人民的一致呼声。

1945年8月8日，苏联对日宣战，迅速歼灭了日寇关东军，8月14日，日本宣布无条件投降。日本投降后，美帝国主义者企图代替日本在中国的地位，使中国变成美国的殖民地，就大力援助国民党进行反共反人民的内战。由于中国共产党一再表示对于和平民主团结的愿望和全国人民的压力以及国民党内战布置还没有完成，蒋介石下了骗人的停战令，召开了政治协商会议。但在他内战布置完成之后，便立刻撕毁了停战令和政治协商会议的决议，1946年7月，蒋介石在美帝国主义支持下，指挥他的全部军队大举进攻解放区，内战全面爆发。中国共产党领导全国人民进行国内革命战争去反对国民党的反革命战争，这就是中国的第三次国内革命战争，这个战争由于毛泽东同志的英明领导，迅速地获得了胜利。1947年秋，人民解放军就转入了进攻阶段，将主要战场移到国民党统治区，1948年9月以后，人民解放军先后发动了辽沈、淮海、平津三大战役，消灭了国民党军的主力，取得了决定性的胜利。1949年4月23日，人民解放军解放了南京，国民党反动统治正式灭亡。

蒋介石在进行内战的同时，在国民党统治区域内更加紧血腥的法西斯统治，残酷地镇压人民民主运动，召开独裁的伪"国民大会"，通过伪"宪法"。但是国民党统治区的人民早已经看清楚了蒋介石的卖国阴谋，把同情和希望都集中到中国共产党方面，在国民党血腥统治下，仍然不断地进行了人民民主斗争。全国学生在1946年举行了反对美军强奸中国女学生暴行的示威运动，1947年，又举行反饥饿反内战反迫害的示威运动。各地工人农民也进行了许多斗争反对国民党。

就在这一期间，国民党反动派对于进步文艺运动的压迫是越来越厉害，但进步文艺运动却并没有因为它的压迫而停止过，在中国共产党领导之下，仍然不断地通过种种曲折方式进行。1944年国民党统治区内的民主运动高涨，进步文艺运动便立刻参加到这个民主运动之中，起了推动或组织的作用。许多民主集会通过文艺讲习会、文艺座谈会的方式来举行。在许多群众运动中，群众自己创造了画报、漫画等鼓动性的作品，收得了很大效果。有些作家投身到民主运动的前列，直接参与政治斗争。在作品方面，政治讽刺诗和杂文大大地盛行起来，成为暴露国民党法西斯黑暗统治的战斗武器。日本投降后，在国民党统治区域内的爱国民主运动中，都有文艺工作者参加。到 1946 年，国民党发动了全面内战，并颁布了所谓"戡乱"法令，封闭报馆，查禁书刊，迫害进步作家，暗杀绑架，肆行无忌。但是无论国民党反动派如何压迫，进步的文艺工作者仍是坚持岗位，参加各种群众爱国民主运动，在抗暴示威以及反饥饿、反戡乱、反美等运动中，文艺工作者都起了应有的作用。而一部分到了香港的文艺工作者在反帝、反封建、反官僚资本主义的总目标之下进行工作，所起的作用不仅影响了海外各地华侨，而且还渗透了国民党反动派的封锁达到国统区内的人民大众中间。

毛泽东同志的《在延安文艺座谈会上的讲话》发表后，在国民党统治区域内，由于环境关系，没有能够展开广泛地学习，但在进步文艺工作者中，也曾进行了学习和讨论，他们一般地也都按照了毛泽东同志的指示，执行了进步文艺在国民党统治区中的任务。但是由于国民党反动派的压迫，进步作家没有到工农兵群众中去的自由，再加上作家自己主观努力不够，因而文学要为工农兵，就很难得到实践。同时，又由于进步作家们虽然学习了这个文件，但没有很好地结合自己思想深入检查，因此，作家思想改造问题也就没有得到应有的重视。不过，通过这个学习，"五四"以来的文学历史上许多重要的悬而未决的问题，在进步作家中算是初步解决了；文学的工农兵方向，在进步作家中算是初步的明确了。

这一时期国民党统治区域内的文艺运动的偏向，一般说来，在开始的时候，还或多或少地存在着抗战前期那种右倾的倾向。《在延安文艺座谈会上的讲话》发表后，这倾向曾得到若干纠正，但仍未能充分地克服，特别是对小资产阶级文艺思想对于革命文学的危害性还是认识的不够，因而对于这种思想的流行，也就批判得不够，斗争得不够。直到第三次国内革命战争开始以后，大家才正式注意到这一问题，从内地到香港的一些作家，曾根据毛泽东同志的"讲话"的精神，检讨了过去的工作，并和一些不正确的思想倾向作了斗争。这时已是 1948 年，就在这一年之间，中国人民解放军在全国范围内取得了决定性的胜利，1949 年 7 月，解放区和国民党统治区的两支文艺大军便在北京会师了。

## 二 对反动的"主观论"的斗争

1945 年左右，重庆文艺界出现一种强调文艺中的"主观精神"作用，追求所谓"生命力的扩张"的论调。这实际上是极端反动的资产阶级主观唯心主义在文艺思想上的反映，也是对中国共产党在文艺领导上的公开的抗拒，但他们却又披着马列主义的伪装，因而在当时文艺思想界引起了一些混乱。

提倡这种论调的是以胡风为首的一个小集团。

首先，他们在理论的哲学基础上，认为"今天的新哲学，除了其全部基本原则当然仍旧不变外，主观这一范畴，已经被空前提高到最主要的决定地位"。① 很显然，这理论是完全不能成立的。因为马克思唯物论的最基本原则就是"存在决定意识"，现在既然把"主观"提高到最主要的决定地位，那么这个原则首先就被否定了，那还有什么马克思的哲学呢？

从这样一个错误的哲学认识出发，他们在文艺上就片面地强调所谓"主观精神""战斗要求""感性机能""原始生命力"等，他们认为文艺的对象是"活的人，活人底心理状态，活人底精神斗争"。② 它的任务"是要反映一代的心理动态"。③ "文艺底战性就不仅仅表现在为人民请命，而且表现在对于先进人民底觉醒的精神斗争过程的反映里面了"。④ 他们又认为"文艺创造，是从对于血肉的现实人生的搏斗开始的"。"在对于血肉的现实人生的搏斗里面被体现者被克服者既然是活的感性的存在，那体现者克服者的作家本人底思维活动就不能够超脱感性的机能。⑤

这种理论在表面上他们是以马列主义和现实主义姿态出现的，因而乍一看来，好像也很有道理，但实际却是十分反动的。

首先，这理论否认了阶级关系，阶级斗争。文艺要反映现实，自然首先得通过作者的主观，但通过主观主要地是要去认识现实生活的本质和规律，而在阶级社会里，所谓现实生活的本质和规律，就是阶级斗争特别是反映阶级斗争的政治斗争的性质和规律。文艺中所要反映的一切现实，就是要求正确地把握这一性质和规律的。因此，所谓"活的人，活人底心理状态，活人底精神斗争"，"一代的心理动态"，都必须放在阶级斗争政治斗争的基础上去表现，都必须当作阶级斗争政治斗争的反映，如果不这样，只徒然强调主观斗争精神，既不明白这斗争的根源，也无从明白这斗争的方向，更不明白这斗争的内容，那么这个斗争就成了一时的主观冲动，这就不仅是和马列主义背道而驰，也和现实主义的基本精神完全相反。

其次，文艺既是要正确地反映现实生活的本质和规律，也就是要正确

---

① 《希望》第一期，舒芜：《论主观》。
② 胡风：《逆流集：人生、文艺、文艺批语》。
③ 胡风：《文艺工作底发展及其努力方向》。
④ 胡风：《文艺工作底发展及其努力方向》。
⑤ 胡风：《置身在为民主的斗争里面》。

地反映阶级斗争政治斗争的性质和规律，那么如何才能够达到正确地去认识反映这些呢，这就首先应该要求作者要有正确的思想立场和观点，要彻底改造自己的小资产阶级思想感情以及资产阶级的艺术观点，如果不先提出这一课题，那么，所强调的主观战斗精神就只能是小资产阶级的主观战斗精神，而这种战斗精神不仅不该强调，相反的，恰恰是应该予以批判的，因为它对革命对文艺都不仅无用，而且有害。

第三，这种理论如果在毛泽东同志的《在延安文艺座谈会上的讲话》发表以前出现，已经是不应该。而这理论恰恰是出现在这个"讲话"发表两三年之后，文艺上许多基本问题毛泽东同志都已经英明地予以解决，并且正确地指出了中国文艺今后的方向，而主观论者不但没有遵循这一方向，相反的，却是故意违背了这一方向。毛泽东同志在"讲话"中说："马克思主义的一个基本观点，就是存在决定意识，就是阶级斗争和民族斗争的客观现实决定我们的思想感情"，而主观论者却认为主观决定一切。毛泽东同志指示知识分子出身的文艺工作者，要把自己的小资产阶级思想感情来一个彻底改造，而主观论者却拒绝思想改造。而他们却又说自己的这套违背马克思列宁主义毛泽东思想的理论，是马克思列宁主义的，是毛泽东思想的，这种诬蔑和欺骗，是令人不能容忍的。这种反动思想的根源，以及它所造成的坏影响，后来这小集团分子之一的舒芜，曾经自己做过检讨，他说："当时好些年来，厌倦了马克思列宁主义，觉得自己所要求的资产阶级的个人主义的'个性解放'，碰到马克思列宁主义的唯物观点和阶级分析方法，简直被压得抬不起头来。怎么办呢？找来找去，找到一句，'主观对于客观的反作用'。这一下好了，有'理论根据'了。于是把这个'主观'当作我的'个性解放'的代号，大做其文章，并且尽量摭拾马克思列宁主义的名词术语，装饰到我的资产阶级的唯心论思想上去，那些文章，就曾经欺骗了当时国民党统治区内一部分小资产阶级知识青年，投合并助长了他们的资产阶级和小资产阶级思想，帮助他们找到用'马列主义'的外衣来掩饰自己的非工人阶级立场的方法。"[1]这检讨是符合实际情况的。

对于这一错误理论，当时虽也有人提出反对意见，如黄药眠写有《论约瑟夫外套》便是批评舒芜的《论主观》的，但却没有展开广泛的斗争，以致这错误理论还迷惑了一些青年。直到1948年，才正式对这理论进行批评，如荃麟写有《论主观问题》，乔木写有《文艺创作与主观》等，算是初步

---

① 舒芜：《从头学习〈在延安文艺座谈会上的讲话〉》，见1952年6月8日《人民日报》。

肃清了这错误理论的影响。

那时在主观论的错误思想指导之下，也出现了一些作品，例如路翎的小说，就是注重描写心理状态和战斗精神的，但实际上只是表现了小资产阶级知识分子的歇斯特里性的善感易怒而已。

### 三 和错误的及反动的文学倾向的斗争

这一时期，有一些小资产阶级作家，抵不住国民党反动统治的残酷压迫，以及经济生活的煎熬，开始在这压迫和煎熬前面低下头来，逐渐消失了战斗勇气，因而在文学上表现出一些不好的错误的倾向，这倾向在抗战前期之末已经萌芽，到这时有了发展，并且散播到进步的文学阵营中，成为腐蚀斗志的毒素。

第一种倾向是"完全按照个人的趣味而采集些都市生活的小镜头，编成故事，既无主题的积极意义，亦无明确的内容。这种纯粹以趣味为中心的作品，显然是对小市民的趣味投降，而失去了以革命的精神去教育群众的基本立场"。① 这倾向表现在这一时期的戏剧方面最为显著。

第二种倾向是"一方面描写抗日战争，另一方面则故意避免暴露抗日阵营中的黑暗面，却用男女间的恋爱故事，穿插其间，企图以'抗战'吸引进步的读者，同时又以'恋爱'迎合落后的读者，达到了'左右逢源'之乐。像这样的抗战加恋爱的新式传奇，在作者本人既然没有忠于真理忠于人民的严肃态度，结果他的作品不但庸俗而已，而且在客观上对于反动统治起了掩饰的作用"。② 这一倾向表现在小说方面较多。

第三种倾向是"受着资本主义没落期的文艺思潮的影响，公然把颓废主义呈现在大众的面前，而且还要装出'纯文艺'的高贵的气派来骗取读者"。③ 这种倾向多半表现在诗歌方面。

对于这些不好的错误倾向，当时文艺批评界也曾经和它们作了斗争，指出了它们的错误的本质，揭发了它们的有害的毒素，阻遏了这一些错误的倾向的发展。

至于反动文艺这时则是更加紧地替反动派的反共反人民的反动统治服务的，实际上是国民党特务文学，它们是专与进步文艺为敌的。在组织上，国民党特务张道藩组织了中华全国文艺作家协会和战时的中华全国文艺界抗敌协会战后改名的中华全国文艺协会相对立。在理论上，他们早已

---

① 均引自茅盾：《在反动派压迫下斗争和发展的革命文艺》，见《文代大会纪念文集》。
② 均引自茅盾：《在反动派压迫下斗争和发展的革命文艺》，见《文代大会纪念文集》。
③ 均引自茅盾：《在反动派压迫下斗争和发展的革命文艺》，见《文代大会纪念文集》。

抛弃文艺而专作反动政治活动，例如抗战后期，作家们正在加强团结，争取民主的时候，他们喊出"反对作家从政"。在日本投降后，中国共产党领导中国人民进行第三次国内革命战争的时候，他们说这是"民族自杀悲剧"，诬蔑并破坏学生运动和民主运动，完全与反动派特务合流了。在作品方面，一些反动文人如沈从文，徐讦之流，写了许多色情堕落作品，企图麻醉青年，阻挠进步。所有这一些，当时文艺界都曾予以无情的打击和揭露，进行了坚决的斗争，同时由于人民民主力量的日益壮大，广大读者的觉悟的提高，他们更不能起什么影响，一击之后，也就销声匿迹，不敢狂吠了。

# 第五章　中华民族新文化的旗手共产主义者——鲁迅(上)

## 第一节　鲁迅的生平及其思想发展道路①

### 一　伟大的爱国主义者

鲁迅是近代中国伟大的思想家和革命家，是 20 世纪现实主义的世界大师之一，是伟大的爱国主义者和国际主义者，他一生的思想和文学的发展道路，是完全和中国人民的革命发展道路相吻合的。鲁迅的方向，就是中华民族新文化的方向。

鲁迅是笔名，真姓名是周树人，字豫才，1881 年 9 月 25 日生于浙江绍兴。祖父周介孚是满清进士，在北京做官，当鲁迅十三岁时，因事下狱。父亲周伯宜是个读书人，其时也身染重病，三年后死去。母亲姓鲁，是一个善良能干的乡村女人，她的宽厚坚毅的品性对于鲁迅发生很大影响。鲁迅这个笔名就是取用了母姓的。

鲁迅幼年的时候就很聪明，六岁入家塾读书，一直读到十七岁。在这期间，他读了很多中国古典著作，对其中封建宗法社会的传统伦理观念，敢于发表不同的见解。他又有机会接触了农村社会，曾经和淳厚朴实的农民孩子做过朋友，这就使他和劳动人民有了实际联系。同时他又对民间艺术发生很大兴趣，如年画，故事，传说，社戏等。这些当然都给鲁迅后来的文学与革命事业打下了某些基础，但是更主要的还是那时社会的剧变对于鲁迅思想的影响。那时正是帝国主义对中国侵略日益加紧，满清王朝腐败到了极点，对内竭力镇压人民爱国斗争，对外则奴颜婢膝，极诌媚之能事。这些都大大地刺激了鲁迅。而在鲁迅本身，又由于家计日落，受尽了人家的"白眼"，因而使他感到封建宗法社会的压制，产生了痛恨以致仇视封建社会的意识。就在这样反抗的情绪之下，鲁迅离开了故乡绍兴，到南京求学去了。

---

①　本节主要参考冯雪峰《鲁迅生平及其思想发展的梗概》写成，篇中不一一注明。

　　鲁迅在南京住了四年，开始考进水师学堂，第二年就改入路矿学堂。在这期间，他接触了维新主义思想，但他立刻感到这思想的不彻底，因而对他影响很小。倒是这时他读了一些翻译的文艺和科学书籍，特别是《天演论》，对他发生了很大影响，他开始以达尔文进化论作为自己的思想指针，并且以后还继续了很长时期。但是在这四年之中，鲁迅的反对满清反对帝国主义的民族革命意识却一天一天地加强，成为一个爱国主义者。

　　鲁迅在路矿学堂毕业后，1902 年考上官费到日本留学。这时鲁迅的爱国思想有了更广更深的发展，他以"我以我血荐轩辕"自誓，以复兴祖国为终身志愿，要做一个民族革命志士，他参加了实际爱国运动，1908 年加入反满的革命政党光复会。他到日本，先是学医，后来在电影里看见在日俄战争中，一个中国人替俄国人做侦探，被日本人捉住杀头，而一群中国人却无动于衷地在围着观看的故事。他受了很大的刺激，认为医治中国人的麻木的精神比起医治他们的肉体更为重要，而医治人民精神的利器莫过于文学，于是他就决定中止学医而从事文学了。鲁迅在日本住了八年，在这期间，由于他迫切地寻求民族革命的道路，他读了很多的欧洲科学，哲学和文学书籍，进步的达尔文进化论帮助了他，使他成为一个革命的民主主义者和一个爱国主义者。

　　辛亥革命前两年，即 1909 年，鲁迅由日本回国，先后在浙江绍兴等地教书，曾一度担任绍兴师范校长。辛亥革命后，应当时教育总长蔡元培之约，到北京任教育部部员，一直继续到 1926 年。鲁迅从回国到 1918 年这一期间，他面临着中国的复杂的现实政治和社会，他以高度的爱国主义热情开始对它作绵密的分析解剖。这样，首先他对于资产阶级领导的辛亥革命未能完成历史任务而感到失望，他看见那时资产阶级及其代表者的虚伪，他在 1907 年就指出这些革命家是"骗子"。但是鲁迅那时对于农民的革命性和革命力量也多少抱着怀疑态度，而工人阶级那时又还没有形成一个阶级力量。这样，就使得鲁迅对于他自己日夜苦思的中国革命的出路问题，也就是革命动力和领导者的问题，不能有明确的认识，因而陷于思想上的苦闷。此外，鲁迅的民主主义革命思想的彻底性是不同于当时具有同样思想的人的。这是由于他开始就面向人民大众，最早注意到农民，他看到当时一般人民群众的落后，因而他主张从思想启蒙着手，要解放人民的"个性"，改造"国民性"。当然，这思想还是从进化论引申出来的，作为革命具体道路是不合中国历史条件的，但是鲁迅面向群众这一彻底性，却是比进化论进了一步了。因而这一理想在当时思想界不能得到共鸣，而使鲁迅感到寂寞和孤独。这样，在这一时期中，鲁迅在他的爱国主义热情燃烧之下，对当时腐败政治感到无比的悲愤，思想上是在彷徨求索之中，情绪上也陷于失望与希望交织的苦恼状况。他仍然沉默地思索中国革命的出路问题，并以此问题为中心，在默默地观察、分析、解剖中国的人民、社会、历史和文化。这一沉默思索的状况，到 1918 年开始有了改变，这改变也是鲁迅的革命战斗的开始。

### 二 彻底的反帝反封建的精神以及从进化论到阶级论的自我改造

1918 年到 1927 年是鲁迅的革命战斗的第一个时期。在这期间，他以彻底的反帝反封建的精神，向一切旧势力作不妥协的斗争，而在他自己思想方面则是经历了从进化论到阶级论一个严肃的自我改造过程。

1918 年 4 月，鲁迅在《新青年》上发表了他的第一篇短篇小说《狂人日记》。这是一篇最彻底最深入的攻击中国封建主义旧礼教的作品，也是中国现代文学史上第一篇小说创作。同时鲁迅又开始写出精悍的极富有战斗性的批判社会的杂文，向一切封建主义者，奴颜媚敌者，中伤革命者，一切人民的敌人猛烈进攻，无不击中要害，真正是所向披靡，令人神旺。这时期，鲁迅除以文字作战外，并接近了广大青年，从 1920 年起，在北京大学和北京高等师范两校兼课，又编过报纸副刊，指导青年成立一些文学团体，并热情负责地替青年修改文稿。1925 年，他曾热烈支持北京女师大学生反对当时教育总长章士钊的斗争。1926 年，段祺瑞屠杀学生造成"三一八"惨案时，鲁迅并以实际方式声援过学生。在这一期间，鲁迅成为当时思想界权威，并为广大青年所拥戴的人物之一。

就在 1926 年，鲁迅因受军阀反动统治的压迫，8 月间离开了北京，到厦门大学任教授。1927 年 1 月到广州任中山大学教务主任兼文学系主任。4 月，蒋介石叛变革命，大杀共产党员和革命学生，鲁迅因营救学生无效，愤而辞职，10 月间到达上海。从 1918 年到 1927 年，鲁迅一共写了两个短篇小说集，五本杂文集，一本散文诗，一本散文，并且翻译了很多作品和苏联文艺理论。

这一时期，鲁迅是一个革命的民主主义者，他还没有明白地坚决地接受马克思列宁主义，他的思想还存留着进化论和个性主义的影响。但是他却更靠近马克思列宁主义者猛烈地攻击帝国主义、封建主义和资产阶级右派，特别是对于当时封建统治阶级——北洋军阀及其走狗的高度的憎恶和刻骨的讽刺，表现了他的反帝反封建斗争的高度彻底性和不妥协性。在那样的环境之下，鲁迅作为一个革命民主主义者，他的战斗是已经达到所可能达到的最高度了。就当时历史情况来说，这样坚决的彻底的不妥协的反帝反封建斗争，正是新民主主义革命所要求的，而在当时无产阶级政治运动已经成为独立的力量，但在文化战线上却还没有建立起坚强的阵地的时候，这时只有鲁迅在文化战线上独立地坚持了他的工作，而且坚持得如此彻底，这就终于使他也和共产党人一样成为新民主主义革命的急先锋了。

鲁迅"从进化论最终的走到了阶级论，从进取的争求解放的个性主义进到了战斗的改造世界的集体主义"。① 固然是 1928 年以后才彻底完成，但是，在这期间鲁迅正是遵循着这一方向从事努力和斗争。这时，鲁迅虽然还没有明确认识到中国革命出路的问题，对于群众，主要的是农民的革命性，还多少有些怀疑，如他后来所说："先前，旧社会的腐败，我是觉到了的，我希望新的社会的起来，但不知道这'新的'该是什么，而且也不知道这'新的'起来之后，是否一定就好。"②因而引起他对于革命失败的一时的失望。但这失望却没有使他停止战斗，相反的，他却愈战愈强，这一矛盾斗争，正是他自己思想中在进行着自我斗争和改造。他自己曾这样说："我的确时时解剖别人，然而更多的是更无情面地解剖我自己。"③这解剖便是他的严肃的自我斗争，其结果，就使得他从"早就感觉到中国社会里的科举式的贵族阶级和租佃官僚制度之下的农奴阶级之间的对抗"，更进一步看到"正在发展着资本和劳动的对抗"。④ 他"一向是相信进化论的，总以为将来必胜于过去，青年必胜于老人"，然而他"目睹了同是青年，而分成两大阵营，或则投书告密，或则助官捕人的事实"，他的"思路因此轰毁"。⑤ 特别是 1927 年"四一二"事变的大屠杀大流血，这一血的事实教训使得他进一步认识到他的旧武器——进化论的无力与失效。他从失望中抬起头来，开始从革命的小资产阶级立场转到无产阶级立场。他找到了新的真实的希望，他决然宣称："原先是憎恨这熟识的阶级，毫不可惜它的溃灭，后来又由于事实的教训，以为唯有新兴无产者才有将来，却是的确的。"⑥这样，鲁迅终于从痛苦的经验和深刻的观察之中，带着宝贵的革命传统走进无产阶级革命阵营，从一个革命民主主义者转为一个马克思主义者。

---

① 瞿秋白：《鲁迅杂感选集序言》。
② 《且介亭杂文》：《答国际文学社问》。
③ 《坟》：《写在〈坟〉后面》。
④ 瞿秋白：《鲁迅杂感选集序言》。
⑤ 《三闲集序言》。
⑥ 《二心集序言》。

### 三 为共产主义事业不屈不挠的战斗

鲁迅是 1927 年 10 月间到上海的，从此就一直住在上海到逝世，不再教书或就别的职业，坚决地在中国共产党领导下，专门从事革命文学工作和革命文学运动，开始了他后期的为共产主义事业不屈不挠的英勇伟大的战斗。

1928 年，鲁迅创办了《奔流》杂志，并进一步研究马克思列宁主义的社会科学，翻译马克思列宁主义的文艺理论，同时更紧密地靠近中国共产党，参加了共产党所发起的群众运动和政治斗争。如 1928 年加入了革命互济会。1930 年参加中国自由运动大同盟，并为发起人之一。同年发起中国左翼作家联盟，并为它的领导人。1933 年又加入中国民权保障同盟。同年 5 月间亲至德国驻沪领事馆递交反对法西斯暴行的抗议书。9 月间协助"国际反帝反法西斯会议"的召开，并为名誉主席之一。

在这最后十年中，鲁迅写下了九本杂文集，其思想的深刻与广阔，都超过了他前期的杂文，又继续完成了一本以历史故事为题材的短篇小说集。翻译介绍更多于前期，其中以普列汉诺夫和卢那卡尔斯基的文艺论文，法捷耶夫的《毁灭》，雅各武莱夫的《十月》，高尔基的《俄罗斯童话》，果戈理的《死魂灵》等为最主要。同时指示并参加各种刊物的编辑，提倡和领导中国新的革命的木刻运动。替青年作家看稿改稿，和青年们通信，虽在病中也不肯休息。

这十年之中，正是国民党反动派疯狂地"围剿"革命，反动统治最残酷的时期，鲁迅随时有被捕或被暗杀的危险，但鲁迅不屈不挠地战斗着，不仅没有退却，并且冲破和打垮了反动派对于革命文化运动的十年"围剿"。正如毛泽东同志所说："共产主义者鲁迅"，就"正在这一'围剿'中成了中国文化革命的伟人。"

1936 年 7 月和 8 月，鲁迅在病中最后发表了揭发中国托洛茨基匪徒破坏中共的抗日民族统一战线政策的阴谋的公开信和拥护中共政策的论文。

10 月 19 日，鲁迅这个中国文化革命的伟人，以积劳和肺病逝世于上海。

鲁迅这最后十年中的战斗业绩以及对共产主义文化事业的伟大贡献，在中国历史上是具有不朽的价值的。他之所以能够达到这样空前的辉煌灿烂的成就，主要的就是由于在这一时期中，鲁迅已经成为一个伟大的共产主义者，和真实的国际主义者。他坚决地毫无保留地拥护并服从中国共产党的领导。当红军长征胜利到达陕北的时候，他曾经致电毛泽东同志和朱德同志庆祝胜利。他在回答托洛茨基匪徒的信中，以能够引毛泽东同志和共产党员为同志"是自以为光荣"。① 他无时无刻不在关心着党，党也无时无刻不在影响他帮助他，给他以巨大的力量，尽量发挥了他的天才，使他有勇气不顾一切的战斗。据后来雪峰回忆说："当时他谈到我党和毛主席之后，感到自己跟我党和毛主席的亲密关系，于是想到中国人民的伟大的胜利前途，就不知不觉地把自己引到一种柔和的、怡然自得的、忘我的境地，平静地说：'我做一个小兵是还胜任的，用笔！'"② 这种境地，一方面有力地说明了鲁迅这时已和党成为血肉相连的一体；另一方面也说明了鲁迅战斗力量的根本源泉所在。同时国际主义的精神，也增加了鲁迅的战斗勇气，他自己曾说："苏联的存在和成功，使我确切的相信无产阶级社会一定要出现，不但完全扫除了怀疑，而且增加许多勇气了。"③ 又说他要细细的读《斯大林传》，"倘能生存，我当然仍要学习。"④ 这当然也是鲁迅战斗力量的另一源泉。

其次使鲁迅达到这样辉煌成就的另一原因就是鲁迅对共产主义事业的百折不回的坚定的信念，以及他能够正确地运用马克思列宁主义从事中国的现实革命斗争，把理论和实践统一起来的正确的革命思想。鲁迅自从认识了无产阶级力量，站在无产阶级立场从事一切斗争以后，无论在任何艰苦曲折的时期，他对中国共产党领导的革命的胜利信念，从来没有发生过任何怀疑，从来没有一天对革命事业有过倦怠的表示。由于他对中国历史和社会有着透辟深刻的认识，又有看长期的革命斗争经验，因而他能够正确地把马克思列宁主义的理论应用于中国的具体环境，他的思想是马克思列宁主义的，但同时又是中国的，这就使得他的思想永远是围绕着中国人民的进步要求，围绕着中国革命的现实斗争，并且把自己的思想和战斗跟中国人民中国革命血肉相连地结合了起来，把斗争的经验迅速地提高到理论，再用这理论来指导斗争。在他的思想中永远找不到一丝一毫教条主义或经验主义的倾向，完全充满了革命的爱国主义精神和革命的乐观主义精神，所以他的思想和战斗方向就完全与中国革命具体发展相一致。他的伟大成就，就"可以作为中国人民革命胜利的有力的旁证之一，作为马克思列宁主义在中国胜利的旁证之一，尤其可以作为毛泽东思想必然要胜利的

---

① 《且介亭杂文末编》：《答托洛斯基派的信》。
② 雪峰：《论文集》第一卷：《党给鲁迅以力量》。
③ 《且介亭杂文》：《答国际文学社问》。
④ 《且介亭杂文末编》：《答徐懋庸并关于抗日统一战线》。

旁证之一"①

　　毛泽东同志在其名著《新民主主义论》中曾予鲁迅以极其崇高的评价，他说："在'五四'以后，中国产生了完全崭新的文化生力军……二十年来，这个文化新军的锋芒所向，从思想到形式（文字等），无不起了极大的革命。其声势之浩大，威力之猛烈，简直是所向无敌的。其动员之广大，超过中国任何历史时代。而鲁迅，就是这个文化新军的最伟大和最英勇的旗手。鲁迅是中国文化革命的主将，他不但是伟大的文学家，而且是伟大的思想家和伟大的革命家。鲁迅的骨头是最硬的，他没有丝毫的奴颜和媚骨，这是殖民地半殖民地人民最可宝贵的性格。鲁迅是在文化战线上，代表全民族的大多数，向着敌人冲锋陷阵的最正确、最勇敢、最坚决、最忠实、最热忱的空前的民族英雄。鲁迅的方向，就是中华民族新文化的方向。"毛泽东同志这段话就是鲁迅一生战斗的结论。

# 第二节　鲁迅的小说——从彻底的批判的现实主义到社会主义现实主义

### 一　前期小说的彻底的批判的现实主义创作方法

　　鲁迅从 1918 年到 1925 年之间，一共写下了二十多篇小说，后来编为《呐喊》《彷徨》两个小说集。这些创作都是属于鲁迅前期的，为数虽然不多，但其高度成就，已足使鲁迅成为中国现实主义文学开山祖师和 20 世纪现实主义世界大师之一，并给中国现实主义文学奠定了巩固基础。

　　鲁迅这些短篇小说的创作方法，基本上可以说还是属于批判的现实主义创作方法，但是他的批判的彻底性和革命性，却远非一般的批判的现实主义所能范围，这是和他前期的彻底的反帝反封建的思想有着密切关系的。而在 1927 年以后，鲁迅已经成为一个共产主义者，因而他的后期创作却是属于社会主义现实主义范畴了。

　　鲁迅前期的现实主义，一方面继承了中国的古代文学中现实主义的优良传统，另一方面又联系着世界文学中批判的现实主义，而完成了他自己的独特的现实主义风格。

　　鲁迅对于中国古代文学是有着长期的深湛的研究的，这些研究的成

____

① 雪峰：《论文集》第一卷：《鲁迅生平及其思想发展的梗概》。

绩：在辑佚方面有《会稽郡故书杂集》和《谢承后汉书》，在校勘方面有《嵇康集》，在金石研究方面有《六朝造象目录》和一本尚未完成的《六朝墓志目录》。特别是对于中国古代小说的研究更是前无古人，他辑有《古小说钩沉》《唐宋传奇集》《小说旧闻钞》，而《中国小说史略》一书，更不仅仅是停留在谨严的考证上面，而是对每一伟大著作的历史意义和思想艺术都作了扼要的分析，这些分析虽然着墨不多，但其正确和深入，不仅前无古人，就是到现在也还没有人比得上。此外，还有《汉文学史纲要》和很多单篇论文，如《魏晋风度及文章与药及酒之关系》，《门外文谈》以及散见在他杂文中的许多对中国古代文学的宝贵意见，都能从历史主义的观点提出独到的见解。鲁迅对中国古代文学的继承，是真正做到了"剔除其封建性的糟粕，吸收其民主性的精华"。他曾经这样说过："我们从古以来，就有埋头苦干的人，有拼命硬干的人，有为民请命的人，有舍身求法的人。……他们有确信，不自欺；他们在前仆后继的战斗，不过一面总在被摧残，被抹杀，消灭于黑暗之中，不能为大家所知道罢了。"①又说："老百姓虽然不读诗书，不明史法，不解在瑜中求瑕，屎中觅道；但能从大概上看，明黑白，辨是非，往往有决非清高通达的士大夫所可几及之处的。"②因此，他对于从古到今的中国民间文学和艺术也十分重视，并曾加以研究和分析。从这些地方都可以很清楚地看出鲁迅是如何地吸取了中国古代现实主义文学中精华部分，也就是富有人民性的部分来作为自己的营养的。

鲁迅前期的现实主义也受了世界文学中批判的现实主义的影响，其中特别是俄国现实主义文学的影响。鲁迅很早就曾致力介绍俄国文学和苏联文学作品，一直到逝世前不久，还翻译了果戈理的《死魂灵》。他自己说他的早期创作受了俄国文学影响，有过这样的话："从 1918 年 5 月起，《狂人日记》《孔乙己》《药》等，陆续的出现了，算是显示了'文学革命'的实绩，又因那时的认为'表现的深切和格式的特别'，颇激动了一部分青年读者的心。然而这激动，却是向来怠慢了绍介欧洲大陆文学的缘故。1834 年顷，俄国的果戈理就已经写了《狂人日记》……而且《药》的收束，也分明的留着安特莱夫式的阴冷。"③他在《祝中俄文字之交》一文中又论过："那时（按指十九世纪末俄国文学刚被介绍到中国来的时候）就知道了俄国文学是我们的导师和朋友。因为从那里面，看见了被压迫者的善良的灵魂，的酸辛，

---

① 《且介亭杂文》：《中国人失掉自信力了吗?》
② 《且介亭杂文二集》：《〈题未定〉草》。
③ 《且介亭杂文二集》：《中国新文学大系小说二集序》。

的挣扎；……从文学里明白了一件大事，是世界上有两种人：压迫者和被压迫者！从现在看来，这是谁都明白，不足道的，但在那时，却是一个大发现，正不亚于古人的发现了火的可以照暗夜，煮东西。"①鲁迅自己的这些话，都说明了他所受的俄国现实主义文学的影响。

　　鲁迅前期创作虽然是继承了中国古典现实主义和世界文学的批判的现实主义的优良传统，但是鲁迅却加以丰富加以发展，而完成了他自己的独特的现实主义风格，这风格的特色即在于它的批判的彻底性和革命性，因而它就不仅不同于中国古典的现实主义，也不同于世界文学中的批判的现实主义。鲁迅自己就说过他的《狂人日记》"意在暴露家族制度和礼教的弊害，却比果戈理的忧愤深广"。② 这个批判的彻底性和革命性的形成，主要的是由于鲁迅的创作时代是在中国新民主主义革命开始时代，他自己不仅亲身参加了这个革命的实际斗争，和这个革命斗争血肉相连地结合了起来，并且还成为这个革命的急先锋，因而能够高度发挥了他的天才的缘故。在鲁迅的前期创作中，每一篇都充满了他的彻底的反帝反封建的爱国主义精神，每一篇都具有高度的思想性和战斗性，由于他对一切旧思想的批判的深刻和广泛，就使得他的战斗性更为坚强猛烈，达到所向无敌的程度，而这恰恰是新民主主义革命在当时所要求的。因此鲁迅的现实主义就比较过去的古典的或批判的现实主义更前进了一步。不过鲁迅前期创作虽然达到了这样辉煌的成就，但他对当时中国革命出路还没有明确的认识，因而他虽然热爱农民，可是对于农民的革命性却又多少有些怀疑，流露了某些程度的悲观情绪，而有"两间馀一卒，荷戈独彷徨"的感觉。不过，这对于鲁迅前期创作的辉煌的成就却也并无妨碍，因为如前所说，鲁迅的创作已经出色地完成了当时新民主主义革命的要求，而他思想上这一矛盾，也就是他在进行着严肃的自我思想改造的斗争；终于改变了阶级立场，成为一个共产主义者，而这一伟大的自我改造斗争，也正是他从彻底的批判的现实主义进入社会主义现实主义的关键。

　　**二　以人民大众为主体的爱国主义精神**

　　鲁迅最初放弃医学从事文学，主要的是由于他热爱祖国，要医治中国人民的精神，他之所以写小说，就是为了要达到这一目的。他自己说："我怎么做起小说来？……不过想利用他的力量来改良社会。"又说："说到

---

① 《南腔北调集》。
② 《且介亭杂文》：《中国人失掉自信力了吗？》

'为什么'做小说罢，我仍抱着十多年前的'启蒙主义'，以为必须是'为人生'，而且要改良这人生。"①这就是说他不是为文学而文学，而是为革命而文学的。他自己就曾明白地说过，他的小说。是"遵命文学"，但"所遵奉的是那时革命的前驱者的命令"，是他自已"所愿意遵奉的命令"。② 为的是要"慰藉那在寂寞里奔驰的猛士，使他不惮于前驱"。③

由于这一高度的爱国主义革命思想，鲁迅小说中便表现出下面的一些特色：

第一是热爱祖国的劳动人民。在鲁迅的小说中，以劳动人民为主人公的几乎占一半以上，并且表现了对于他们的深挚的热爱，例如在《故乡》中，写出他幼年和农民闰土的深厚友谊，离别的时候，至于彼此都急得大哭。他这次回家，又见到闰土，他兴奋得"不知道怎么说才好，只是说：'啊，闰土哥——你来了？……'"但是闰土回答他的却是一声恭敬的——"老爷!"在这里，鲁迅十分沉痛地写道："我似乎打了一个寒噤，我就知道，我们之间已经隔了一层可悲的厚壁了，我也说不出话。"于是他只好诚恳地希望他的侄儿宏儿和闰土的儿子水生不再"隔膜起来"，并且"应该有新的生活，为我们所未经生活过的"。又如在《一件小事》里对于那个人力车夫，更显示了他对劳动人民的敬爱之忱，当车夫扶着老女人走向巡警分驻所时，他说："我这时突然感到一种异样的感觉，觉得他满身灰尘的后影，刹时高大了，而且愈走愈大，须仰视才见。而且他对于我，渐渐的又几乎变成一种威压，甚而至于要榨出皮袍下面藏着的'小'来。"最后还说："几年来的文治武力，在我早如幼小时候所读过的'子曰诗云'一般，背不上半句了，独有这件小事，却总是浮在我眼前，有时反更分明，催我自新。并且增长我的勇气和希望。"此外像在《社戏》中对于幼年的淳厚朴质农民朋友的依恋，和农村生活的向往；在《孔乙己》和《离婚》中对于被封建社会残害歪曲了的，但却是朴质纯良的农民的同情；在《祝福》和《明天》中对于农村妇女在旧礼教制度下牺牲的愤怒等，都充分显示了鲁迅对于劳动人民的热爱。

第二，由于鲁迅对祖国和劳动人民有着高度的热爱，因而对于有害祖国，有害劳动人民的一切封建制度也就有着无比的憎恨，所以他在小说里面就深刻地给这些掘发出来，并予以彻底地批判。他自己说过他的小说是

---

① 《南腔北调集》：《我怎么做起小说来》。

② 《南腔北调集》：《自选集自序》。

③ 《呐喊自序》。

"将旧社会的病根暴露出来，催人留心，设法加以治疗的希望"。① 又说："所以我的取材，多半采取自病态社会的不幸的人们中，意思是在揭出痛苦，引起疗救的注意。"② 例如他的第一篇创作《狂人日记》，就是借一个"狂人"的口中揭出封建社会的黑暗，猛烈地攻击封建主义的，并且攻击得是那样彻底，那样深入。他说："我翻开历史一查，这历史没有年代，歪歪斜斜的每页上都写着'仁义道德'几个字，我横竖睡不着，仔细的看了半天，才从字缝里看出字来，满本都写着两个字：'吃人'！"像这样血淋淋地剥出历史的欺骗和虚伪的本质，在当时实在是绝无而仅有。同时他对制造这"吃人"的历史的反动统治阶级的本质，也给高度的提炼了出来，并且是那样的深刻而又那样的形象，那就是——"狮子似的凶心，兔子似的怯懦，狐狸似的狡猾"。最后他愤怒而又真挚的要求打倒这种"吃人"的制度，来"救救孩子"。此外像在《肥皂》中揭露了封建小市民知识分子的虚伪的仁义道德的腐朽形态。在《高老夫子》中描绘了辛亥革命后改头换面的旧知识分子的丑恶面孔，在《在酒楼上》《幸福的家庭》《孤独者》《伤逝》等篇中，写出了被旧势力战败的各式各样的新知识分子：有敷敷衍衍模模糊糊的悲观消极者，有空作幸福幻梦的投降者，有受伤的战士，有新女性的牺牲者。这些鲁迅都予以无情的揭露，予以彻底的批判，而这揭露和批判却又是从鲁迅的热祖国热爱劳劲人民思想感情出发的。因为这些腐朽歪曲的东西都是有害于祖国有害于劳动人民的缘故。

第三，正由于鲁迅对于劳动人民有着高度的热爱，对于有害于劳动人民的一切制度有着无比的憎恨，因而他就能够深深发掘和反映了社会阶级的对立现象，揭发了阶级相互间的矛盾，并暴露了剥削阶级所要维持的社会秩序的内在矛盾。鲁迅那时虽然还不是一个马克思主义者，还不能从本质上解释社会的阶级矛盾关系，但鲁迅当时却受了俄国十月革命的号召与推动，因而他就能够确实感到了并且写出了这种阶级矛盾关系，例如在前面所举的《狂人日记》《故乡》《一件小事》以及下面将要研究的《阿 Q 正传》等作品中，都可以明显地看得出来。而《狂人日记》中的一段话："他们——也有给知县打枷过的，也有给绅士掌过嘴的，也有衙役占了他妻子的，也有老子娘被债主逼死的；他们那时候的脸色，全没有昨天这么怕，也没有这么凶。"这里则简直闪烁着阶级斗争的意识了。正由于鲁迅这样爱憎分

---

① 《南腔北调集》：《自选集自序》。
② 《南腔北调集》：《我怎么做起小说来》。

明，他拥护他所爱的，认为他所爱的是有前途的，是光明的，因而他对于旧的否定之中，也就有了对于新的肯定的要求，所以他在感情上"并不愿将自以为苦的寂寞，再来传染给也如我那年青时候似的正做着好梦的青年"而"在《药》的瑜儿的坟上平空添上一个花环，在《明天》里也不叙单四嫂子竟没有做到看见儿子的梦"。① 特别是在《狂人日记》中有力地喊出"救救孩子"的呼声，在《故乡》中热诚希望宏儿和水生不再有隔膜，并将有新的生活，在《一件小事》中，由于那个人力车夫的伟大的阶级友爱，便增加了他的勇气和希望，这些，都是鲁迅对于新的希望的肯定，这就是鲁迅作品不同于一般的批判的现实主义文学的地方，也是鲁迅作品中的社会主义现实主义的萌芽和因素。

### 三　中国现代文学史上的光荣碑石——《阿 Q 正传》

在鲁迅的小说中，《阿 Q 正传》是代表作之一，也是最出色的一篇，它是中国现代文学史上一座光荣的丰碑。

《阿 Q 正传》写成于 1921 年 12 月，是以辛亥革命为背景，借一个流浪的雇农阿 Q，来指出当时中国社会的许多病态，用鲁迅自己的话便是"暴露国民的弱点"，② 这些弱点，鲁迅非常生动地形象地给描绘了出来，而形成了一种"精神胜利"的阿 Q 主义的阿 Q 典型。

对于这一伟大的具有历史意义的典型的创造，鲁迅表现了他的高度的政治性，思想性，斗争性，以及他惊人的艺术概括能力，最高度的表现了他前期的思想特点和艺术特点，鲁迅是以一个革命的政论家的态度来写这篇小说的。

就内容看，《阿 Q 正传》显然不是一般地写农民的作品，它反映了辛亥革命失败的教训，也反映了当时的农村和农民，以及农民革命问题。

阿 Q 这一典型，不仅是一个人物的典型，更主要地它是一个思想性典型。阿 Q 作为一个流浪的雇农来看，固然是非常形象，但他却不仅是中国雇农的典型，这一形象的特征，对于一切阿 Q 主义者，一切"精神胜利法"者，都是非常形象的。这就是说，阿 Q 这一典型的主要特征——阿 Q 主义，不仅存在于当时的阿 Q 那一阶级，而且存在于当时中国各个阶级之中，它是一个集合体，在阿 Q 这个人物身上集合着各阶级的各色各样的阿 Q 主义。还一历史的典型的创造，是使《阿 Q 正传》成为中国文学以至世界

---

① 《呐喊自序》。

② 《伪自由书》：《再谈保留》。

文学的不朽名著的主要原因。

阿 Q 主义存在于中国各个阶级之中，是有其历史根源的，是和近代中国社会性质有着密不可分的关系。阿 Q 是帝国主义侵入中国以后，半殖民地半封建性的中国历史时代的一个社会产物，半殖民地半封建性是那时中国的一个特征，这特征支配了那时所有中国人民的生活，而成为那时中国民族生活的特质之一。帝国主义对中国的压迫、侵略、剥削，一方面是孕育了和揭发了中国人民民族革命的思想意识，但另一方面帝国主义与封建文化，也就在中国人民生活中深深地种下了奴隶的思想意识。当前一种思想还没有发扬到高度的时候，后一种思想也就越来越深。一般人民不仅是做封建统治者的奴隶，而且还要做奴隶的奴隶，因为那时的封建统治者如那拉氏、李鸿章、袁世凯之流，虽然一方面压在中国人民头上作威作福，但另一方面他却又要奴颜婢膝去做帝国主义的奴隶（更正确地论是奴才）。在这样情形之下，就普遍的产生了自大、自夸、自卑、自欺等精神病状，这就是阿 Q 主义。这主义可以说是半殖民地半封建社会奴隶思想的结晶，也是民族意识觉醒前夕民族失败主义的登峰造极。它普遍存在于当时中国各个阶级之中，民族的耻辱愈深，这种病状就愈凸出。所以只要中国半殖民地半封建社会还存在，阿 Q 主义就还有存在的基础，半殖民地半封建社会消灭了，阿 Q 主义自然也就消灭了。

但是阿 Q 主义存在于阿 Q 这一阶级与存在于统治阶级却是有着很大的区别的。鲁迅对这两个阶级的阿 Q 主义的态度就截然不同。帝国主义在中国豢养的统治者一方面固然是被征服的奴隶，但另一方面他们却仍然维持统治者的身份，帝国主义通过他们去更残酷的剥削人民，他们的阿 Q 主义愈深，人民就遭殃愈大，这是统治阶级阿 Q 主义的特征，也是鲁迅前期所深恶痛绝"毫不可惜它的溃灭"的。但是阿 Q 阶级的阿 Q 主义却是两样了，阿 Q 阶级是社会最低层的人，他们并不能压迫人，他们的"精神胜利法"只是一种可怜的愚昧的自欺和自慰，除了自害而外，并不能害人。对于他们，阿 Q 主义固然是奴隶失败主义，但另一方面这失败主义也就说明了奴隶是必须要反叛的，阿 Q 便是奴隶失败的历史教训。鲁迅对阿 Q 阶级阿 Q 主义所造成的失败更感到痛恨，但这痛恨却又十分显然地和痛恨统治阶级的阿 Q 主义绝不相同，鲁迅痛恨统治阶级的阿 Q 主义是希望它和它的阶级一同快点溃灭；而痛恨阿 Q 阶级的阿 Q 主义，却是恨它给阿 Q 阶级造成了失败主义，因为这一阶级——雇农阶级是不应该有失败主义的，失败了也应该战斗，直到胜利为止。为了保证胜利，那就应该更清楚地认识自己弱点，予以无情的批判并和这弱点作斗争。这里也就充分显示出鲁迅是热爱中国劳动人民的，特别是农民，因而对于他们所遭受的失败和失败主义的毒素，便更加憎恶和愤怒，希望他们不再受毒。鲁迅在阿 Q 身上交织着爱与恨的感情，这感情也就自然而然地鼓动了阿 Q 阶级的革命战斗热情，鼓动了社会革命。这就是鲁迅为什么把阿 Q 主义放在一个流浪的雇农阿 Q 身上的主要原因，他这一用意是非常深远的。

由于鲁迅这一深刻思想，在《阿 Q 正传》中也就很自然地鲜明地反映了当时的阶级关系和阶级斗争，但这并不是说鲁迅那时思想上已经具有明确的阶级意识，取得了资产阶级立场，鲁迅那时基本思想还是进化论的，所以在《阿 Q 正传》中也流露了一定程度的对群众革命力量的怀疑。但是由于鲁迅对现实理解的深入透彻，看清了当时农村阶级关系，猛烈地攻击着农村的封建统治势力，热烈地期望农民革命力量的高涨，并以具体形象指示农民革命的道路，这一主要深刻的革命思想在当时却是独一无二的。

**四　社会主义现实主义的"历史小说"**

鲁迅在 1934 年至 1935 年间，一共写下了五篇"历史小说"——《非攻》（1934 年作）《理水》《采薇》《出关》《起死》（均 1935 年作），后来合上《补天》（1922 年作）《奔月》《铸剑》（均 1926 年作），编为《故事新编》。

这八篇作品，特别是后期写的五篇，都是借着"历史小说"的形式，来攻击暴露国民党反动政府的黑暗统治，以及其帮凶走狗们和一些所谓"学者""名流"的丑恶面孔的；同时，其中也有对于知识分子的讽刺，也有对于新的理想的人物的赞美。所以这些作品都具有极强烈的现实的战斗意义，不能把它单纯地当作历史小说来读的。关于这，鲁迅自己就曾这样说过："叙事时有时也有一点旧书上的根据，有时却不过信口开河。"[①]这所谓"信口开河"，就是说这些小说主要地是抨击黑暗现实，并不怎么根据古书。不过，这些小说对于人物形象塑造，整个精神却又并不违反历史，用鲁迅自己的话来说，那就是"没有将古人写得更死"。

《补天》《奔月》和《铸剑》都是鲁迅前期的作品。在《补天》里，作者辛辣地讽刺了当时的那些虚伪的"街道先生"们，在《奔月》里，作者揭露了当时一些宵小的面目，在《铸剑》里，作者一方面赞美了那种执著的向统治阶级复仇的意志，一方面对统治阶级也投出最大的蔑视和憎恶。

至于后期的五篇，主题的积极意义和战斗性的强烈，都大大地超过了

---

① 《故事新编自序》。

前期的三篇，其中特别是《非攻》和《理水》，完全和作者的后期杂文一样，已经是社会主义现实主义文学了。

《非攻》是写墨子阻止楚国侵略宋国的故事的。墨子是中国历史上第一个为劳动人民利益着想的伟大的思想家和行动家，鲁迅选了这一个主人公是有着很深刻的意义的。他写出了这个大思想家的刻苦耐劳的朴素作风，和反对侵略的乐观主义精神，更写出了墨子处理事件的小心和谨慎，并洞彻事物的变化。例如他上楚国去却嘱咐他的弟子管黔教说："你们仍然准备着，不要只望口舌的成功。"在篇末，作者写墨子胜利成功后返宋时，却遭遇了两回检查，又"遇到募捐救国队，募去了破包袱"。这是对国民党反动政治的讽刺。在全篇中，作者对墨子寄予以很高的敬仰，充满了愉快乐观的情绪。

《理水》是写大禹治水的故事的。作者在这篇小说中，极其生动形象地攻击了国民党反动官僚们，同时也极其辛辣地讽刺了那时的为国民党反动政治帮闲的，买办资产阶级的"名流学者"。另外，作者以极其鲜明的对照，写出了一样朴素的劳劲人民的形象，写出了真正替人民办事的，处处征求"百姓的意见"的禹的伟大精神。和《非攻》一样，作者描写禹这一伟大形象时，也是充满了敬仰和愉快的心情的。

作者为什么在两篇小说中以敬仰和愉悦的心情来塑造这两个伟大历史人物的形象呢？关于这一问题，苏联汉学家波兹涅也娃硕士有一个很好的解释。她说：1934 年 7 月红军北上抗日，而《非攻》恰写于同年 8 月。1935 年 10 月红军经过二万五千里长征，胜利到达陕北，鲁迅其时曾致电毛泽东同志和朱德同志庆祝胜利，而《理水》恰写于同年 11 月。因此，她认为《非攻》和《理水》中的两个伟大历史人物形象就是隐喻当时毛泽东同志和朱德同志及其所领导的红军。[①] 波兹涅也娃硕士这意见基本上是对的。鲁迅在后期经常以不在革命的旋涡中心为憾，他《答国际文学社问》说："但在创作上，则因为我不在革命旋涡中心，而且久不能到各处去考察，所以我大约仍然只能暴露旧社会的坏处。"[②]但是他却是十分渴望来写新的社会新的人物的，红军北上抗日和胜利到达陕北这些具有伟大历史意义的事实，对于鲁迅当然是极大的鼓舞，必然激动他要写下一些什么，然而他又不在革命的旋涡中心，于是只好抱着敬仰的心情写下两个伟大的忠心为人民服

---

① 波兹涅也娃硕士这意见，见其所著《鲁迅的创作道路》一书中，该书尚未出版，著者仅听其口述，此处转引，曾征得同意。

② 《且介亭杂文》：《答国际文学社问》。

务的历史人物，来抒写自己的欢乐了。所以鲁迅这两篇作品可以说是在红军北上抗日和胜利到达陕北这一伟大历史事实推动之下写出的。当然，鲁迅也只是把禹和墨子拿来作一个隐喻而已，他并没有把禹和墨子来与红军相比拟的意思。他在自序中说："而且因为自己的对于古人，不及对于今人的诚敬，所以仍不免时有油滑之处。"什么样的"今人"能使鲁迅对他这样"诚敬"呢？很显然，只有毛泽东同志和他所领导的红军才能使鲁迅这样"诚敬"的。从这几句话里就可以看出鲁迅是并没有拿"古人"和"今人"相比的意思，但在这里，鲁迅却也明显地透露了这两篇作品的写作动机是由于当时革命的伟大行动的感召。

对国民党反动统治的猛烈无情的攻击，对无产阶级革命事业的竭诚由衷的拥护，这就使得这两篇小说成为社会主义现实主义文学作品。

至于其他三篇也都具有现实意义。《出关》和《起死》是批判道家思想的。中国历史上的道家思想，在其初期虽也曾有其一定的进步性，但其中却也有些是虚无缥缈，悲观厌世，放荡不羁，超脱人世的思想，这思想到后来，在中国知识分子中虽然程度不同但几乎是普遍地存在着。鲁迅就是针对着当时知识分子中的这种思想予以针砭的。《采薇》则是讽刺逃避现实的隐士的，对于当时"为艺术而艺术"的绅士们也予以痛击。这些，都是具有强烈的现实战斗意义的作品。

# 第六章　中华民族新文化的旗手共产主义者——鲁迅(下)

## 第一节　鲁迅的杂文
### ——社会主义的内容，民族的形式

#### 一　社会主义的内容

鲁迅的小说是中国现代文学史上的光荣碑石，但在他一生文学事业上，他的杂文对中国现代文学的贡献，以致对中国革命事业的贡献，又超过了他的小说，而居于最重要的地位。

说鲁迅的杂文具有社会主义的内容，主要的自然是指他的后期杂文而言，但在他的前期杂文中却也具有一定程度的社会主义因素。

这里所谓前期和后期，便是如前所说，根据鲁迅的思想发展和历史条件，大概可以 1927 年为界线，把他分为前后两期，前期是革命民主主义者，后期是共产主义者。但是一个伟大的思想家的思想发展的过程，是无限复杂、曲折的，里面包含有许许多多的因素，前后虽然有着本质的不同，但却不能机械地简单地拿某一年来截然分成两段。所以这里以 1927 年为界线，也只是为了更方便来说明鲁迅的思想发展，只是一个界线，不是一个截然的段落。研究鲁迅这样一个伟大的思想家和现实主义文学大师，必须要通观全面，把他前后期连成一气来分析研究的。

前期的鲁迅是一个革命民主主义者，他这一时期的杂文也和他的小说一样，都是彻底的批判的现实主义作品，但杂文较之小说的政治性和战斗性更为强烈。前期的鲁迅虽然不是一个马克思列宁主义者，思想上还存留着进化论的影响，但他却更靠近马克思列宁主义者，从事实际的政治思想斗争，因而他的进化论就不同于一般的形而上学的进化论，而是具有发展观点的战斗的进化论，他坚信现在应胜于过去，将来应胜于现在，但他却不是生存竞争、自然淘汰和适者生存的观点，他主张为了发展，必须战斗，他说："我们目下的当务之急，是：一要生存，二要温饱，三要发展。"

如果有阻碍这发展的，不管他是什么，"全都踏倒他"。① 所以他歌颂革新，强调反抗，反对因袭守旧，抨击腐朽传统。由于他具有这一发展的战斗的进化论的观点，所以他前期杂文中也就包含了唯物论思想的成分。这成分表现在鲁迅在一开始从事文艺的时候，就是一个清醒的战斗的现实主义者，他考虑一切问题，都是从现实出发，从人民出发，从进步发展出发，始终不离开现实，始终为人民利益着想。发展的进化论的观点，唯物论的成分，和他的战斗的现实主义相结合，这就构成了他后期发展到无产阶级共走主义宇宙观的桥梁，这就是鲁迅前期杂文中的社会主义现实主义因素。

后期的鲁迅已经成为一个共产主义者，他为着共产主义事业不屈不挠的战斗一直到死，因此，他这一时期作为他战斗的主要工具的杂文成为社会主义现实主义文学作品，就是很自然的事了。鲁迅从一个革命民主主义者发展成为一个共产主义者，这个思想上的伟大发展，充分地鲜明地反映在他后期的杂文中。他首先公开地宣称自己是站在无产阶级立场，为无产阶级解放事业战斗，他说："无产文学应该是无产阶级解放事业的一翼"。② 他英勇地向一切反动政治反动文艺进行了猛烈的斗争，并获得了伟大的胜利。他公开宣称拥护中国共产党，并服从中国共产党的领导，以能够引毛泽东同志和共产党员作为自己的同志为光荣，并忠诚地无条件地在党的领导之下，执行党的政策，对革命事业从不曾有过懈怠的表示。他竭诚地拥护苏联，他"要打倒进攻苏联的恶鬼"，并认为"这才也是我们自己的生路"。③ 他还和革命文艺阵营内部的一切不正确的思想倾向进行了斗争。他把马克思列宁主义和中国文化革命的实际密切地结合了起来，在中国文化战线上获得了伟大的胜利和成就。他这一时期杂文全部辉耀着马克思主义的真理光辉和中国共产党所领导的中国人民革命胜利的火焰。这些伟大辉煌的杂文，奠下了中国社会主义现实主义文学的最初的一块基石，并引导了中国许多进步作家向社会主义现实主义道路上迈进。

以上是鲁迅杂文的社会主义内容的简略叙述，下面将再分期作较详细的研究。

## 二 民族的形式

鲁迅杂文的内容是社会主义的内容，而形式则是道地的民族形式。

---

① 《华盖集》:《忽然想到》之六。
② 《二心集》:《对于左翼作家联盟的意见》。
③ 《南腔北调集》:《我们不再受骗了》。

"杂文"或"杂感",是鲁迅自己给予的名称,这是鲁迅独创的文体,这文体的特色、价值,以及他所以创造这种文体的原因,瞿秋白曾有一段极透彻地说明,他说:"鲁迅的杂感其实是一种'社会论文'——战斗的'阜利通'。谁要是想一想这将近二十年的情形,他就可以懂得这种文体发生的原因。急遽的剧烈的社会斗争,使作家不能够从容的把他的思想和情感熔铸到创作里去,表现在具体的形象和典型里;同时,残酷的强暴的压力,又不容许作家的言论采取通常的形式。作家的幽默才能,就帮助他用艺术的形式来表现他的政治立场,他的深刻的对于社会的观察,他的热烈的对于民众斗争的同情。不但这样,这里反映着'五四'以来中国的思想斗争的历史。杂感这种文体,将要因为鲁迅而变成文艺性的论文的代名词。自然,这不能够代替创作,然而它的特点是更直接的更迅速的反映社会上的日常事变。"①

鲁迅这种"文艺性的论文"自始至终都是和中国革命现实血肉相连地结合着,针对中国社会一切落后的反动的现象予以无情批判,每篇都可以说是具有高度思想性的政治论文,因此富有极端的政治性和战斗性。但是鲁迅所采用的却又不是一般的政治论文的形式,而是创造了一种把诗和政论结合起来的艺术形式,笔致尖锐深刻,篇幅短小精悍,锋利如匕首,深厚如醇醪,一方面完成了战斗任务,一方面又表现了最深广的思想。这一艺术形式是鲁迅独创的,是中国文学中前所未有的,但是由于鲁迅对中国社会、历史和文化的深刻的认识,把他的杂文作为批判中国社会的武器,和中国革命现实密切地结合了起来,因而这一艺术形式又是道地的中国气派,是一种真正的民族形式。

鲁迅自己也曾对他的杂文的特点有过说明,例如他说他的杂文是"论时事不留面子,砭锢弊常取类型"。② 在表现方法上是"好用反语,每过辩论,辄不管三七二十一,就迎头一击"。③ 又说:"我自己也知道,在中国,我的笔要算较为尖刻的,说话有时也不留情面。但我又知道人们怎样用了公理正义的美名,正人君子的徽号,温良敦厚的假脸,流言公论的武器,吞吐曲折的文字,行私利己,使无刀无笔的弱者不得喘息。倘使我没有这笔,也就是被欺侮到赴诉无门的一个;我觉悟了,所以要常用,尤其是用

---

① 《鲁迅杂感选集序言》。
② 《伪自由书前记》。
③ 《两地书》,十二。

于使麒麟皮下露出马脚。"①又说："生存的小品文必须是匕首，是投枪，能和读者一同杀出一条生存的血路的东西。"②最后这段话虽然不是说他自己，但他自己却是这样做了的。

这里还必须提到的，便是鲁迅杂文的笔法问题。鲁迅杂文的笔法除了深刻尖锐这一特色之外，还如他自己所说的常用"反语"或是"曲笔"来讽刺"时事"。这讽刺，瞿秋白称之为"神圣的憎恶。"③这在当时，是完全适合客观情势需要的。但也正如鲁迅自己所说："所讽刺的是社会，社会不变，这讽刺就跟着存在。"④这话说得很明白，社会假使变得进步了，这样的讽刺当然也就不存在了。至于他常用的"反语"或"曲笔"，那是为了躲避国民党特务的检查，不得不用如列宁所说的"可恶的伊索寓言式的"语言，也就是鲁迅自己譬做的"夹着枷锁的跳舞"⑤，是万不得已的办法，并不是为"反语"而"反语"，为"曲笔"而"曲笔"，或为"讽刺"而"讽刺"的。所以鲁迅越到后来越避免用这种"反语"或"曲笔"，只要环境许可，他总是竭力写得明白的，不过这种"万不得已"的时候，却又特别多，使得他仍不能不用"反语"和"曲笔"来讽刺。这一点，在研究鲁迅杂文的时候，必须要深刻认识的，不然的话，就很容易错误地认为杂文就必须要讽刺，或是杂文笔法就必须要用"反语"或"曲笔"，而这都不是鲁迅的本意，都是违反鲁迅精神的。关于这，毛泽东同志曾经有过这样指示："鲁迅在黑暗势力统治下面，没有言论自由，所以用冷嘲热讽的杂文形式作战，鲁迅是完全正确的。我们也需要尖锐地嘲笑法西斯主义、中国的反动派和一切危害人民的事物，但在给革命文艺家以充分民主自由，仅仅不给反革命分子以自由的陕甘宁边区和敌后的各抗日根据地，杂文形式就不应该简单地和鲁迅一样。我们可以大声疾呼，而不要隐晦曲折，使人民大众不易看懂。如果不是对于人民敌人，而是对于人民自己，那么，'杂文时代'的鲁迅，也不曾嘲笑和攻击革命人民和革命政党，杂文的写法也和对于敌人的完全两样。对于人民的缺点是需要批评的……但必须是真正站在人民的立场上，用保护人民，教育人民的满腔热情来说话。如果把同志当作敌人来对待，就是使自己站在敌人的立场上去了。我们是否废除讽刺？不是的，讽刺是永远需要的。

---

① 《华盖集续编》：《我还不能带住》。
② 《南腔北调集》：《小品文的危机》。
③ 《鲁迅杂感集序言》。
④ 《伪自由书》：《从讽刺到幽默》。
⑤ 《且介亭杂文二集后记》。

但是有几种讽刺；有对付敌人的，有对付同盟者的，有对付自己队伍的，态度各有不同。我们并不一般地反对讽刺，但必须废除讽刺的乱用。"①毛泽东同志这段正确的指示，是应该作为研究鲁迅的独创的文体——杂文的指针的。

# 第二节　鲁迅前期的杂文

### 一　清醒的战斗的现实主义精神

鲁迅前期一共写下了五本杂文集——《热风》《坟》《华盖集》《华盖集续编》《而已集》，这些杂文几乎每篇都具有现实战斗意义，而且愈战愈强，思想也越来越深入，辩证唯物论的成分也越来越多。这五本杂文集是简直可以把它当作1918年到1927年中国政治思想斗争史来读的。

鲁迅前期杂文有一个基本特点，那就是战斗的现实主义精神，他始终是面对现实，透彻地认清了当时现实的本质，即认清了封建主义和帝国主义是当时中国人民的敌人，并坚决地不妥协地和它们进行斗争。鲁迅这时思想虽然还存留着进化论的影响，他深信后代要超越前代，将来要超越现在，但由于他这种战斗的现实主义精神，他认识到要"超越"就必须和阻碍这"超越"的一切恶势力战斗，要动手改革，而不是听其自然淘汰，适者生存，因此，他的进化论思想就不同于一般的形而上学的进化论思想，而是具有发展观点的战斗的进化论思想。这种战斗的进化论思想和战斗的现实主义精神，其中包含有唯物论的成分，那当然也是很自然的事，而这些，也就是鲁迅前期杂文中的社会主义现实主义的因素。这在前面已经说过了。

这种战斗的现实主义精神，在五四前夕，鲁迅正式开始写杂文的时候，就已经充分地表现了出来。

1918年，鲁迅在《新青年》上写了很多的"随感录"，这些"随感录"，据鲁迅自己说："有的是对于扶箕、静坐、打拳而发的；有的是对于所谓'保存国粹'而发的；有的是对于那时旧官僚的以经验自豪而发的；有的是对于《上海时报》的讽刺画而发的。记得当时的《新青年》是正在四面受敌之

---

① 《毛泽东选集》第三卷：《在延安文艺座谈上的讲话》。

中，我所对付的不过一小部分；其他大事，则本志俱在，无须我多言。"①
鲁迅这段话当然是自谦之词，但却也可以看出这些"随感录"无一不是针对
现实而发的，而且是和黑暗现实战斗的。由此可证，鲁迅的杂文一出马就
是以战斗的观实主义姿态出现的。

鲁迅的战斗的观实主义是清醒的战斗的现实主义，这所谓"清醒"，就
是说他认识现实的深入和彻底，正由于这认识的深入和彻底，因而他的战
斗就不同于一般人的战斗，每一攻击，都切中敌人要害，无坚不摧，无攻
不克，并对于新的前途有一定程度的肯定。

这种认识的深入和彻底，首先表现在他对于当时封建主义的攻击方
面。他不止一次地指出封建主义的"国粹"是危害我们生存的，因此"保存
我们的确是第一义。只要问他有无保存我们的力量，不管他是否国粹"。②
"我们目下的当务之急，是：一要生存，二要温饱，三要发展。苟有阻碍这
前途者，无论是古是今，是人是鬼，是《三坟五典》，百宋千元，天球河
图，金人玉佛，祖传丸散，秘制膏丹，全都踏倒他。"③他尖锐地讽刺那些
封建主义者是"只要从来如此，便是宝贝。即使是无名肿毒，倘若生在中
国人身上，也便'红肿之处，艳若桃花；溃烂之时，美如乳酪'。国粹所
在，妙不可言"。④ 他痛切地给这些封建主义者下了一个结论——都是"现
在的屠杀者"。⑤

这种认识的深入和彻底，还表现在他对于当时的右翼资产阶级知识分
子如陈源之流的攻击方面。当时这些右翼资产阶级知识分子依附了北洋军
阀，反对学生运动，反对共产党，但他们却披了"五四"文化的新衣而出
现，因而就能够迷惑很多的人。当时认识了他们的反动性，并予以无情攻
击的只有鲁迅，鲁迅严正地指出他们是"媚态的猫"，是"比他主人更严厉
的狗"，是要引导青年"虽死也要如羊，使天下太平，彼此省力"。这种深
刻的攻击和揭露，当时除鲁迅外没有第二人。

这种认识的深入和彻底，还表现在他对于当时的历史的认识上。辛亥
革命以后，鲁迅就已经认识到这个革命是不彻底的，是失败了的。这个认
识到后来鲁迅分析得特别深入，他说："我觉得仿佛久没有所谓中华民国，

---

① 《热风题记》。
② 《热风题记》；《随感录》三十五。
③ 《华盖集》：《忽然想到》之六。
④ 《热风》：《随感录》三十九。
⑤ 《热风》：《随感录》五十七。

我觉得革命以前，我是做奴隶；革命以后不多久，就受了奴隶的骗，变成他们的奴隶了。我觉得有许多民国国民而是民国的敌人。……我觉得许多烈士的血都被人们踏灭了，然而又不是故意的。我觉得什么都要从新做过。"①这种认识的深入，以及"什么都要从新做过"的思想，除了马克思主义者之外，在当时是没有别人能够有这样认识的。

由于鲁迅对现实的认识是如此地深入和彻底，所以他的战斗是有目的的，那就是为了要改变现在，他说："时代环境全部迁流，并且进步，而个人始终如故，这才谓之'落伍者'。倘若对于时代环境，怀着不满，要它更好，待到较好时，又要它更好，即不当有'落伍者'之称，因为世界改革者的动机，大抵就是这对于时代环境的不满的缘故。"②改变现在，也就是为了将来，他认为黑暗绝不能永久存在，对于将来他是充满信心的。他说："生命的路是进步的，总是沿着无限的精神三角形的斜面向上走，什么都阻止他不得……生命不怕死，在死的面前笑着跳着，跨过了灭亡的人们向前进。"③又说："希望是附丽于存在的，有存在，便有希望，有希望，便是光明，如果历史家的话不是诳话，则世界上的事物可还没有因为黑暗而长存的先例。黑暗只能附丽于渐就灭亡的事物，一灭亡，黑暗也就一同灭亡了，它不永久。然而将来是永远要有的，并且总要光明起来；只要不做黑暗的附着物，为光明而灭亡，则我们一定有悠久的将来；而且一定是光明的将来。"④

但是对于"光明的将来"，鲁迅当时已经认识到不是坐着可以等待得到的，他不承认人类对于社会环境只是处于被动地位，他认为人类具有能动的作用，人可以促进社会改善，同时自己也可以随着时代的进步而进步。因此，他号召人们要和当前的黑暗社会作斗争，他说："什么是路，就是从没路的地方践踏出来的，从只有荆棘的地方开辟出来的。"⑤又说："能做事的做事，能发声的发声。有一分热，发一分光，就令萤火一般，也可以在黑暗里发一点光，不必等候炬火。"⑥他更大声疾呼："世上如果还有真正要活下去的人们，就先该敢说，敢笑，敢哭，敢怒，敢骂，敢打，在这可

---

① 《华盖集》：《忽然想到》之三。
② 《两地书》，六。
③ 《热风》，《随感录》六十六。
④ 《华盖集续编》：《记谈话》。
⑤ 《热风》：《生命的路》。
⑥ 《热风》：《随感录》四十一。

诅咒的地方击退了可诅咒的时代!"①因此,他歌颂敢于勇猛地和黑暗社会搏斗的猛士们:"叛逆的猛士出于人间;他屹立着,洞见一切已改和现有的废墟和荒坟,记得一切深广和久远的痛苦,正视一切重叠淤积的凝血,深知一切已死,方生,将生和未生。他看透了造化的把戏;他将要起来使人类苏生,或者使人类灭尽,这些造物主的良民们。"②

正由于鲁迅的战斗只是为了要改变这黑暗的现实,为了要促进将来的光明,所以他的战斗是丝毫没有掺杂个人打算在内的。他自己就这样说过:"此后如果没有炬火,我便是唯一的光。倘若有了炬火,出了太阳,我们自然心悦诚服地消失,不但毫无不平,而且还要随喜赞叹这炬火或太阳;因为他照了人类,连我都在内。"③后来瞿秋白分析鲁迅这一特点时说:"新文化运动的领袖,大家都不免要想做青年的新的导师;而诚实的愿意做一个'革命军马前卒'的,却是鲁迅。他自己'背着因袭的重担,肩住了黑暗的闸门,放他们到宽阔光明的地方去'……他自己以为只不过是'桥梁中的一木一石,并非什么前途的目标,范本','应该和光阴偕逝,逐渐消亡'(《写在〈坟〉后面》)。然而正因为如此,他这桥梁才是真正通达到彼岸的桥梁,他的作品才成了中国新文学的第一座纪念碑;也正因为如此,他的确成了'青年叛徒的领袖。'"④

二 "韧性战斗"的策略

鲁迅对于中国历史和社会有着长期的深入的研究和分析,因此,他对于长期盘踞在中国的革命敌人也就是他自己的敌人就有着深刻的认识,他知道这个敌人是强大的,顽固的,并且是富于统治经验的,因而中国革命斗争就需要一个长期的艰苦的过程,一面要坚决勇敢,一面还要机智灵活,绝不是横冲直撞一下子所能成功的。他根据他这一长期的观察所得来的认识,结合了自己的实际战斗经验,他制定了适合中国国情而又能制敌死命的战斗策略——韧性战斗。他说,中国"正无须乎震骇一时的牺牲,不如深沉的韧性的战斗"。⑤

这所谓"韧性战斗",便是坚持彻底,持久不断,不能动摇,不能和敌人讲"仁恕""道义"。他在《论〈费厄泼赖〉应该缓行》⑥一文中,曾用"打落水

---

① 《华盖集》:《忽然想到》之五。
② 《野草》:《淡淡的血痕中》。
③ 《热风》:《随感录》四十一。
④ 《鲁迅杂感选集序言》。
⑤ 《坟》:《娜拉走后怎样》。
⑥ 见《坟》。

狗"的比喻，把这道理阐述得十分透彻，他说"狗是能浮水的，一定仍要爬到岸上，倘不注意，它先就耸身一摇，将水点洒得人们一身一脸，于是夹着尾巴逃走了。但后来性情还是如此。老实人将它的落水认作受洗，以为必已忏悔，不再出而咬人，实在是大错而特错的事。总之，倘是咬人之狗，我觉得都在可打之列，无论它在岸上或在水中。"因为"狗性总不大会改变的"。因此，他对当时革命者发出这样的警告："假使此后光明和黑暗还不能作彻底的战斗，老实人误将纵恶当作宽容，一味姑息下去，则现在似的混沌状态，是可以无穷无尽的。"当时鲁迅又指出，为了进行这种战斗的彻底和持久，一定要积蓄自己力量，不能有勇无谋的猛冲猛打，牺牲自己而无损于敌人。他告诫大家不能用许褚式的"赤膊上阵"的办法，① 而要立定脚跟，沉着地作"堑壕战"，他说："改革自然常不免于流血，但流血非即等于改革。血的应用，正如金钱一般，吝啬固然是不行的，浪费也大大的失算。""这并非吝惜生命，乃是不肯虚掷生命，因为战士的生命是宝贵的。在战士不多的地方，这生命就愈宝贵。所谓宝贵者，并非'珍藏于家'，乃是要以小本钱换得极大的利息，至少，也必须卖买相当，以血的洪流淹死一个敌人，以同胞的尸体填满一个缺陷，已经是陈腐的话了。从最新的战术的眼光看起来，这是多么大的损失。"②坚决彻底，持久不断，提高警惕，积蓄力量，这就是鲁迅的"韧性战斗"策略的要点。这一正确策略的发明，完全说明了鲁迅一切都是从实际出发，而不是从空想出发，是完全符合革命斗争的真理的，是完全不同于那些盲目的、急躁的小资产阶级革命家的。

前期的鲁迅就是运用这一战斗策略和敌人作了不调和的斗争，并且获得了伟大胜利。

如前所说，在五四时期，鲁迅就和《新青年》的战士们一起，跟封建主义势力作了英勇的斗争，如他自己所说，"因为从旧营垒中来，情形看得分明，反戈一击，易制强敌的死命。"③"五四"之后，右翼资产阶级知识分子投到敌人怀抱，并成了帮凶，这时鲁迅曾不断地揭露了他们的原形。1925年，"五卅"惨案发生，帝国主义者公开屠杀中国人民，中国反动势力则公开替敌人作辩证，鲁迅曾义正词严地给这种卖国汉奸的行为以迎头痛击，他说："我们的市民被上海租界的英国巡捕击杀了，我们并不还击，

① 《华盖集续编》：《空谈》。
② 《华盖集续编》：《空谈》。
③ 《坟》：《写在坟后面》。

却先来赶紧洗刷牺牲者的罪名。说到我们并非'赤化',因为没有受别国的煽动;说道我们并非'暴徒',因为都是空手,没有兵器的。我不解为什么中国人如果真使中国赤化,真在中国暴动,就得听英捕来处死刑?记得新希腊人也曾用兵器对付过国内的土耳其人,却并被不被称为暴徒;俄国确已赤化多年了,也没有得到别国开枪的惩罚,而独有中国人,则市民被杀之后,还要惶惶然辩诬,张着含冤的眼睛,向世界搜求公道。"① 也就在这一年,鲁迅还写了很多杂文支持北京女子师范大学学生反对当时非法解散该校的教育总长章士钊的斗争。1926 年,"三一八"惨案后,鲁迅又严重地抗议北洋军阀段祺瑞的虐杀行为,指出段祺瑞"如此残虐险狠的行为,不但在禽兽中所未见,便是在人类中也极少有的"。但是"屠杀者绝不是胜利者","将来的事便要大出于屠杀者的意料之外"。"血债必须用同物偿还。拖欠得愈久,就要付出更大的利息"。② 在这次事件中,鲁迅并认识到"真的猛士,敢于直面惨淡的人生,敢于正视淋漓的鲜血"。他并从这事件中吸取了经验教训,指出:"这回死者的遗给后来的功德,是在撕去了许多东西的人相,露出那出于意料之外的阴毒的心,敬给继续战斗者以别种方法的战斗。"③

就是这样,从 1918 年到 1927 年,鲁迅运用他的"韧性战斗"的策略,通过他的独创的投枪匕首式的杂文,顽强地和一切封建势力和帝国主义势力进行了斗争。这十年来中国文化战线上每一次战役,鲁迅全都亲身参加并领导了过来,每一次战役,鲁迅都进行得如此猛烈、深刻、彻底,都获得了胜利。这样伟大光辉的战绩,不仅是鲁迅杂文的光荣,也是中国近代思想斗争史上的光荣。

### 三 光辉的思想跃进

前期的鲁迅思想是不断地发展的,这发展就是不断地由进化论跃进到马克思主义,由革命的小资产阶级跃进到无产阶级,由革命民主主义者跃进到共产主义者,这跃进到 1928 年终于完成。

在 1918 年的时候,鲁迅思想一方面进化论还是基本,他曾说:"我想种族的延长——便是生命的连续——的确是生物界事业里的一大部分。何以要延长呢?不消说是想进化了。但进化的途中总须新陈代谢。所以新的应该欢天喜地的向前走去,这便是壮,旧的也应该欢天喜地的向前走去,

---

① 《华盖集》:《忽然想到》之十。
② 《华盖集续编》:《无花的蔷薇》之二。
③ 《华盖集续编》:《空谈》。

这便是死；各各如此走去，便是进化的路。"①但鲁迅同时也就认识到"旧的"是绝不会自己"欢天喜地的向前走去的"，所以他号召青年要向荆棘丛中去开辟道路。到1925年，鲁迅就进一步地把"生存、温饱、发展"联系起来考察，而主张和旧的反动势力作韧性战斗了。这就是前面所说的他的战斗的具有发展观点的进化论思想。但这思想到1927年，鲁迅自己对它便发生动摇了。那时他在广州，亲眼看到在表面上同是青年，他们也会相反，依附国民党反动派的青年便在杀戮革命的青年。这一血的现实政治教训，使鲁迅感到："倘再发那些四平八稳的'救救孩子'的议论，连我自己听去，也觉得空空洞洞了。"②所以后来他说："我一向是相信进化论的，总以为将来必胜于过去，青年必胜于老人，对于青年，我是敬重之不暇，往往给我十刀，我只还他一箭。然而后来我明白我倒是错了。这并非唯物史观的理论或革命文艺作品蛊惑我的，我在广东，就目睹了同是青年，而分成两大阵营，或则投书告密，或则助官捕人的事实！我的思想因此击毁，后来便时常用了怀疑的眼光去看青年，不再无条件的敬畏了。"③这时鲁迅思想中的进化论已正式"轰毁"，他从事实的经验和深刻的观察中，已经深刻地认识了在阶级社会中，不管老人和青年，都必然属于各自的阶级，并为自己的阶级利益而斗争。就在这个时期，他又进一步地研究了马克思列宁主义，用事实的教训来鞭策自己，用革命理论来武装自己，鲁迅终于由进化论跃向阶级论。

鲁迅这一思想上的本质的变化，也同样表现在他对于文学的认识上，远在1907年，鲁迅在《摩罗诗力说》中就指出文学应该是战斗的，1918年，鲁迅进一步指出："美术家固然须有精熟的技工，但尤须有进步的思想与高尚的人格。"④这意思就是说要写出进步作品，首先作者须先是一个进步的人，不过这"进步"是指什么而言，鲁迅那时未加说明，不过也很显然并不是指进步的阶级。但鲁迅这时通过自己对于劳动人民的热爱，和直感的体认，他多少是看到了社会阶级的对立的，这在前面分析他的前期小说中已经说过，而在这一时期杂文中，他也曾不断地和所谓"阔人""治者""压迫者""屠杀者""正人君子"们进行了英勇的斗争，而在他阅读俄国文艺作

---

① 《热风》：《随感录》四十九。
② 《而已集》：《答有恒先生》。
③ 《三闲集序言》。
④ 《热风》：《随感录》四十三。

品时，他又"明白了一件大事，是世界上有两种人：压迫者和被压迫者"。①当然这时鲁迅还没有有意识地认识到阶级斗争，但这个阶级划分，诚如他自己所说："从现在看来，这是谁都明白，不足道的，但在那时，却是一个大发现，正不亚于古人的发现了火的可以照暗夜，煮东西。"到1927年，鲁迅更进一步认识到一个作家必须站在革命的阶级立场，与革命共同呼吸，他说："我以为根本问题是在作者可是一个'革命人'，倘是的，则无论写的是什么事件，用的是什么材料，即都是'革命文学'。从喷泉里出来的都是水，从血管里出来的都是血。"②在《文学与出汗》一文中，他更反驳了"人性是永久不变"的荒谬主张，并已隐约地指出了文学的阶级性，他说："譬如出汗罢，我想，似乎于古有之，于今也有，将来一定暂时也还有，该可以算得较为'永久不变的人性'了。然而'弱不禁风'的小姐出的是香汗，'蠢笨如牛'的工人出的是臭汗。不知道倘要做长留世上的文字，要充长留世上的文学家，是描写香汗好呢，还是描写臭汗好？这问题倘不先行解决，则在将来文学史上的位置，委实是'岌岌乎殆哉'。"③

鲁迅就是在这样的思想跃进的过程中，逐渐地由进化论跃向阶级论，由个性主义跃向集体主义，由人道主义跃向社会主义。他的作品也就由彻底的批判的现实主义跃向社会主义现实主义，而他自己也就由一个革命民主主义者跃为共产主义者了。这就开始了他后期的辉煌灿烂的战斗活动。

## 第三节　鲁迅后期的杂文

### 一　为无产阶级解放事业而斗争

1928年以后，鲁迅已经明确地接受了马克思列宁主义思想，已经成为一个共产主义者。这一时期，即自1928年至1936年他去世时，他写下了更多的杂文，计有：《三闲集》《二心集》《南腔北调集》《伪自由书》《准风月谈》《花边文学》《且介亭杂文》《且介亭杂文二集》《且介亭杂文末编》九本杂文集，还有一些单篇散见在《集外集》和《集外集拾遗》中。

由于鲁迅这时经过一个巨大的思想跃进，他无条件地在中国共产党领导之下，献身于共产主义事业，因而他这时期的杂文，就不仅继承了前期

① 《南腔北调集》：《祝中俄文字之交》。
② 《而已集》：《革命与文学》。
③ 《而已集》：《文学和出汗》。

的一切特点，并且战斗得更为坚实而有力，思想的广阔深远，也达到了前所未有的高度。他站在无产阶级立场，为共产主义事业不屈不挠的战斗，因而他这一时期的作品，自然也就是社会主义现实主义作品。这在中国现代文学史上是一件无比重要的大事，鲁迅给中国现代社会主义现实主义文学奠下了最初的一块基石。

为共产主义事业而奋斗，是鲁迅这时期的杂文的总目标，一切都是围绕着这个总目标进行的。

这时他在杂文中公开地表示站在无产阶级立场，坚决信仰共产主义。他在《二心集序言》中，一面极诚恳地解剖自己，一面宣称他的思想变化，这样说："我时时说些自己的事情，怎样地在'碰壁'，怎样地在做蜗牛，好像全世界的苦恼，萃于一身，在替大众受罪似的：也正是中产的知识阶级分子的坏脾气。只是原先是憎恶这熟识的本阶级，毫不可惜它的溃灭，后来又由于事实的教训，以为唯新兴的无产阶级才有将来，却是的确的。"

鲁迅这时站在无产阶级立场，运用他的独创的熟练的武器——杂文，首先和蒋介石匪帮作了无情的斗争。他对于蒋匪对革命根据地的"军事围剿"一直不断地进行英勇坚韧的攻击：他在《不负责任的坦克车》一文中，对蒋匪以坦克车进攻革命根据地提出了激烈的抗争；在《天上地下》一文中，对蒋匪用飞机轰炸革命很据地予以猛烈的攻击，而在《以夷制夷》和《文章与题目》两文中更深刻地指出蒋匪进攻革命根据地是和帝国主义勾成一气的，他指出帝国主义是"常常用着'以华制华'的方法的"，他们"只将飞机炸弹卖给华人，叫你自己去炸去"，而蒋匪呢，则是由"安内而不必攘外"，到"不如迎外以安内"，终于是"外就是内，本无可攘"了①。这种猛烈的抗争和尖锐深刻的分析，在当时文艺界，除鲁迅外，实在没有第二人。

对于蒋匪的"文化围剿"，鲁迅同样地做了卓绝的斗争，当 1931 年 2 月，左联会员柔石、胡也频、白莽、李伟森、冯铿和其他十八个革命战士被国民党政府杀害，鲁迅自己也处在十分危险的境地的时候，他不但没有丝毫畏缩，而且公开地提出悲愤严正的抗议，指出蒋匪帮是一群"灭亡中的黑暗的动物"，这些"统治者也知道走狗文人不能抵挡无产阶级革命文学"，便"用最末手段，将左翼作家逮捕、拘禁、秘密处以死刑"。这里，鲁迅更坚定地指出，蒋匪的屠杀，不但不能阻止革命文学，相反地，"无产阶级革命文学却仍然滋长，因为这是属于革命的广大劳苦群众的，大众

---

① 均见《伪自由书》。

存在一日，壮大一日，无产阶级革命文学也就滋长一日"。① 同时他又写了
一篇《黑暗中国的文艺界的现状》②，对国民党反动政府提出激烈的抗争，
并译成英文，寄往国外进步刊物上发表。后来他又写了《为了忘却的纪念》
这篇名文③，抒写自己对于死去的同志的沉痛的悼念，并深信"将来总会有
记起他们，再说他们的时候"。鲁迅这种百折不挠的对于革命胜利的坚定
的信心，不仅沉重地打击了当时的反动统治者，并大大地鼓舞了革命文学
阵营内部的士气和斗志。这以后，鲁迅一直不断地坚持和国民党的一切
"文化围剿"作斗争，直到1936年他去世前夕，还写了一篇《写于深夜
里》，④ 攻击国民党逮捕屠杀青年，指出当时的国民党统治区域比《但丁神
曲》中《地狱篇》所写的还要惨苦，是"一个现在已极平常的惨苦到谁也看不
见的地狱"。

　　鲁迅对于蒋介石及其匪帮的一切反动措施，都会勇猛地予以攻击和揭
露，这些文字由于当时环境关系，不得不写得比较隐晦曲折，但绝大部分
还是一看就明白的。他曾十分形象地指出当时的那些军阀们"频年恶战，
而头儿们个个终于是好好的，忽而误会消释了，忽而杯酒言欢了，忽而共
同御侮了，忽而立誓报国了，忽而……不消说，忽而自然不免又打起来
了"。⑤ "九一八"事变后，鲁迅对国民党反动政府的卖国的不抵抗政策，曾
经写了很多的杂文予以攻击和讽刺，从蒋介石、汪精卫、戴季陶、吴稚晖
以致胡适等反动派的大小走狗们，都在鲁迅笔下现出可耻的原形；而他们
对中国共产党的造谣诬蔑，鲁迅则更尽全力予以驳斥和揭露，告诉全国人
民，他们的话完全是含血喷人，无中生有的恶毒谎言。

　　鲁迅为了保卫无产阶级解放事业所进行的这些英勇斗争，就是在行动
上拥护中国共产党的具体表现。抗日战争前夕，他并在文字上公开宣称拥
护中国共产党，他说："中国目前革命的政党向全国人民所提出的抗日统
一战线的政策，我是看见的，我是拥护的，我无条件地加入这战线，那理
由就因为我不但是一个作家，而且是一个中国人，这政策在我是认为非常
正确的，我加入这统一战线，自然，我所使用的仍是一枝笔，所做的事仍
是写文章译书。"⑥同时又公开宣称："那切切实实，足踏在地上，为着现在

---

① 《二心集》：《中国无产文学和前驱者的血》。
② 见《二心集》。
③ 见《二心集》。
④ 见《且介亭杂文末编》。
⑤ 《伪自由书》：《观门》。
⑥ 《且介亭杂文末编》：《答徐懋庸并关于抗日统一战线问题》。

中国人的生存而流血奋斗者，我得引为同志，是自以为光荣的。"①这里所说的"奋斗者"，就是指以毛泽东同志为首的中国共产党和工农红军。

这一时期鲁迅为了保卫无产阶级解放事业所进行的斗争，十分广泛，这里叙述的只是最重要的方面。而所有这些斗争，都达到了异常辉煌完全合乎马克思列宁主义水准的高峰，足以为万世楷模，在中国历史上将永垂不朽。

### 二　伟大的国际主义精神

鲁迅是一个伟大的爱国主义者，同时也是一个伟大的国际主义者，他的爱国主义是和国际主义互相结合起来的。他这时十分透彻地认识到苏联是无产阶级专政的祖国，是世界无产阶级解放和民族解放的模范，只有走苏联的道路，中国才能有办法。他竭诚地拥护苏联，并不断揭穿帝国主义和中国反动派对于苏联的造谣和诬蔑。鲁迅曾明白指出苏联是"一个簇新的，真正空前的社会制度从地狱里涌现而出，几万万的群众做了支配自己命运的人"。"所设施的正是合于人情，生活也不过像了人样，并没有什么稀奇古怪"。帝国主义之所以要进攻苏联，就是因为"工农都像了人样，于资本家和地主是极不利的，所以一定先要歼灭了这工农大众的模范。苏联愈平常，他们就愈害怕"。②"苏联愈弄得好，它们愈要进攻，因为它们愈要趋于灭亡"。③但是，"我们被帝国主义及其侍从们真是骗得长久了。十月革命之后，它们总是说苏联怎么穷下去，怎么凶恶，怎么破坏文化。但现在的事实怎样？小麦和煤油的输出，不是使世界吃惊了么？正面之敌的实业党的首领，不是也只判了十年的监禁么？列察格勒、莫斯科的图书馆和博物馆，不是都没有被炸掉么？文学家如绥拉菲摩维支、法捷耶夫、革拉特珂夫、绥甫林娜、唆罗诃夫等，不是西欧东亚，无不赞美他们的作品么？关于艺术的事我不大知道，但据乌曼斯基说，1919年中，在莫斯科的展览会就有二十次，列宁格勒两次，则现在的旺盛，更是可想而知了"。④在当时，由于帝国主义和国民党反动政府对于苏联的造谣诬蔑，中国人民是不大容易知道苏联真相的，现在鲁迅写出了苏联的真实情况和对于苏联的正确认识，并科学地分析了帝国主义之所以要诬蔑苏联的缘故，这对于当时中国人民实在是一盏指路明灯。

---

① 《且介亭杂文末编》：《答托洛斯基派的信》。
② 《南腔北调集》：《林克多苏联闻见录序》。
③ 《南腔北调集》：《我们不再受骗了》。
④ 《南腔北调集》：《我们不再受骗了》。

当时鲁迅根据这一认识和分析，就更进一步向全国人民指出一定要反对帝国主义进攻苏联，一定要像保卫自己祖国一样的保卫苏联。帝国主义是苏联的敌人，同时也是中国人民的敌人。"他们是在吸中国的膏血，夺中国的土地，杀中国的人民。他们是大骗子，他们说苏联坏，要进攻苏联，就可见苏联是好的了"。① 而"帝国主义和我们，除了它的奴才之外，哪一样利害不和我们正相反？我们的癣疥，是它们的宝贝，那么，它们的敌人，当然是我们的朋友了。它们自身正在崩溃下去，无法支持，为挽救自己的末运，便憎恶苏联的向上。谣诼，诅咒，怨恨，无所不至，没有效，终于只得准备动手去打了，一定要灭掉它才睡得着。但我们干什么呢？我们还会再被骗么"？"帝国主义的奴才们要去打，自己跟着它的主人去打去就是。我们人民和它们是利害完全相反的。我们反对进攻苏联。我们倒要打倒进攻苏联的恶鬼，无论它说着怎样甜腻的话头，装着怎样公正的面孔"。② 正因为我们中国人民和帝国主义利害完全相反，和苏联利害完全一致，所以必须反对进攻苏联，必须和苏联联合一致共同奋斗，鲁迅着重指出说："这才也是我们自己的生路。"

热爱祖国，热爱劳动人民，热爱科学和真理，彻底地反对封建主义，反对帝国主义，献身无产阶级解放斗争事业的鲁迅，他就必然要热爱并竭诚拥护领导中国革命的中国共产党，热爱并竭诚拥护全世界无产阶级解放和民族解放的模范国家苏联，这是十分自然而且完全合乎逻辑的必然发展的。

### 三 对于文艺思想的指导和斗争

鲁迅这一时期的杂文，对于中国革命文学的思想建设作了极其辉煌特殊的贡献，他不断以无产阶级思想来教育当时作家和青年，并热诚地指导他们从事革命文学的创作。当时有许多作家和青年就在鲁迅这样热心教育和指导之下，写出很多的对于革命有益的作品。

他当时曾一再着重地向当时作家和青年指出了小资产阶级思想对于革命文学的危害性，以及参加实际革命斗争深入实际生活对于一个革命作家的重要性。关于他这些精到的意见，在他的《对于左翼作家联盟的意见》、《上海文艺界之一瞥》等著名论文中曾有极透明的阐述，这在本书第二章中已经介绍，这里便不重述了。

---

① 《南腔北调集》：《林克多苏联闻见录序》。
② 《南腔北调集》：《我们不再受骗了》。

但鲁迅除了上述的这些原则性指示之外，他还谈到更多的更细致的问题。

这首先是他对文艺的普及和提高的问题的宝贵的意见。鲁迅在那时是很重视普及作品的，他说："应该多有大众设想的作家，竭力来作浅显易解的作品，使大众能懂、爱看，以挤掉一些陈腐的劳什子。"①同时，鲁迅又指出普及作品刚出现的时候，是不能对它作不适当的过高的要求的，因为这样便是抹杀，"会将他钉死"的②，他自己并曾动手写了一些普及作品，如《好东西歌》等就是。鲁迅一面提倡普及，但一面也反对"迎合大众"的偏向，他说："希图大众语文在大众中推行得快，主张什么都要配合大众的胃口，甚至要'迎合大众'，故意多骂几句，以博大众的欢心。这当然自有他的苦心孤诣，但这样下去，可要成为大众的新帮闲的。""是绝对要不得的。"鲁迅又认为大众并不像有些读书人所想象的那样愚蠢，"他们是要知识，要新的知识，要学习，能摄取的。当然，如果满口新语法，新名词，他们是什么也不懂；但逐渐的检必要的灌输进去，他们却会接受，那消化的力量，也许还赛过成见更多的读书人"。③ 在这段话里，鲁迅已经指出了普及和提高之间的联系，两者并不是各自孤立的，前者可以逐渐向后者过渡，所以鲁迅在另一篇文章中就指出："左翼虽然诚如苏汶先生所说，不至于蠢到不知道'连环图画是产生不出托尔斯泰，产生不出佛罗培尔来'，但却以为可以产出米开朗琪罗、达文希那样伟大的画手。而且我相信，从唱本说书里是可以产生托尔斯泰、佛罗培尔的。"④当然，鲁迅在那时还不可能像毛泽东同志在《在延安文艺座谈会上的讲话》中那样把普及和提高的关系作下最概括最科学的规定，但鲁迅这种思想认识的深度是完全接近毛泽东思想的。

其次，鲁迅在这一时期曾经不断地把自己关于创作方法的宝贵经验介绍给青年作家，使当时以致现在文艺工作者得到很多启示，获得极大裨益。鲁迅谈到他自己创作经验的时候，首先他指出创作一定要"为人生"的，而且是为着改变人生的，他说："自然，做起小说来，总不免自己有些主见的。例如，说到'为什么'做小说罢，我仍抱着十多年前的'启蒙主义'，以为必须是'为人生'，而且要改良这人生。我深感先前的称小说为

---

① 《集外集拾遗》：《文艺的大众化》。
② 《且介亭杂文》：《答戏周刊编者信》。
③ 《且介亭杂文》：《门外文谈》。
④ 《南腔北调集》：《论〈第三种人〉》。

'闲书'，而且将'为艺术而艺术'，看作不过是'清闲'的新式的别号。所以我的取材，多采自病态社会的不幸的人们中，意思是在揭出病苦，引起疗救的注意。所以我力避行文的唠叨，只要觉得够将意思传给别人了，就宁可什么陪衬拖带也没有。"①关于创作上一些具体问题，他曾在《答北斗杂志社问》中极其扼要地将他自己所经验的概括成八点："一、留心各样的事情，多看看，不看到一点就写。二、写不出的时候不硬写。三、模特儿不用一个一定的人，看得多了，凑合起来的。四、写完后，至少看两遍，竭力将可有可能的字、句、段删去，毫不可惜。宁可将可作小说的材料缩成Sketch，决不将 Sketch 材料拉成小说。五、看外国的短篇小说，几乎全是东欧及北欧作品，也看日本作品。六、不生造除自己之外，谁也不懂的形容词之类。七、不相信'小说作法'之类的话。八、不相信中国的所谓的'批评家'之类的话，而看看可靠的外国批评家的评论。"②鲁迅这些宝贵的创作经验，在另外一些文章里又作了更详细的说明。例如，他指出作家深入生活的重要性说："作家写出创作来，对于其中的事情，虽然不必亲历过，最好是经历过。诘难者问：那么，写杀人最好是自己杀过人，写妓女还得去卖淫么？答曰：不然。我所谓经历，是所遇，所见，所闻。并不一定是所作，但所作自然也可以包含在里面。天才们无论怎样说大话，归根结底，还是不能凭空创造。"③他谈到创造典型的时候，根据他自己的经验是："所写的事迹，大抵有一点见过或听到过的缘由，但决不全用这事实，只是采取一端，加以改造，或生发开去，到足以几乎完全发表我的意思为止。人物的模特儿也一样，没有专用过一个人，往往嘴在浙江，脸在北京，衣服在山西，是一个拼凑起来的脚色。""忘记是谁说的了，总之是，要极省俭的画出一个人的特点，最好是画他的眼睛。我以为这话是极对的，倘若画了全副的头发，即使细得逼真，也毫无意思。我常在学学这一种方法，可惜学不好。"④这意思便是说，典型是最充分、最集中、最尖锐地表现一定社会力量的本质的事物，而不是某种统计的平均数。所有鲁迅关于自己创作经验的介绍，都大大地教育了当时的作家和青年，而在今天也仍然具有指导性的意义。

第三，是鲁迅对于文艺批评的意见。在这方面，鲁迅首先批评了当时

---

① 《南腔北调集》：《我怎么做起小说来》。
② 见《二心集》。
③ 《且介亭杂文二集》：《叶紫作丰收序》。
④ 《南腔北调集》：《我怎么做起小说来》。

流行的那些无原则的庸俗批评和宗派主义的批评，因为这种恶劣的批评对于进步文艺只有绞杀作用，而没有丝毫积极作用，所以鲁迅就有"不相信中国的所谓'批评家'之类的话"的说法。但鲁迅是一贯提倡正确的文艺批评的，他曾经说过："所希望于批评家的，实在有三点：一、指出坏的；二、奖励好的；三、倘没有，则较好的也可以。""倘连较好的也没有，则指出坏的译本之后，并且指明其中的那些地方还可以于读者有益处。"①鲁迅这里所希望的"批评"，虽然是指对于翻译作品的批评而言，但这一实事求是的批评原则，仍是可以适用于创作的批评的。在这一时期，鲁迅自己就写下了很多的文艺批评文字，对于当时文艺创作水准的提高，起了很大的作用。

最后，是鲁迅对于中国古代文学遗产的认识。鲁迅对于中国古代文学遗产从来就是尊重的，但他这尊重却不是盲目的崇拜，而是尊重自己的历史，尊重历史的辩证法的发展，鲁迅认为现时的新文化是从古代的旧文化发展而来的，他说："因为新的阶级及其文化，并非突然从天而降，大抵是发达于对于旧支配者及其文化的反抗中，亦即发达于和旧者的对立中，所以新文化仍然有所承传，于旧文化也仍然有所择取。"②鲁迅这段话非常辩证地说明了新旧文化的关系。他这里所说的对于旧文化的"择取"，就指的是要择取其中的精华部分，即带有人民性和革命性的部分，而抛弃那些封建性和落后性的部分。他在《论〈旧形式的采用〉》一文中，用学习中国古代绘画的例子，极其生动具体地分析了这个道理。他说："翻开中国艺术史来，采取什么呢？我想，唐以前的真迹，我们无从目睹了，但还能知道大抵以故事为题材，这是可以取法的；在唐，可取佛画的灿烂，线画的空实和明快，宋的院画，委靡柔媚之处当舍，周密不苟之处是可取的，米点山水，则毫无用处。后来的写意画（文人画）有无用处，我此刻不敢确说，恐怕也许还有可用之点的罢。这些采取，并非片断的古董的杂陈，必须融化于新作品中，那是不必赘说的事，恰如吃用牛羊，弃去蹄毛，留其精粹，以滋养及发达新的生体，决不因此就会'类乎'牛羊的。"③这段分析是如此的具体明晰，简直是可以把它作为学习中国古代文学遗产的指针来遵行的。用同样方法，鲁迅对于中国古代作家和作品也作了很多的具体分析，他把这些作家和作品放在他们自己的历史时代中，作全面的考察。并

---

① 《淮风月谈》：《关于翻译（下）》。
② 《集外集拾遗》：《浮士德与城后记》。
③ 见《且介亭杂文》。

特别注意提倡他们的带有人民性和革命性的部分，而痛斥那些别有用心的或糊涂的"选家"和"文学史家"们，弃古人之精华，而取古人之糟粕，抹杀了古人的真相。他说："倘要论文，最好是顾及全篇，并且顾及作者的全人，以及他所处的社会状态，这才较为确凿。要不然，是很容易近乎说梦的。"他曾以陶潜为例来说明这种研究方法："被论客赞赏着'采菊东篱下，悠然见南山'的陶潜先生，在后人的心目中，实在飘逸得太久了。……除论客所佩服的'悠然见南山'之外，也还有'精卫衔微木，将以填沧海，形天舞干戚，猛志固长在'之类的'金刚怒目'式，在证明着他并非整天整夜的飘飘然。这'猛志固长在'和'悠然见南山'的是一个人，倘有取舍，即非全人，再加抑扬，更离真实。……这也是关于取用文学遗产的问题，潦倒而至于昏聩的人，凡是好的，他总归得不到。"①再如，他对唐朝的罗隐、皮日休、陆龟蒙以至明人小品，也都指出他们的带有各种不同程度的人民性或革命性的地方。他说："唐末诗风衰落，而小品放了光辉。但罗隐的《谗书》几乎全部是抗争和愤激之谈，皮日休和陆龟蒙自以为隐士，别人也称之为隐士，而看他们在《皮子文薮》和《笠泽丛书》中的小品文，并没有忘记天下，正是一场糊涂的泥塘里的光彩和锋芒。明末的小品虽然比较的颓放，却并非全是吟风弄月，其中有不平，有讽刺，有攻击，有破坏。"②同时，鲁迅对中国古代小说和民间艺术也都有同样的科学分析，关于中国古代小说的分析，备见于他的《中国小说史略》一书中。关于民间艺术，他在《朝花夕拾》里介绍过绍兴"目莲戏"里的"无常"，后来又介绍过也是"目莲戏"中的"一个带复杂性的，比别的一切鬼魂更美，更强的鬼魂"——"女吊"。③又说："中国旧戏上没有背景，新年卖给孩子看的花纸上，只有主要的几个人（但现在的花纸却多有背景了），我深信对于我的目的，这方法是适宜的，所以我不去描写风月，对话也决不说到一大篇。"④鲁迅这种敏锐犀利的历史眼光和鞭辟入里的精湛的见解，不是精通马克思列宁主义历史唯物论，是不可能达到这样高度的。

　　自从"五四"以来，中国现代文学运动中曾产生一个偏向，即对于自己民族的文学遗产采取了错误的完全否定的态度，这现象曾在一个很长时期内不曾得到克服，给后来的文学发展带来了有害的影响。这时鲁迅不仅不

---

① 《且介亭杂文二集》：《题未定草》六。
② 《南腔北调集》：《小品文的危机》。
③ 见《且介亭杂文末编》附集。
④ 《南腔北调集》：《我怎么做起小说来》。

是这样态度，并对中国古代文学的历史价值及其值得后人学习的地方，做了辉煌的典范的分析，这在今天是更其具有现实指导性的意义的。

这一时期，鲁迅又曾以大部分精力和一切反动的文学倾向如：买办资产阶级文学的"新月派"、法西斯"民族主义文学"、反动的小资产阶级的"文艺自由论"以及封闭文学"论语派"等作了英勇的斗争，并获得了胜利。这些在本书第二章中已经叙述过，这里便不再重复了。

总起来看，这一时期，鲁迅杂文中所表现的思想，其博大精深的程度，往往和毛泽东同志思想相接近，在一些基本观点和许多具体问题的见解上，也和毛泽东同志思想有一致的地方。如前面所叙述的那些：在小资产阶级知识分子分析的问题上，在中国历史、文化、社会的认识分析的问题上，在一些和敌人作战的战略战术的问题上，总之，在关于马克思列宁主义中国化的问题上，都可以看得出来的。毛泽东思想是马克思列宁主义的普遍真理和中国革命的具体实践相结合，因而领导了中国人民革命的胜利，鲁迅思想则是马克思列宁主义与中国文化革命的实际的结合。因而对中国文化革命作了巨大的贡献。在对于整个中国革命的伟大贡献上，鲁迅当然不能和毛泽东同志相比拟，但是在其思想的某种程度的一致性上，鲁迅的思想却是充满了毛泽东思想的光辉，因而鲁迅在中国文化战线上的胜利，也就是毛泽东思想的胜利。这是鲁迅的光荣，也是中国现代文学史的光荣。

# 第七章　郭沫若和五四前后的作家

## 第一节　郭沫若的文学创作

### 一　冲决网罗反抗黑暗的爱国主义思想

郭沫若出身于四川乐山的一个地主家庭中，幼年时期受了当时富国强兵思想的影响，成为一个爱国主义者。1914 年赴日本学医，同时从事文学创作，与成仿吾等创立创造社。1924 年以后接受了马克思主义思想，倡导革命文学，并参加了第一次国内革命战争。革命失败后，逃亡日本，研究中国古代历史，著有很大成绩。抗战爆发，由日本回国，参加抗战，一面仍继续研究历史，并创作历史剧。1949 年当选为中华全国文学艺术工作者联合会主席。

过去都认为郭沫若是一个浪漫主义作家，这种看法是不全面的，郭沫若作品中是有着浓厚的浪漫主义色彩，但他生长在中国的半殖民地半封建的社会中，他的浪漫主义就和西欧资本主义文艺中的那种消极的浪漫主义有所不同，他的作品充满了狂热的反帝反封建的爱国主义精神，这是一般的浪漫主义所没有的。这种精神是根源于中国现实社会的，是从现实出发并反映了现实的，因而他的作品虽然有着浓厚的浪漫主义色彩，但基本精神还是现实主义的。这在他初期创作中已经表现得很明显。1924 年以后，他更明确地接受了马克思主义思想，主张社会主义现实主义。在抗日战争期间，他的作品就有着更多的现实主义精神，不过也仍然保有积极的浪漫主义优点。

郭沫若的初期思想，据他自己在 1925 年时说："我从前是尊重个性，景仰自由的人。"①这里所谓"个性"和"自由"当然是属于资产阶级范畴的。这种"个性"和"自由"在当时半殖民地半封建的中国社会中是不可能实现的，所以他这理想一碰到现实社会，便立刻撞得粉碎。粉碎之后，在郭沫若思想中一方面对撞碎的"理想"当然还有所留恋，另一方面对撞碎他这

---

①　《文艺论集序》。

"理想"的现实社会也就产生了狂烈的反抗情绪。这两种思想都同时表现在他的初期的作品里面。

前一种思想在他的一些散文和小说中表现得最为明显。他初期的小说题材一部分是采用古人古事或异域的事情，来抒写自己的情感，充满了怀古的幽思，异乡的情调，如《塔》《鹓雏》《函谷关》等。另一部分则是采用自己身边的事情，抒情色彩更为强烈，充满牧歌的风味，幻美的追寻，如《行路难》《落叶》《万引》《叶罗提之墓》等。但两者也都含有对封建社会的愤激和反抗情绪。他初期的散文也充满了这一类的情调，他自己在《小品六章》的序引中说："我在日本时生活虽是赤贫，但时有牧歌的情绪袭来，慰我孤寂的心地。我这几章小品便是随时随处把这样的情绪记录下来的东西。"

后一种思想表现在他的诗歌中最为突出。这些诗中充满了爱国的热情，狂飙的气焰，感情奔放，精神旺盛，有着昂头天外一往直前的气概。他狂暴地诅咒黑暗社会，猛烈地反抗传统思想。他在《凤凰涅槃》一诗中曾这样呼号：

> 生在这样个阴秽的世界当中，
> 便是把金钢石的宝刀也会生锈。
> 宇宙呀，宇宙，
> 我要努力把你诅咒：
> 你脓血污秽着的屠场呀！
> 你悲哀充塞着的囚牢呀！
> 你群鬼叫号着的坟墓呀！
> 你群魔跳梁着的地狱呀！
> 你到底为什么存在？[①]

作者在诗篇中一方面猛烈地反抗黑暗，一方面也热烈希望有一个新世界新社会出现。例如《凤凰涅槃》中的"凤凰更生"一段，便充分表现作者对"新"的热诚的向往。他这样歌唱：

> 我们生动，我们自由，
> 我们雄浑，我们悠久。
> 一切的一，悠久。

---

① 《女神》。

一的一切，悠久。

悠久便是你，悠久便是我。

悠久便是他，悠久便是火。

火便是你。

火便是我。

火便是他。

火便是火。

翱翔！翱翔！

欢唱！欢唱！

但是，也很显然，无论是作者的反抗或是希望，都有些朦胧模糊，反抗既没有看出黑暗的根源，希望也没有认清应走的道路，诚如作者自己后来所说："只是朦胧地反对旧社会，想建立一个新社会。那新社会是怎样的，该怎样来建立，都很朦胧。"①

作者初期的诗大部分都收入《女神》集中，这些诗都充满了上述的思想内容。和这内容相适应，在形式方面便是笔致豪放，气势流转，有如骏马下坡，山洪暴发，不可遏止。音节也雄浑响亮，有狂风骤雨之势，足以震眩读者。但也正因为这样，有时就不免失之单调，抽象，少含蓄，不深入。

这一思想内容也同样地表现在他的初期戏剧里面。例如《三个叛逆的女性》，就是用历史上三个著名的女性——王昭君、卓文君、聂嫈，借以反抗因袭的腐朽的封建制度，对旧社会旧道德予以无情地猛烈地攻击。其他如《湘累》《棠棣之花》《孤竹君之二子》等，也无不充满了反抗的精神。

作者的初期的创作，无论是诗歌，小说，戏剧，散文，在题材方面都有另一个特点，就是爱写历史的东西和爱写自己。这原因据作者自己说是"由于耳朵有毛病的关系，于听取客观的声音不大方便，便爱驰骋空想而局限在自己的生活里面"。② 不过这并不是主要的原因，主要的恐怕还是由于作者的冲决一切的热情，更适宜于这种题材，而客观地冷静地分析现实就非其所长的缘故。同时，这种"驰骋空想局限在自己的生活里面"的思想和题材是更适宜于用诗歌形式来表现，所以作者在诗歌方面较之其他文学部门的创作成就更大。他的小说和戏剧也都具有浓厚的诗的气息，抒情成

---

① 《郭沫若选集自序》。
② 《郭沫若选集自序》。

分太多，结构布局，文字组织往往为他的火样的热情所摧毁，而成为一种诗式的或散文式的小说戏剧。

但是作者的思想是在不断地进展的，客观的革命情势的发展，特别是轰轰烈烈的"二七"大罢工，以及作者个人生活上的折磨，使得他不得不正视现实，趋向革命。如他自己在《塔》的序中所说："无情的生活一天一天地把我逼到十字街头，像这样幻美的追寻，异乡的情趣，怀古的幽思，怕没有再来顾我的机会了。啊，青春哟！我过往的浪漫时期哟！我在这儿和你告别了，以后是炎炎夏日的当头。"所以他在《女神》集中所表现的那种摧毁一切，冲决一切的反抗精神，在 1923 年左右，便有了进一步的发展，目标比较明确了，也多少有了阶级斗争的意识，这就是《前茅》诗集中所收的那些，如——

> 马道上，面的不是水门汀，
> 面的是劳苦人的血汗与生命！
> 血惨惨的生命呀，血惨惨的生命
> 在富儿们的汽车轮下……滚，滚，滚……
> 兄弟们哟。我相信就在这静安寺路的马道中央，
> 终会有剧烈的火山爆喷！[1]

此外像在《前进曲》等篇中也都有类似的激越的调子。

郭沫若的初期创作，特别是诗歌，是代表了"五四"后"五卅"前这一时期的革命的小资产阶级（主要的是其中青年知识分子）那种痛恨黑暗追求革命而又摸索不得因而狂暴冲决的思想情绪。所以得到当时广大青年的爱好，起了很大的影响。

## 二 革命的诗歌

1924 年左右，郭沫若思想有了很大的转变，据他自己后来说："我在 1924 年的春夏之交，便下了两个月的苦工夫，通过日本河上肇博士的著作《社会组织与社会革命》来研究马克思主义。这书我把它翻译了。它对于我有很大的帮助，使我的思想变了质，而且定型化了。我自此以后便成为了一个马克思主义者。"[2]1925 年他又曾这样说："在最近一两年之内，与水平线下的悲惨社会略略有所接触，觉得在大多数人完全不自主的失掉了自

---

① 《前茅》：《上海的清晨》。
② 《郭沫若选集自序》。

由，失掉了个性的时代，有少数人要来主张个性，主张自由，总不免有几分僭妄……要发展个性，大家应得同样的发展个性，要生活自由，大家应得同样的生活自由。但在大众未得发展其个性未得生活于自由之时，少数先觉者毋宁牺牲自己的个性，牺牲自己的自由，以为大众人请命，以争回大众人的个性与自由。"①

这以后，作者便参加第一次国内革命战争，战争失败后，又回到上海倡导革命文学，这时他写下了许多革命诗歌，后来结成为《恢复》诗集。

在《恢复》一集中，作者的思想意识较之以前大大地向前跨进了一步，他在《诗的宣言》中宣告了他以后写诗的态度，并且批判了自己过去的"软弱"——

> 你看，我是这样的真率，
> 我是一点也没什么修饰。
> 我爱的是那些工人和农人，
> 他们赤着脚，裸着身体。
>
> 我也赤着脚，裸着身体
> 我仇视那富有的阶级：
> 他们美，他们爱美，
> 他们一身：绫罗，香水，宝石。
>
> 我是诗，这便是我的宣言，
> 我的阶级是属于无产；
> 不过我觉得还软弱了一点，
> 我应该还要经过爆裂一番。
> 这怕是我才恢复不久，
> 我的气魄总没有以前雄厚。
> 我希望我总有一天，
> 我要如暴风雨一样怒吼。

这时，诗人想起了中国历史上第一次农民起义的领袖陈涉、吴广，他在《我想起了陈涉吴广》一诗中歌唱了中国工人农民的力量，指出帝国主义

---

① 《文艺论集序》。

以及其在中国豢养的许多走狗——封建军阀、买办、官僚、地主是中国革命的最大敌人，他愤怒地喊出——

> 农民生活为什么惨到这般模样？
> 朋友哟，这是我们中国出了无数的始皇！
> 还有那外来的帝国主义者的压迫，
> 比秦时的匈奴还要有五百万倍的嚣张！
>
> 他们的炮舰政策在我们的头上跳梁，
> 他们的经济侵略吸尽了我们的血浆。
> 他们豢养的走狗：军阀、买办、地主、官僚，
> 这便是我们中国的无数新出的始皇。
>
> 可我们的农民在三万二千万人以上，
> 困兽犹斗，我不相信我们便全无主张。
> 我不相信我们便永远地不能起来，
> 我们之中便永远地产生不出陈涉吴广！
>
> 更何况我们还有五百万的产业工人，
> 他们会给我们以战斗的方法，利炮，飞枪。
> 在工人领导之下的农民暴动哟，朋友，
> 这是我们的救星，改造全世界的力量！

诗人不但认识革命的主要力量是工农，而且经过了 1927 年大资产阶级出卖革命的血的教训，他也认清了敌友，在《黄河与扬子江对话》中他这样指出：

> 他们应该与全世界的弱小民族和亲，
> 他们应该与全世界的无产阶级联盟，
> 但这联盟的主体，和亲的主体，绝对不能属诸新旧军阀，
> 更不能夸称着什么"全民"！

对于当时蒋介石匪帮屠杀共产党员和革命爱国人士的暴行，作者燃烧着愤怒的火焰，在《如火如荼的恐怖》诗里他以革命的英雄气概，这样高呼："我们并不觉得恐怖"，"你们杀了一个要增加百个"。

作者这一时期的诗歌虽然仍是一贯流露着以前的带有浪漫主义色彩的奔放的热情，但这热情却是对于无产阶级革命的歌颂。内容虽然令人感到单纯浮泛一些，但却也反映出波涛汹涌革命时代的精神，和革命者勇往直前的大无畏的气概，是具有一定的历史意义的。

这以后，作者逃亡到日本，从事中国古史研究，创作便不多见，一直到抗日战争时期，作者才又恢复了他的创作生活。

# 第二节　五四后期的小说作家

## 一　叶绍钧的小说

叶绍钧（圣陶）是文学研究会作家里面成绩最大的一个。文学研究会作家们写作的基本态度是认为"文学应该反映社会的倾向，表现并且讨论一些有关人生的一般问题"。[①] 叶绍钧写作态度也正是如此。

叶绍钧在 1926 年以前，曾写有短篇小说集《隔膜》《火灾》《线下》《城中》等，1926 年以后写有长篇《倪焕之》和其他一些短篇。此外还写了一些童话和散文。

关于叶绍钧的初期创作，茅盾曾这样批评过："冷静地谛视人生，客观的地，写实的地，描写着灰色的卑琐人生的，是叶绍钧。他的初期的作品（小说集《隔膜》）大都有点问题小说的倾向，例如《一个朋友》《苦菜》和《隔膜》。可是当他的技巧更加圆熟了时，他那客观的写实的色彩便更加浓厚。短篇集《线下》和《城中》（1923 年到 1926 年上半年的作品）是这一方面的代表。要是有人问道：第一个"十年"中反映着小市民知识分子的灰色生活的，是哪一位作家的作品呢？我的回答是叶绍钧。"[②]这一段批评是很恰当的，作者曾做过多年的教师，又从事过很长时期的书店编辑工作，经常接触这些小市民层的知识分子，对于这群人的灰色生活了解得很深入，所以人物写得比较成功，特别是小城镇里的一些醉生梦死的灰色人物。

冷静，客观，写实，确是叶绍钧小说的特点，例如他的《潘先生在难中》一篇小说，写一个乡村教师在军阀混战中张皇失措的逃难情况，以及其苟安侥幸的心情，刻画小市民卑琐生活极为细致。但只是侧重于生活现

---

① 茅盾：《新文学大系小说一集导论》。
② 茅盾：《新文学大系小说一集导论》。

象的描绘，对这种卑琐思想却批判得不够。又如《稻草人》也是如此，稻草人看见虫吃禾苗，它只是干着急没有办法，看见投水的女人，也是干着急没有办法，它的办法只是把手中的破扇拍打几下，结果是它自己倒在田旁了。作者很客观地写出了稻草人，但对稻草人这种"没有办法"却不能深入批判，因而就显得比较客观冷淡，热情不高。

当然，这也并不是说作者对现实就完全没有愤懑，作者仍是不满于现实的，特别是对教育方面，他更感到当时教育的黑暗。他指出那时的教育对于儿童不仅无益，而且有害。指出那时从事教育的人都是以换饭吃为目的。他认为在那时经济制度下的教育是没有希望改善的。不过在怎样的经济制度下的教育才能改善呢？作者那时却不知道，所以仍然"没有办法"。

不了解应当在怎样的经济制度下才能改善教育，所以作者当然也就不了解人与人之间的真正关系——阶级关系。因此，作者对人生的看法也就不能从这个理解出发；同时由于作者的客观态度，又使得他不能勇猛地冲毁现实，于是他只好把"美"（自然）和"爱"（心和心相印的了解）当作是人生的最大意义，而且是灰色的人生转化为光明的必要条件，"美"和"爱"是他对于生活的理想。很显然，这理想和现实社会一接触，自然是要碰壁的，光明的前途终于看不到，所以作者有时就不免有些悲观失望起来。因此，他在《绿衣》中便写出了如下的话："我觉得我和世界隔绝了，那种心的孤寂，失望，怅惘，几乎使我不信我和世界是真实的……我好像飘流在无人的孤岛上。"

不过作者这种心情并没有继续多久，"五卅"运动以后，作者便有了进一步的发展，对现实有了深刻的批判，标志着这一发展的是他的第一个长篇小说《倪焕之》的出现。

《倪焕之》据作者自记，动手写作时是在1928年1月，先在《教育杂志》上连载，1930年出版。这部小说是描写一个小资产阶级知识分子怎样受了五四影响，又怎样经过了"五卅"而到第一次国内革命战争的一串人生变化思想变化的过程。

《倪焕之》的出现，是当时文艺界的一个很大的收获。首先，把一篇小说的时代安放在近十年的历史过程中的，这是第一部。其次有意地表现一个小资产阶级知识分子，怎样受了时代的潮流激荡，从埋头教育到群众运动，从自由主义到集团主义，这也不能不说是第一部。

书中主人公倪焕之可以说是当时一部分小资产阶级知识分子的典型。时代推动他前进，使他有了新的觉悟。但小资产阶级知识分子的软弱动摇的根性，又使得他不能坚强地追随时代，推动时代。他对于那时在中国共产党领导之下的革命的发展，以及如何让它发展得更迅速，他都没有明确地认识，所以他在革命局面极紧张的时期，会有时过虑地感到一些幻灭，而在革命局面突变以后，反动派大肆屠杀革命者的时候，他就回复到十几年前独自上酒店痛饮的现象了。他根本没有看到革命的主要动力——工农大众，当然他更没有看见中国革命的长期性、曲折性和复杂性。革命一时遭受了挫折，他就彷徨无主，所以他在临终的昏迷状态中所看见的是工人终于"被压在乱石底下，像一堆烧残枯炭"，而把革命希望寄托在他的太太和儿子身上，他至死都没有看见革命的主要力量——群众的力量。

这确是当时一部分小资产阶级的典型，第一次国内革命战争失败后，像这样人物是不少的。作者如实地生动有力地刻画了这一具有历史性的典型人物，从这一意义来看，这部作品在中国现代文学史上是有着一定的价值的，茅盾称之为"扛鼎"之作，并非过誉。

但这只是一部分小资产阶级的典型，但在当时还有一部分小资产阶级勇往直前地走进了无产阶级阵营中，革命遭受挫折后，随着革命主力转入农村，转入地下，不屈不挠地坚持革命工作，这种人也不在少数。但是可惜得很，《倪焕之》中没有这样的人物。

这说明了什么呢？

这就说明了当时作者对中国无产阶级领导的革命认识还不够深入，只是看到了革命遭受挫折的暂时现象，而没有看到革命在工农大众中的深厚力量。作者在本书中对革命者王乐山的描写，便可以证明这点。王乐山是比倪焕之更了解革命意义的，但作者却没有表现出他做了怎样推进革命的工作，读者只能隐约推求他的活动，而不能得到正面的更深切的印象。另外，二十二章中的倪焕之，似乎已经加入了一个政治集团，但以后倪焕之的行动都不曾明显地反映出集团的背景，仍是个人活动。而倪焕之参加革命后就写得有些概念平面，没有突出。这些怕都是由于作者对当时中国共产党怎样领导革命知道得不大清楚的缘故。

不过这一些却也无损于这部作品的历史价值。就人物形象方面说，它塑造了革命阵营中一些软弱的小资产阶级知识分子的典型；就结构方面说，可以称得上谨严完整；就语言方面说，字斟句酌，十分精练。更重要的是这部作品确能部分的反映了时代的真实，所以它仍不失为一部优秀的现实主义作品。

当然，在结构和人物描写方面也还是有些缺点的，例如前半部全是描写乡镇教育，有些头重脚轻。后半部的倪焕之写得有些空泛。倪焕之死后，他的夫人金佩璋的思想突然转变也嫌勉强①。但这些对整个小说来说，并不是主要的了。

叶绍钧也是一个散文作家，他写散文和他写小说一样，严肃而认真，初期作品，表现了一种士大夫式的宁静淡泊的风趣，但随着作者思想的进展，这种宁静淡泊，有时也会被自己突破，像在《五月卅一日急雨中》散文里，对帝国主义和黑暗势力愤激的感情终于冲开宁静的轻纱，喷薄而出。

1930 年以后，作者对语文教育有了更大的兴趣，虽然也有创作，仍保持了原有的现实主义的风格，但在数量上却不多了。

## 二　郁达夫的小说

郁达夫著有全集八本，还有两本中篇小说——《迷羊》和《她是一个弱女子》，此外还有几本散文随笔。

感伤颓废是郁达夫小说的一个主调，这主调一直到他后几年的小说中还是浓厚的存在着。就他的初期作品来说，这感伤颓废一方面是他个人的牢愁悲痛，另一方面也是对当时丑恶现实的反抗。因为他个人的牢愁悲痛，是根源于这丑恶的现实的。他在他的作品中赤裸裸地要求人生的物质生活，尽情地倾吐自己的悲愤，大胆地描写生理上的性欲苦闷，这对当时反动的军阀官僚政治，以及还有相当势力的虚伪的封建礼教，都是一个很大的讽刺。从这一个意义去看，郁达夫这种感伤颓废的作品，也可以说是对封建社会的叛逆的宣言，而他这叛逆却又是由于他的爱国主义的热情，以及对帝国主义侵略中国的悲愤，他在他的第一篇创作《沉沦》的结尾中曾这样呼喊：

> "祖国呀祖国，我的死是你害我的！
> "你快富起来，强起来罢，
> "你还有许多儿女在那里受苦呢！"

祖国的衰弱不振，政治黑暗，军阀横行，人民贫苦，帝国主义的加强侵略，对中国人民的侮辱欺凌，郁达夫在日本读书时深深体验了这一些，这是他最大的悲愤所在，他一方面感伤颓废，醇酒妇人，甚至于要自杀。另一方面呢，他又呼号呐喊，要祖国快一点富强起来。

但是，可惜得很，郁达夫看出了中国现实社会的黑暗，却不知道如何

---

① 茅盾：《读"倪焕之"》。

消灭这黑暗；希望中国富强，却又不知道怎样才可以使中国富强起来。这就使得他堕入了更苦闷的境地，于是便更感伤更颓废下去，感伤颓废得简直有些近乎自我麻醉，自己戕害自己，他写出了许多自叙传式的作品，描写个人悲苦的经历，描写性的苦闷，描写变态的性心理，描写妓女、肉欲、色情……如《沉沦》《茑萝行》《茫茫夜》《过去》《迷羊》等都是。

这些作品在积极方面虽然揭穿了旧礼教的虚伪和尊严，但这种精神情绪实在是不健康的，特别是在"五四"狂飙之后，中国共产党已经成立，中国革命已经有了正确领导，这种消极的自戕式的反抗，不但对现实的反动政治无损于秋毫，相反的在客观上对于青年们的前进向上的热忱却起了一种很不好的阻碍作用。

但是五四运动以后，共产主义思想广泛地流传开来，郁达夫却也不能不受这思想的影响，因此在他的初期的作品中，除去抒写个人伤感而外，也还有以女工为题材的《春风沉醉的晚上》，以人力车夫为题材的《薄奠》。这两篇小说是多少带有点社会主义思想色彩的，作者开始有意地去写工人和劳动者，表现了劳动人民的那种真诚淳朴的高贵品质，并且对资本家压迫劳工表示了高度的憎恨。但也就仅止于此而已，劳动人民究竟应该走什么道路，作者却没有指出。这就是由于作者始终是站在第三者立场，即站在女工和车夫那一阶级之外，去同情他们，却不是站在他们的阶级之中，去和他们共同生活，共同呼吸，共同战斗，共求解放。作者是始终没有放弃他那小资产阶级知识分子立场的。

第一次国内革命战争以后，作者仍然没有改变自己的道路，写了许多悠游闲适的游记小品，而这一时期的小说也充满了这种情趣，虽然他在1932年写的中篇《她是一个弱女子》中，也企图描写工人群众的革命行动，但肉欲和色情的描写仍然占着很多的篇幅。其中只有1935年写的《出奔》，描写地主阶级对农民的残酷剥削，以及地主本身的贪婪、自私，和革命后地主怎样钻空子混进革命阵营，篇中贯串了作者对地主阶级的憎恨，算是比较具有进步意义的一篇作品。

这以后作者似乎就没有再写什么作品，抗战爆发后，作者在南洋一带作文化工作。日本投降后，被日本法西斯宪兵杀害于苏门答腊，时为1945年9月。

郁达夫也是一个散文作家，他的散文的思想，也和他的小说一样，前期多半是解剖自己，发抒苦闷。后期则都是抒情的记游小品，虽然对现实的苦闷也偶尔透露在字里行间，但终究是悠游闲适的风趣占了上风，战斗的意义是一点也没有的了。

### 三 其他作家

现实主义是"五四"前后的文学的主流，当时在现实主义开山大师鲁迅的指导和影响之下，出现了不少的具有现实主义精神的作家。现在按他们所写的题材略述如下：

描写小资产阶级知识分子和小市民生活的，有王统照、落华生（许地山）、淦女士（冯沅君）和黄庐隐，王统照写有《春雨之夜》《一叶》和《黄昏》，思想和初期的叶绍钧很相近，却更强调空洞的"爱"与"美"，但 1927 年以后，作者思想却有了改变，这时期写的长篇《山雨》，便企图"写出北方农村崩溃的几种原因与现象及农民的自觉"了。[①] 书中写农村崩溃情况很生动，但农民的自觉性却写得不够。落华生写有《缀网劳蛛》，思想上带有一种不健康的命定论的浪漫主义倾向，但同时也有现实的平民主义思想的因素，在他的后期，这一平民主义思想并得到进一步的发展，《解放者》集中所收的《春桃》，虽然不能从阶级关系上去分析问题，但却写出了劳动人民纯洁的品质和高贵的阶级同情。抗战期间，他的思想有着更大的进步，在香港参加了中国共产党领导的抗战民主运动，1941 年因病逝世。淦女士写有《卷施》，大胆地写出了当时女性的挣脱旧礼教束缚的恋爱心理。黄庐隐写有《海滨故人》，写女性追求解放而又彷徨苦闷的心情，都可以说是五四运动后知识女性的真实写照。

描写农村生活的作家有许杰，王任叔，和王鲁彦等。许杰写有《惨雾》《飘浮》《火山口》等。王任叔写有《殉》《监狱》《阿贵流浪记》《在没落中》《破屋》等。王鲁彦写有《柚子》《黄金》《童年的悲哀》《屋顶下》《小小的心》《河边》《愤怒的乡村》等。在这些作品中，相当真实地展开了当时农村的一些画面：写出了农民的可爱的倔强性格及其无知和被播弄，也写出了农民盲目地和命运抗争而终归失败，并寄予他们以很大的同情。但是，这些作者在思想上却有个共同的缺点：即都是从人道主义立场来看这些事件和问题，他们没有看到农村中的阶级关系和斗争，当然也就看不出农民的胜利前途了。

这一时期，代表进步的资产阶级作家的是冰心女士（谢婉莹），她写有《冰心小说集》（包含 1919 年到 1923 年的作品），基本上也还是属于现实主义范畴的。她在小说中也提出一些人生问题，但她解决问题的办法却是用

---

① 《山雨跋》。

资产阶级唯心论哲学超阶级的"爱",例如《斯人独憔悴》便是写父亲禁止儿子搞学生运动,不让他们再去读书,姐姐虽然同情兄弟,但却又要兄弟不违背父亲,对家庭的爱超过了对社会的爱,这完全是资产阶级的自私自利的想法了。从这里也就看出了即使是进步的资产阶级作家也仍不可避免的有其软弱性的。她写儿童的爱比较成功,但也没有阶级观点。五四以后,中国共产党领导的革命运动蓬勃发展,她由于自己阶级的限制,仍然躲在她的空洞的温暖的"爱"中,作品也逐渐减少了。

# 第三节　五四前后的现实主义诗歌和戏剧

## 一　白话诗运动

1917 年文学革命口号提出后,首先出现的新文学作品是白话诗。由于当时革命情势的要求,以及要适应文学革命的战斗内容和目的,白话诗在其一开始时就执行了反帝反封建的斗争任务,而成为当时文化革命战线的一翼,因而它的创作方法就不能不是属于现实主义的。

由于这一基本情况,初期诗歌的内容便具有如下的两个特色:

首先是社会现象和社会问题的描写。不过对于这现象和问题的理解却也随着每个作者的认识不同,而有着深浅的差别。例如,1918 年胡适在《新青年》发表的《人力车夫》,表示他对劳动者的同情,但这"同情"最后却是"点头上车",吩咐"拉到内务部西",他是坐在车子上面来同情"人力车夫"的。但同时在《新青年》发表新诗的刘半农却比胡适要进步一些了,他在《毯子》中申诉了劳动者的痛苦,《萝卜》中叙述了劳动者的被压迫,《女工的歌》中诉说了女工的生活及其被工头凌辱的情形,《相隔一层纸》和《滑稽歌》中则写出了"财主"的穷奢极欲和"穷人"冻饿得卖儿卖女的对比。例如《滑稽歌》中最后一段:

> 人比人来比杀人!
> 人比人来比杀人!
> 你里财主人家里养鸡养鸭养猪养狗末都还要把白米喂,
> 我里穷人家里糠也吮不一把末只好卖男卖女卖夫卖妻卖公卖
> 婆一齐卖干净!

作者写出了这些现象,并对这些现象表示不满意,但作者却也只是站在小资产阶级人道主义的立场予以同情而已，至于如何去正确地解决这些问题，作者不但没有提出甚至也不会想到。

康白情的《女工之歌》也是和刘半农具有同样思想的，他借了一个女工的话来讽刺资本家，表示了工人对资本家的愤怒，但也失之浅薄。倒是他那些记游写景的诗歌，情绪清新健壮，朝气蓬勃，颇能代表五四时代小资产阶级的革命乐观精神。

刘大白则颇注意农民痛苦，《田主来》一诗描写地主怎样压迫农民，农民怎样在痛苦生活中挣扎，他借一农民孩子口中这样说出地主的凶残——

> 贼是暗地偷，狗是背地咬，
> 都是乘人见不到。
> 怎像田主凶得很，
> 明吞面抢真强盗！

在《卖布谣》中，作者指出帝国主义经济侵略使得农村经济趋于破产，以及统治者的走狗税吏们对农民的压迫。不过作者对他所写的不幸的农民只是站在小资产阶级立场寄予同情和哀怜，很少有战斗和反抗的情绪。《红色的新年》和《五一运动歌》是作者对工人的赞歌，但却也不是站在工人阶级立场来赞颂，而这种题材在作者诗中也不多，不过却也可以看出伟大的苏联十月革命对中国小资产阶级知识分子的影响。

"二七"惨案以后，初期的小资产阶级诗人有了进一步的觉悟，唱出了更激越的歌声。例如郑振铎的《死者》是追悼黄爱、庞人铨的，为纪念"二七"惨案所作，虽然作者的出发点仍是小资产阶级的人道主义，但却具有浓厚的反抗意识了。诗中最后一段如下：

> 谁杀了我们的兄弟呢？
> "以眼还眼，以牙还牙，"
> 血——亲爱的兄弟呀！
> 不要目睁睁的，
> 多着呢，多着呢，
> 我们的血——

可惜的是作者像这类诗歌并不多，而这时候郭沫若已经唱出了更猛烈的反抗歌声，"五卅"以后，中国诗歌就由此发展走上革命诗歌的道路了。

初期诗歌第二个特点是对封建礼教的反抗和对人生问题的探索。五四时代，一般小资产阶级青年知识分子反抗旧礼教首先注意的是自己的切身问题，主要的是争取婚姻自由。所以在初期新文学创作中以男女恋爱关系为题材的几乎占了绝大多数，诗歌也是如此。这种对个人主义恋爱的追求和赞美，并不是一种健康的思想感情，但在当时，在反对封建礼教方面，却有其积极意义。这些作者可以当时青年诗人潘漠华、冯雪峰、应修人、汪静之等为代表，他们曾刊有合集《湖畔》《春的歌集》等，汪静之著有《蕙的风》和《寂寞的国》，都是大胆地坦白地写出了青年恋爱心理，同时对封建礼教也就是一个无情讽刺。但这种追求和赞美，为时也并不久，"二七"惨案以后，这些青年诗人有的走向革命阵营，如冯雪峰、潘漠华、应修人等；有的则由沉默而消极甚至堕落下去了。

五四运动以后，文学革命阵营逐渐起了分化，有的坚决地从事实际革命运动，有的则消沉妥协，甚至走向反动阵营。这时剩下一批小资产阶级知识分子，他们开始彷徨歧路，于是便竭力地去探索人生。他们的"探索"也有两种不同的道路：例如朱自清，他在《毁灭》一诗中，便要摆脱"诱惑的纠缠"，"还原了一个平平常常的我"！从此"要一步步踏在泥土上，打上深深的脚印"。作者这里所说的"诱惑"，"还原"，踏的"泥土"，全没有阶级内容，没有从阶级观点去分析问题，因而他所追求的"平平常常"和"深深的脚印"，仍只是属他的本阶级的追求，自然也"探索"不出一个究竟来。不过能够"切切实实"，甘心"平平常常"，这对于小资产阶级知识分子的浮躁矜夸的缺点，却也有着针砭的意义，就当时来说，仍不失为一篇较好的现实主义作品。因为作者究竟是面对现实去"探索"的缘故。

至于另一种"探索"道路则是超脱现实的，这就是所谓"小诗"的出现。主要作者是冰心女士，后来刘大白也曾写过一些。这种诗的形式非常短小，抓住刹那间的感觉，赋以一种缥缈虚幻的哲理意蕴，所以又被称为哲理诗。实际上呢，这只是"五四"以后，一部分消沉没落的资产阶级和小资产阶级知识分子，不敢面向现实，逃避到虚无缥缈唯心哲学思想中以自慰而已。当革命向前更推进的时候，这种诗也就如那些作者的诗集名称一样，像"春水""繁星"般的消逝了。

初期新诗内容上的这两种特色，决定了它的形式是：力求解放，不炫奇立异，有意模拟民间歌谣，绝大多数是自由诗；在字句方面便是采用土语方言，很少使用晦涩的词句，这在前面举的例子中都可以证明的，这些都是健康的现实主义的精神。不过，由于在内容方面不能从阶级观点去分析问题，便失之浅薄，因而在形式描写上也就不能深入，往往一口说尽，毫无蕴藉之致了。

## 二 戏剧运动

初期戏剧运动是文学革命运动一部分，也是贯串了反帝反封建的现实主义精神的。

这首先是表现在对旧剧的批判上。在 1917 年到 1918 年间，《新青年》曾经登载了很多批判攻击旧剧的文章，主要之点是指出旧剧内容的封建和野蛮，不外淫、杀、皇帝、鬼神等，这是和当时反对封建文学相一致的，不过他们的认识并不全面，因而也有偏向，竟粗暴地主张旧戏应该废除。他们还不知道旧剧原是民间艺术，其中仍有一部分是带有人民性的，应该和那些封建野蛮的部分区别开来，批判接受。但是就当时的历史情况来说，那时社会上一般人正沉溺于旧剧中的落后部分，还有一些封建"名士"写许多肉麻诗词，专捧旦角，把旧剧界弄得乌烟瘴气的时候，这样猛烈地予以迎头一击，在政治思想上还是有其一定的战斗意义的。

其次便表现在现实主义精神的倡导上。1918 年《新青年》四卷六期便出过《易卜生专号》，并翻译了易卜生许多剧本，易卜生那种敢于攻击社会，主张摆脱传统的道德、法律、成见、风俗束缚的思想，在那时是很受欢迎的，并且起了很大的影响。初期戏剧差不多全充满了社会问题的色彩，虽然提出了问题并没有解决问题，但基本精神却是现实主义的。到 1921 年，沈雁冰、郑振铎、陈大悲、欧阳予倩、熊佛西等十三人组织了一个民众戏剧社，宣言中曾这样说："我们至少可以说一句：'当看戏是消闲'的时代，现在已经过去了。戏院在现代社会中，确是占着重要的地位，是推动社会向前进的一个轮子，又是搜寻社会病根的 X 光镜；又是一块正直无私的反射镜；一国人民程度的高低，也赤裸裸地在这面大镜子里反照出来，不得一毫遁形……这种戏院，正是中国目前所未曾有，而我们不量能力薄弱，想努力创造的。"①目的既在搜寻社会病根，推动社会前进，当然是现实主义的精神。他们并且创办了一个名为《戏剧》的刊物，一共出了十期，对当时戏剧运动也有一定的贡献。

初期戏剧创作的内容，在其一开始时，大半都是些反对封建婚姻制度的，例如胡适的《终身大事》，熊佛西的《兰芝与仲卿》，欧阳予倩的《泼妇》等都是反对家长专制，争取婚姻自由的。田汉的初期创作如《咖啡店之一夜》，《获虎之夜》也属于这一类。这类题材的创作，从积极方面来看，是

---

① 《新文学大系史料索引：民众戏剧社宣言》。

提出了那时小资产阶级知识分子的一个亟待解决的婚姻自由问题，但另一方面呢，也只是提出了问题而已，究竟如何解决这问题，连作者自己也似乎很茫然。例如田汉后来说他的《获虎之夜》"也接触了婚姻与阶级这一社会问题，一个浮浪儿童爱上了一个富农的女儿，在当时必然地会产生这种悲剧，在现在我们不免有些不满的是这浮浪儿童就那么自杀了，莲姑娘是那么在父权底下婉转哀啼着，不曾暗示半点光明"。① 这是由于当时作者没有把婚姻问题和整个社会革命问题结合起来分析，同时也不会具有阶级观点的缘故。

初期戏剧中表现的婚姻问题都是属于小资产阶级知识分子的，并且多半是从个人出发，范围是很狭隘的。但后来随着革命运动的发展，戏剧内容方面也有了扩展，开始注意到更大的更重要的社会问题了。例如洪深的《赵阎王》便是以反对军阀内战为主题的，不过由于作者那时对于中国革命认识不够，所以对现实理解也就不能接触到本质，对军阀罪恶只是控诉，而对民众痛苦也只是停止于同情。此外如胡也频的《瓦匠之家》和《绅士的请客》，前者是写被压迫者的痛苦，后者则是讽刺统治阶级的腐烂，但也只是暴露旧社会的黑暗，没有明确的革命意识。

"五卅"运动以后，戏剧创作里面，有了正面的反对帝国主义侵略的题材和主题。田汉写了《顾正红之死》，表现了强烈的反帝意识。郑伯奇的《抗争》《危机》《牺牲》，也是以反帝为题材的。从这以后，第一次国内革命战争开始进行，戏剧也和其他文学部门一样，开始走向革命文学的道路了。

---

① 《田汉戏曲第二集自序》。

# 第八章　革命文学作家、进步作家以及没落的资产阶级文学流派

## 第一节　革命文学作家

**一　概说**

　　1927 年到 1928 年间，"革命文学"运动蓬勃开展，在文学理论方面，首先根据马克思列宁主义基本观点肯定了文学的阶级性，肯定了文学是阶级斗争的工具，肯定了文学应该服从政治和革命的要求，作家应该努力获得无产阶级意识等，对当时文学运动起了很大的推动作用。但同时也产生了偏向，就是没有认识到小资产阶级作家思想改造的重要性，更不知道思想改造是一件长期的，艰巨的和细致的工作，错误地以为阶级的"转变"只在于"努力获得辩证法的唯物论"，不怕昨天还是资产阶级，只要今天获得辩证法的唯物论，他的作品就是无产阶级文艺。这一些成绩和偏向在第二章第一节中已经详细地说过了。

　　在这一理论指导之下，当时的文学创作便出现了大量的带有浓厚的浪漫主义色彩的革命文学作品。

　　这些作品首先应该肯定的是它的成绩。就整个的革命运动说来，它是当时革命斗争的一翼，在斗争中执行了自己的革命任务，并起了一定的作用，在广大青年群众中也发生了很大的影响，在一定程度上，是推动了革命运动的。就文学运动来说，它替革命文学运动开辟了道路，打下了基础，并在实践中提供了经验和教训。

　　但是由于创作这些作品的作家都是小资产阶级知识分子，思想没有得到改造，因而在他们作品中，就充满了小资产阶级革命家的思想意识，就包含了很多不正确的倾向和缺点：这首先是个人英雄主义的倾向，作品中的主人翁都是些英雄人物，像飞将军从天而下，落到苦恼的人间，演说，开会，革命，成功，个人英雄决定一切，甚至党的领导也变成了个人英雄式的，这都是小资产阶级革命家的脱离实际的想法。其次是浪漫主义的倾向，革命文学原是要写无产阶级革命运动，描写劳动人民的实际生活的，

但那时的革命文学作家却对革命实际的发展缺乏正确认识，没有深入革命实际工作和工农生活。因此，他们就只好用主观想象来代替客观现实，以为只要按照"唯物辩证法的方法"来写就行，这样，他们的作品大多数就成为抽象的公式主义的东西。人物都是理想化的，没有真实的生命，思想转变也很突然，没有自我斗争过程。事变的发展，也都是没有错误，只有正确，没有失败，只有胜利，总之一切事变都会百事如意地得着好结果。此外，庸俗的英雄儿女的倾向也很浓厚，作品内容除了革命，便是恋爱，甚至有的作品把恋爱写得更多，恋爱加革命，成为那时革命文学作品的一时风气了。

这里指出革命文学的一些不正确的倾向，并不是否认了它的历史价值，在当时，革命文学还是新兴的东西，既是新兴自然也就免不了幼稚和浅薄，而中国革命文学也正是在自己的错误里学习到正确的创作方法，在和错误不断斗争过程中壮大起来的。

这些革命文学作家，当时比较著称的有：钱杏邨、华漠（阳翰笙）、适夷（楼建南）、龚冰庐、洪灵菲、蒋光慈、殷夫、胡也频、田汉等，钱杏邨写有小说集《革命的故事》《义塚》《一条鞭痕》，诗集《荒土》等。华汉写有《十姑的悲愁》《最后一天》《地泉》等。适夷写有《挣扎》《病与梦》《第三时期》等。龚冰庐写有《炭矿夫》等，洪灵菲写有《流亡》《前线》《转变》《明朝》《气力的出卖者》等，而对当时影响较大的则是蒋光慈、胡也频、殷夫和田汉，现在分述如下：

**二　蒋光慈、胡也频的诗歌和小说**

蒋光慈是最早从事革命文学创作实践的作家之一，他的创作数量也很多，影响也比较大。

他从 1925 年出版诗集《新梦》，1926 年出版小说《少年飘泊者》以后，陆续写了诗集《战鼓》《鸭绿江上》等十个小说集。

蒋光慈在 1921 年便开始了他的诗歌创作生活（《新梦》中收入的便是1921 年到 1924 年间旅居苏联的作品），在这些诗歌里面，作者表现了对苏联十月革命后的新生活的歌颂，以及反帝反封建的爱国主义的革命热情。他在《莫斯科吟》中这样写着——

> 十月革命，
> 那大炮一般，
> 轰咚一声，
> 吓倒了野狼恶虎，

> 惊慌了牛鬼蛇神，
>
> 十月革命，
>
> 又如通天火柱一般，
>
> 后面燃烧着过去的残物，
>
> 前面照耀着将来的新途径。

在《中国劳动歌》中，他明确地表现了他的革命的立场，在最后一段慷慨激昂地这样呼喊——

> 起来罢，中国劳苦的同胞呀！
>
> 我们是尝足了痛苦，做足了马牛；
>
> 倘若我们再不夺回自由，
>
> 我们将永远蒙着卑贱的羞辱。
>
> 我们高举鲜艳的红旗，
>
> 努力向社会革命走；
>
> 这是我们自身的事情，
>
> 快啊，快啊，快动手！

作者这种明显的革命立场以及他的反帝反封建的爱国主义的革命热情也同样表现在他的小说里面。

这首先是作者把他的小说题材扩大了。作者小说中的人物除了知识分子以外，还有罢工的工人、店伙计、地下工作者、农会的领袖、叛逆的女性等。作者并且有意识的要反映社会上的主要矛盾和主要斗争，所以当时一些重大事件，如学生抵制日货运动，粤汉铁路工人罢工，上海工人的三次暴动，南昌暴动，湖南农民运动等，他都正面或侧面地接触到了。

作者的作品这一特色，在当时是有着重大意义的，他表现了当时革命的主要动力和革命的重大事件，而这恰是当时广大青年所最关心的问题，急于知道的问题，因而他的这些作品就受到青年们的广泛欢迎。像《冲出云围的月亮》在出版的一年内就重版了六次之多。这在政治方面就扩大了革命的影响，在文学方面就替革命文学争取了更多的读者。作者这一功绩是不可埋没的。

当然，作者的作品仍有着很多缺点，如前所说的当时"革命文学"的一些缺点，作者也都不能避免。作者的思想，一方面固然包含着最进步的马克思列宁主义的思想，但同时又还残存有相当浓厚的小资产阶级的个人主义的意识和封建的才子佳人的趣味。所以他的作品中一方面写出了革命事件和革命人物，也有着革命的热情；但另一方面却又表现了相当浓厚的"怀才不遇"的抑郁和苦闷的个人情绪，以及一些和严肃的革命工作纠缠在一起的无聊的恋爱场面。再由于这一思想根源，以及当时"革命文学"理论的偏向的影响，作者笔下的人物，多数是凭主观的想象，缺乏具体的形象，特别是作者并没有深入工人生活之中，对工人阶级的思想感情了解不够，因而写出的工人仍然是小资产阶级化身。另外，作者的小资产阶级浪漫主义的幻想，也阻碍了他对现实生活的深入，他曾经这样说："我自己便是浪漫派，凡是革命家也都是浪漫派，不浪漫谁个来革命呢？"[1]这种对革命的错误的认识，就使得他写出的革命事件只是一些热情的呼喊，而不是实际的残酷的阶级斗争。也正由于这些思想认识上的缺点，作者便时有脱离政治的倾向。他在 1927 年出版的《野祭》中曾这样说过："我是一个流浪文人，平素从未做过实际的革命运动，照理讲，我没有畏惧的必要……"由于这一软弱态度，所以当 1929 年到 1930 年期间，正是阶级斗争最尖锐的时候，革命最艰苦的时候，作者就支持不住了，就想躲开一点了。就在这时，他写出了《丽莎的哀怨》，无立场地同情白俄贵妇，就是这一退缩思想的具体表现。但是在阶级斗争最尖锐的时候，作者是躲不开的，反动统治者对他的压迫还是越来越紧，1931 年，作者终于在这残酷的压迫之下，在上海病逝。

除了这些思想上缺点而外，作者的写作技术也有些缺陷，例如组织结构比较散漫，文字方面更多粗糙之处。

不过作者这些缺点并不能掩盖他的成绩，如前所说，这些作品在宣传无产阶级革命思想方面，在鼓动群众斗争情绪方面，在首先从事革命文学的创作实践方面，都是著有一定的成绩的。

胡也频是 1931 年 2 月 7 日，被国民党反动派在上海龙华杀害的作家之一。他在 1924 年左右，便从事文学活动，曾写过一些作品，如《圣徒诗稿》《往何处去》等，多以恋爱为题材，小资产阶级浪漫主义的气息很浓厚。但由于作者的学徒出身和长期的贫苦生活，他也写了一些现实人生的悲苦场面。1928 年，他从北京到了上海，开始接受了马克思列宁主义思想，当"他还不了解革命的时候，他就诅咒人生，讴歌爱情，但当他一接触革命思想的时候，他就毫不怀疑，勤勤恳恳去了解那些他从来也没有听到过的

---

① 郭沫若：《革命春秋：创造十年续编》。

理论"。① 这一时期，他除了从事实际革命工作外，写了两个长篇小说——《到莫斯科去》和《光明在我们的前面》，思想风格和前期是截然不同了。

《到莫斯科去》是作者在 1929 年写的，是个革命与恋爱的故事，浪漫主义色彩仍然很重，但最后女主角素裳终于挣脱了反革命分子徐大齐的魔掌，上了火车到莫斯科去，显示了作者对革命的信心。

《光明在我们的前面》是作者最后一篇作品，1930 年写成，较之《到莫斯科去》很明显地可以看出作者思想又向前跨进了一步，虽然也还是革命与恋爱的故事，但却通过政治思想斗争——男主角刘希坚的马克思列宁主义思想和女主角白华的安那其主义思想的斗争——来表现，终于马克思列宁主义思想战胜了安那其主义思想，这就较之一般的革命与恋爱题材要显得深刻一些了。作者在这个主要斗争的环节上写了情感和理智的冲突，个人感情和阶级意识的冲突，并且写了他们的对立和统一。女主角白华从安那其主义思想转变到马克思列宁主义思想的斗争过程，通过许多具体事件，是写得很生动有力的。全书中贯彻了作者炽热的革命感情，也很有感动人的力量。丁玲在《胡也频选集序》中说："《光明在我们的前面》的后几段，我以二十年后的对生活，对革命，对文艺的水平来读它，仍觉得心怦怦然，惊叹他在写作时的气魄与情感。"当时对这部作品曾有这样的评价："胡氏底《光明在我们的前面》是生长在五卅运动以后的文学作品中的一种新的姿态开展在读者面前的，因其生活内容的充实，意识的正确，技巧的熟练，无疑的，在中国文坛上是一部划时代的作品，表现了中国'五卅'以后的新的阶段的开始，至少，它是负起了这个伟大的历史任务。"② 这话现在看来虽不免称赞得过分一点，但却可看出这书在当时的影响来。至于它的缺点，诚如丁玲所说"生活的实感还不够多"，内容方面只侧重几个主要人物的活动，而对社会的阶级对立关系以及广大革命群众活动写得也不够，因而整个说来，就显得有些单薄了。

### 三 殷夫的诗歌和田汉的戏剧

殷夫一名白莽，姓徐，也是龙华殉难烈士之一，就义时才二十二岁。著有诗集《孩儿塔》《伏尔加的黑浪》《一百〇七个》，小说随笔集《母亲》等。

这个年青的革命诗人的诗作，可以说是当时革命文艺中的鲜艳的花朵，晶莹的宝石。诗中充满了深刻的阶级革命的感情，坚定的革命信心，

---

① 丁玲：《胡也频选集序》。
② 张秀中：《读〈光明在我们的前面〉》。

每一首诗都似乎有一股巨大的力量，激动着读者的感情，震撼着读者的心灵，并紧紧地吸引住读者，抓住了读者。当时革命文学由于小资产阶级思想意识而带来的一些缺点，例如空喊口号，概念化，公式化等倾向，在这个年青的革命诗人的诗中是很难找出来的。一直到以后，鲁迅对他的诗篇还予以很高的评价，他在《孩儿塔序》中说："这是东方的微光，是林中的响箭，是冬末的萌芽，是进军的第一步，是对于前驱者的爱的大纛，也是对于摧残者憎的丰碑。一切所谓圆熟简练，静穆幽远之作，都无须来作比方，因为这诗属于别一世界。"①这种"属于别一世界"的诗篇，不仅那些浪漫主义或旧现实主义诗人不能望其肩背，就是当时革命诗人对之也要黯然失色，像底下的这样的诗句，便浸透了阶级斗争的情绪，无产阶级的乐观的雄浑的大无畏的气魄，以及对新社会建立的饱满的愉快的信心。如《五一的柏林》中的一节——

> 枪声鼓唱了新时代的新生，
> 红旗摇展开大斗争的前战！
> 攻击，攻击，永远的攻击，
> 斗争中没有疲倦！

再如《拓荒者》中的一节——

> 走前去呵，同志们！
> 工作的时候不准瞌睡，
> 大风掠着旌旗，
> 我们上前，上前！

像这样雄浑响亮而且乐观的激越诗句在作者的每首诗中差不多都是俯拾即是，底下是《议决》一诗的全文：

> 在幽暗的油灯光中，
> 我们是无穷的多——合着影。
> 我们共同地呼吸着臭气，
> 我们共同地享有一颗大的心。
>
> 决议后，我们都笑了，

---

① 《且介亭杂文末编：白莽作孩儿塔序》。

> 像这许多疲怠的马，
> 虽然，又静默了，
> 会议继续到半夜……
>
> 明日呢，这是另一日了。
> 我们将要叫了！
> 我们将要跳了！
> 但今晚睡得早些也很重要。

《1929 年 5 月 1 日》是一首较长的革命叙事诗篇，在这首诗里，作者更显示出他的高贵的革命品质和卓越的文学才能，像底下这些坚强有力而又十分形象的诗句：

> 我突入人群，高呼：
> "我们……我们……我们……"
> 白的红的五彩纸片，
> 在晨曦中翻飞像队鸽群。
>
> 呵，响应，响应，响应，
> 满街上是我们的呼声！
> 我融入于一个声音的洪流，
> 我们是伟大的一个心灵。
>
> 满街都是工人，同志，我们，
> 满街都是粗暴的呼声，
> 满街都是喜悦的笑，叫，
> 夜的沉寂扫荡净尽。

1951 年丁玲编选他的遗诗，曾这样说："他的诗，仅仅在这能找到的二十多首中，我以为每首都像大进军的号音，都像鏖战的鼓声。我们听得见厮杀的声音，看得见狂奔的人群。这战斗像泰山崩裂，像海水翻腾，像暴风骤雨，像雷电交鸣。我们感受得到被压迫的人们的斗争决心，无产阶级团结起来与统治阶级的殊死的斗争。诗人的心是沉重的，是坚定的，是激烈的，诗人的感情是炽热的，它紧紧地拥抱着抗争的人们，他用力的握着真理，痛击那群卖国者，蒋介石以及他的党徒们！但诗人所给人们的远景和信心，却是光明的，愉快的，新的社会的建立！殷夫同志是一个诗坛骄子，我还没有读到过像他这样充满了阶级革命感情的诗。他对旧的毫无留恋，而是讽刺，是鄙视。他是新的诗人。在二十年以前是这样，在现在还是这样。"①

丁玲的话并没有夸张，是可以作为殷夫诗篇的定评来看的。

田汉从事戏剧运动很早，也最努力，同时又是戏剧创作最丰富的一位剧作者。

他的早期作品，一般说来，都带着比较浓厚的浪漫主义色彩，这在前面已经说过。1928 年以后的作品，基本上有了正确的阶级立场和革命观点，但浪漫主义的情调还或多或少的存在着。

他这时期剧作取材甚为广泛，除了知识分子和小市民而外，并有意识地描写工农生活，如《火之跳舞》是写工人和资本家阶级关系的对比的，《洪水》是写灾区农民生活及其反抗斗争的，《旱灾》是写农村中惨绝人寰的人吃人的事实的。这些作品虽然生活实感不多，并带有初期革命文学的一般缺点，但在宣传革命思想方面是起了一定的作用的。

"九一八"以后，作者写出了大量的以抗日救亡为主题的剧本，如：《乱钟》《扫射》《战友》《1932 的月光曲》《回春之曲》《初雪之夜》《阿比西尼亚的母亲》《晚会》等，在这些作品中充溢着作者的爱国主义的热情和对日本帝国主义的愤怒。演出以后，在宣传抗日救亡方面，起了很好的作用。

一般说来，作者的剧作，都是从现实的战斗要求出发的，因而能够比较正确地从阶级关系上反映了时代的动荡和斗争，并热情洋溢地给表现了出来，具有感动人的力量，演出时能收到一定的效果。洪深在《回春之曲》的序中曾这样说："近几年来，中国也有不少写作戏剧的人，也刊行过不少戏剧集子，但是要寻觅一部作品能够概括地反映最近四五年中国政治经济社会的情形，并且始终不曾失去'反封建和反帝国主义是中华民族的唯一出路'那个自信的，除了田先生这集子外，竟不容易再找出第二部。"洪深这话，基本上是符合当时实际情况的。因此，作者的剧作在当时革命戏剧发展方面就起了推动作用，因而也就有其一定的历史意义。

但作者的泛滥的热情和浪漫主义的情调也给作品带来了一些缺点，由于热情的泛滥就不能够冷静地观察人物，分析人物，因而对剧中人物的思想性格也就不能更深入地发掘刻画，而浪漫主义的情调也往往冲淡了严肃

---

① 《殷夫选集序》。

的气氛。此外，也许仍是由于作者热情奔放的缘故罢，作者的剧作似乎很少经过深思熟虑，好像是"一蹴而就"，虽然强烈的感情也能够感动读者和观众，但粗疏草率的地方也就在所不免了。

作者不仅戏剧创作丰富，而且从事革命戏剧运动也最努力。从他早期领导南国社起，以后他一直坚持着战斗的戏剧岗位，并影响了不少的进步的戏剧运动者和剧作家，在革命戏剧运动方面，作者也起了一定的作用。

抗战期间，作者写下的作品较之这一时期要少一些，其中著名的有《秋声赋》和《丽人行》。这时作者对旧剧改革感到更大的兴趣，也编写了一些剧本，如《新儿女英雄传》《江汉渔歌》等，对于旧剧改革也起了一些好影响。

# 第二节　进步作家

## 一　概说

1928 年以后，革命文学运动蓬勃发展，马克思列宁主义文学理论不断地介绍翻译过来，并为广大的文艺青年所爱好，所学习。1930 年，中国左翼作家联盟成立，在中国共产党领导下，在鲁迅亲自指挥下，无产阶级革命文学运动如狂涛巨浪，席卷全国。在这一运动启发影响之下，培育了大批的革命作家，产生了大批的革命文学作品，文学中的社会主义和现实主义有了进一步的发展。但是，这时也还有一些小资产阶级作家，他们一方面对国民党反动统治感到失望和愤怒，另一方面对中国革命前途和革命力量又认识不足，不能用阶级分析方法去研究社会人生，因而对中国共产党领导的新民主主义革命运动也就不能了解，采取了旁观的态度，在政治上他们是陷于彷徨苦闷境地的。他们这一政治态度，表现在文艺上，便是既不愿和反动文人同流合污，但却也不愿走进革命文学阵营，仍然停留在旧现实主义阶段上。

如果根据当时客观历史情况来看，这些旧现实主义作品也不能说就没有积极意义，他们还是适合了当时革命的总任务反帝反封建的要求，在一定程度上，它或者揭露了国民党反动统治者及其走狗们的凶残和无耻，或者攻击了帝国主义在中国的野蛮侵略行为，或者申诉了广大人民在官僚地主残酷剥削下的痛苦生活，或者无情地批判了封建社会封建制度所造成的一切罪恶。虽然这些作者不可能指出反抗的道路，但在揭露、攻击、申诉、批判中也就流露了他们的反抗要求，因而也就或多或少地鼓动了读者的反抗情绪，至少是更增加了读者对现实不满的情绪。从这一意义来看，这些作品在它的历史阶段上也就起了一定的积极作用，在现代文学史上仍是有其历史价值的。不过，当革命形势已经进入新阶段并向前发展不断深入的时候，当阶级斗争十分尖锐的时候，反映在文学上则是社会主义现实主义创作方法成为主流的时候，他们还停留在旧现实主义阶段上，离开了阶级斗争，这显然是落后于那时新的革命形势，也显然是不能适应那时革命斗争的迫切要求了。

这些进步作家，在小说方面可以老舍和巴金为代表，诗歌方面可以闻一多为代表，戏剧方面可以洪深、曹禺为代表，现在分述如下。

### 二　老舍、巴金的小说和闻一多的诗歌

老舍是北京人，据他自己说：他"自幼儿过惯了缺吃少穿的生活，一向是守着'命该如此'的看法"。① 这两句简单的话，虽然是说他在"五四"以前那一时期，但却本质地说明了他后来创作的思想内容和写作方法。由于"缺吃少穿"的生活，使得他不可能离开丑恶的现实，就不免"积累下委屈，反抗那压迫人的个人与国家"。由于属于小市民层的"命该如此"的看法，那么这一点"委屈"和"反抗"也就往往以小市民趣味的滑稽幽默态度出之，倒反削弱了反抗的力量，也就是他自己说的"幽默冲淡了正义感"。② 他的初期作品如《老张的哲学》和《赵子曰》就是属于这一类的。

1924 年作者到伦敦的东方学院去教中国语文，1930 年才回国，这就是说伟大的五卅运动和轰轰烈烈的第一次国内革命战争和作者都没有发生关系，回国后作者就在大学教书，又很少机会和革命接触，这就限制了作者思想的向前发展，基本上仍然停留在前面的阶段。

这一期间作者写下了很多小说，仍由于作者的贫苦出身，所以出现在他的笔下人物就不仅是知识分子，也有劳苦大众和受压迫的人。但也仍由于作者远离革命，对革命没有认识，所以他描写劳苦大众就如他自己后来的分析："不过那是因为我自幼受过苦，受过压迫，愿意借题发挥，把心中怨气发泄出来。我有小资产阶级的正义感，正因为那是小资产阶级的正义感，我可是不敢革命，于是我笔下的受压迫的人也不敢革命，我只写出我对他们的同情，而不敢也不能给他指出出路。我用他们的语言，形象，

---

① 《老舍选集自序》。
② 《老舍选集自序》。

生活等，描画出一些阴森晦暗的景象，其中可没有斗争，也就没有希望与光明。"①例如他的著名长篇《骆驼祥子》，在他的解放以前的所有创作中无论是思想上或是艺术上都是比较好的一部，但书中主角一个忠实诚恳的劳动人民，北京人力车夫祥子终于被旧社会摧残压迫而惨死，前途看不出一点光明。所以当《骆驼祥子》发表后，就有工人问他："祥子若是那样的死去，我们还有什么希望呢？"作者对此也无言答对。② 此外在他另几个较好的短篇中如《月牙儿》《上任》等，也都同样地没有给受压迫者以光明的希望。

是什么原因使得作者"不敢革命"和他的笔下人物"也不敢革命"呢？首先，作者幼年的小市民的"命该如此"的思想该是一个因素；其次，当国内革命斗争阶级斗争最尖锐的时候，作者却远在国外，没有和革命发生关系；第三，六年时间生活在英国资本主义社会里面，思想上也不能不受影响。因此就使得作者脱离了政治，脱离了斗争，据他自己说："在文艺与政治斗争当中，我画上了一条线；我是搞文艺的，政治是另一回事。"又说："至于文艺的思想性和战斗任务，我向来不关心。"③因此，就写出了像《猫城记》那样既讽刺了军阀政客和统治者，也讽刺了进步人物的有错误的作品。

但是作者这一思想上的缺点和限制，却也不能掩盖他的作品的一些优点。作者终究是一个好的批判现实主义作家，对旧社会的一切黑暗和罪恶，在他所能认识到的范围之内，他曾尽力地予以无情的批判。再由于他的出身关系，他曾有较长时期和劳动人民生活在一处，后来他和劳动人民仍然一直保持着很好的友谊，并热爱他们，所以他能够"理会了他们的心态，而不是仅仅知道了他们的生活状况"。④ 这就使得作者笔下的劳动人民在一定程度上写得很真实，很生动，很感动人，不是一些抽象的概念式的人物。也正由于这样，作者能够很精练地运用人民语言，特别是北京人民语言，这一方面，在他以前的作家，还没有哪个这样贯彻使用过。其次，由于作者对旧社会有所憎恨，有所批判，热爱劳动人民，因而是一个爱国主义者，特别在抗战期间，他以火样的爱国热情，从事抗战文学运动，在团结文艺界坚持抗战反对分裂的工作上，也有其一定的成绩。在这时候，

---

① 《毛主席给了我新的文艺生命》，见《人民日报》，1952 年 5 月 21 日。
② 《老舍选集自序》。
③ 《毛主席给了我新的文艺生命》，见《人民日报》，1952 年 5 月 21 日。
④ 《老舍选集自序》。

他对抗日民主运动，中国人民革命运动有了进一步的了解，对蒋介石匪帮法西斯统治和卖国罪行也有了较深刻的认识。所以解放以后，他立刻从国外跑回祖国的怀抱，以他的热爱祖国热爱劳动人民的感情热爱新中国的一切，并努力自我改造，他写下《龙须沟》《方珍珠》等具有人民性的剧本，荣获"人民艺术家"的称号，这并不是偶然的。

巴金出身于四川一个封建地主家庭。1927 年左右，正是革命高潮澎湃全国，许多热情的青年知识分子投向革命斗争行列的时候，巴金这时正在法国，没有能够和这个伟大的革命斗争发生关系。而他这时在法国的生活也十分单调寂寞，据他自己说就在这时候"为了安慰我的这颗寂寞的年青的心，我便开始把我从生活里得到的一点东西写下来"。[①] 这就是他的第一部小说《灭亡》。

从作者的作品里可以看出作者有着小资产阶级的强烈的正义感，有着烈焰般的青年热情，对封建社会制度的罪恶也有着高度的愤怒和反抗的情绪。但由于作者对马克思列宁主义革命理论没有认识，更没有和实际革命斗争接触，再加上长期的孤寂生活，于是热情和反抗却使得作者错误地走向虚无主义的道路。长篇《灭亡》就充满了这种虚无色彩。作者在这作品的"自白"中，就坦白承认书中主角杜大心的思想是"近于安那其主义"，"近于虚无主义"，同时更承认他自己"过去某一时期的思想确是这样"。《灭亡》的题材是一件革命与恋爱的故事，主旨是说明凡是曾把幸福建筑在别人的痛苦上面的人全都要灭亡，可是凡是最先起来反抗压迫的人也要灭亡，这就等于说不革命的和革命的结果全要灭亡了。由于这一思想的支配，篇中便充分流露了感伤悲哀的情调和忧郁阴暗的气氛。

《灭亡》之后，作者继续写下了《新生》《死去的太阳》《海底梦》《砂丁》《雪》《萌芽》《春天里的秋天》等长篇小说，基本思想、风格、情调均和《灭亡》相类似，《砂丁》和《雪》是写矿山，《萌芽》是写窑工生活，虽然题材和《灭亡》不同，但思想内容仍没有超出《灭亡》的范围。

稍后的爱情三部曲，《雾》《雨》《电》是作者自己最爱的作品。他自己说："但热情并不能够完成一切，倘没有什么东西来指导它，辅助它，那么它就会像火花一般零碎地爆发出来，而落在湿地上灭了，热情常常是这样地把人毁掉的。……于是信仰来了。信仰并不拘束热情，反而加强它，但更重要的是信仰还指导它。信仰给热情开通了一条路，让它缓缓地流

---

① 《巴金选集自序》。

去，不会堵塞，也不会泛滥。由《雾》而《雨》，由《雨》而《电》，信仰带着热情舒畅地流入大海。"①不错，热情不能够完成一切，但作者所谓的"信仰"又是什么呢？很显然，绝不是马克思列宁主义，而仍是一种模糊的虚无的概念，这种信仰是不可能"带着热情舒畅地流入大海"的。

作者的"激流三部曲"——《家》《春》《秋》，拥有更多的读者。特别是《家》，曾经引起大量青年的共鸣，在反抗封建家庭的斗争中，曾起了一定的作用。作者通过一个正在没落崩溃中的封建家庭的历史，极力攻击了"吃人"的封建制度和黑暗社会，深刻地暴露了封建地主官僚的腐败无耻的生活。对在这封建制度之下的年轻的一代所遭受的摧残和痛苦，寄予以无限的同情，并写出了他们反抗封建制度的行动。书中主人公觉慧便是一个具有坚强斗志的青年，他自觉地和这些封建制度作了坚决的斗争，终于毅然决然地挣脱封建家庭束缚而出走。这里，作者对于封建制度的控诉是十分有力的，但可惜作者所指出的反抗之后的出路却仍是他那种虚无主义的上无领导下无群众的革命。

抗战期间，作者写的长篇《火》，是以抗日战争为题材的，充溢着爱国主义的热情，但思想仍未能超越他这一时期的范围。

作者的作品在当时的积极作用是：首先作者是受了现实生活的波动而从事写作的，对丑恶的现实生活他是深恶痛绝并愿意尽力去摧毁它的。他自己曾这样说："自从我执笔以来，我就没有停止过对我的敌人的攻击。我的敌人是什么？一切旧的传统观念，一切阻碍社会进化和人性的发展的人为的制度，一切摧毁爱的努力，它们都是我的最大敌人。我永远忠实地守着我的营垒，并没有作过片刻的妥协。"②这是他的实话，虽然这里面的所谓"人性"，所谓"爱"，都是空洞的，没有用阶级分析方法来考察，但把"旧的传统观念"当作最大的敌人，这一点是符合当时革命需要的。至于在描写技术上虽然有些浪漫主义的色彩，但基本上仍是现实主义的，并且由于他的浪漫的热情，倒更增加了对现实批判的力量。其次，火炽般的热情一贯地贯彻在作者的全部作品中，他热情地攻击封建制度和黑暗社会，他热情地歌颂他那种幻想式的革命。这对于中国一群不满现实而又找不到革命出路的比较天真一点的小资产阶级知识青年，实在具有一股巨大的吸引力量。有很多青年学生就是因为读了巴金的作品，而幻想革命起来，在国

---

① 《刘西渭咀华集附录：〈爱情三部曲〉的作者的自白》。
② 《巴金选集自序》。

民党反动统治时代里，告诉青年要摧毁封建制度要幻想革命，终究比告诉青年幻想一些虚无缥缈的东西要好的。不过，在中国现实社会里，巴金作品中所想象的那种模糊的虚无的革命是不存在的，这些青年不革命便罢，要革命就必然地走上了中国共产党所领导的革命道路，而这却是巴金所不曾指点过的，这在巴金是始料之所不及，但在客观上，作者的作品却是发生了一定的积极效果。

作者的文字流利畅达，描写也细腻生动，而又热情充沛，浩瀚有力，这也都是他的长处。

闻一多文学活动的初期，和"新月派"关系较深，因此，提到闻一多，就不免要联想到代表买办资产阶级文学的"新月派"及其代表诗人徐志摩。其实闻一多的思想发展和"新月派"那些人是有所不同的，他原先虽也是资产阶级诗人，是个唯美主义者，但后来他却逐渐地认清现实，克服种种矛盾，向前迈进，而成为一个民主战士。

初期闻一多在政治上和徐志摩一样，都是企图在中国实现欧美资本主义的民主政治的。但闻一多却又和徐志摩不同，徐志摩对中国社会历史、民族文化等毫无认识，对自己的祖国也没有什么深刻的感情；闻一多却不是这样，他对中国社会文化历史知道得要多一些，"五四"时反帝反封建的基本精神对闻一多也产生了很大的影响。到了美国以后，他身受民族歧视，使他成为一个爱国主义者。他在家书中说："我乃有祖国之民，我有五千年之历史与文化，我有何不若彼美人者？将谓吾国人不能制杀人之枪炮遂不若彼之光明磊落乎？总之，彼之贱视吾国人者一言难尽。"① 所以他在美国所想的不是狭义的"家"，而是"中国的山川，中国的草木，中国的鸟兽，中国的屋宇——中国的人"！② 因此，他在文艺上虽然是一个唯美主义者，但由于爱国主义的热情驱使，他不能不正视中国的现实社会，而予以批判，他自己说："现实的生活时时刻刻把我从诗境拉到尘境来。"③这样，在他的诗歌中也就有了很浓厚的现实主义成分。

他在美国的时候，对美帝国主义歧视中华民族，曾在《洗衣歌》中提出了严重的抗议。又在《忆菊》中这样歌唱祖国——

> 我要赞美我祖国底花！

---

① 《闻一多全集》三卷庚集：《家书》。
② 《闻一多全集》三卷庚集：《致友人书》。
③ 《闻一多全集》三卷庚集：《致友人书》。

我要赞美我如花的祖国！

但是诗人怀抱着一腔爱国热情回到祖国以后，所见到的却是帝国主义对中国侵略的日甚一日，军阀官僚的出卖祖国压榨人民的变本加厉。于是诗人忍不住了，他在《初夏一夜的印象》诗中流露了对当时军阀混战的憎恨，在《荒村》中写出中国农民由于军阀混战逃亡的悲惨，在《天安门》中，记载了北洋军阀屠杀爱国学生的历史事件，在《飞毛腿》中写了一个人力车夫自杀的下场。虽然这样的诗在作者全部诗作中所占的分量并不多，而且立场观点也很模糊，但这究竟是作者对于丑恶现实的暴露和反抗，是他的进步的因素。

不过由于作者的阶级出身，使得他没有办法认清中国这个半封建半殖民地社会的本质，因此，他这个反抗就显得没有力量，于是作者对他所热爱的祖国失望了，他激动地而又悲哀地唱出了《发现》这样的诗——

> 我来了，我喊一声，迸着血泪，
> "这不是我的中华，不对不对！"
> 我来了，因为我听见你叫我；
> 鞭着时间的罡风，擎一把火，
> 我来了，不知道是一场空喜。
> 我会见的是噩梦，那里是你？
> 那是恐怖，是噩梦挂着悬崖，
> 那不是你，那不是我的心爱！
> 我追问青天，逼迫八面的风，
> 我问，（拳头擂着大地的赤胸，）
> 总问不出消息；我哭着叫你，
> 呕出一颗心来，——在我心里！

这失望的日子愈久就愈深，终于变成了绝望的诅咒，诗人在《死水》中吟出这样的句子——

> 这是一沟绝望的死水，
> 清风吹不起半点漪沦。

"死水"中当然找不着出路，于是诗人只好停止歌唱，研究中国古典文学去了。

抗日战争对作者是一个转变的关键，战争迫使他又从书斋走出，他用他那纯真忠实的爱国热情去重新认识现实，他亲眼看见了国民党反动派的贪污腐化，通敌卖国的行为，同时也看见了他以前受了蒙蔽不曾看见的中国共产党领导下的人民的力量。这回，他找到了真正的出路，而且坚决地向这路上迈进，英勇地参加了实际革命斗争，1946年7月在昆明遭到蒋介石匪帮的暗杀。这一时期他虽然没有写下诗篇，但他却用他的鲜血他的生命写下了一首瑰丽的史诗。同时，他的一生道路也向所有资产阶级作家或具有资产阶级思想的作家指示了一个真理：只有勇敢地抛开自己阶级，才能找到真正的出路。

### 三　洪深和曹禺的戏剧

洪深从事戏剧运动比较很早，他的初期作品在前面已曾介绍。这一时期他的思想据他自己说："已阅读社会科学的书；因而参加了左翼作家联盟……个人的思想，对政治的认识，开始有若干改变。"①就在这样的思想情况之下，他在1930年到1931年写出了合称"农村三部曲"的《五奎桥》《香稻米》和《青龙潭》。

这三部曲的主题，作者在自序中这样说过："《五奎桥》所写的是乡村中残留的封建势力。《香稻米》所写的是农村经济破产。……《青龙潭》所写的是'口惠而实不至'的结果。"《五奎桥》的故事是农民因为天旱，要拆去关系周乡绅祖坟风水的五奎桥，好让机器打水的洋龙船撑过来，周乡绅坚决不许拆，于是，农民和周乡绅之间的斗争展开了，结果是全村农民男女老少一齐动手把五奎桥拆掉。剧中写周乡绅的奸诈险恶，老年农民的保守和青年农民的坚强果决，都写得比较真实生动。不过，在作者的写作年代里，农民和地主的斗争，在其一开始时，虽然也可能是自发的，但绝不会停止于自发，特别是在那时的土地革命的浪潮激荡之下，是不可能不受这浪潮的影响，甚至有组织来领导的。作者没有看到这一点，所以当拆了五奎桥之后，农民就认为"这一下周乡绅算是完全完结了"，这认识是很不够的。《香稻米》是写一个丰收年，村民黄二官满望可以还清债务，但由于洋米进口，奸商操纵，捐税重重，以致谷价下落；再加上债主，米商，兵匪的剥削抢劫，丰收却使黄二官全家陷入了破产。终于黄二官在这惨痛的事实教训中，觉悟过来。作者在剧的结尾借黄二官的儿子庆祥的口中说出："乡下人未见得都是猪，打他，不痛，踢他，不动！一出好戏，还没有开

①　《洪深选集》《自序》。

场呢?"全剧里面，作者画出了错综复杂的农村破产过程的全貌，把丰收和农村的吸血鬼——买办阶级，地主高利贷者，兵灾，捐税有机地联系起来，写得是很成功的。但缺点是：作者虽然看出农村破产的症结，却不知道应该怎样去消灭这症结，他没有明确地看出农民的伟大力量和他们的革命前途，所以黄二官的觉悟只是由于听了一个青年学生谢大保的教条式的谈话，而"一出好戏"究竟应该如何"开场"，作者也没有指出，这较之《五奎桥》中已经"开场"的拆桥，倒反像是后退一步了。这一思想表现在《青龙潭》中更为明显，《青龙潭》是写落后的农民因为天旱要到青龙潭去求雨的故事，剧中讽刺那种改良主义者"讲解，演说，宣传，教育，平时似乎很收效果，然而都是靠不住的！如果负责的人不能为农民解决生活上的困难，不能使他们获得实际利益"。① 但作者在剧中却过分强调了农民的落后，认为农民主张吃大户以及被迫去当土匪的行为是不对，而把希望寄托在"负责的人"来解决农民问题，这里作者就不知不觉的离开了写作《五奎桥》《香稻米》的立场，自己也作了改良主义的俘虏了。

造成作者这一错误的原因，主要的是由于作者对革命的认识只是从"社会科学的书"中得来，自己没有实际革命斗争的经验和实际农民生活。过去的错误思想又没有得到批判，新旧思想，同时并存，这样，旧的思想意识在不知不觉之中就流露出来了。同样的由于这一原因，作者写作的时候"首先吸引他的注意力的不是事件、人物，而是现象一般。从这现象一般，他首先去取得一个科学的正确的解释和解决……因此，事件的发展不是沿着现象对于作者的兴趣的逼迫，是沿着最后的结论所逼成的戏剧的行动前进的。也因此，人物不是闪烁在作者头脑中的不可磨灭的'幻影'，而是为了整个戏剧行动上的需要才出现的代言者"。② 这样，作者对农民所倾注的热情，以及给观众的农村生活实感也就不够了。

但是《五奎桥》和《香稻米》终究是比较成功的现实意义很强的作品，它至少说明了如作者自己所说的："地主乡绅们，执行'六法'维持秩序的官吏们，放高利贷的资本家们，代表帝国主义者深入农村进行经济侵略的买办们，以及依附他们为生的鹰犬走卒们，由于他们在旧社会中所处的地位，是不可能不剥削农民，不可能不压迫农民的。制度决定了他们的品性，制度规定了他们的行为。制度不推翻，他们自然继续作恶的。"③这在

---

① 洪深：《农村三部曲》《自序》。
② 张庚：《洪深与〈农村三部曲〉》，见《光明杂志》第一卷第五号。
③ 《洪深选集》《自序》

当时，仍是有其一定的革命意义的。

抗战期间，作者也不断写了一些剧作，如《飞将军》《包得行》《黄白丹青》《鸡鸣早看天》等，据作者自己说这些作品"在种种方面"都还不能超过《五奎桥》，这话是符合实际情况的。

曹禺是现代中国一个出色的现实主义剧作家。他在抗日战争以前，写下了三个多幕剧：1934 年出版的《雷雨》，1936 年出版的《日出》，1937 年出版的《原野》。这三个剧本曾经拥有大量的小资产阶级和市民层的读者和观众。

作者大概出身于一个生活优裕的封建家庭，又曾在南开中学、清华大学这两个资本主义气味最浓厚的学校里面受过较长期的教育，对中国封建文化思想和欧美资产阶级文艺理论都有一定的修养和研究，这一些对于作者的思想起了很大的影响。因此，作者对当时革命理论和革命实际斗争，虽然也见到和听到，1935 年的中国共产党领导的"一二九"学生运动就发生在作者的身旁，但这些对于作者似乎都没有起着什么作用。作者在这一时期写作剧本的目的，据他自己说，"只是对宇宙这一方面的憧憬"，"并没有显明的意识着我是匡正，讽刺或攻击些什么"。当他写他的第一个剧作《雷雨》的时候，他说在起首"逗起我的兴趣的，只是一两段情节，几个人物；一种复杂而又原始的情绪"。[1] 他在《雷雨·序》中非常看重剧中的序幕和尾声，他希望"有一位了解的导演精巧地搬到舞台上"，造成他"所谓的'欣赏的距离'"，发生像"希腊悲剧 Chorus 一部分的功能"，为的"是想送看戏的人们回家，带着一种哀静的心情"。很显然，这一些看法，都是属于资产阶级唯心论的艺术思想的范畴的。不过，作者虽然受了这些思想的影响，但作者究竟是生活在半殖民地半封建的中国，他目见耳闻的都是这一社会制度的黑暗和罪恶，他有着年青的火炽的热情和一颗艺术家的真实的良心，他就不得不摄取这些社会现象作为他的题材，于是《雷雨》就成了"暴露大家庭罪恶"的一个社会剧。再由于作者卓越的艺术才能，描写人物性格相当真实，生动，突出，能够吸引读者和观众，使他们受到感动。但这"感动"却不是作者所希企的那种"哀静的心情"，而是"低着头，沉思地，念着中国半殖民地的命运"！[2] 这怕是作者始料之所不及罢？但是《雷雨》的积极意义却恰恰是在这里！不过，这积极意义也还是有一定限度的，由于

---

① 《雷雨·序》

② 杨晦《文艺与社会》：《曹禺论》。

作者的思想限制，他只能暴露这社会的罪恶，却不能指出如何去消灭这些罪恶，相反的，他却陷入了宿命论的泥淖中，他说："在《雷雨》里，宇宙正像一口残酷的井，落在里面，怎样呼号也难逃脱这黑暗的坑。"①这一唯心论的宿命论的观点，贯穿在作品之中，便大大减少了主题的积极意义。

继《雷雨》之后，作者写出了《日出》，由家庭悲剧进而写社会悲剧。他在《日出·跋》中说："这些年在这光怪陆离的社会里流荡着，我看见多少梦魇一般的可怖的人事，这些印象我至死也不会忘却；它们化成多少严重的问题，死命地突击着我，这些问题灼热我的情绪，增强我的不平之感，有如一个热病患者，我整日觉到身旁有一个催命的鬼低低地在耳边催促我，折磨我，使我得不到片刻的宁贴。"这样，他写出了《日出》，很显然，他是企图在《日出》中解决这些现实问题的。由"《雷雨》中渺茫不可知的神秘"，进而追求现实社会里的严重问题的解决，这在作者实在是一个很大的进步。在《日出》中，作者写下了一些真实生动的人物，如：过着寄生生活的女人陈白露，买空卖空的银行经理潘月亭，认识模糊而又想拯救别人的知识分子方达生，被压榨得喘不出气来的银行小职员黄省三，过着非人生活的被侮辱践踏的妓女翠喜和小东西，代表黑暗势力的金八的爪牙黑三，以及一些都市的渣滓人物像张乔治和顾八奶奶等。作者对这些人物或予以斥责鞭笞，或予以同情怜悯，感情真实深挚，很能吸引读者和观众。但在剧中，作者把这一些黑暗和罪恶，全归之于"一种可怕的黑暗势力"，"无影无踪，却时时在操纵场面上的人物"——金八的支配与操纵，把光明的希望寄托在建筑大楼的砸夯工人身上，而这些工人却并没有出场，也没有指出这些工人有什么领导和组织。

很显然，作者所暴露的这些黑暗和罪恶，是当时半殖民地半封建社会制度的产物，绝不可能是一个"无影无踪"的金八所能支配操纵的，就是金八自己又何尝不在这现实社会支配之下呢？把光明的希望寄托在工人身上这完全是对的，但一群既未出场而又无领导无组织的工人，只凭着"那浩浩荡荡向前推进的呼声"，企图"象征伟大的将来蓬蓬勃勃的生命"，是有些模糊笼统的。

是什么思想使得作者有这样的看法呢？这仍是由于作者唯心论的观点与立场。他面对了现实社会，这社会的极端黑暗迫使他"不能片刻宁贴"，但他却又不了解产生这黑暗的根源，他不能从社会制度和社会本身去深入

---

① 《雷雨·序》。

了解，于是他只好"读《老子》，读《圣经》，读《佛经》，读多少那被认为洪水猛兽的书籍"，希望从这些书里寻求解决，而那些所谓"被认为洪水猛兽的书籍"，就作者全部作品的思想内容看来，绝不是马克思列宁主义的哲学和革命理论，而是似乎近于虚无主义的那一类东西。在这些书内寻求解决现实社会问题，所以作者的"基本观念"就自然不能超越老子的"人之道损不足以奉有余"的那一个原始的简单的概念。再加上作者写《雷雨》时的宿命论的思想的影响，在《日出》中就出现了"无影无踪"的金八，他仿佛是一个命运之网，所有人都不能摆脱他的控制。关于这一些，作者后来也曾认识到，他说："现在想想，倒也记得动手的时候确实要提出一些问题，说明一些道理。但我终于是凭一些激动的情绪去写，我没有在写作的时候追根问底，把造成这些罪恶的基本根源说清楚。譬如《日出》这本戏，应该是对半殖民地半封建的中国旧社会的控诉，可是当时却将帝国主义这个罪大恶极的元凶放过；看起来倒好像是当时忧时之士所赞许的洋洋洒洒一篇都市罪恶论。又如，我很着力地写了一些反动统治者所豢养的爪牙，他们如何荒淫残暴，却未曾写出当时严肃的革命工作者，他们向敌人做生死斗争的正面力量。"[①]作者这段自我批评是很恳切的。但是《日出》在当时究竟还是提出了一些问题，它深刻地暴露了这些反动统治者所豢养的爪牙是如何荒淫无耻，被压迫者是如何过着非人的生活，十分有力地攻击了这个黑暗社会，这在当时还是有着较大的积极意义的。

作者在《日出》之后，写出了《原野》，他把目光由都市转向农村，写一个农民向地主土豪复仇的故事，这原是一个很好的题材。但由于作者不了解农村中的主要阶级矛盾和斗争，不清楚农民生活，再加上宿命论的思想，以致把这一个富有现实意义的故事，写成了非常玄秘，非常抽象，甚至不大可解的奇怪现象。神秘象征的色彩，纠结着心理状态和良心谴责，极力渲染原始的恐怖和阴森的气氛，以致远离现实，简直不像是人世间的故事。《原野》，在作者剧作中，不能不说是失败的一部了。

抗战期间，作者又写了三个多幕剧：《蜕变》《北京人》和《家》。

《蜕变》在《原野》之后写出，在作者思想认识上是一个跃进，他为当时抗战热情所鼓舞，要写出"我们民族在抗战中一种'蜕'旧'变'新的气象"[②]，这企图是好的。但可惜的是作者不大清楚产生这"旧"的黑暗的现象的根

---

① 《曹禺选集自序》。

② 《蜕变·后记》。

源，更不明白"新"的气象要在怎样的政治社会条件之下才能产生，因而作者在剧中所描写的乐观和光明，只是他主观的幻想，不是现实的真实。试想一想，在蒋介石反动统治下，像剧中主角丁大夫，梁公仰那样公正的人物，竟能够以绝对权力来压倒腐朽集团而不遭受任何挫折，这无论如何是不可能的！因此，这个剧本虽然是用写实的方法，但所写的却不是真实，剧中人物都是凌空孤立，超越现实社会之外的，剧中的乐观气象客观上倒替黑暗现实起了粉饰作用，虽然作者本意并非如此。

作者这种幻想的乐观，在抗战现实中自然是要碰钉子的，碰了钉子以后，他明白了他的乐观是空的，至于为什么是空的，他似乎也并没有怎样去追究，于是他就避开抗战现实，写出了《北京人》和《家》。

《北京人》和《家》的主题，都可以说是反对封建制度的。作者的思想在这两个剧本中虽然并没有向前突进，但是若干人物的塑造和技巧的熟练却超过了他以往剧作的水平。剧中所指出的新方向虽仍和《雷雨》《日出》一样，只是模糊不清的概念，但却深沉地有力地唱出了旧社会的挽歌，这挽歌是如此沉重地袭击了读者和观众，因而就能够激起读者和观众对"吃人"的封建制度的愤怒和反抗的情绪。

但是作为一个批判的现实主义剧作家，作者在中国现代文学史上，终不失为最优秀的一个。他深刻了解那些渣滓人物和黑暗势力，并由衷地憎恶他们，他勇敢地把这些搬到舞台上，在千百万观众面前血淋淋地暴露出来，并予以无情地批判，这一点是完全符合当时人民要求的。而作者的卓越的艺术才能，又能够把他所要表现的写得如此生动，如此形象，如此震撼人心，仿佛有一股巨大的力量在吸引着观众，鼓动着观众，使观众不仅觉得作者代表了他们的要求，说出了他们想说的话，并能和作者一样，进一步衷心地憎恶这些渣滓人物和黑暗势力。从这一点去考察，作者的剧作是起了一定的积极作用的。

至于作者写作态度的严肃认真和高度的写作技巧，使得作品结构严密紧凑，对话凝炼有力，不粗疏，不草率，即使是极微小的地方，也经过仔细斟酌，这些，在提高当时戏剧艺术水平上，也有其一定的贡献。

# 第三节　没落的资产阶级文学流派

### 一　概说

五四运动后，中国文艺界就逐渐起了分化：开始是原在文学革命运动阵营中的一部分资产阶级知识分子和敌人妥协，并逐渐站到了反动方面，这就是以胡适为首的"现代评论派"的出现。到第一次国内革命战争以后，资产阶级完全背叛了革命，他们的知识分子也跟着他们倒向反革命阵营，于是"新月派"等反动没落的文学派别也就纷纷出现了。

这些反动没落的文学派别，在政治上是反人民的，在艺术上则是反现实主义的，因而在中国现代文学史上，它们是一股逆流。

这逆流力量也并不大，"流"得时间也并不长，只是在 1928 年到 1931 年左右，那时是国内阶级斗争最尖锐的时候，也是反动统治最黑暗的时候，比较显得它的存在。在这以前虽已出现，但作品很少，并没有起什么影响，在这以后虽然没有完全消灭，但在中国共产党领导的革命文学的洪流激荡之下，已为庞大读者所唾弃。再往后，它们就与法西斯特务文学合流，更不足一道了。

## 二 "新月派"及其他

"新月派"的反动的政治态度和文学主张，第二章第五节中已有评述，这一派的作家可以徐志摩和沈从文为代表。

徐志摩是贵族的市民出身，留学英国，受了贵族化的英国市民社会熏陶，又受了英国世纪末的唯美主义印象主义文学的影响。所以他的思想是一个十足的英美资本主义下的产物，他企图英美式的民主政治能在中国实现，这种单纯的信念，使得他初期的诗充满了资产阶级新兴期的乐观和热情。《志摩的诗》一集可以作为代表。

但是，他的这种政治理想，终究不过是理想而已，他没有认识到中国是个半殖民地半封建社会，旧民主主义革命道路是早就走不通的了，因此，他的理想一接触到复杂的中国现实，便立刻碰壁。这碰壁以后，他只剩下了两条路可走：一是走入现实之中更进一步的去认识现实；另外呢，便是颓唐下去，做资产阶级的孤臣孽子。不幸得很，他的阶级限制了他，不容许他走向第一条路，终于他只好在第二条路上叹息起来："一个有单纯信仰的人，流入于疑惑颓废里去了，"[1]这便是《翡冷翠的一夜》以后的诗，灰色的没落的资产阶级情调是特别浓厚的。这以后，他便尽可能地回避现实，心情十分苦闷、矛盾。他在《猛虎集自序》中一方面这样说："日子悠悠过去，内心竟可以一无消息，不透一点亮，不见丝纹的动。"但另一方面他却又希望有"一个真的复活的机会"，他说："抬起头居然又见到天了。

---

① 《猛虎集自序》。

眼睛睁开了，心也跟着开始了跳动。嫩芽的青紫，劳苦社会的光与影，悲观的图案，一切的动，一切的静，重复在我的眼前展开，有声有色与情感的世界重复为我存在。"这里他睁开眼睛所看到的"天"以及"劳苦社会的光与影"，究竟是些什么具体的东西，他没有明白说出，但可以猜想到他看到"光与影"绝不是蒋介石反动统治下的劳苦大众的反抗的光芒，他看到的"天"，也决不是人民的力量。不过他终于在"怀疑颓废"中睁开了眼睛，要看一看这"劳苦社会"，总还是好的。然而不幸得很，当他刚刚希望"复活"还没有移动脚步的时候，他却于 1931 年在飞机上失事身亡了。

这里还须附带提及的，便是"新月派"诗人对于形式的重视，这也是徐志摩和初期的闻一多提倡起来的，他们特别讲求诗的"格律"，讲求"节的匀称"，"句的均齐"，所以徐志摩和初期闻一多的一部分诗，在形式上的确是做到了：章法整饬，音节响亮，辞藻别致，处处都显得独具匠心。"圆熟的外形，配着淡到几乎没有的内容"[①]在当时诗坛也起了一定的影响。到了末流，他的同派诗人更变本加厉，模仿西洋资产阶级诗歌的格律，写出些空洞的没有内容的"十四行"和"豆腐干块"的诗，这也是没落的资产阶级诗人思想空虚贫乏，不得不借这严整的格律来掩饰，在文学史上一切没落阶级的艺术全都是这样的。

沈从文的小说集已出版的不下三十余种。在这大量的作品中，作者所写的范围相当广泛：有士兵，有农民，有地主，有绅士，有少数民族生活……不过广泛虽然广泛，但这些人物在作者的笔下，都不是活生生的人，而是作者的观念的化身。

这是作者的立场和创作态度决定的，从作者这许多作品中，可以看出他自始至终是坚决的站在资产阶级或封建地主阶级立场来认识现实的。所以他不能认识现实的美和丑、善和恶的真相，相反的，他常常歪曲了现实，颠倒了是非。这样，他所创造出来的人物，自然是和现实社会游离，而没有人物所属的阶级性，只是作者资产阶级或地主阶级观念中的人物。

作者在军队中生活过，所以作品中写到士兵的很多，但他所描写的士兵，却没有一个真实的士兵，而且对军阀所加于士兵的痛苦生活，他没有丝毫同情，也没有丝毫愤怒，相反的却是用了游戏的眼光来观察，把这些痛苦生活写成了滑稽可笑，拿别人的痛苦当作自己的娱乐。更奇怪的是他在《入伍后》一篇小说中写的是军阀在乡间压榨人民筹饷的故事，他对被压

---

① 茅盾：《徐志摩论》。

榨的人民竟也丝毫无动于衷，那么，这就是说他对军阀的筹饷竟认为是理所当然的了。

同样的，在作者笔下出现的农村，也不是那时的破产凋敝的真实的农村，而是都被写成桃花源式的优美世界，那里好像永远是山明水秀，人与人之间——主要的是地主和农民之间，一点矛盾冲突也没有。他所写的农民好像永远不受地主剥削，好像永远是有吃有穿不穷不苦的一批驯良家伙，这些家伙当然是不知道什么叫做"反抗"的。作者制造了这样的一个观念的世界，一个适合于地主阶级的观念世界，当然，这世界只是地主阶级的幻想而已，现实中是不会有的。但是，在这里也就十分露骨地表现出作者的浓厚的地主阶级意识。

这就是沈从文全部作品的主要思想内容。

至于在写作技巧方面，作者是特别注意的，他苦心孤诣的在故事的叙述上安排着一些浓厚的但却是低级的趣味，用一种最适合于体现这趣味的轻飘飘的文体表达出来。在字句的一些细微地方他也不肯放松，新奇灵活的句子，跳动简涩的文词，也很博得一些读者的赞赏，作者便用这些炼字、造句和传奇式的趣味叙述，造成一个表面看来似乎很晶莹的外壳，将他的地主阶级的观念世界表现出来，企图通过这些小技巧来麻痹读者，所以当时有人称他为"文学的魔术师"，"挂着艺术招牌的骗子"，这虽然说得尖锐一些，但却倒也没有怎样冤屈他。

这时没落的资产阶级文学，除"新月派"外，还有所谓"象征派""现代派"等。

"象征派"开始出现于法国，它是资本主义没落期的产物，也是纯粹的唯美主义和"纯艺术"的口号支持者，所以它移植到中国来，在本质上是和"新月派"一致的。

中国首先写象征诗的是留法学生李金发，他在 1925 年出版了一本《微雨》，在《导言》中说他要表现的是"对于生命欲揶揄的神秘及悲哀的美丽"，这句话实在有些费解，而他写的诗却更令人不知所云，朱自清说"他的诗没有寻常的章法，一部分一部分可以懂，合起来却没有意思"，[①] 是一点也不错的。像《上帝》一诗：

> 上帝在胸膛里，
> 如四周之黑影，

--------

① 《新文学大系诗歌导论》。

> 不声响的指示，
> 遂屈我们两膝。

再如《门徒》中这样的句子：

> 你留意么？
> 半月之休息，
> 吁"舷不舷"。

这样的诗句，简直是破坏祖国语言，如同梦呓胡说，真正是走入"魔道"了。

"新月派"消沉以后，约在 1931 年左右，又有所谓"现代派"的出现，这一派诗人的作品大半都发表在《现代》杂志上。他们的创作倾向和"新月派""象征派"都有其一致之处，也是属于资产阶级的唯美主义的。戴望舒可以算是这一派的代表作家。

戴望舒写有《我的记忆》等诗集。他的诗据他自己说"为自己制最合自己脚的鞋子"，这只"鞋子"他在法国找到它的形式，便是"既不是隐藏自己，也不是表现自己"的"象征诗"。但他这"象征诗"又和李金发有所不同，他不像李金发作品那样晦涩难懂，但却有着更多的悒郁。他的心情正如他自己在《雨巷》中所歌唱的"独自彷徨在悠长，悠长又寂寥的雨巷"。他没有抬起头看一看现实的勇气，甚至连这企图也没有。他只是感到人生的苦恼，对一切都发生了动摇和绝望，他在《流浪人的夜歌》中这样呻吟低诉——

> 此地是黑暗的占领，
> 恐怖在统治人群，
> 幽夜茫茫地不明。

> 来到此地泪盈盈，
> 我是颠连飘泊的孤身，
> 我要与残月同沉。

那时正是日本帝国主义侵占了东北，中华民族的危机日益加深的时候，作者却唱出了这样的诗句，很明显，它终于也只好走向"与残月同沉"的命运了。

# 第九章　茅盾和"左联"时期的革命文学作家

## 第一节　茅盾的文学创作

### 一　初期的长篇小说和以后的短篇小说

沈雁冰笔名茅盾，五四运动前后即从事文学运动，主编《小说月报》，并撰写一些文艺批评。五卅运动后，参加了实际革命工作，第一次国内革命战争失败后，他才开始他的创作生活。1927年到1928年，他写下了他的第一部长篇小说——《蚀》，分《幻灭》《动摇》《追求》三部分。

在第一次国内革命战争浪潮中，政治上经过剧烈分化，大资产阶级投降了反动派，正式与人民为敌。小资产阶级除了极少部分跟随了大资产阶级而外，其余绝大部分则表现出两种倾向：一种是坚决顽强地克服了自己的弱点，参加群众的实际革命斗争，改造了自己，使自己成为马克思列宁主义者，无产阶级战士。还有一部分呢，则由于对革命认识不够，对当前的政治斗争的阶段也看不清，因而始终没法放弃自己阶级立场，于是在革命浪潮中，就把自己阶级的一些基本弱点通通表现了出来：在革命未爆发之前急躁兴奋，革命斗争剧烈进行之际，便有些游移不定，徘徊于自己的阶级和无产阶级之间，或而左，或而右，或而中立；及至革命进入艰苦阶段，便发生幻灭的心情。茅盾的三部曲便是描写后一部分这些小资产阶级的。如果用他自己的话，这三部曲便是"写现代青年在革命浪潮中所经过的三个时期：(1)革命前夕的亢昂兴奋和革命既到面前时的幻灭；(2)革命斗争剧烈时的动摇；(3)幻灭动摇后不甘寂寞当思作最后之追求"。①

《幻灭》是三部曲的第一部，主角是一个游移，脆弱，怯懦终于幻灭的小资产阶级青年女性——静女士，作者对这一性格分析得非常精细，解剖得也极为深入，反映了革命时期以及革命前的一部分小资产阶级青年女性的思想情况，是具有一定的时代意义的。但是作者只是如实地写出了当时一些青年们的幻灭思想，却没有更突进一步指出这思想产生的现实根据，

---

① 《从牯岭到东京》。

批判这思想的错误根源，以及如何才能更坚实地向前走去。因而，这部书只有在暴露小资产阶级弱点这一点上，还有其教育意义了。

《动摇》是三部曲的第二部，那是写革命斗争剧烈时期一些革命工作者的动摇的。这里面有豪绅阶级的投机分子胡国光，有认不清时代性质却是县党部委员的改良主义者方罗兰，有急躁冲动只知勇往直前的青年革命党人史俊和与他相反的李克，有浪漫成性的"新"女性孙舞阳，有过渡时代的女性方太太、张小姐、刘小姐等。这书中从事"革命"工作的人物几乎大部分是动摇分子，他们从事革命似乎只是为了自己的利益，或是一时的好奇兴奋，完全从个人出发，一到革命和他个人利益有了冲突的时候，他们就由动摇而退缩了。作者在书中把这一群动摇人物写得很生动，性格的刻画，心理的分析也都十分细致，能给读者以很深刻的印象。但是也和《幻灭》一样，作者只着重地如实地写出了现实情况，因此，书中便充满了投机与动摇分子的描写，而疏忽了另一部分不曾发生动摇的真正革命者，事实上，这样的革命者在当时是大量的存在着的。书中的史俊和李克算是具有革命性的人物，但作者也未曾着力描写他们，而他们在书中所表现的也都不十分健全，不像一个有组织有领导的革命党人。

《追求》是描写一群对于革命生活有了幻灭、动摇的思想，而又不甘堕落便各自追求的小资产阶级知识分子的。他们追求到一些什么呢？据作者自己说："书中的人物是四类：王仲昭是一类，张曼青又一类，史循又一类，章秋柳、曹志方等又为一类。他们都不甘昏昏沉沉过去，都要追求一些什么，然而结果都失败；甚至于史循要自杀也是失败的。我很抱歉，我竟做了这样颓唐的小说，我是越说越不成话了。"[1] 诚如作者所说，这篇小说的悲观色彩实在是太浓厚了，全书到处充满了病态的人生，灰色的暗影。作者似乎只看到人生悲惨的一面，只看到由于盲目的追求以致失败的人们，而忽视了真正追求到革命并从事实际革命工作的许多革命人物。这是由于作者自己当时已离开革命工作较远，因而也就不可能看得更透彻的原故。

关于三部曲这些缺点，后来作者自己也有所分析，他说："表现在《幻灭》和《动摇》里面的对于当时革命形势的观察和分析是有错误的，对于革命前途的估计是悲观的，表现在《追求》里面的大革命失败后的小资产阶级知识分子的思想动态，也是既不全面而且又错误地过分强调了悲观、怀

---

[1] 《从牯岭到东京》。

疑、颓废的倾向，且不给以有力的批判。当我写这三部小说的时候，我的思想情绪是悲观失望的。这是三部小说中没有出现肯定的正面人物的主要原因之一。……1925年到1927年间，我所接触的各方面的生活中，难道竟没有肯定的正面人物的典型么？当然不是的。然而写作当时的我的悲观失望情绪使我忽略了他们的存在及其必然的发展。一个作家的思想情绪对于他从生活经验中选取怎样的题材和人物常常是有决定性的：这一个道理，最初我还不承认，待到憬然猛省而深悔昨日之非，那已是《追求》发表一年多以后了。"①但是从一定的历史阶段来看，这三篇小说虽然有其思想上的缺点，但它反映并暴露了那一时代的一部分小资产阶级知识分子的各种错误思想倾向，以及由这思想决定的性格，并予以适当的批判，还是有其一定的历史意义的。

作者在《追求》发表后一年多便"深悔昨日之非"，他以后的作品便是这句话的证明，其实就在1928年他自己也就说过："我希望以后能够振作，不再颓唐，我相信我是一定能的。"②后来又说："这混浊的都会里也有些大勇者，真正的革命者。"③这以后，他写下了长篇《虹》，中篇《三人行》和《路》以及1932年出版的震动当时的革命文学长篇杰作《子夜》和许多短篇小说。

《虹》是写由"五四"到"五卅"之间的中国社会的动态和一般青年的思想情况，悲观失望的情绪已经基本上肃清了。而《三人行》据作者自己说则是在认识了《蚀》的思想认识上"的错误而且打算补救这过去的错误这样的动机之下，有意地写作的"。④ 这是一部写青年生活的作品，用两个否定人物来陪衬一个肯定的正面人物，有所批判，有所肯定，并指出了革命的前途。至于缺点如作者自己所说："徒有革命的立场而缺乏斗争的生活。"⑤但就当时创作水平来说，仍是一部不坏的革命文学作品。《路》的题材和《三人行》相类似，也是写青年生活的。

作者发表三部曲以后，曾不断地写了一些短篇小说，一般说来，这些短篇都是站在革命的立场来反映现实的，取材也甚为广泛：有破产的农村中的农民的痛苦和反抗，有在帝国主义经济控制下的都市和城镇中的商人

---

① 《茅盾选集自序》。
② 《从牯岭到东京》。
③ 《关于野蔷薇》。
④ 《茅盾选集自序》。
⑤ 《茅盾选集自序》。

和小市民的生活，有灰色的公务员，有醉生梦死的青年男女和一些渣滓人物……由于作者生活体验较深，写作态度认真严肃，这些短篇的艺术成就也超过当时的一般水平，如《春蚕》《秋收》《残冬》《林家铺子》等，无论在思想内容、表现方法或写作技巧上，都是极成功的优秀作品。作者自己曾说过："我所能自信的，只有两点：一、未尝敢粗制滥造；二、未尝要为创作而创作，——换言之，未尝敢忘记了文学的社会意义。"①这话是完全符合他的创作的实际情况的，所以，他的短篇和他的一些著名长篇一样，在当时革命运动和文学运动方面都曾起了很大的影响和作用。

## 二 革命文学巨著——《子夜》

茅盾的《子夜》是一部革命文学巨著，在中国现代文学史上，是一部出色的作品。

《子夜》写成于1932年，正是中国左翼作家联盟成立后两年，茅盾是左联的会员，《子夜》的出色成就，也就显示了左联的业绩，这在当时，是具有很重要的政治意义的。

作者自己叙述他写作《子夜》的动机是这样的："1930年……正是中国革命转向新的阶段，中国社会性质论战进行得激烈的时候，我那时打算用小说的形式写出以下的三方面：（一）民族工业在帝国主义经济侵略的压迫下，在世界经济恐慌的影响下，在农村破产的环境下，为要自保，便用更加残酷的手段加紧对工人阶级的剥削；（二）因此引起了工人阶级的经济的政治的斗争；（三）当时的南北大战，农村经济破产以及农民暴动又加深了民族工业的恐慌。这三者是互为因果的，我打算从这里下手，给以形象的表现。这样一部小说，当然提出了许多问题，但我所要回答的，只是一个问题，即是回答了托派：中国并没有走向资本主义发展的道路，中国在帝国主义压迫下，是更加殖民地化了。中国民族资产阶级中虽有些如法兰西资产阶级性格的人，但是因为1930年半殖民地的中国不同于18世纪的法国，因此中国民族资产阶级的前途是非常暗淡的。在这样的基础上产生了中国民族资产阶级的动摇性。当时，他们的出路是两条：（一）投降帝国主义，走向买办化；（二）与封建势力妥协。他们终于走了这两条路。"②

这诚如作者在《子夜后记》里面所说是"大规模地描写中国社会现象企图"，这企图是伟大的，作者在书中把故事发生的地点放在当时的全国经

---

① 茅盾自选集：《我的回顾》。
② 《子夜是怎样写成的》，巴人《文学初步》引。

济中心，最典型的半殖民地半封建化的都市——上海，以一个非常精干抱
有发展中国民族工业的"壮志雄图"的民族资本家丝厂老板吴荪甫为中心，
展开一个非常复杂非常矛盾的故事：其中有农村崩溃与农民暴动的场面，
有由于帝国主义经济侵略使得民族工业不景气的场面，有资本家剥削工
人，工人反抗罢工的场面，有操纵金融的交易所的场面，有资本家的家庭
的纠纷和生活的场面等。书中人物，有民族资本家，有买办资产阶级和帝
国主义"掮客"，有指导工人运动的共产党员，有黄色工会的工贼，有封建
社会的"僵尸"，有许多无聊的小资产阶级知识分子，有各式各样的资产阶
级女性，也有许多工人和农民。这样巨大的复杂的斗争场面，这样多的不
同阶级的人物，荟萃一书，通过作者的艺术手腕，给有机地联系了起来，
这在《子夜》以前，是还不曾有过的。

　　作者通过这些巨大、矛盾、复杂、繁多的事件和人物，十分形象地把
他写作《子夜》的企图表现出来了。他有力地说明了当时中国的一个最重要
最基本的问题：那就是帝国主义为了挽救自身的危机，它就要加紧侵略殖
民地半殖民地国家，使之更加殖民地化，绝不容许他们走向资本主义道
路。因此，半殖民地半封建的中国的民族工业，在帝国主义侵略和压迫之
下，不仅不可能得到发展，并且要受到帝国主义的摧残和控制。这些民族
资本家为了自保，一方面就必然要加紧对工人阶级的剥削，另一方面也就
必然要和封建势力妥协，投降帝国主义，走向买办化。所以《子夜》中那个
精强干练的民族资本家吴荪甫终于不得不投降美帝国主义"掮客"赵伯韬。
作者在这一重大问题上，就不仅有力地驳斥了当时托洛斯基匪徒的中国要
走向资本主义发展道路的荒谬胡说，而且也打破了当时一般中上层知识分
子忘了侵略中国的帝国主义是中国主要敌人，只糊涂地希望振兴中国民族
工业，富国强兵，走欧美资本主义社会道路的糊涂想法。由于作者是通过
艺术形式来说明这一问题，再由于作者的高度的艺术才能，又能够生动、
具体地表达出来，这就比较一般阐述这一问题的论文有更好的更大的说服
力量。这样，《子夜》就完全适合了当时革命斗争的要求，尽了宣传革命教
育群众的任务，并进而推动了革命运动。这是《子夜》的重大的历史意义，
也是《子夜》的成就之一。

　　其次，作者既生动地指出了中国民族资产阶级的动摇性、买办性和反
动性，同时也形象地描写了中国革命的主要动力——中国共产党领导的工
人运动和农民运动。在书中第四章就写了农村的革命力量包围了并且拿下
了一个镇市，第十三章十四章十五章也写了很多工人英勇斗争的场面。虽

然有一些写得还不够深入，但作者却有力地指出了中国革命的主力必须是中国共产党领导下的工人和农民，只有他们才能够坚决彻底执行反帝反封建的任务，明确了中国革命前途，在一定程度上鼓舞了当时读者的革命情绪。这是《子夜》的成就之二。

再次，作者很成功地写出了一些具有历史意义的人物，如民族资本家吴荪甫，买办资产阶级赵伯韬，以及他们周围的一些人，并很生动地反映了当时上海社会的这一方面，这是作者对中国现代文学一个巨大贡献，这个贡献是别人不曾提供过的。"《子夜》出版二十年以来，它对读者的印象也是如此。到今天，在我们文学上，要寻找在1927年至抗日战争以前这一时期的民族资产阶级和买办资产阶级的形象，除了《子夜》，依然不能在别的作品中找到；而这些形象也还活在作品中，这是《子夜》的生命的主要所在。……因为在这里有它新的开辟。"①这是《子夜》的成就之三。

最后，所有以上这一些，作者都是站在革命的，人民的立场去观察分析的，虽然有些地方还流露了一些小资产阶级的思想感情，但那已不是主要的成分。所以《子夜》是一部比较成功的革命文学作品，而且在当时的革命文学创作中，像这样大规模的描写中国社会现象，《子夜》也还是第一部，因而，它在中国革命文学的历史发展方面，也起了很大的推动作用。这是《子夜》的成就之四。

就由于这些成就，《子夜》在中国现代文学史上就有着不可磨灭的光辉。

关于《子夜》的一些缺点，作者自己在1952年曾有过一段分析，他说："这一部小说写的是三个方面：买办金融资本家，反动的工业资本家，革命运动者及工人群众。三者之中，有两者是直接观察了其人其事的，后一者则仅凭'第二手'的材料——即身与其事者乃至第三者的口述。这样的题材的来源，就使得这部小说的描写买办金融资本家和反动的工业资本家的部分比较生动真实，而描写革命运动者及工人群众的部分则差得多了。但最大的毛病还在于：一，这部小说虽然企图分析并批判那时的城市革命工作，而结果是分析与批判都不深入；二，这部小说又未能表现出那时候整个的革命形势。原来的计划是打算通过农村（那时革命力量正在蓬勃发展的）与城市（那是敌人力量比较集中因而也是比较强大的）两者的情况的对

----

① 冯雪峰：《中国文学中从古典现实主义到无产阶级现实主义的开展一个轮廓》。见《新华月报》1952年11月号。

比，反映出那时候的中国革命的整个面貌，加强革命的乐观主义，所以在小说的第四章就描写了农村的革命力量包围了并且拿下了一个市镇，作为伏笔，但这样大的计划，非当时作者的能力所能胜任，写到后半，只好放弃，而又不忍割舍那第四章，以至它在全书中成为游离的部分，破坏了全书的有机的结构，这尚是小事，而不能表现出整个的革命形势，则是重大的缺陷。《子夜》的写作过程给我一个深刻的教训：由于我们生长在旧社会中，故凭观察亦就可以描写旧社会的人物，但要描写斗争中的工人群众则首先你必须在他们中间生活过，否则，不论你的'第二手'材料如何多而且好，你还是不能写得有血有肉的。"[①]

作者自己这段分析是非常诚恳而且也非常中肯的。正如作者所说，由于他对于革命斗争和在斗争中的工人群众及革命者还不够熟悉，所以分析批判他们的革命工作就不能深入，而且描写他们的形象，也就不能全面，甚至有一部分歪曲的地方。也正由于这一原因，所以作者反映当时的革命形势也就不够深刻（作者自己说"未能表现出那时候整个革命形势"，有些过谦，其实，在一定程度上还是表现了的），有些地方就不免流于概念化。此外，性欲的场面，描写过多，也是此书的一个缺点。

不过，这些缺点，在《子夜》中也只能说是"白圭之玷"，并不能损害它的光辉成就，它仍是中国现代文学史上一部巨著。

# 第二节　反映社会生活各方面的小说

## 一　概说

左联成立之后，在鲁迅指导和关切之下，革命文学就成为当时文艺界的巨大洪流，文学中的社会主义现实主义得到了进一步的发展，鲁迅的那篇《对于左翼作家联盟的意见》也就可以当作社会主义现实主义的创作方法论来看的。同时，就在这篇文章里，鲁迅提出了"应当造出大群的新的战士"这一重要任务，他自己并且以最大的努力来执行了这一任务，他差不多拿出他的一半时间来指导青年作家写作，和青年们谈问题，通信，改稿子。就在鲁迅这样热烈的关怀和指导之下，这一时期，即1930年左右至抗日战争爆发这一段，中国出现了大批的新的革命文学作家，他们的作品

---

[①]　《茅盾选集自序》。

虽然还不能说就是社会主义现实主义的作品，但社会主义现实主义因素却是越来越多了，而且收获的丰富远远超过以前的任何时期。

这一些革命文学作家，在小说方面，成绩较著影响较大的是丁玲、张天翼、叶紫、萧红等，他们将在底下分别详述。

此外像吴组湘、魏金枝、蒋牧良、沙汀、欧阳山、萧军、舒群、端木蕻良、罗烽、葛琴、艾芜、陈白尘、周文、耶林等，都写下很多反映社会生活各方面的作品。

吴组湘、魏金枝、蒋牧良、沙汀、欧阳山等人的作品，多半是反映农村中阶级关系，即地主的凶残剥削和农民的贫穷困苦及其反抗斗争的。吴组湘写有《西柳集》和《饭余集》等，大半是描写农村动荡崩溃的情况，刻画人物很真实生动，文字也细致明快，但作者的立场似乎仅仅止于同情。最好的一篇是《一千八百担》，写大家族的没落，土劣把持义庄以及农民的反抗，颇为当时所称许。魏金枝写有《七封书信的自传》《奶妈》《白旗手》等，他除了写衰老崩溃的农村情况而外，也有城市小人物的面影。但时时流露知识分子的忧郁凄楚的情调。蒋牧良写有《锑砂》《强军行》《旱》等，描写农村灾难最多。沙汀写有《航线》《土饼》《苦难》等，写的多是四川的农村生活和农民的自发的反抗斗争。他在抗战期间有着更大的成就，下章当再详述。欧阳山写有《崩决》，描写水灾中农民逃荒的情形，及其反抗斗争。此外稍前的柔石写有《为奴隶的母亲》，描写一个贫苦患病的农民为了生存而出典自己的妻子给地主的惨剧。这些作品都反映了当时农村的真实情况，但也有一个共同缺点，就是作者本身对农民反抗斗争的生活体验不够，因而一写到这些场面时，就不免流于抽象概念，远不如写地主凶残和农民困苦来得生动真实了。

萧军、舒群、端木蕻良、罗烽、葛琴则是以写"九一八""一二八"以后，中国人民和士兵群众的抗日要求和行动著称。萧军在抗战后期，曾犯错误，思想顽固落后，甚至近于反动，但他这时写的《八月的乡村》，在一定程度上，还是写出了东北人民在日本帝国主义压迫下奋起反抗和敌人进行英勇斗争的事实。舒群的《没有祖国的孩子》是写一个朝鲜小孩在日本帝国主义侮辱欺凌底下终于杀死了一个日本军官。端木蕻良的《鹭鹭湖的忧郁》是写在日寇铁蹄下的东北农村的惨况。罗烽的《归来》，是写不愿做亡国奴的青年逃出东北的情况。葛琴的《总退却》则是写"一二八"战役中士兵群众的转变及在退却时的失望和愤怒。这些作品在一定程度上都代表了当时中国人民的抗日要求，鼓舞了人民的抗日情绪。但却也有一个共同的缺点：即作者们对于这个斗争的本质理解得不够，他们没有从这个斗争中的阶级关系上去分析，例如中国反动统治阶级如何勾结日本帝国主义，镇压中国人民抗日运动；中国人民又如何从这个斗争中提高了阶级觉悟等。因而就使得作品成为单纯的反日民族意识的反映，就显得不够深入了。

此外，写边境农民生活和殖民地国家人民反抗帝国主义侵略的行动的，有艾芜的《南国之夜》，写国民党反动政府的牢狱惨状的，有陈白尘的《曼陀罗集》，写国民党军队贪污腐化的，有周文的《烟苗季》，写国民党反动政府在"三次围剿"中用空军屠杀农民的，有耶林的《村中》。这些作品对当时读者都曾起过一定的积极的影响和作用。

**二  丁玲的小说**

丁玲的第一个短篇小说集《在黑暗中》是 1928 年出版的，接着 1929 年出版了《自杀日记》，1930 年出版了《一个女人》。

作者这一时期的作品充满了"五四"以来的新女性要求解放的精神，大胆的描写了这些女性的精神苦闷以及由苦闷而带来的冲决一切的情绪。这可以她的《莎菲女士的日记》（收在《在黑暗中》）为代表。这小说中主角"莎菲女士是心灵上负着时代苦闷的创伤的青年女性的叛逆的绝叫者。莎菲是一位个人主义者，旧礼教的叛逆者；她要求一些热烈的痛快的生活；她热爱着而又蔑视她的怯弱的矛盾的灰色的求爱者……莎菲女士是'五四'以后解放的青年女子在性爱上的矛盾心理的代表者"。[①] 这种思想，很显然混杂着资产阶级颓废享乐的浪漫主义的成分，是一种不健康的思想倾向。但是，从另一方面看，这种新式的叛逆的女性出现在一位女作家笔下，在当时也显然带有和旧社会挑战的意味的。敢于挑战总还是勇敢的，不过问题是在挑战以后，无论是胜利或是失败，总不能没有出路的，然而，《莎菲女士的日记》中却没有解决这一重要问题，这样，作者就陷入了一种绝望的、感伤的虚无主义倾向之中了。这一点，作者自己也曾有过分析，她说："《在黑暗中》，不觉的也染上一层感伤，因为我只预备来分析，所以社会的一面是写出了，却看不到应有的出路。"[②]

但是，以作者的冲决一切，敢于向旧社会挑战的勇气，和追求光明的欲望，在当时的汹涌的革命浪潮之中，在革命文学运动激荡之下，是不难找到出路的。终于作者思想有了初步的转变，写出了《韦护》，再进一步写

---

① 茅盾：《女作家丁玲》。
② 《我的创作生活》。

出了《1930 年春上海》和《田家冲》。

这三篇小说显然是在当时的初期革命文学的影响之下写成的。《韦护》是一个革命与恋爱的故事，男主角韦护是一个共产党员，女主角丽嘉的思想仍是莎菲女士型的，他们结合以后，丽嘉因为爱人忙于革命工作无暇和她温存而感到不快，而韦护却感到恋爱无形中妨碍了他的工作要决然离开丽嘉了。这时丽嘉方才觉悟，也表示要决心从事实际革命工作。革命终于战胜了恋爱，故事就此结束。作者对于丽嘉的思想个性有着很多的描写，但政治认识仍嫌模糊，转变的根据也不充分，而男主角韦护则写得很概念，对当时革命形势社会情况描写也不够。这是由于当时作者并未参加实际革命工作，因而对革命形势了解不多，对革命者也不熟悉，多半是只凭想象写出来的原故。《1930 年春上海》也是以革命与恋爱为题材的，却更有意识地想把握着时代，透过上海群众运动来写出。男主角子彬是一个不求进步的小资产阶级知识分子，一切革命运动对他都不能发生影响，他的妻——女主角美琳却倾向革命，思想上经过几度矛盾斗争之后，终于参加了实际革命工作。为了革命，牺牲了爱情。在创作方法上，和《韦护》大致相同，但作者对革命的认识却更清楚了一些，初期的那些不健康的虚无感伤的个人的情调已经不复存在了。《田家冲》则更进一步描写农村中的阶级斗争，甚至连一个地主的女儿也变成了共产党员。虽然还带有若干浪漫主义色彩，但作者思想意识却是向前跨进了一大步。

1931 年，作者发表了著名的《水》，这篇小说是以 1931 年中国十六省大水灾作背景，故事中的主人公就是遭了水灾的农民群众，他们开头和洪水斗争，后来又和饥寒斗争，最后逃难到城市，在死亡和地主官僚的欺骗中逐渐觉悟到"起来是要起来的，可是不是抢，是拿回我们的心血，告诉你，杂种，只要是谷子，都是我们的血汗换来的。我们只要我们自己的东西，那是我们自己的呀"！终于在"天将曚曚亮的时候，这队人，这队饥饿的奴隶，男人走在前面，女人也跟着跑，吼着生命的奔放，比水还凶猛的，朝镇上扑过去"。

《水》的发表，引起当时的重视，并不是偶然的。首先，作者采用了当时广大人民中所发生的极普遍的而又关系到生死存亡的重大事件——水灾作为题材，并正确地站在革命的立场，用了阶级斗争的观点去分析理解，指出了所谓"水灾"，其实是军阀混战和官僚地主剥削的结果，因此斗争的目标就应该是后者。其次，作者不仅采用了农民作为主人公，并且是一群农民群众。因此，书中着力描写的，就不是个人的心理的分析，而是集体的行动的开展，在这开展之中显示了农民群众的伟大力量，只有这力量才能挽救他们自己。在小说的结尾，这力量并逐渐趋向于组织化。第三，在这小说中，作者完全抛开了过去的"革命的浪漫蒂克"的气息，虽然还不能说就是社会主义现实主义作品，但已开始向社会主义现实主义迈进，这就作者个人来说，固然是一大进步，但更重要的，还是她以具体的创作实践批判了当时流行的那些"革命加恋爱"的公式主义作品，和与她同时的张天翼一样，给"革命文学"带来了新的内容，因而推动了"革命文学"更向坚实的道路上前进。

但是，由于作者那时对农民生活体验的还不够，对革命斗争生活也还没有深入，因而描写这样一个巨大现实事件，就不能具有更大的规模，只用两三万字写成了近乎"速写"的作品，没有很好地完成这巨大题材所给予的任务。此外，像这样巨大的农民群众的斗争运动，在当时是不可能不受苏区土地革命运动的影响的，作者在书中没有显示出这影响来；而这个斗争中的领导者和组织者也缺乏明确的形象，这应该都是这篇小说的缺点。

这以后，作者陆续写下了一些革命文学作品：《某夜》是写共产党员在英勇就义的时候高呼口号，感到"展在眼前的是一片灿烂的光明，是新国家的建立"那种英雄气概和高贵品质。《消息》是写一些工人的母亲，一群穷苦的老婆子，对于革命的倾心向往和由衷喜悦。真实生动，很有感动人的力量。《诗人亚洛夫》则是写白俄怎样在上海破坏工人运动，很显然是对蒋光慈的《丽莎的哀怨》的批判。《奔》是写一群农民在地主的高度剥削下无法生存跑到都市谋生，但都市也充满了失业者，他们不得不转回去，但都坚决地说出："孙二疤子（压迫他们的地主），你等着！"这样雄壮的话来。

作者这时还写了一部未完成的长篇《母亲》，那是写一个前一代的女性，怎样从封建势力重围中挣扎出来的过程，书中包括的时代，从满清末年起，经过辛亥革命，第一次国内革命战争，一直到作者执笔时，规模相当阔大，但现实的战斗意义却不够强。

抗日战争爆发后，作者到了延安，更深入地参加了实际革命斗争。1948年她写出了反映伟大的土地改革的长篇小说——《太阳照在桑干河上》，1951年荣获斯大林奖金。这部作品当在下篇评述。

## 三 张天翼的小说

张天翼的第一篇小说《三天半的梦》发表于1929年，接着1930年发表了《从空虚到充实》，1931年发表《二十一个》。此后，他陆续写下《蜜蜂》《脊背与奶子》《移行》《鬼土日记》《一年》《在城市里》《清明时节》《万仞约》

《反攻》《时代的跳动》《三弟兄》《团圆》《春风》等长短篇小说，又写有《奇怪的地方》《秃秃大王》《雨林的故事》等新的儿童文学作品。

在1929年到1931年间，正是"革命的浪漫蒂克"公式主义的作品受了批判并为读者所厌倦的时候，而一些旧现实主义不能明确指出革命前途的作品又不能满足读者需要，这时张天翼站在革命的立场，用现实主义的方法，写出了一些新的短篇小说，便立刻引起当时文艺界的普遍注意，并受到广大读者的热烈欢迎。在这一点上，恰恰和丁玲在1931年发表的《水》一样，给革命文学带来了新的内容，推动了革命文学的进展；如果就影响来说，作者在青年知识分子中所起的影响和作用，较之丁玲还要来得更为广泛普遍。作者这种推动革命文学更向坚实道路上前进的功绩，在中国现代文学发展方面，是有着很大的历史意义的。

值得特别注意的，是作者一开始他的创作生活的时候，便是面向现实社会人生的，这以后，他不但从没有对现实感到厌倦，并逐渐向现实突进深入，他从没有写过离开现实或是个人主义的感伤颓废之类的东西，当时他的作品给人的印象是，"个人主义的虚张声势没有了；使人厌倦的感伤主义由平易的达观气概代替了；'恋爱与革命'的老调子摆脱了；理想主义的气息消散了；道德的纠纷被丢开了；人工制造的'情热'没有影子了。"[1]这是完全符合作者作品的实际情况的，并且作者还始终一贯地保持了下来，这种不懈怠地，严肃地忠实于现实的精神，是作者的一大特点，这特点曾经在当时文艺界和青年知识分子中起了积极的模范作用。

作者笔下的现实社会人生也相当广泛：有小资产阶级知识分子的灰色可笑的生活，有谄上骄下拼命往上爬的小市民阶层人物，有地主官僚阶级的贪婪剥削的行为及其内部的矛盾，也有农民和士兵大众的硬朗的形象。而所有这一些，作者都是站在革命的立场，基本上是用无产阶级的观点去观察分析的。

作者"是从'小康之家'（借用他自己的用语）里出来的，进过大学，在中流社会里谋生"。[2] 因而他对这一社会阶层的人物，即中小地主及其周围人物，小官僚和职员，没落的小资产阶级知识分子，中下层小市民等特别熟悉，所以在他笔下出现的也以这一类人物为最多。由于他熟悉他们，并能用正确的观点方法去分析他们，因而把他们的丑恶和缺点也就看得更

---

① 胡风：《文艺笔谈》，《张天翼论》。
② 胡风：《文艺笔谈》，《张天翼论》。

透，更深入，他写出了这群家伙的多种多样的丑态：有的不顾一切地拼命地往上爬，受了侮辱还要"爬"，碰了钉子还要"爬"，为了"爬"他们可以无耻地跪在皮带面前痛哭，可以出卖朋友，甚至可以自杀。等到稍稍爬了上去，就得意忘形，出尽丑相。例如《皮带》里的炳生先生，《宿命论与算命论》里的舒同志，《一年》里的白慕易和梁福轩，《清明时节》里的谢老师等。有的则是成天在矛盾动摇和苦闷中生活着，或是搞一些无聊下流的恋爱，例如《猪肠子的悲哀》里的猪肠子，《移行》里的桑华，《报复》里的黄先生和卜小姐，《找寻刺激的人》里的江震……作者用辛辣的讽刺手法，把这些可耻可笑的人物加以漫画化，把他们的虚伪的假面具血淋淋地扯了下来，让读者看清这假面具后面的丑恶形象。作者对他们虽然极尽嘲笑、讽刺甚至作践之能事，但是作者心情却是严肃的，因此所获得的效果，就不仅是轻蔑的一笑，而会引起读者的警惕和愤怒。

作者描写地主阶级剥削农民残害农民的作品，在数量上不及前者丰富，但却也生动地暴露了一些地主阶级的凶残面目。例如在他的初期作品《三太爷与桂生》里面。就写了一个地主活埋农民姊弟的骇人听闻的凶暴惨剧。以后他又写了《脊背与奶子》里的长太爷，《笑》里的九太爷，《万伺约》里的闵贵林等，都是剥削别人榨取别人甚至强奸农民妻子的一些猪狗不如的地主和地主的狗腿子。此外，作者还写过一些专门压迫善良的人民，统治阶级的下层支持者，都市和农村中的流氓和痞棍。

除了这些渣滓蛆虫似的人物而外，在作者笔下也还出现一些肯定的为作者所称许的人物，例如《搬家后》里面的革命工人的孩子，《二十一个》里面的由于觉悟反对内战而叛变的士兵，《最后列车》和《路》里面的主张抗日的士兵群众，《蜜蜂》和《菩萨也管不了》里面的反抗的农民，《仇恨》里的由于阶级友爱而和士兵和解的逃难的农民，《儿女们》里面的反抗地主抽捐的青年黑二和大才等，作者都是用阶级分析的方法来处理这些题材的。但是，由于作者对这些人物不够熟悉，写的时候就不免凭着主观去推测想象，因而写出来就远不如他写的那些渣滓人物生动真实。

根据以上看起来，作者的作品在阶级立场和革命观点上是没有什么错误的。在人物塑造上，作者也有他的独具的才能，特别是在他的短篇小说里面，能够很紧张地抓住"斗争"的焦点，因而使得人物更加突出，能给读者以极深刻的印象。

但是，作者的作品却也不是没有缺点：如前所说，作者对工农大众的生活体验不够，因而在描写他们的时候，就多少有些概念化。其次呢，由于作者有着高度的讽刺才能，但有时却使用得不恰当，就不免失之谐谑和油滑，反倒减低了讽刺的效果，这在作者早期作品中，更为显著，如《洋泾浜奇侠》便是这一失败的例子。后来逐渐趋向切实，"但又有一个缺点，是有时伤于冗长"。① 第三，仍是由于他的讽刺才能，他对他作品中的人物的态度，是肯定还是否定，几乎是在一出场时，他就通过他的讽刺艺术告诉了读者。这好处是明快简捷，但随之而来的，有时就难免不能深入。不过到抗战期间作者已克服了这一缺点，如《华威先生》和《新生》，就仍保有明快简捷的优点，而又趋向博大深厚了。

《华威先生》是抗战初期一篇著名的作品，那是写一个小官僚华威先生打着"抗日救亡"的招牌，实际上是在干着极端自私自利的卑鄙无耻的勾当，这是抗战洪流中浮出来的残渣，这残渣是阻碍抗战新生力量的发展的。

这篇小说发表后，引起了两种不同的意见：一种认为这种热情的暴露与讽刺是完全需要的，必须把这些阻碍抗战的残渣揭出来，然后新生的抗战力量才能得到发展。另一种则是由于国民党反动派把《华威先生》歪曲地来作为对于热心救亡青年的讥诮，而日寇报纸又译了过去，作为他们讽刺中国抗战的材料，因而就怀疑到抗战期间讽刺文学是否需要了。不过，不管两种意见如何不同，对于华威先生这一人物塑造的成功，则是并无异论的。

说讽刺文学在抗战期间不需要，那显然是一种曲解，这在第三章中已经说过了。但就这篇小说来讲，为什么会引起这种怀疑呢？这小说在创作方法上是否有不妥当的地方呢？关于这，巴人曾这样说过："《华威先生》在有些场合，终于不免发生坏的影响，这绝不在于作品的主题的积极性与消极性的分别，而在于……忽略了（或者是因客观环境不允许）典型情势……作者显然是只写出了'什么样'的华威先生，而没有写出怎样地会变成这样的华威先生，'什么样'的华威先生的性格，作者是写得极为典型的。而怎样地会变成这样的华威先生的社会环境，作者却没有给它典型的写出，这就使华威先生这一顶帽子，往往给一些恶意诬蔑者利用，戴到真正热心救亡，忙得不可开交的青年头上去，这对于作者不能不说是一种遗憾。"②巴人这一段批评是有其正确的部分的，假如作者能够把华威先生的

---

① 《鲁迅书简》：《致张天翼信》。
② 巴人：《文学初步》。

过去生活照映着现在来写，那自然可以写得更露骨一些，明确一些。但是巴人的意见却也有值得考虑的地方：第一，就如巴人所说"客观环境不允许"，如果这样写，国民党反动统治者是会扼杀这篇小说的。第二，其实作者在小说中也透露了一些华威先生是个什么样货色，例如坐着一辆雪亮的包车，戴着金戒指，拿着一枝雪茄烟，还有一根老粗的黑油的手杖，这一副形象是一副道地的"劣绅土豪"或"党老爷"的形象，绝不是什么救亡青年。更重要地是，作者已经指出华威先生还干着近乎特务的勾当。例如他打听调查没有找他参加的战时保婴会的负责人，他质问那个组织难民读书会的青年，问他是什么"背景"，问他有什么秘密行动，这不已经分明指出华威先生是一个国民党特务之流了么？但是恶意诬蔑者还是要利用它，把华威先生这项帽子戴到真正救亡青年头上去，那么，即使作者把产生华威先生的社会环境写得再典型一些，恶意诬蔑的人还是要恶意诬蔑的，所以这倒并不足为作者遗憾。而作者以简短篇幅，精练的语言，把自己所要表达的企图饱满地表达了出来，成功地创造了华威先生这一典型人物，倒确是抗战初期不可多得的佳作。

同样的，《新生》也是一篇讽刺小说，那是讽刺那种自命隐逸清高的"新名士"的，主角李逸漠是一个所谓"最纯粹的艺术家"，每年能收七百石租谷，平时住在家里过着"隐逸"的生活，画点画，刻刻图章，写写小品文，清闲自在。抗战爆发，给他这种生活打破了，他需要"新生"于是便跑到一个中学去教书，他要"到这后方来做点工作"。但是过去清闲孤独的生活，使他远远地脱离了现实，他一方面对新的抗战的事物不能理解，另一方面又苦苦地留恋过去的生活。就是这样，他瞧不起别人，觉得没有人能谈得来，而别人呢，也无法跟他搭得上，逐渐的，他竟对汉奸论调同情了起来，他虽然也知道这同情是不对的，但却又没有勇气去驳斥。这样，他就深深陷入了极端矛盾极端苦闷之中而不能自拔。

作者很典型地写出了李逸漠这样一个人物，通过他的矛盾心情的发展，把他的性格写得十分自然，细致，深入。在抗战初期，有许多知识分子是或多或少的具有李逸漠这种性格的，作者在这里就给了他们一个当头棒喝——如果不彻底清醒过来，就会不知不觉地坠入汉奸圈套中去的。由于这篇小说的艺术上的成就，人物形象塑造的成功，这一喝对当时某些知识分子说来是具有很大的教育意义的。

作者在语言方面在当时也是一个出色的作家，他有着极丰富的人民口头语汇，经过他的加工洗练之后，使用出来，不仅简明生动，而且跳脱活泼，使读者有极其新鲜的感觉。他有高度驱遣语言的能力，能够在语汇语法上表现出人物的性格来，有着吸引读者的力量，这也是他的作品在当时受到读者爱好的原因之一。

作者又是一个儿童文学作家，他相当熟习儿童心理和儿童语言，在儿童文学中注进了新的正确的思想内容，这在当时还是一件创举，他给新的儿童文学开辟了道路，这贡献也是不可磨灭的。

### 四 叶紫和萧红的小说

叶紫生长在湖南益阳的兰溪农村中，在第一次国内革命战争的时候，他参加了那时中国共产党领导的如火如荼的湖南农民运动，这些农民运动像暴风骤雨，排山倒海似的卷来，一切反动势力——地主，官僚，军阀以至帝国主义，都在这伟大的运动面前吓得目瞪口呆，浑身发抖，有的在家乡立不住脚，便像癞狗似的夹着尾巴逃到了都市。但是，很快的革命失败了，反动的地主官僚军阀又卷土重来，用一切残酷的方法来镇压农民：枪杀、砍头、肢解、活埋、严刑拷打、超经济的剥削……恐怖像腥雾似的笼罩着农村。这样，农民运动在表面是被镇压下去了，但是，复仇的阶级斗争的火焰却熊熊地燃烧在广大农民的心底，一有机会，便立刻像阂雷似的爆发出来。

叶紫目击了这一全部斗争过程，他全家并曾在这斗争中浴血过来。[①]他亲眼看见了农民运动的迅猛兴起，也看见了这运动被残酷镇压，更看见了在这镇压下的藏在农民心底的仇恨的火。这一切像一个巨大的压力在压着他，要他把这"火"散布出去。他曾经对朋友说："我现在的生活，全然不能由我支配。我精神上的债务太重了。我经历了不知多少斗争的场面。……凡是参加这些搏斗中的人，都时刻向我提出无声的倾诉，'勒逼'我为他们写下些什么，然而，我这支拙笔啊！我能为他们写下些什么呢？"[②]所以他说他的作品"无论如何，都脱不了那个时候的影响和教训"。[③]

就在这样一个沉痛和愤怒的情绪之下，在这样一个战斗要求之下，他写下了三部小说——1935 年出版的短篇集《丰收》，1936 年出版的短篇集《山村一夜》和中篇小说《星》。

这些小说，除了极少的一两篇外，全是写农民生活和农村中的阶级斗争的。由于他有实际的农村生活和农民斗争经验，他和他所写的那些血的

---

① 见《星》的《后记》。

② 满红：《悼"丰收"的作者——叶紫》，刘西渭：《咀华二集叶紫的小说》引。

③ 见《星》的《后记》。

斗争的史实有着血肉相连的关系，所以这些作品就如他自己所说："这里面，只有火样的热情，血和泪的现实的堆砌。毛脚毛手。有时候，作者简直像欲亲自跳到作品里去和人打架似的。"①鲁迅在《丰收自序》中也说："这里的六个短篇，都是太平世界的奇闻，而现在却是极平常的事情。因为极平常，所以和我们更密切，更有大关系。作者还是一个青年，但他的经历，却抵得太平天下的顺民的一世纪的经历，在辗转的生活中，要他'为艺术而艺术'，是办不到的。"又说，他的"作品在摧残中（按指国民党反动派对革命文学的摧残）也更加坚实。不但为一大群中国青年读者所支持，当《电网外》在《文学新地》上以《王伯伯》的题目发表后，就得到世界的读者了。这就是作者已经尽了当前的任务，也是对于压迫者的答复：文学是战斗的"！②

是的，作者的作品几乎每一篇都尽了它的战斗任务。

在这些作品中，他以极大的愤怒写出了地主阶级以及反动军官的贪婪，阴狠和毒辣。像《丰收》中，农民云普叔挨饥受饿，卖掉自己心爱的女儿，好容易挨到秋天，得到了一个丰收，但结果所有收获的粮食却全部被地主榨去。《火》里面，地主命令团丁开枪射杀农民。《电网外》里面的王伯伯被反动军警敲勒去仅有的几块钱之后，还放火烧了他的房子，最后竟用机枪扫射农民群众，即使是妇女儿童也不能幸免……

但是作者笔下的农民却不是驯伏的羔羊，他们有些是曾经在中国共产党领导的农民运动中斗争过来的，他们懂得怎样用自己的力量来保卫自己。于是在作者的笔下就展开了火热的阶级斗争的场面。《火》的最后，是农民群众冲进了地主何八家中，打死了何八，缴了团丁的枪械，等到城里反动军队开来的时候，他们已经跑到雪峰山和工农红军汇合去了，给反动派留下的只是没有人烟的一百多里空地。《电网外》里的王伯伯，亲眼看见自己的媳妇和孙儿被反动军队机关枪射死，他悲痛得要自杀，但最后他想起了"我还有一群亲热的兄弟"，他立刻跳下了准备上吊的小凳，"背起一个小小的包袱，离开了他的小茅棚子，放开着大步，朝着有太阳的那边走去了"。《向导》中的老农妇刘翁妈，三个儿子都被反动军队砍杀肢解了，她坚持着不跟红军退走，她"为着儿子，为着……怎样的干着她都是心甘意愿的"。她终于等到反动军队到达，给他们做假向导，把他们带进红军

---

① 《丰收自序》。
② 《且介亭杂文二集》：《叶紫作"丰收"序》。

埋伏的阵地，一团反动军队弄得全军覆没。

是什么力量鼓舞着这些农民的斗争勇气呢？作者在篇中也都显示了出来，《火》里面的农民暴动，雪峰山上的红军是一个很大的鼓舞力量。《电网外》王伯伯奔往"有太阳的那边"，那是由于红军曾经救了王伯伯的命，他深切地感受到了阶级的友爱和温暖。《丰收》中的云普叔，当地主抢去了他的粮食以后，"十五六年农民会的影子，突然浮上了他的脑海里"，他笑着鼓励他的儿子去反抗地主。而向导中的老农妇刘翁妈，报了仇以后，反动军官发现受了骗，给了她一枪，她"浑身的知觉在一刹那间全消灭了"，但是——"她微笑着"。

在这些小说中，作者有着坚定的革命信心和革命的乐观主义的精神。

《星》是作者最后一篇小说，那是通过一个农村妇女——梅春姐来描写1927年到1928年间，湖南农民运动由蓬勃兴起到被残酷镇压以及农民奔向革命的全部过程的。当运动被镇压之后，受过革命教育的、以前是一个纯朴的受够折磨的农村少妇梅春姐，又坠进了苦难的深渊，但她的心却始终不变，最后，她终于在一个夜里"轻轻地走出了家门"，她没有留恋，没有悲哀，她仿佛觉得星光在指点着她："走吧！你向那东方走吧！……那里明天就有太阳啦！……"湖南的东方是江西，当时是中国共产党领导的工农民主政府所在地。由于这些血淋淋的事迹，都是作者亲身经历并感受了的原故，书中交织着火一样的愤怒和希望的热情，很能够感动读者，鼓舞读者。

一般说来，作者的全部作品在阶级立场和革命观点上是没有错误的，但也许由于作者虽然亲身参加这些斗争，却没有深入革命组织和红军内部的原故，所以当写到这一方面的时候，就显得有些概念抽象，例如《电网外》里面的那一节描写红军的场面，《星》里面的那些农民运动的组织工作，以及革命者黄，都写得不够真实生动，当时整个革命形势也没有适当地有机地写进去。此外，在《星》里面作者把梅春姐丈夫，农村二流子陈德隆写成一个十分反动的家伙，是梅春姐的魔星。这在现实农村里也许真有这么一个陈德隆，但这究竟不是普遍现象，而且他的反动也是受人蒙蔽受人指使的，他自己仍是一个被压迫者。作者过于夸张地写出了他的反动性，在另一方面就会无形中冲淡了农民运动的真正敌人地主官僚反动军官的罪恶，作者本意当然不是这样，但客观上却起了这样的作用，这不能不说是《星》的一个缺点。另外，在技巧方面也有一些毛病，如作者自己说的"有些地方叙述得太多，描写得太少"。① 文字也比较生涩，但这已不是主要的了。

作者是曾经企图写下一部较大的作品的，他在《星》的后记里说："我还准备在最近一两年内，用自己亲人的血和眼泪，来对那时候写下一部大的，纪念碑似的东西的。可是，我的体力和生活条件都不够，第一次的尝试，都归失败了。我不能够一气地写下去；为了吃饭和病，我只能写一段，丢一下，写一段，又丢一下；三四年来，结果还仅仅是那么一大堆的材料，堆在一个破旧的箱子里。然而，我又不能停下笔来，放弃写作生活。于是，除了写一些现时的短篇作品之外，便在那一大堆的材料里面，割下了一点无关大局的东西来，写了两个中篇：一个便是这一篇《星》，另一个是正在写作中的《菱》。"

但是，不幸得很，作者计划中的那一部大作品，不但没有动手，就连那个中篇《菱》也没有完成，贫和病便夺去了他的生命，1939年他在他的故乡湖南逝世了。

萧红（张迺莹），是"九一八"以后，比较大规模地反映东北人民反抗日本帝国主义的斗争的作家之一。他写有长篇《生死场》《马伯乐》《呼兰河传》和一些短篇，并用悄吟笔名发表过一些散文。

《生死场》是写哈尔滨附近的一个村庄的农民们的困苦生活，在东北沦陷后，又遭受日本帝国主义的屠杀、奸淫，农民们在颠连困苦的逃难中，觉悟了只有反抗才是一条真正的出路，于是这些善良朴质的人们：上年纪的老太婆，年轻的寡妇，"好良心"的老汉，甚至连那个在世界上只看得见自己的一匹山羊的谨慎的农民二里半全都终于站了起来，走上民族自卫战争的前线。鲁迅在本书序中说："这自然还不过是略图，叙事和写景，胜于人物的描写，然而北方人民的对于生活的坚强，对于死的挣扎，却往往已经力透纸背；女性作者的细致的观察和越轨的笔致，又增加了不少明丽和新鲜，精神是健全的。"②

"九一八"以后，国民党反动派在卖国的"不抵抗"政策之下，向日本帝国主义献出了东北，并用一切残酷手段加紧压迫人民的抗日的要求和行动。《生死场》的出现和当时许多抗日作品一样，它闪出了东北人民也是全国人民对于卖国的"不抵抗"政策的愤怒的火焰，反映了东北人民和日本帝国主义坚决英勇的斗争，代表了东北人民也是全国人民的抗日要求。像这

---

① 《丰收自序》。

② 鲁迅：《且介亭杂文二集》。

样极富于现实意义的题材，自然得到了广大读者的欢迎，因而也就尽了号召抗日的作用。

但是《生死场》的作者，只写出了东北人民在日本帝国主义蹂躏之下自发的斗争，事实上，东北人民的抗日斗争，在一开始就是在中国共产党直接领导之下进行的。在这一重要环节上，作者却没有很好的描写，只是模糊的从一两个人物口中透出"革命军"这么个组织，但究竟这个"革命军"是怎样的组织，却又没有交代清楚，这样，这些农民斗争就显得是在无领导无组织情况下进行的了，这当然是不符合真实情况的。书中之所以有着这一缺点，主要的还是由于作者自己实际革命斗争的生活不够的原故。

但作者继《生死场》之后写出的《马伯乐》和《呼兰河传》，似乎是在走下坡路了。个人的悒郁代替了战斗的气息，这许是由于作者自己生活贫乏，而那种不健康的小资产阶级思想感情又经常把她拖进苦闷深渊的原故。

长期的悒郁苦闷，损害了她的健康，1942 年她病故于香港。

# 第三节　"左联"时期的革命诗歌运动和戏剧运动

### 一　中国诗歌会及其他诗人

1930 年，左联成立后，曾经组织了一个普罗诗社，提倡革命诗歌。1932 年 9 月，左联领导的中国诗歌会在上海正式成立，发起人是穆木天、蒲风、任钧等。在《缘起》中说："在次殖民地的中国，一切都浴在急雨狂风里，许许多多的诗歌材料，正赖我们去摄取，去表现。但是，中国的诗坛是这么沉寂；一般人在闹着洋化，一般人又还只是沉醉在风花雪月里……把诗歌写得和大众距离十万八千里，是不能适应这伟大的时代的。"这后面的几句话是针对着当时那些没落的资产阶级诗歌"新月派"和"现代派"说的，这也说明了中国诗歌会在一开始的时候便是战斗的。

中国诗歌会成立以后，特别重视组织工作，除上海总会尽量吸收会员外，还逐渐成立了广州、北平、青岛、厦门等地分会，拥有很多的会员，并办有刊物或在报纸上出副刊。后来组织曾远及日本留学生中，并在东京出版《诗歌生活》。因此，中国诗歌会在推动革命诗歌运动方面，是曾经起了一定的影响和积极作用的。

中国诗歌会机关刊物《新诗歌》旬刊于 1933 年 2 月出刊，第一期上的《发刊诗》是可以当作该会同人的共同创作态度来看的：

我们不凭吊历史残骸，
因为那已成为过去。
我们要捉住现实，
歌唱新世纪的意识。

"一二八"的血未干，
热河的炮火已经烛天。
黄浦江上停着帝国主义军舰，
吴淞口外花旗太阳旗日在飘翻。

千金寨的数万矿工被活埋，
但是抗日义勇军不愿压迫。
工人农人是越发地受剥削，
但是他们反帝热情也越发高涨。

压迫，剥削，帝国主义的屠杀，
反帝，抗日，那一些民众的高涨的情绪。
我们要歌唱这种矛盾和他的意义，
从这种矛盾中去创造伟大的世纪。

我们要用俗言俚语，
把这种矛盾写成民谣小调鼓词儿歌，
我们要使我们的诗歌成为大众歌调，
我们自己也成为大众的一个。

　　诗歌大众化，是中国诗歌会同人的基本方向。大众化的诗歌是离不开革命的立场和现实主义创作方法的，所以"他们绝不作无病呻吟，对于风花雪月及其他闲情逸致也并不感到兴趣。他们所关怀的，乃是大众的生活情形，以及社会状况"。[①] 在形式方面，大众化诗歌必须能使大众看得懂，听得进，念得出，必须是一种和内容相调和的新形式，因此，"他们一方面批判地采用民谣、小调、鼓词、儿歌的旧形式，写了不少具有新内容的

---

　　① 任钧《新诗话》：《关于中国诗歌会》。

作品(如石灵的《新谱小放牛》以及曾由已故作曲家聂耳谱曲的《码头工人歌》《打砖歌》《卖报小孩歌》等都是),一方面写作了更多的音节流畅,自然,容易上口,跟'新月派'和'现代派'的作风完全不同的诗篇"。① 他们还特别提出了"新诗歌谣化"的口号,并在《新诗歌》上出过《歌谣专号》。此外,为了扩大新诗歌宣传效果,他们也曾注意到诗歌的朗诵问题。

1935年,中国诗歌会配合当时形势,曾提出"国防诗歌"口号,也发表了不少国防诗歌的理论和创作,并出版有《国防诗歌丛书》。

中国诗歌会诗人中比较有成绩的是蒲风,他写有《茫茫夜》《六月流火》《生活》《钢铁的歌唱》和《摇篮歌》等诗集。作者的写作态度是和中国诗歌会的主张一致的,他认为诗歌必须"暴露现实",并且有"预言社会,指导社会,鼓舞社会的职责"②,所以他的诗歌没有个人主义的情感的抒发,主要题材都是现实农村的生活。作者描绘了农民的被压迫被剥削的痛苦生活,和他们在这压迫剥削中生长出来的烈火般的反抗斗争的情绪,以及对革命的新的社会的向往和对苏联社会主义社会建设的歌颂。在这些方面,作者的阶级立场和革命观点基本上是没有错误的。如《茫茫夜》《动荡的故乡》《地心的火》《跳跃,咆哮》《咆哮》等都是这一类较好的作品。但作者对于农村革命实际斗争没有什么经验,因而概念抽象的句子,标语口号的残余,仍然在诗篇中存在着。此外,中国诗歌会诗人还有王亚平(写有《都市的冬》《十二月的风》《海燕的歌》等),柳倩(写有《震撼大地的一月间》),任钧(写有《战歌》等),岳浪(写有《路工之歌》)等。

臧克家并不属于中国诗歌会,但也是这一时期出现的作者。他的第一个诗集烙印出版于1934年,以后写有《罪恶的黑手》《运河》《自己的写照》,抗战期间,又写有《从军行》《向祖国》《泥土的歌》《宝贝儿》等诗集。一般说来,作者对于当时黑暗社会是非常不满的,他自己曾说过要把眼前的惨状反映在诗里,要尽力揭破现实社会黑暗的一方面。他唱出了"炭鬼""洋车夫""歇午工""小婢女"的生活和痛苦,在《罪恶的黑手》中写出帝国主义用作侵略中国工具的宗教的罪恶和工人的苦痛,在《村庄》《元宵》《答客问》中,描绘了贫困破碎的农村。这些诗暴露并批判了旧社会的黑暗,在当时是有其一定的积极意义的。但是由于作者的思想立场的限制,他对这些受压迫的人民,却是用了第三者立场去客观地观察,同情悲叹,但却拿不出

---

① 任钧《新诗话》:《关于中国诗歌会》。
② 《六月流火》:《关于六月流火》。

办法来；而他描写农村的诗篇，却更多的低徊于封建农村社会的古老遗风，没有看到农村中的主要矛盾和斗争——地主和农民之间的矛盾和斗争，因而作者在诗篇中虽然也寄有"希望"，但这"希望"却十分朦胧。作者在诗的形式方面也很注意，篇章的安排，音节和字句的锤炼，都很下了一番工夫，所以时有伶俐俏皮的诗句，这方面可以看出他显然受了"新月派"和中国旧诗的影响。但也由于过于重视锤炼字句的缘故，有时反为所累，显得有些造作。

艾青和田间也是这一时期出现的诗人，但他们在抗战期间却有着更多的成就，将在下章另作评述。

## 二　左翼戏剧运动和救亡戏剧运动

1930 年在左联领导下，由沈端先和郑伯奇等组织了上海艺术剧社，这是有意识地将戏剧运动作为推动革命的第一个戏剧团体，它除配合当前革命形势组织公演，并对工人群众特别减低票价外，又认为"要接近劳苦大众，绝对不是几次正式公演所能做到的，那么要有不断的简单化的出演"。① 于是便组织了移动剧队，曾几次在电气工人和纱厂女工中演出。同时又成立创作剧本研究会，为了要表现农村革命的勃起，曾由乃超、冰庐合写了一个短剧《阿珍》。

这时上海戏剧运动在全国革命浪潮推动之下，在左联的倡导下，曾得到比较蓬勃的开展。在艺术剧社之前成立的具有浪漫主义气息的南国社这时也变了方向，左明、陈白尘等组织了摩登剧社，在"完成民众戏剧"的口号下，推动学校戏剧运动，洪深领导有戏剧协社和光明剧社，此外还有大夏剧社、辛酉剧社等。1930 年 8 月，这些剧团在左联领导下，又组成了左翼剧团联盟，后来因为国民党反动政府的压迫，各剧团无法进行工作，1931 年，又改组为以个人为单位的左翼戏剧家联盟。

剧联成立不久，"九一八"事变便发生了，这时剧联工作很活泼，除展开工人群众中的戏剧活动外，并创作了很多的抗日剧本在各地演出。田汉写有《乱钟》《扫射》《暴风雨中的七个女性》和《回春之曲》。欧阳予倩写有《青纱帐里》。白薇写有《北宁路某站》《敌同志》。适夷写有《SOS》《活路》，这是特为工人剧团的移动剧队写的剧本，曾在工人群众中演出，瞿秋白说这些戏，"都是真正要想指出一条活路来的。这条活路的开头，难免只是诉说没有活路的苦处。然而，至少这种诉苦是有前途的；这里因为诉苦而

---

① 《拓荒者》第一卷第三期：《关于艺术剧社》。

哭，也将要是学会不哭的第一步。"①

这时候，在左联和剧联的领导下，革命戏剧运动成为戏剧界的主流，出现很多反映社会生活各方面的剧本。例如田汉写有《洪水》《火之跳舞》等，洪深写有《五奎桥》《香稻米》等，欧阳予倩写有《同住的三家人》等，阿英（钱杏邨）写有《春风秋雨》等，夏衍（沈端先）写有《上海屋檐下》等，陈白尘写有《街头夜景》和《恭喜发财》等，宋之的写有《罪犯》，以及尤兢（于伶）的收在《汉奸的子孙》里面的一些独幕剧。此外也有采用历史题材撰写剧本的，如宋之的的《武则天》，陈白尘的《太平天国》和《石达开的末路》，夏衍的《赛金花》和《自由魂》等。而批判的现实主义剧作家曹禺的《雷雨》《日出》也是在这一时期出现的。

1936年左右，为了配合当时革命形势，戏剧界提出了"国防戏剧"口号，有组织的写了很多以抗日救亡和反汉奸为主题的剧本。例如：尤兢的《夜光杯》《浮尸》和《秋阳》，阳翰笙的《前夜》，宋之的的《烙痕》，章泯的《东北之家》《村中之夜》和《死亡线上》。此外，这时戏剧界也展开了集体创作运动，组织作家共同创作，同时也是通过创作来组织作家，集体的研究某一题材，达到共同的认识后，再集体的去表现，把许多作家统一在同一正确的认识范畴里面。这成绩虽然并不怎么显著，但却也集体写了一些剧本，如洪深、沈起予、何家槐的集体创作由洪深执笔的《走私》，洪深、起予、凌鹤、张庚的集体创作由凌鹤执笔的《洋白糖》，章泯执笔的《我们的故乡》，尤兢执笔的《汉奸的子孙》等都是在当时比较著名的。

以上这些剧本，在思想认识上，在人物塑造上，在事件发展上，以至在结构上，对话等方面：虽然或多或少都存在着一些缺点，但却都是站在革命的立场，用现实主义的创作方法，反映社会各方面的生活的，而那些以抗日救亡为主题的剧本，却也都蕴藏着要求民族解放的火炽的热情，表达了人民对日寇汉奸卖国贼的愤怒，因而在各地演出，普遍受到欢迎，在一定程度上鼓舞了人民抗日的热情，提高了人民抗日的信心，对推动抗日起了很好的作用。

---

① 《乱弹及其他》：《反财神》。

# 第四节　报告文学的兴起和
# 发展及通俗文艺的尝试

## 一　报告文学的兴起

左联成立后，曾大力提倡报告文学。1931 年 11 月左联执行委员会的决议"中国无产阶级革命文学的新任务"中第四项"创作问题——题材，方法及形式"中便指出："必须研究并且批判地采用中国本有的大众文学，西欧的报告文学，宣传艺术，墙头小说，大众朗诵诗等体裁。"①

由于左联的倡导，再加上当时革命形势的需要，报告文学便大量出现，并获得很好的成绩。

报告文学的主要特点，是将生活中发生的重要事件立即报道给读者，所以它有浓厚的新闻性；但它又不同于报纸新闻，因为它还必须形象化，必须将"事件"发生的环境和人物活生生地描写出来，使读者如同亲身经历着一般，并且从这具体的描绘中明白了作者所要表现的思想。因此，报告文学的主要任务就是将时刻在变化，在发生的社会的和政治的问题立即正确地尖锐地予以批评和反映。

这种文体的活泼性和战斗性的特点，对于社会情况和政治形势都处在急剧变化中的时代是非常切合需要的，读者大众迫不及待地要求知道生活在昨天所起的变化，作者也迫切地要将社会上最新发生的现象更迅速地，更直接地解剖给读者看，而进步的刊物也要求要有锐敏的时代感，这样，报告文学便自然得到了大的开展。

从报告文学这一性质和特点去看，当时流行的"速写"和"通讯"实际上也都是属于报告文学的范畴。

1935 年到 1936 年文艺界曾有过集体创作运动，这运动和报告文学也是多少有点关系的。因为对于某一大的事件或某一地区，某一生产部门的情况，组织一些作家去写，集合起来，就是那一事件的集体创作。当时提倡集体创作的本意也是在此，周钢鸣在《展开集体创作运动》②中说："集体创作是与报告文学相结合的。集体创作应当用报告文学的方法，集体地去征集丰富的材料，把各种社会的题材的真实生活表现出来，才能发挥集体

---

① 钱杏邨：《现代中国文学论》，《一九三一年中国文坛的回顾》引。
② 《光明杂志》第二卷第一号。

创作的独异特点。"因此，集体创作首先就是要组织文艺青年、店员和工人等来从事创作活动，再通过创作活动来进一步组织他们。其次在组织中要分工，各个组织成员深入他们的各个生产部门，来表现各个部门的人物生活和真实故事，最后完成集体创作，也可以说是集体报告文学。这一运动的本意是很好的，但在当时反动政治高压之下，这样的去广泛组织群众，事实上不容易办到，所以当时的集体创作只是几个作家组织起来，从事试验，成绩不大。倒是报告文学通过这一运动，更扩大了作者的范围，更得到读者的重视。

### 二 多方面的作品

左联成立之初，就很重视"工农通讯员运动"，曾在工人、店员和学生中，有计划地进行了组织活动，所以通讯作者的范围便推广到工人、店员、学生以及机关职员，乃至一部分乡村知识分子。因此，这些作品中也就有了工人、店员、学生、职员、农民的生活反映。这些作品有很多是刊登在当时唯一的文艺报道性刊物《文艺新闻》上面。

左联成立后一年，就发生了"九一八"事变，这一关系中华民族生死存亡的重大事件推动了报告文学的进展。当时上海工人以及各地学生的爱国运动风起云涌，这一反帝斗争在报告文学上曾有大量的反映。"一二八"事变中，许多工人和作家都参加了抗日工作，或亲上前线慰劳，或进行宣传募捐，这些活生生的用鲜血写成的反帝斗争的事实，迫使参加工作的人要以最大的速度反映出来。这时如丁玲、沈端先、适夷等以及很多不是专门从事文艺工作的人都写了不少的报告文学。这些作品，后来大部分都收集在钱杏邨编的《上海事变与报告文学》一书中。

"一二八"战争虽然由于国民党反动政府妥协投降而失败，但中国人民的抗日运动在中国共产党领导之下却更加广泛与深入，报告文学也就与这运动结合了起来，因而它的活动范围也就伴随这运动得到扩大与深入。这一时期的作品，虽然有许多不是直接写抗日事件，但都从各种生活部门中，各个不同的地区中，反映了由于日本帝国主义的疯狂侵略给中国人民大众带来的灾害，也反映了中国人民大众对这灾害的反抗与斗争，一般说来，这些反映是真实地深刻地生动地写出了中国人民大众的生活面貌。这些作品都散见当时的杂志报纸上面，后来有一部分曾收进孙瑞瑜编的《活的纪录》一书中。

1935年，国民党反动政府和日本帝国主义签订了卖国的"何梅协定"，出卖整个华北。8月，中国共产党发表了著名的《为抗日救国告全国同胞书》，号召停止内战，一致抗日，立即得到全国人民的拥护。12月，北平学生掀起了"一二九"爱国运动，引起了遍及全国的反日高潮。这时国际国内的局势都非常动荡，瞬息万变。所有这一些群众爱国活动，抗日要求，以及日寇汉奸的罪恶行为，在当时报告文学中都有着及时的、大量的、生动的记录，一些杂志如《大众生活》《读书生活》《中流》《光明》等以及一些进步的日报上都以很多的篇幅来登载这类文字。更值得注意的是这些作品除了极少数的是出自专门文艺工作者的手笔而外，绝大多数是各地学生和各种职业青年写的。例如1936年，文学社发起由茅盾主编的《中国的一日》，来稿就有三千篇以上，收入的作品也有五百篇左右，可以说是一部集体写作的报告文学集，但其中文艺工作者的作品只占百分之四点七，其余的全是学生、教员、工人、商人、农民以及其他自由职业者甚至军警的作品。从这些作品里面，可以看到遍及全国的农村经济的破产，日本帝国主义在中国的残暴与兽行，国民党反动政府的卖国行为和反动措施，也看到中国人民坚决不屈的反抗斗争，以及献身民族革命的无数的青年学生和志士。诚如编者在"关于编辑的经过"中所说："从中国的每一个角落，发出了悲壮的呐喊，沉痛的声诉，辛辣的诅咒，含泪的微笑，抑制着的然而沸涌的热情，醉生梦死者的呓语，宗教徒的欺骗，全无心肝的狞笑！这是现中国一日的然而也不仅限于此一日的奇瑰的交响乐！然而在这丑恶与圣洁，光明与黑暗交织着的'横断面'上，我们看出了乐观，看出了希望，看出了人民大众的觉醒；因为一面固然是荒淫与无耻，然而又一面是严肃的工作！"

这一时期报告文学中比较优秀的作品可以夏衍的《包身工》为代表，这是写日本帝国主义在中国所办的纱厂利用中国封建势力所造成的人间地狱的惨况的，日本厂主因为自由劳动工人容易结合闹工潮，于是便采用了廉价而没有结合力的包身工，这种包身工是"带工"的老板在中国内地找来的，她们的身体已经用一种奇妙方式包给了老板，她们根本没有"做"或者"不做"的自由，她们的工资就是老板的利润，因此老板自然会忠诚地替厂家服务，厂家只和老板接洽，可以毫不担心"管理"问题，这是一种十分典型的帝国主义在殖民地的剥削制度。作者非常生动地把这制度的根源指了出来，并真实地写出了这群包身工的悲惨生活——那简直是暗无天日的十八层地狱的生活，"没有光，没有热，没有温情，没有希望，……没有法律，没有人道"。作者用动人的具体形象描绘了出来，这就不仅唤起了读者对日本帝国主义的仇恨心情，也就鼓舞了读者的战斗勇气。因而作者最后那句话："黎明的到来还是没法可推拒的"，对于读者来说。就不是一句空洞的语言，而是具有生动的战斗内容的了。

此外像前期的白苇的《墙头三部曲》以及宋之的的《一九三六春在太原》

等在当时都是比较引人注意的作品。

### 三 通俗文艺的尝试

左联成立时，曾特别注意批判地利用中国的旧的大众文艺形式，例如小调，说书，唱本等，逐渐地加进新的叙述描写方法，并指出这是革命的大众文艺所必走的途径。

当时左翼文艺界对这种"通俗文艺"作品也曾有不少的尝试和创作，那时的《十字街头》半月刊也登载了一些。由于当时客观环境的限制，以及作者不能深入工农群众，这些尝试和创作成绩并不显著，也没有在"利用旧形式"方面开辟出一条新的道路来，但在倡导大众文艺的写作，以及对后来大众文艺创作实践的影响上，却是有着较大的历史意义的。

当时瞿秋白和鲁迅在这方面都有过创作实践。

瞿秋白在"一二八"事变后，写有《东洋人出兵》一首长歌，并且用上海话和普通话写成两种，曾经风行一时。后来又写有《英雄巧计献上海》和《江北人拆拼头》两种，都是用说书形式来暴露"一二八"上海战争时，国民党反动将军们不战而退出淞沪的故事，都是用普通话写的。此外还有《五月调》《上海打仗景致》《可恶的××》等数种。

鲁迅写有《好东西歌》《公民科歌》《南京民谣》等，都是登在《十字街头》上的。《好东西歌》是写国民党反动军阀官僚的丑态的，全文如下：

> 南边整天开大会，北边忽地起烽烟，北人逃难南人嚷，请愿打电闹连天。还有你骂我来我骂你，说得自己蜜样甜。文的笑道岳飞假，武的却云秦桧奸。相骂声中失土地，相骂声中捐铜钱，失了土地捐过钱，喊声骂声也寂然。文的牙齿痛，武的上温泉，后来知道谁也不是岳飞或秦桧，声明误解释前嫌，大家都是好东西，终于聚首一堂来吸雪茄烟。①

《公民科歌》是讽刺反动军阀何健下令学校讲授"公民科"的，《南京民谣》则是描写国民党反动官僚"谒灵"的丑态的。

当时的迫切的战斗任务使得瞿秋白和鲁迅不可能多作这方面的尝试，但从这极少的作品中，也可以看出这两位中国文学巨人对于中国民间传统的文艺的重视了。

---

① 见《集外集拾遗》。

# 第十章　抗战文学作品

## 第一节　报告文学、街头诗、街头剧和通俗文学作品

### 一　报告文学的空前发展

抗战初期，报告文学得到了空前的发展，在一切文艺部门中，成为最广泛地被使用着的形式，并且受到了广大读者的欢迎。

这原因是不难明白的。

首先，抗日民族解放战争把所有的作者带进了广阔的战斗环境中，个人生活就有了空前未有的剧变，他们或是直接参加了战争，或是参加了战时工作。在工作中，他们经历了前所未有的纷纭复杂而又紧张热烈的生活，同时也看到了前线和后方的许多英勇悲壮的可歌可泣的事实，以及动荡社会里的一切动态——进步的，落后的，新生的，腐朽的等。这一切，一方面激起了他们的火炽的热情，迫使他们要把这些经验和事实写出来；另一方面呢，战争的生活和环境又不容许他们对这些经验多作冷静的思考和熔铸。这样，他们就必须选择一种最直接简短的文学形式，迅速敏捷地记录出生活的真实，来宣传抗战民主，推进抗战民主运动，报告文学恰是最适于完成这种任务的文学形式。这就是抗战以来报告文学特别发达的一个主要原因。

其次呢，当时客观环境也迫切需要大量的报告文学。抗战的爆发，振奋了读者群众的长期苦闷的心情，正和作者一样，他们也热烈地投身于战争或战时工作之中，因此，在精神食粮方面，他们已经没有余暇也没有心情去阅读与抗战无关的作品，他们所日夜关心的是战争的发展和战时工作的情况，他们渴望在文学作品中能够看到这方面的记录和反映；并且由于生活的剧变和紧张，他们更渴望这些记录在时间上要迅速敏捷，在形式上要简短精练。这样，报告文学就自然而然地受到他们的欢迎，当然也就促进了报告文学的发展。

抗战期间报告文学的发达，不仅表现在量的方面的增加，也表现在质的方面的进步。这进步首先是它所反映的方面的广阔，达到了前所未有的

程度。抗战的中国社会现实的各方面，在报告文学中差不多都有了反映：有前方战士的英勇战斗，有后方民众的忘我工作；有伤病的将士的凄惨和苦痛，有流离的难民的悲哀和苦难；有敌人的凶残和横暴，有沦陷区民众的英勇的殉难和坚决的反抗；有战区的落后民众的胆怯和贪婪，有前方的进步民众的奋发和勇敢；有敌后民众的艰辛和苦斗，有敌后武装的发芽和成长，有国民党统治区的政治的黑暗和特务的作恶，有解放区的民主自由幸福的生活和生产建设的努力；有渣滓人物的垂死挣扎，有新生人物的勇敢直前……几乎可以说是应该记录的全都记录了。其次，在表现方法上也在发展过程中逐渐进步，抗战初期的报告文学多有平铺直叙、新闻纪事式的、概念化的毛病。但随着抗战的发展，作者生活也逐渐广泛逐渐深入，因而对现实的认识和理解也就能够比较全面比较深刻。在这样的认识基础之上，所以就有较多的综合性的、生动的、形象化的作品出现了。

这些报告文学作品，按照所写的题材，大略可以分为下列的四个方面：

第一是前线战争情况的报道。这一时期参加战争的或是从战争中产生出来的许多文艺工作者，他们亲身经历了战争，用自己的亲切的体验，曾写出不少的较好的报告文学作品。如：SM以初期上海战争为素材写出的《闸北打了起来》《从攻击到防御》《斜交遭遇战》，东平的《我们在那里打了败仗》等。还有许多作品，凭着作者的见闻，写出了各个战地的情况：如丁玲的《孩子们》，以群的《台儿庄散记》，田涛的《中条山下》《黄河北岸》，宋之的的《长子风景线》等。此外，在抗战初期，由于国民党反动政府不是真心对日作战，因而它的军官们在许多战役里面都是事前毫无准备，临时张皇失措，以致很快地丢失了许多城市，部队仓皇撤退，人民流离失所，这些情况在报告文学中也有反映。

第二是后方各种战时动态的报导。这可以从三方面来看：第一是关于伤兵生活的描写。这类作品在抗战初期特别多，不过由于作家们对士兵的生活体验得不够深入，有的甚至没有什么体验，因此写出来的伤兵往往只写出了伤兵的表面，而没有接触到他们的心理状态和本质特征。不过在这些报导中却也暴露了国民党军队的腐化以及对伤兵漠不关心的事实。关于这方面的作品有骆宾基的《救护车里的血》《我有右胳膊就行》《在夜的交通线上》等。第二是关于逃亡生活的描写。如刘白羽的《逃出北京》，塞先艾的《塘沽之日》等，都写出了中国人民不可动摇的复仇决心。曹白的《受难的人们》《杨可中》写出了国民党官吏剥削难民的罪行，以及难民在苦难中更加强了抗战意志。第三是关于敌人空军轰炸的残暴行为的控诉，例如草明的《遭难者的葬礼》报道了广东的惨炸，葛琴的《在江边》报导了浙江的惨炸。老舍的《五四之夜》，宋之的的《从仇恨里生长出来的》报导了"五四"重庆的惨炸。在这些报道里面有力地控诉了敌人的兽行，更写出了中国人民对敌人的不共戴天的仇恨和复仇的决心。

第三是沦陷区和敌占区的情况报导。抗战期间，敌人在沦陷区大肆屠杀中国人民，但是英勇的中国人民不但没有屈服，相反的，他们在血泊中是更坚强的站了起来并反抗敌人。环绕敌人占领区的周围，在广大的农村里，民众们在中国共产党领导之下纷纷起而武装自卫了。这在报告文学中也有记录，例如骆宾基的《东战场的别动队》便是叙述东战场的民众武装的生活和战斗的。碧野的《北方原野》和《太行山边》便是描写生长在北方原野和山岳中的民众游击队的生活的。柳林的《一支游击队的产生》便是报道保定附近民众武装的结成的。

第四是广大的敌后抗日根据地的报导。抗战期中，国民党不战而放弃了广大的国土，而中国共产党就领导了中国人民在这被国民党放弃了的国土上建立起许多敌后抗日根据地，和敌伪作顽强不屈的斗争，巩固并发展了这些根据地。在报告文学里面，首先记录了这种根据地的创立和发展的是立波的《晋察冀边区印象记》，在这篇报告中，他记述了这区域创立的过程，活动在这区域的新人物的面影，以及建立在这新基地上的新事业的萌芽和成长。接着荒煤的《童话》《谁的路》，以群的《渡漳河》都报导了晋东南游击根据地的动人情况。沙汀的《游击县长》《老乡们》《伪军和伪政权》《知识分子》等，记录了冀中游击根据地人民的活动以及那个区域中的变革蜕化和创造的情形。何其芳的《七一五团和大青山》叙述了大青山游击根据地的发端，以及领导创立这根据地的军队的艰苦、忍耐和切实的作风。这一些报告都写出了这些一抗日根据地的许多新人物的产生和成长，许多新事业的创造和发展，以及旧事物的崩溃，消灭，或是蜕化，变革。此外，敌人在我们根据地军民的英勇打击下的狼狈丑态以及其困窘和绝望的心情，报告文学中也有了记述，像立波的《敌兵的忧郁》，何其芳的《日本人的悲剧》，荒煤的《破坏吗？建设吗？》，以群的《听日本人自己的申诉》等，都是依据俘虏的书信日记等资料，忠实地叙述了出来的。

以上是 1942 年以前中国报告文学的大概情况，1942 年以后，在国民党统治区域内，由于法西斯反动统治和战事的沉寂，报告文学曾经一度减少，直到 1944 年后方民主运动高涨以后，才又有一些报告民主运动的作品出现。

### 二 街头诗、朗诵诗和街头剧

抗战初期，诗歌在数量上之多，仅次于报告文学。这是因为诗歌最合适于表达作者对于抗战的激动、振奋的情绪的缘故。但是，为了要使诗歌更有效地服务于抗战宣传，单靠数量上的丰富是不够的，因此，大家便特别重视左联以来所倡导的诗歌大众化的问题，并企图在过去研究的基础上，在创作实践上来进一步解决这一问题。街头诗，朗诵诗等便是在这样探索研究情况中出现的。

街头诗运动首先是在陕甘宁边区政府所在地延安发动的，这种诗的主要特征是：以人民大众为对象，以目前的具体的战争和政治事件为题材，形式短小精悍，文字通俗具体。它有时仿佛近似标语，然而又不是标语，它比标语具体，文字更比标语生动，有韵脚，有音节，容易上口，容易记住，它具有诗的一切特点和要求。

街头诗又叫做墙头诗或传单诗，顾名思义，就知道这种诗写出后一定要有行动的，或者写出来贴在墙头，或者印出来像传单似的散发。但在反动的国民党统治区域内，这种行动是要受很大压迫的，所以街头诗运动只有在延安那样民主自由的环境中才能得到发展，传到国民党统治区域来，首先行动就受到了限制。结果只有停留在讨论研究范围之内，虽有写作，也就热烈不起来，当时搞得热烈一点的还是朗诵诗。

诗歌朗诵问题在1934年中国诗歌会曾经初步提出过，抗战爆发后，得到进一步的开展。

抗战期间以至战后，诗歌朗诵经常在各种群众性集会上、晚会上举行。许多诗歌团体都组织了诗歌朗诵会，西北战地服务团更组织了诗歌朗诵队到前方去朗诵过。

朗诵诗的主要目的，是要求得诗歌和人民大众更紧密地结合，这结合的过程也就帮助了诗的发展。因为要向群众朗诵，首先，它的内容就必须要适合群众，这主要的是要思想感情和群众一致；其次，表现方法必须特别洗练精粹，语言必须是群众的语言，句法必须明朗，用字必须确切，不这样，朗诵就不会成功。所以朗诵诗实际上也是诗歌大众化的一种实践。但是，在这个主要环节上，当时朗诵诗是做得很不够的，它的朗诵多半还是局限于知识分子的圈子里，没有能够真正和大众结合，深入工厂和农村，这当然是受了客观环境的限制，但就朗诵诗本身而论，内容形式和语言不够大众化也是一个原因。

街头剧是戏剧大众化的一个新的实践，它是从"活报"发展出来的，在土地革命时期，江西工农红军中便创造了"活报"这一新的艺术形式，在红军中曾获得很大的宣传鼓动效果。

抗战前夕，"活报"发展成为街头剧。抗战爆发，由于"活报"和街头剧的表现形式非常适合工农大众，所以许多战地服务团、抗日宣传队、救亡演剧队、巡回演剧队等差不多全把街头剧作为演出宣传的主要节目。

"活报"的表现方法的特点是灵活、迅速，它是用戏剧的形式来报告社会情形和政治动向的。某一事件发生了，或是值得表扬的英勇事迹，或是应揭发的敌伪阴谋，都可以立刻用"活报"形式表现出来，去向群众宣传。因此它的内容多半是根据报纸上的新闻，或当时当地新发生的事件，由于它表现迅速，演出方便，所以在前线及敌后游击区最为流行；但也因为如此，它的脚本是有时间性的，随时创作，随时废弃，所以流传得也就不广泛。写作这类脚本的多半是在前线上工作的服务团团员，宣传队队员以及一些在部队工作的文艺青年。

街头剧是从活报发展出来的，但比活报较为复杂，也不像活报的时间性那样强，所以流行得也比较广泛。它的最大的特点是演出的灵活、方便，有时演员混在观众里面，和观众打成一片，收得更好的效果。因为演出的简单，所以演出的地点就不受什么限制，农村的稻场上，路旁的树荫下，前线的战壕边，都可以作为临时剧场。编写这类剧本的，也多半是服务团和宣传队的一些文艺青年们。这些街头剧以《放下你的鞭子》最为著名，这个剧在抗战前夕就已经流行，抗战爆发前后，在全国各地演出了无数次，虽然它本身有其缺点，例如只写出东北人民逃亡流浪的悲惨，却没有指出东北人民自"九一八"以后即在中国共产党领导下武装抗日的重要的一面。但却写出了日本帝国主义的残酷凶暴，失去祖国的人民的生活苦难，因而激发了群众的抗日情绪，在宣传抗战方面，这个剧是起了很大的教育作用的。

此外，在后方还有一种"茶馆剧""游行剧""灯剧"等形式，这都是和街头剧相类似的戏剧。

### 三　通俗文学作品

如前所说，在左联时期，伴随着文学大众化的讨论，通俗文学作品也曾出现过一些，不过，由于客观环境的限制，以及从事这一工作的人寥寥无几，成绩是不大的。抗战前夕，为了宣传抗日救亡，通俗文艺又曾一度流行，但也为数不多。抗战爆发后，文学大众化再度掀起讨论，通俗文学作品也就有很多人在试验创作起来。在数量上比以前就丰富得多了。

当时专门刊登通俗文学作品的刊物就有很多种，特别在抗战初期，如汉口出的《七日报》《大众报》，成都出的《星芒报》《通俗文艺五日刊》等，都是专门登载通俗文学作品的。

在抗战初期，这些通俗文学主要的是利用旧形式。通常采用的，大半是旧剧、鼓词、小调，以至数来宝等。但由于大部分作者没有深入了解通俗文学的基本意义，也不大明白"利用旧形式"是一个批判扬弃的过程，因此，就把旧形式的利用变成了旧形式的模仿，机械地理解了"旧瓶装新酒"，甚至"五更调""打牙牌"的调子也装上了抗战词句，把利用旧形式弄得非常庸俗化了。一般说来，都是反映现实不够，描写典型无力，多少有千篇一律的公式主义化的倾向。产生这现象的原因，除了上面所指出的没有深入了解通俗文学的基本意义而外，还有两个原因：一是有一些作者认为写作通俗文学是很容易的事，因而在写作的时候就不够认真严肃，有些粗制滥造。另一个原因是：一般说来，通俗文学工作者政治认识不够，没有看到抗战的基本动力——人民的力量，因而只公式地单纯地从一些战役上去描写自己和敌人。由于这一些原因，所以就产生了上面所说的那一些缺陷。

当然，这些作品在抗战初期也不是一点作用都没有起的，同时这些缺陷在实践过程中也逐渐认识出来，并且有了初步的克服。这里可以拿当时西北战地服务团的一个总结为例：他们首先认为"旧瓶是可以灌进新酒的，但却并非毫无选择，而是批判地接受"。因此，他们曾经利用各种旧形式进行宣传，例如"大鼓、快板、相声、合作、活报、双簧、评词、新化子拾金、打倒日本升平舞等"，据他们说，这些形式"简单，活泼，诙谐，通俗，民众最喜欢，也最容易懂，最容易接受"。他们总结说："当然，在原则上我们是主张能够创造出一些新的东西出来，不能尽迎合一般文化落后的爱好低级趣味的群众，但这不是一下子便可成功的，这要逐渐把大众艺术水准慢慢提高以后，新的东西方才能被他们接受。因此，在抗日的现阶段，我们的希望，还是先洗一洗旧瓶，把新酒灌进去吧，不要泼在地上，太可惜了。"①在这个总结中，虽然对大众艺术的认识还不够妥当，但却可以看出抗战初期对利用旧形式问题一些不正确的认识和缺陷，这里已经很少存在了，并且逐渐摸索出了道路，相当地得到群众的欢迎，因而获得了

---

① 杜埃：《旧形式应用问题》引，见洛蚀文编：《抗战文艺论集》。

抗战宣传效果。

在实践过程中，大家又逐渐发现了另一个问题，即地方文艺对于通俗文艺的重要性。这点，在上述的西北战地服务团已经有了初步的实践，例如他们的节目中就有地方文艺：评戏和秧歌。不过，却没有明确地作为一个问题提出。这以后，在不断地实践中和宣传活动中，地方文艺的重要性就越发来得明显，引起了大家的注意，如茅盾当时所说："现在有许多位朋友，已在写抗战的鼓词，抗战的京戏，也有许多朋友在试写抗战的楚剧和湘戏，广东的新诗人已在写新的粤剧，这都是令人兴奋的好音！我们应当使这种运动扩大而普遍起来。作家们这样写，民间文艺专门研究者要提供怎样'利用'的方案，而诸凡鼓词、京剧、说书、湘戏、楚剧、粤剧的艺员们也应该和利用旧形式的文艺工作者取得联络，密切合作；能如此，方可说我们对于抗战工作没有怠工。"①

此外，在实践过程中，对于通俗文学的写作技术也曾展开过讨论。

但是，由于国民党反动政府的畏惧通俗文学的流行将会使人民的抗战情绪更趋高涨，便对通俗文艺千方百计地予以种种阻碍，以致取缔禁止。所以在武汉失守之后，通俗文学的写作在国民党统治区域内便逐渐消沉下来了。

总起来看，抗战初期的通俗文学作品在数量上还是不少的，不过却有一个共同倾向：即在形式上，始终没有摆脱旧形式的范围，虽然大家也明白要在旧的基础上来创造新形式，但新形式始终没有出现。在内容上，由于写作者深入群众不够，对群众的思想感情体会不深，因而写出的作品多半是些抽象概念的叙述，没有什么感动人的力量。

形成这一倾向的原因，首先当然是由于国民党反动政府不允许进步的通俗文学作品在人民大众中去流传，通俗文学写了出来，却无法到群众中去实践，听不到群众的意见，那自然就没法提高，没法创出新形式。其次呢，作者对于民间形式虽然明白要"批判"地去用，但对民间形式的精华即带有人民性的东西，分析理解得都不够深入，这自然也限制了作品的提高。第三是由于作者自己的思想感情未经改造，和人民大众有着距离，那么作品也就无从为大众所欢迎接受了。

这些倾向和原因，虽然阻碍了通俗文学的前进，但和抗战前比较起来，究竟有了很大的进展，在宣传抗战方面有其一定的效果；而在通俗文

---

① 杜埃：《旧形式应用问题》引，见洛蚀文编：《抗战文艺论集》《文艺大众化问题》。

学的创作方面，也提供了一些经验和失败的教训。

# 第二节　反映抗战前期各方面生活的文学作品

### 一　概说

从抗战爆发，到 1942 年，这一时期的文艺创作活动的情况大略如下：

抗战初期，诗歌曾经盛极一时，那时候，所有的诗人们都怀着难以言论的兴奋热情，投身抗战熔炉之中，英勇地吹起了诗的号角，那时出版的诗歌刊物竟达十余种之多，例如：最先在上海出刊的《开拓者》《高射炮》，在武汉出刊的《时调》《诗时代》，后来在长沙出有《中国诗艺》，昆明出有《战歌》，桂林出有《中国诗坛》《顶点》等。一些诗人如郭沫若、穆木天、黄药眠、臧克家、萧三、何其芳、王亚平、艾青、田间、柯仲平、袁水拍等以及许多青年诗人都写下了很多的抗战诗篇，有人统计从抗战开始到1942年6月间出版的诗集单行本有一百多种，诗的创作约计有五十万行以上。[①]这些诗歌数量上虽然很丰富，但质的方面却大部分没有达到理想的要求。特别在抗战初期，多半是直感的热情的呼喊，生活既未深入，写的时候，又未免急就成章，因此，艺术的动人的力量自然也就减弱了。但随着抗战的进展，进步的诗人也就不复再停留在热情呼喊的阶段上，对抗战有了进一步的理解，对抗战的主要力量人民的力量有了较多的认识，对生活也有了较深的体验，这样，诗歌作品较之抗战开始时虽然减少了一些，但质的方面却比较坚实起来了。

小说方面，在抗战初期简直很少有人写作，写小说的人大半去写报告文学去了，随着抗战的深入，作家对抗战意义的理解也进了一步，逐渐地比较冷静地来观察分析抗战中的一切现象和问题，这就需要用此报告文学更完整的艺术形式来表达，这样，大约在抗战一年后光景，以抗战为主题的小说就逐渐地多了起来。例如写前线战斗的有东平的《第七连》等，奚如的《萧连长》，雷加的《一支三八式》，草明的《诚实的小俘虏》，姚雪垠的《差半车麦秸》，碧野的《在获鹿》等，写新旧人物的思想的矛盾和隔膜的有艾芜的《秋收》，荃麟的《英雄》等，写落后思想在抗战推动下得到进步的有杨朔的《帕米尔高原流脉》，刘白羽的《五台山下》，奚如的《第一阶段》等。

---

① 王亚平：《伟大的五年间的新诗》，见《学习生活》第二卷第三期。

暴露后方各种黑暗现象的有张天翼的《华威先生》，黄药眠的《陈国瑞先生一群》，沙汀的《在堪察加的一角》，周而复的《雪地》等。此外如巴金、丁玲、荒煤等也都写下了一些抗战作品，此外还涌现了一些新的作家，如：柳青、骆宾基、谷斯范、程造之等。这一时期长篇小说出现的不多，较著称的有吴组湘的《鸭嘴涝》(后改名《山洪》)，谷斯范的《新水浒》，欧阳山的《战果》等。

戏剧方面，在这一时期收获最为丰富，战争初起时，曾经产生很多的宣传鼓动的独幕剧和街头剧本，这些剧本大多是以号召人民起来参加战争为主题的，热情洋溢超过了理性的刻画，一般说来，艺术性是较为贫弱的。但随着抗战的深入，戏剧和其他文学部门一样，理性认识逐渐代替了前期的激情，多幕剧也大量出现了，其中有描写抗战中军民奋斗的，如集体创作的《卢沟桥》，王震之的《流寇队长》，夏衍的《一年间》，阳翰笙的《塞上风云》等；有描写敌后斗争及敌伪丑态的，如夏衍的《心防》，于伶的《夜上海》等；有描写后方不合理的现象的，如老舍的《残雾》，宋之的的《雾重庆》等；有描写抗战中进步方面的如陈白尘的《秋收》，宋之的的《刑》等；有描写历史故事，用以激励人心的，如阳翰笙的《天国春秋》，阿英的《明末遗恨》等。有人统计自抗战发生至 1941 年春，多幕剧本一共有四十二种之多，[①] 包括作家有田汉、欧阳予倩、洪深、熊佛西、夏衍、阳翰笙、陈白尘、于伶、宋之的、老舍、曹禺等。

总起来看，这一时期的诗歌、小说、戏剧各部门的创作，在创作方法上，虽然不完全一致，但主要的，成为文艺界主流的仍然是社会主义现实主义的方向，而在抗战的热情激励之下，一些中间作家所写的也都是爱国主义的现实主义作品。只有极个别的作家，由于受不起抗战的熬煎和国民党法西斯统治的高压，而退缩不前，写一些抗战加恋爱的色情小说，或是充满忧郁感伤气味的诗歌，但在当时抗战洪流激荡之下，这些作品只是自生自灭，并不为人所注意，当然更谈不到什么影响了。

下面评述的便是这一时期的成就较大影响较大的一些作家和作品：诗歌方面是艾青、田间和柯仲平，小说方面是东平和艾芜，戏剧方面是夏衍。

## 二 艾青、田间和柯仲平的诗歌

艾青是浙江人，他在 1932 年左右便开始了诗歌创作生活，《大堰河》

---

① 田进：《抗战八年来的戏剧的创作》，洪深《抗战十年来中国的戏剧运动与教育》引。

诗集便是抗战前出版的。抗战期间，他写下了更多的诗篇，如《北方》《向太阳》《他死在第二次》《火把》《黎明的通知》《雪里钻》等诗集。

据作者自述，他出身于"一个地主家庭，在一个贫苦的农妇家里抚养到五岁，感染了贫民的忧郁回到父母家里，在被冷漠与被歧视的空气里长大"。后来"在艺术学校学了一学期绘画，到资本主义国家流浪了几年"。"九一八"事变后回国，"很快地就被送进监狱"，出狱后一直在上海。抗战后，曾在大后方流浪过一个时期，最后到了延安。①

作者的出身经历，和他的诗篇是多少有些关系的。由于他在农村里长大，受了农民的抚养，所以他虽然是地主阶级出身，但对于受着苦难的农民却有着真挚的热爱；不过他究竟是一个地主阶级出身的知识分子，又在资本主义国家受过几年教育，多少受了一些象征派印象派资产阶级文艺思想的影响，因而，他面对他所热爱的人受着的苦难，虽然感到愤怒，但却浓厚地染上了一层忧郁和伤感，而缺乏一股健壮的粗犷的反抗气息，他只是"用迟滞的眼睛看着这国土的没有边际的凄惨的生命"，"用呆钝的耳朵听着这国土的没有止息的痛苦的呻吟"。不过，他的忧郁和伤感却也不是产生于对人生的厌弃，而是产生于对旧世界的悲愤与憎恶，而这悲愤与憎恶却又基于他对自己的国土和生长在这国土上的受着苦难的人民有着深沉的挚爱。所以他曾经以最大的热情和敬爱呈献给他的保姆大堰河，歌唱许多纯真的人的形象——"过路的盗"，"偷牛贼"，作者把自己的命运和苦难祖国的命运联系在一起，于是他的诗便处处发出那样的土地的泥土气息，处处使自己和祖国大地浑合为一，像作者在《我爱这土地》里面所歌唱的那样。虽然他还没有明确地从阶级关系上去观察分析一切问题，但这一热爱祖国的崇高意念却成为他的作品的生命源泉，所以他在透明的夜中也就写下了光明的憧憬和健壮的人们的形象。如像"油灯像野火一样，映出十几个生活在草原上的泥色的脸"。"油灯像野火一样，映出我们火一般的肌肉，以及——那里面的——痛苦，愤怒和仇恨的力。"这样充满活力的强烈的生人气息的诗句。

由于他有着这样一颗渴望黎明的心，当抗战爆发后，他便从孤独苦闷的世界中大踏步走了出来，走到了十字街头，走进人民中间，以深挚的热情和欢乐，歌唱这"新的日子"，歌唱"北方"，歌唱"太阳"，歌唱英勇的战斗者，他在《复活的土地》中这样勉励自己——

---

① 《艾青选集自序》。

就在此刻，

你——悲哀的诗人呀，

也应该拂去往日的忧郁，

让希望苏醒在你自己的

久久负伤着的心里：

但是"往日的忧郁"是不可能一下子就"拂去"了的，就拿这首诗来说罢，他虽然极力想抛弃它，清洗它，但是个人的忧郁的感情阴影，却潜伏在他的心灵深处，在不知不觉中还是流露了出来。同样，在《北方》一诗中也流露出这一情绪，这里面所描绘的只是无力的悲哀的北方与人民，而不是顽强的战斗的北方与人民。在《向太阳》诗中最后一节，他激昂地歌唱着："这时候，我对我所看见，所听见，感到从未有过的宽怀与热爱，"但是结尾一句却是出乎意外的这样消沉："我甚至想在这光明的际会中死去……"

抗战前期，作者写了两篇叙事诗：《他死在第二次》和《火把》。

《他死在第二次》是写一个伤兵的故事，这伤兵是个农民出身，由于作者对农民不够熟悉的缘故，写伤兵的思想感情往往不知不觉地以自己的思想感情来代替了，这样，在这个伤兵身上就很少看到一个农民出身的士兵的痕迹，倒像是一个知识分子的情感与生命的化身，因而这个农民伤兵的形象没有具现在读者眼前，便失去了感人的力量，远不如作者歌唱自己的感情那样真实生动了。这一点，后来作者自己也曾见到，他说："由于长期过的是个人的自由生活，我对于中国社会的了解和对于劳动人民的认识都是不够深刻的。在我的诗里，有时也写到士兵和农民，但所出现的人物常常是有些知识分子气质的，意念化了的。"①不过，《他死在第二次》在作者的创作道路上却是一个新发展，在这首诗里，他更明显地清除了象征派印象派的影响的痕迹，而向现实主义的创作方法更深一步地突进。这，在他的《火把》中表现得更为显著。

《火把》无论从哪一方面来看，都比《他死在第二次》要进步得多，特别是人物形象的塑造更为生动。这也许是由于《火把》中的主角就是作者所最熟悉的小资产阶级知识分子的缘故，生活情感都有了很深切的体会，所以写了出来很真实，生动，使读者仿佛感到一个活生生的天真的带有城市小姐气质的女孩子在眼前浮动。虽然这个女孩子思想转变的过程写得比较简

---

① 《艾青选集自序》。

单抽象一点（只通过一次游行就转变了）。作者在这首诗中是有意识地把握了新的发展方向，肯定了抗战民主革命胜利的前途，对于当时小资产阶级知识分子曾经起了一定的进步作用。

这以后，作者到了延安，参加了整风学习，据作者自己说："这个期间，我的创作的风格，起了很大的变化，交识了一些劳动人民里面的英雄人物，写了一些纪录性的散文，学习采用民歌体写诗。"[1]作者的话是真实的，这一时期他的诗篇从思想意识到表现方法都有了很大的改变。例如：在《毛泽东》诗中歌唱出对于人民领袖的热爱，在《向世界宣布吧》诗中歌唱了边区人民生活的幸福美满，在《十月祝贺》诗中表示了对苏联反法西斯战争的必然胜利的信心。在这些诗中，一种比较健康的人民的情感逐渐成长起来，过去的那种个人的忧郁伤感的情调是被清洗干净了。作者的诗篇的艺术造诣及其所已达到的成绩，对于中国青年诗人是曾经起过较大的积极影响和作用的，因而他的诗篇在中国现代诗歌发展史上也就有其一定的意义。

田间在 1935 年到 1936 年，以他的强烈的、战斗的、具有新鲜气息和独特风格的诗篇在诗歌界出现。那时正是抗战前夕，抗日救亡的呼声响遍全国，争取民族解放革命战争的早日实现，已成为全国人民斗争的唯一目标。但是那时的诗歌，除了中国诗歌会同人和一些少数进步作者而外，一般说来，是落在当时的政治要求和群众斗争情绪的后面的。这时候，出现了田间的那种战斗气息很强的，突破一切旧形式藩篱的诗篇，对当时诗歌界自然是一个很大的刺激，引起了普遍注意。

从那时起，田间陆续写下了《未明集》《中国牧歌》《中国农村故事》《给战斗者》《抗战诗钞》《赶车传》《戎冠秀》等诗集。

田间的诗在其一出现的时候，感情就是健康的，战斗的，淳朴的，正如他在《我是海的一个》中的自白：

> 我，
> 是结实，
> 是健康，
> 是战斗的小伙伴。

那时他还年轻，勇往直前，无所畏惧。因而感情健康，结实，自然；但也

---

[1] 《艾青选集自序》。

正由于年青，另一方面感情就不免显得天真，浮浅，幼稚。

他歌唱的题材也很广泛：有受着苦难的祖国的田野土地和森林，有血腥的空气，有战斗的道路，有农村中的种种形象：甜蜜的玉蜀黍、金黄的油菜和忧郁而无光的河……在他的诗里现出了"没有笑的祖国"。

他所采用的表现这些内容的方法是和旧的表现方法完全不一样的，雄浑而又悲壮的情绪，不是用抒写，陈述或控诉的方式，而是旋风似的，闪电似的感情的突击，仿佛无数的战斗的火花的迸爆，使读者能够随着他这突击迸爆的感情紧张激动起来。不过他这突击迸爆的感情只是一个闪耀，没有在作者意象中完整起来，因而也就使读者在紧张激动之余，感到诗中仿佛是"一些闪光的金属片子搅在一起"①，有些晕眩、零杂、混乱，很难在脑中浮起一个饱满明确的意象来。

作者这种突击迸爆的感情决定了他的诗的独特的形式，这形式最大的特点是：利用简短分散的行列，形成急促的节奏，跳动的旋律，这形式无疑地是受了玛雅柯夫斯基的影响，但却和作者那种突击迸爆的感情是调和一致的，因而更能使读者对他所歌唱的意象得到强烈的感受。不过，作者虽然勇敢大胆地创造了这一自由诗体，却并没有很好地完成，还不能恰当地去运用，有些诗充满了两个字一行，三个字一行，却是不必要的。

一般说来，作者在抗战前及抗战初期的诗中，他的突击迸爆的感情多半是单纯地从感情领域出发的，对现实社会和现实人生了解体验都还不够，因而这感情虽然热烈，但却嫌表面，不深入，只是停滞在突击迸爆的阶段上。

抗战以后，作者参加了前线生活，后来又到了延安，这一时期，作者的诗有了进一步的发展，他开始从个人感情的领域走进人民生活的领域，诗中出现了真实的人物——真实的人民，真实的战士。例如《荣誉战士》一诗：

> 他们，
> 回来了……
> 那女人，
> 今天
> 坐在欢迎会的
> 院落，

---

① 胡风：《蜜云期风习小记》，《田间的诗》。

一面
喂她底
乳儿，
听着
演说，
从顽强的脸孔上：
浮涌着
战斗的
欢喜，
战斗的
红笑，
——因为她呵，
也流了血，
为着
祖国。

这是一段很好的诗，明朗，亲切，而且包孕着对民族解放革命战争的丰富的喜悦。

作者到延安以后写出的诗篇，虽然进入了人民生活领域，但"进入"得还不够深，接触到完整的本质的生活形象比较少，突击式的，闪电式的感情和手法仍然还残存着，因而人物形象也就多半流于轮廓化，不够饱满，不够突出。在形式方面，作者仍不能很好地掌握完成，以致有些诗篇过于追求形式，反而显得不自然。后来，作者似乎已经放弃了这种形式的努力，1946年写的《赶车传》，和1950年出版的叙事诗《戎冠秀》，已不再是两字三字的行列，但却又有五言六言的倾向，这倾向作者也还没有很好地完成。此外，作者在语言字句方面也还有些生硬勉强的地方，例如："爱国人行走大道，投降者鬼来暗藏。"这样句法都很别扭。

不过，无论怎样，作者始终都是企图把诗篇与革命战斗任务直接结合起来的，并且坚决地实践了。特别是他写的"街头诗"，更是单刀直入地去实践这企图，这些成绩和贡献，都是应该肯定的。而他的诗篇中，很少流露小资产阶级知识分子的那种感伤忧郁的情感，这在那时也是很难得的。

柯仲平在创造社后期就曾写下过一些诗篇，这些诗大半都收在《风火山》和《海夜歌声》两个集中。后来有个很长时期他没有从事创作，抗战爆发后，他在延安又恢复了创作生活。

作者这一时期作品有一个主要特点，就是他从没有抒写个人主义的情感，诗中充满了对革命前途的乐观和信心，即使是在《赠爱人》，也饱满地表现出这坚定的昂然的姿态。

作者在 1938 年一年中写下了两首著名的叙事长诗——《边区自卫军》和《平汉路工人破坏大队》。

《边区自卫军》是描写边区民兵和汉奸土匪作斗争的故事，据作者在《前记》里说，这个故事"是在边区工人第一次代表大会上听来的"。诗中写了两个民兵英雄，李排长和哨兵韩娃，以及一些群众场面。作者在这些人物身上集中地具现了边区人民的高度的政治警惕性，和他们对汉奸土匪的火炽的仇恨心情。使人感到有了这些民兵英雄，边区就会变成铜墙铁壁，无论敌伪和蒋匪帮玩什么阴谋诡计，都会在这铜墙铁壁跟前碰得粉碎，因而也就加强了保卫边区的决心和信心。作者在描写这些淳朴的英雄人物时，感情和笔触都是朴质的，豪放的，粗犷的，因而和所写的人物显得很相称，很调和。诗中没有小资产阶级知识分子那种不健康的情感，就是有些抒情的地方，也都充满了朴素健康的民间艺术风味，例如写韩娃夜里放哨的一段：

> 二更里，
> 月色分外清，
> 多一阵，
> 不见有行人，
> 他想吸袋烟，
> 吸袋烟来好解闷。

而在形式和词句方面，作者也是极力向民间歌谣、快板等文艺形式学习提炼，这在上面的例句中也可以看出来。

不过，这诗也有美中不足的地方：首先，是故事的发展没有什么变化，矛盾的复杂性没有充分写出来；人物的刻画虽然很明朗清晰，但终嫌近于轮廓。这也许因为故事是"听来的"缘故，作者并没有更进一步地深入民兵生活，不能够细致入微地去体贴这些民兵英雄的思想感情，以及他们所创造的英雄事迹，至于形式方面，作者粗犷的笔触，好处是轩昂豪放，但有时却不够精练，流于粗糙，而学习民间形式有一些地方也不免流于形式。

《平汉路工人破坏大队》据作者原来计划是要写成五章的，但只写了第一章便因事停止了，后来一直没有继续写下去。但是，仅就这第一章而论，这首诗也应予以较高的评价，因为这是第一首写工人集团行动的叙事诗，这在中国诗歌史上还是前所未有的。而作者对他所写的工人同志的真挚的感情，以及其政治性思想性所达到的一定的高度，更为这诗生色不少。

这首诗是作者根据参加平汉路工人破坏大队的同志们亲口叙述，并由于他们的要求而写成的。诗中的几个主要人物是：领导人共产党员李阿根，以及团结在李阿根周围的小黑炭、麻子等，还有脱党已久又重新投入党的怀抱的老刘。故事是这些人在计划如何建立统一战线来组织破坏大队。

一般说来，诗中人物是写得比较成功的，领导人共产党员李阿根的性格，以及他的领导思想、领导作风都写得很明确，很生动。他有比较长期的斗争经验，能体会统一战线中的独立自主的原则。他心里这样想："他的人，我的人，在一起，编成队，我就好影响他们。"他更明白"少有一帮人扯我们的腿，就能多有一些人来参加游击队，我们只要退一步，就能进一丈。"因此，他要争取主动来影响他们，改变他们。他还要把这个正确意见来说服自己的同志——麻子，在说服的时候，他也表现了极有耐心，"他知道，对敌人，你可以当头一棒，对同志，对朋友，应该用说服，说服第一可是要耐心"。在领导斗争的原则的决定上，他也能体会上级的正确指示："非法斗争与合法斗争结合起来"。在这些地方，作者把工人阶级的正确领导，以及他的英勇、机智、大公无私、英雄气概都集中而圆满地表现出来了。因而就能让读者感到李阿根这样英雄人物是如此平常而又是如此英雄。

另外几个人物，作者写得都很好。例如写小黑炭放哨，被查夜的宪兵特务逮捕了，在这危难的面前，小黑炭表现了工人阶级的昂藏无畏的气概，他丝毫没有想到自己的生死，想到的是"只要不到阿根那里搜"，想到幸亏自己出来放哨，转移了特务目标，"想到这，他心笑脸也笑"。这种崇高的品质和感情，不仅感动了读者，并且具有强烈的震撼读者的力量。此外，像写脱党分子老刘悔悟以后的"决心要拿行动来赎罪"的沉痛心情，写豪爽而又有点顽固的麻子看到老刘的忏悔和自我批评，立刻就捐弃了过去对老刘的意见，都写得很真实亲切，令人感动。

当然，这首诗还是有些缺点的，作者自己在《自序》中曾指出："这长诗的主要缺点，是我没有直接参加破坏大队的工作，有很多应该表现出来的地方，我不能表现出来。"这恐怕也是底下几章迟迟不能写出的主要原因。其次是在结构方面，前面两节写得比较枯燥，沉闷，远不及后几节来得生动。第三是有些地方散文性太重，不大像诗。这点，作者在改版时曾着重修改过一次，但仍然留有痕迹，正如作者自己所说，"还没有改到满意的境地。①

### 三　东平和艾芜的小说

抗战前期以前线战争为题材的小说作家，比较成功的是东平。

东平姓丘，广东人，幼年曾参加"海陆丰暴动"，后来逃到香港，度着流浪的生活，做过海上的渔夫，又做过街头的小贩。后来在上海参加"一二八"抗战，战后到香港从事救亡活动，中间又曾到过日本。抗战爆发，他参加了新四军工作，1941年在苏北和敌人作战殉难。他著有《长夏城之夜》《忧郁的梅冷城》《火灾》《给予者》《第七连》《向敌人的腹背进军》《茅山下》等小说集。

东平的写作约开始于1931年，他的处女作《通讯员》曾在左联机关杂志《文学月报》上发表，这是一篇描写海陆丰暴动那个土地革命战争中农民意识变化的作品，风格质朴遒劲，曾引起当时文艺界很大的注意。抗战以后，他有着更大的成就。

这成就便是他在作品中异常生动地塑造了一些抗日英雄的形象，而贯串在这些作品中的是他的那种雄浑的抗日民族英雄主义的气魄，以及一股逼人的粗犷的新生气息，使人感到仿佛有一种饱满雄厚的力量要爆发出来。

但是，可惜的是作者虽然具有这样的才能，但他对抗日战争的本质的认识却不够明确，他没有清楚地认识到保证抗战必然胜利的基本力量是中国共产党的广大的中国人民，也没有清楚地认识到国民党反动派的抗战是彻头彻尾的虚伪和谎言。因而，在他的著名作品《第七连》中，他写了连长丘俊怎样参加斗争，怎样痛苦地看着战争初期敌我力量的悬殊对比，但他仍然坚持了斗争，光辉地完成了任务。这一些，都写得很真实，很生动，很成功。不过，假如要问作者：敌我力量既然如此悬殊，抗战胜利的保证又在哪里呢？丘连长虽然很艰难地完成了任务，但以后艰难的任务会更多，丘连长又将凭着什么信心去完成呢？丘连长对抗战是有信心的，是坚持斗争的，但他这信心和坚持是建立在什么样的认识基础之上呢？难道仅

---

① 《平汉路工人破坏大队改版序》。

仅是靠着他那主观的空洞的"以身许给战斗"的热情？这一串问题在作者的小说中都无法得到答复，因而丘连长最后的期望："我必须亲眼看到一幅比一切都鲜丽的画景，我们中华民国的勇士如何从毁坏不堪的壕沟里跃出，如何在阵地的前面去迎接敌人的鲜丽的画景"，也就仅仅是一个"画景"而已，是不能使读者真切地感受得到出。同样的，在另一篇小说《我们在那里打了败仗》中，那个江阴炮台守将方叔洪上校虽然很难受地回忆着屈辱的败战，但他并没有消沉颓丧，并没有对抗日民族战争感到幻灭和悲哀，这又是什么力量支持了他？作者也没有说明。

不过，作为国民党中下级军官的丘连长和方上校，他们脑中可能是没有这一问题存在的，他们可能不理解这些问题的，他们的英勇斗争只是凭着一股民族主义的抗战热情，在这一点上，作者是真实地生动地给描绘出来了，这是作者主要成功所在。但是，如果进一步要求作者，那就要对这单纯的抗战热情有所提高，进一步指出保证抗战胜利的人民力量，以教育他们。然而由于作者当时没有明确地认识到这一点，自己本身也是凭着一股抗战热情的激动来写作，因而也就无法接触到这一本质的问题了。

当时国民党军队是非常腐败的，虽然中下级军官中并不乏"爱国志士"，如丘连长、方上校等，但这些人在国民党军队中一定会逐渐吃不开的，遭受排挤的，而他们凭着自己的正义感也必然会对这腐败有所不满。但是这一症结，作者也没有明确地指出，只片面地写了丘连长和方上校的英勇无畏，虽然写的也是真实，足以鼓舞人心，但却忽略了国民党军队的腐败本质，因而所写的就不够全面。

正由于作者忽略了国民党军队的腐败本质，作者在另一篇《一个连长的战斗遭遇》中便产生了一个无法解决的矛盾，这篇小说的故事是连长林青史接受了士兵群众的要求，在未接到上级命令的时候，就出击敌人，虽然完成了几次艰苦战斗和打击敌人的任务，但因为他的行动违犯了军纪，终被枪决。作者是同情林青史的，但对国民党军队的那个什么"军纪"他也不敢"违犯"，这样，作者自己的思想就陷入了矛盾，于是只好一方面肯定林青史，一方面又否定他的"违犯""军纪"。这就很不能说服读者，读者读这篇小说的时候，是不会肯定那个什么"军纪"的。作者如果能够深切认识国民党军队的腐败本质，那么"军纪"问题就不是什么重要问题，这个故事的处理是可以另外得出一个结果的。

不过，东平的作品在思想认识上虽然有这些缺点，但这缺点在当时历史情况之下也是普遍存在的，不足为东平一人诟病，而东平的丰富的战斗生活经验，以及充满在作品中的雄浑的魄力，粗犷的、新生的气息，能够把叙事抒情融合为一，喷薄而出，也的确有震撼读者的力量。在这一时期描写前线战斗的作家中，东平还是最有成就的一个。

这一时期写后方战时生活以及种种人物形象的小说作家，比较成功的是沙汀和艾芜。沙汀将在下节评述，这里只说艾芜。

艾芜在抗战前出有《南国之夜》《南行记》和《夜景》等短篇小说集，以写缅甸人民自发的反帝国主义斗争为人所注意，其实他取材的范围并不仅限于此，农民、士兵、滑竿夫等生活，也都在他笔下出现过。抗战期间，作者有了进一步的发展，他写下了很多描写后方各种生活形象的短篇小说，以及中篇小说《春天》《秋收》等和战役出版的长篇小说《山野》。

一般说来，艾芜的作品都还能够站在革命的立场，用革命的观点来分析处理它的题材和人物的。写作的态度也严肃勤恳。《秋收》一篇在抗战前期就很得好评。那内容是描写军民合作的：后方某农村中庙子里住了一批伤兵，因为农民们过去吃尽了国民党军队的苦头，所以对这些士兵是既惧怕又仇恨的，书中主角姜大嫂甚至咒他们是"挨冷炮子的，挨刀刀儿的……"但是管理这些伤兵的副官却发动伤兵中身体好点的，去帮助农民收割稻子。开头农民还不相信，怕要工钱，但也禁不住伤兵们一再要下手帮忙，而且后来事实也证明了不要工钱。终于军民合作完成了这个村子里的秋收。这篇小说在宣传"军民合作"这一点上，在抗战前期曾经收到一定效果。但仔细分析一下，也还有些问题：第一是农民恐惧仇恨士兵，那是由于过去反动派士兵给农民带来的苦难太大了，仇恨是极自然的。但是作者对这一点，极重要的一点没有触及，只是夸大了农民的自私保守落后的一面，这样，就把军民不合作的责任完全推到农民身上，这是不合理的。第二呢，在抗战初期国民党军队帮助农民收割，在少数地区个别部队中也许可能有过，（但在第一次反共高潮之后，就绝对不会有的了）但必须认清，这只是极个别的特殊的现象，而且其中一定有在中共领导下的进步人士或是地下党员进行组织的。至于国民党军队的本质则是反动的，一直是与人民为敌的。作者没有指出这一点，只是把个别的特殊的现象当作一般来写，而且又没有把这个个别的特殊的现象是谁领导的组织的明确地指出，这样，就很容易使人对国民党反动军队的认识模糊起来。认识不清楚的人，甚而会这样想到，国民党军队也还不坏。

这两个缺点，在当时不是没法克服的，当然，客观环境的恶劣，不允许作者明确地说出也是事实，但是委宛曲折地点逗出来，并不是不可以的，然而，作者没有这样做，不能不说是一个很大的遗憾。

不过，由于作者对封建农村，和农村里面的人物相当熟悉，所以在这方面的努力，作者还是很成功的。书中人物姜大嫂、姜老太婆、小么甚至黄老太婆等写得都很生动，凸出，他们之间的矛盾以及他们对伤兵的矛盾（可惜作者没有写出产生这矛盾的基本原因）也写得入情入理，丝丝入扣。同时作者写作态度的严肃认真，结构的严谨活泼，语言的清新跳脱，仍都保持并发扬了作者原有的一些优点。所以从这点来看，《秋收》仍不失为抗战前期的一篇成功作品。

《山野》出版于1948年，是一部二十万字的长篇小说，但写的只是一个村庄和日寇战斗的一天生活。主题是说明村庄中的上层统治人物如村长地主之流是不可能坚决抗战的，即或由于某种原因参加了战斗，但到了和自己利益直接冲突的时候，就会走向妥协投降的道路。而真正决心抗战的则是广大的工农群众。这主题是完全正确的，通过阶级分析的方法来写抗日战争，这在当时以抗战为题材的作品中实是不可多得的一部。作者为了表现这一主题，在书中写出了一些不同阶级的人物：有住在"大院子"里的农村中的统治者村长和地主们，有住在"小院子"里的贫雇农，有热心抗战的知识分子和学生，有挖煤工人刚组织起来的矿工游击队。一般说来，作者描写地主、农民和知识分子是比较真实生动的。例如，书中主角村长地主兼商人韦茂如，农民阿劲、阿龙、阿岩等，知识分子徐华峰，青年学生韦美珍都写得比较真实，并能够把他们放在一定的斗争中来处理，因而在一定程度上，表达了作者所企图表达的主题，对读者是有一定的教育意义的。不过，作者对于工人阶级生活、思想、情感了解得不够，因而当描写书中领导战斗的主要力量矿工游击队，就写得贫乏无力，倒反而以过多的篇幅描写动摇的地主韦茂如，这就使得主题的积极意义发挥得不够深透。其次，也正由于作者对工人阶级缺乏深入了解，所以就过多的夸张了知识分子在战斗中的领导作用，这也是不够真实的。至于全书故事展开，作者把它放在一天之内，虽然并不完全必要，但结构严密，头绪井然，表现了作者的高度艺术能力。语言也清新跳脱，朴质无华，仍保有作者自己的特有的风格。

#### 四　夏衍的戏剧

夏衍（沈端先）在抗战前夕已经写了一些剧本，其中如《赛金花》《自由魂》和《上海屋檐下》，都是比较著名的。

《赛金花》是1936年出版的，那是一个用历史题材来讽喻现实的剧本。

据作者自己说他的目的是"为着要使读者能够在历史的人物里面发见现今活跃着的人们的姿态……希望读者能够从八国联军联想到飞扬跋扈，无恶不作的'友邦'（指日本帝国主义），从李鸿章等联想到为着保持自己的权位和博得'友邦'的宠眷，而不恤以同胞的鲜血作为进见之礼的那些人物"。①一般说来，作者写满清政府的卖国投降外交政策，以及李鸿章、孙家鼐等官僚奴才的无耻献媚，还相当成功，因而在一定程度上也就收到了讽刺国民党卖国政府的效果。不过，作者在剧中把义和团写成了杀人放火的"拳匪"，而对于他们的反帝的民族意识及其风靡一时的原因却没有指出，这不能不说是一个很大的缺点。《自由魂》是写秋瑾的，用意是表彰秋瑾为革命事业而牺牲自己的精神，但时间既在辛亥革命之前，这样正面人物对现实教育意义也就不够大了。《上海屋檐下》是写上海小市民生活的，里面有在不合理的社会压迫下受着煎熬的人物，也有奋起战斗的志士，但其中却穿插了一个恋爱道德问题，反而冲淡了主题的积极意义。

从抗战爆发到抗战结束，作者一共写下了七个多幕剧本：《一年间》《离离草》和《水乡吟》是写人民坚持抗战或各方面抗战生活的，《心防》是写敌后知识分子和敌伪作坚决斗争的，《愁城记》是写后方及敌后不合理的现象的，《法西斯细菌》是写法西斯与科学不两立的，《芳草天涯》是写大后方进步知识分子的恋爱矛盾的。

《心防》在抗战前期是一个内容很坚实形式也朴素无华的优秀剧本。主人公刘浩如是一个报馆编辑，上海沦陷后，刘浩如就这样坚定地告诉别人："还有一条防线，我们不会放弃，而且永远也不能放弃，这就是五百万中国人心里的防线……现在摆在我们面前的问题，是如何死守这一条五百万人精神上的防线，要永远的使人心不死，在精神上永远的不被敌人征服，这就是留在上海的文化工作者的责任！"他并且实践了自己的诺言，取消了原来要到内地的计划，在沦陷后的上海团结了一群进步知识分子在文化战线上坚持了斗争。作者在剧中很好的创造了刘浩如这样一个典型人物，他坚强而又机警，几乎是不知疲倦地沉浸在工作里面，不断地热情地在进行着对敌伪的斗争，但作者也写出了他究竟是一个知识分子，他有着知识分子的一般缺点，当他工作疲劳的时候，就不免有些软弱，需要爱情温暖的念头就萌芽起来，但他究竟又是一个进步的知识分子，当他回到当前的庄严工作之中，这念头没有让它滋长就很快地被克服了。因而剧中引

---

① 夏衍：《历史与讽喻》，见《文学界》创刊号。

用匈牙利诗人裴多菲的名诗"生命诚可贵，爱情价更高，若为自由故，两者皆可抛。"的歌唱，恰好回答了这个问题。作者强烈地把工作意义表现了出来，用这有力的巨大的一面去克服那软弱的细小的个人爱情的一面，就显得十分自然而且十分合理。这就一方面加强了读者和观众的战斗的决心和信心，另一方面也就教育了读者和观众，怎样解决知识分子在抗战中所最容易碰上的恋爱与工作矛盾的问题。剧的结尾，刘浩如被汉奸特务刺伤，他在昏迷中所担心的是他的手，当别人告诉他，手还是好的，他咬住牙根说："哼，我还可以写，还可以写。"这种至死也不放弃斗争的意志，对当时的读者和观众是有很大的教育意义的。

《法西斯细菌》是作者在抗战后期写的，那是写太平洋战争香港沦陷后归向祖国的一群人物，主角俞实夫是一个细菌学家，他在战争中逐渐明白了法西斯与科学不两立，要消灭细菌首先得消灭法西斯细菌，最后他觉悟了，决定放弃细菌学的研究到红十字医院去救治伤兵。这个剧本的主题如果当作归到祖国投向光明来看，那是很不够的，因为香港沦陷后国民党统治区只有无边的黑暗，并无半点光明，作者把这群人引到国民党统治区以后怎么办呢，很显然，作者自己也知道这不是办法，不是出路，但作者却没有指出另一条出路来，所以"归到祖国，投向光明"这问题是没有得到解决的，但是如果把这剧本当作是写旧知识分子思想改造问题来看，在那时倒是有着一定的教育意义。俞实夫是一个典型的知识分子，他只知道埋头研究科学，从不过问政治，认为"科学没有国界"，但在残酷的法西斯侵略战争中，他从上海逃到香港，从香港又逃到桂林，从血淋淋的事实教训里面，他认识到了法西斯与科学是不两立的，认识了他的科学无国界超阶级思想的错误，最后他决心走到实际工作中去为抗战服务。作者把俞实夫的思想变化过程写得很生动很自然，因而这样一个人物对于读者和观众就有不少的教育意义。从这一点来看，这个剧本在今天对于一些旧知识分子的思想改造也还是可以有些帮助的。

至于作者其他的一些剧本，一般说来，也都能结合了当前的政治斗争，在政治上曾经起了一定的积极作用。

## 第三节　暴露抗战后期及战后国民党
## 法西斯黑暗统治的文学作品

### 一　概论

抗日战争后期及日本投降以后，在国民党统治区域内，蒋介石反动政府厉行法西斯统治，整个国民党统治区陷于极端白色恐怖之中。在这恐怖高压之下，文艺工作者们除了极个别的而外，一般说来，都还能坚持自己岗位，坚持抗战民主的斗争。

首先，有一些作家们仍然继续发扬了革命文学的传统，把前期描写抗战的热情用来暴露国民党法西斯黑暗统治，如马凡陀的《山歌》，茅盾的《腐蚀》和《清明前后》，沙汀的《淘金记》《困兽记》《还乡记》，郭沫若的《屈原》，陈白尘的《升官图》等都是。此外，还有一些作品虽然并不以暴露国民党法西斯统治为主，或写抗战初期的战争，如于逢、易巩的《伙伴们》，或写战后的市民生活，如黄谷柳的《暇球传》，但也都是站在革命的立场来从事写作的。

其次，有些作家虽然没有抓住当前的主要矛盾和主要斗争，但仍坚持了现实主义的传统，或写抗战，或写历史，虽然在一定程度上也暗射讽喻了现实政治，但积极的政治意义却是不及前者来得大了。这些作品如老舍的《四世同堂》，骆宾基的《姜步畏家史》，端木蕻良的《科尔沁旗的草原》，以及戏剧方面的一些历史剧都是。此外，也有表面上是坚持现实主义，但实际上却是强调小资产阶级主观精神的作品，如路翎的一些小说。

总起来看，抗战后期及战后国民党统治区域文艺创作的主流仍然是朝着社会主义方向前进，虽然这些作品还不完全是社会主义现实主义的作品。至于其他的不过是支流甚至逆流，对于当时影响却是不大的。

### 二　马凡陀的《山歌》

在诗歌中反映了 1944 年以至日本投降后国民党统治区内市民的痛苦生活，并针对国民党反动政府穷凶极恶卖国殃民的罪行，以及战后美帝国主义支持国民党反动政府进行内战侵略中国的行为作了刻骨无情的讽刺的，是马凡陀（袁水拍）的《山歌》。

1944 年正是日寇重新发动进攻，深入贵州，国民党军队节节败退，而法西斯统治越发加强，后方爱国民主运动一天比一天高涨的时候。马凡陀用通俗歌谣的形式迅速地反映了那时的政治情况，歌唱了大多数人心中的喜怒爱憎。因此，他的《山歌》一出现，便立刻受到国民党统治区内的广大读者的欢迎，并被人唱开，流传，广布。

马凡陀的《山歌》在当时之所以受到这样的欢迎，并不是偶然的。

这，首先是他站在人民大众的立场，对当时人民大众所切齿痛恨的黑暗政治作了刻毒的讽刺。而他的讽刺却不是抽象空洞的叫喊或诅咒，而是从人民大众主要的是市民群众日常生活事件中找出题材，亲切而具象地说明了反动政治的黑暗。他写老百姓搭不上回乡的轮船，写反动政府取缔人力车，写外汇开放，写物价飞涨，写美帝国主义军队的吉普车撞人，以至金条、房子、副官、经理、张百万、克宁奶粉……凡是市民生活中所遇到的事件，他都能迅速地捕捉住，用通俗易解的形式表现出来，极嬉笑怒骂，讥嘲讽刺之能事。

其次作者不仅选择了市民生活中日常事件为题材，并对市民的思想感情有较深的认识和体会，因而他能够了解市民的苦恼和愤怒的情绪，并和他们一同去讥嘲讽刺，他不但不以柴米油盐固本皂之类的东西为庸俗，并且以之入诗，以之歌唱。作者虽然还没有达到完全与人民相结合的程度，但他确是朝这个方向去努力，并获得了一定成绩，在当时国民党统治区域内，在诗歌创作实践上开辟了一个新的方向。

作者把他的诗篇叫做《山歌》，这是因为他在形式方面尽量地采用了民谣、儿歌，以至流行曲调的形式，在语言方面尽量采用了民间语汇，念起来容易上口，唱起来也很好听，这就容易流行传播，如《丈夫去当兵》的头两节——

> 丈夫去当兵，
> 老婆叫一声，
> 毛儿的爹你等等我。
> 为妻的向你问一声：
> 你去投军打啥人？
> 抗战胜利好光荣，
> 男儿应该为国死，
> 怎么能打自己人？

如上所说，由于作者以市民日常生活事件为题材，体会了市民的思想感情，采用了民间形式，来讽刺当前的黑暗透顶的反动政治，这样，他的

《山歌》就自然而然地为广大市民所欢迎，所爱好，因而，也就引导了广大市民去和这反动政治作斗争，完成了诗歌的战斗任务。

作者除了通过市民日常生活来讽刺国民党反动政治而外，对战后美帝国主义在中国支持蒋介石进行内战，敌视中国人民的行为以及帝国主义国家反动头子，都曾予以揭露、抗议和讽刺，例如《赫尔利这老头子》中这样讽刺赫尔利："唱的什么歌，戈培尔的歌。弹的什么调，法西斯老调。"又如《民主和原子弹》中借着科学家的嘴讽刺丘吉尔说："丘先生，你不必急得火星直冒，你的一肚子委屈我都懂了，民主就是原子弹，宪章等于撒泡尿！"这样的讽刺和揭露，大大帮助了当时读者认识美英帝国主义者的真正的凶恶面目，在政治上起了很好的积极作用。

但是，也许由于作者到底是个小资产阶级出身的知识分子的缘故，作者虽然企图和人民相结合，也有一定成绩，但结合得终究不够，作者的思想感情和人民的思想感情还没有达到一致，因而作者对反动政治的罪恶本质认识得就不能深刻，对人民革命的力量估计得也不充分。这样，表现在他的《山歌》里面，侧面的讽刺就多于正面的抗议，而这侧面的讽刺也还嫌不够刻毒，有些地方还有些温和，所以有人说他"多少还留着温和的革命态度"。① 因为有些温和，所以也就不够坚强，缺少一种猛烈激昂的和黑暗社会誓不两立的战斗热情，常常流露出一种无可奈何的牢骚情绪，例如《主人要辞职》一诗，虽然讽刺得很辛辣，但内容只是老百姓要向"公仆"辞去"主人翁"头衔，并没有指出这些老百姓应该而且必须是中国的真正主人翁，此外在其他的一些诗篇中也有同样的情绪，这样，在鼓舞战斗，激励反抗方面，就不免显得有些软弱了。

### 三　沙汀和茅盾的小说

沙汀的写作开始于1931年，到抗战时为止，他写了三个短篇小说集——《航线》《土饼》和《苦难》。抗战后他又写下《H将军在前线》《敌后琐记》《磁力》《奇异的旅途》《淘金记》《困兽记》《还乡记》等。

沙汀出身于农村，长时期在农村中生活，因此他对中国农村很熟悉，特别是他的故乡四川农村。他的作品除了很少几篇而外，几乎全部是写农村的，他写农民，写地主，写农村知识分子，写农村反动政权代表人物——联保主任、保甲长、绅士和流氓。他是这样地关切恋慕着农村，以致他住在十里洋场的上海，他所写的还是四川农村的苦难，拿"土饼"来哄

---

① 乃超：《战斗诗歌的方向》，见《大众文艺丛刊批评论文选集》。

骗孩子的母亲；在前线的时候，他所写的也是"伟大的农民革命领袖 H 将军"。

沙汀的抗战以前的作品，一般说来，都是站在革命的立场，用现实主义的方法，发掘了农民的悲惨的生活和地主豪绅的毒辣的本质，而且发掘得十分深刻，以致使读者感到颤栗、愤怒，从心底激出要消灭这些吸血制度和吸血魔王的感情。作者的创作态度也很严肃、认真，不苟且，细雕细刻，所以他的战前的作品在数量上并不算多，但却篇篇精练。这一优点，作者一直是保持着的。

抗战期间，作者的创作有了更进一步的发展，题材仍是描绘农村，但却增加了深度和广度。像长篇《淘金记》《困兽记》和《还乡记》以及短篇《联保主任的消遣》和《在其香居茶馆里》等那样坚实的作品，在抗战文学史上都是应该占有一定位置的。

在《淘金记》中，沙汀集中地深刻地写出了农村中反动统治者——乡镇保长，土豪流氓的凶残毒辣和无耻。他指出了由于政治上的法西斯化，国民党反动政权从上到下，一直到极偏僻农村中的保长，全都是利用了抗日战争，作为他们升官发财剥削人民的工具。他描写所谓"保甲制度"是怎样一种极端反动的压迫农民的东西，那些终年吸食农民血汗的农村土豪和流氓是怎样一副狰狞面目，而那些掌握农村政权的人物又怎样和土豪流氓联成一气，在"生产""禁政""兵役""抗战"等名目底下，进行着无数的杀人不见血的勾当。由于作者有着极其丰富的农村知识和对村中人物的明晰透彻的理解，他把这些"吃人""吸血"的行为写得如此阴森可怖，仿佛把读者引入了人间地狱和魔鬼世界里面，令人深切感到这些制度这些人物不根尽灭绝，中国是不会有希望的。沙汀之所以成功地写出了这些"吸血鬼"的另一原因，是在于他不仅写出了他们对农民的残酷剥削，并且写出了他们之间的矛盾和斗争，而这矛盾和斗争又都是从他们的"吃人"和"吸血"等问题发生的，所以这结果对于农民来说，就更加深了农民的苦痛。例如《淘金记》里的地主何寡母发觉她的佃户们的生活"比以前容易过活多了，有的人甚至养着肥猪，家里有了整定的布定"，于是立刻就要"一亩加半个棉花"。但是她却不能不在土匪出身的恶棍现任联保主任龙哥和镇上大流氓白酱丹面前低声下气，忍受他们的敲诈，白白陪了一千块钱的金矿开办费，但这一千块钱还不是从"一亩加半个棉花"上来的么！作者通过这些矛盾和斗争，一方面把这群吸血鬼写得更加凸出，一方面也更深入地写出了在重重压追下的农民的苦难。

不过，沙汀虽然出色地写出了这一些，但却写得太阴暗了，从头到尾都充满了一股令人可怕的阴森森的气息，仿佛在这里看不到一点阳光，瞧不出一点希望，好像一团黑雾里面跳跃着一群魔鬼，而蕴积在善良农民心底下的那种熊熊的烈火，新生的力量，在《淘金记》中却没有现出，但事实上这在当时农村中是存在着的，这不能不说是《淘金记》的一个缺点。

这一缺点，沙汀在《困兽记》中是设法弥补了。他在《困兽记》的题词中说："如果一篇作品须得向作者指出一条路。这点穿插，也许可能担当这一项任务吧。"书中是写一个荒凉偏僻的乡村里，一些小学教师们筹备暑期演剧，以及他们之间的一些恋爱纠纷，全书情节的展开又是以筹备演剧的始末来贯串。作为出路的启示的，作者"穿插"了两个人：一个是勇敢地出去了的章相，一个是勤勤恳恳固守着岗位的牛祚。全书中作者已经清除了《淘金记》里面的那种阴暗和绝望的气息，指出了"工作不仅前线有"，"要在风平浪静的后方也能工作"，暗示了一些人物的新的开始。一般说来，情绪是健康的。但是，还有一点和《淘金记》一样，作者写的主要人物仍是农村的上层人物——知识分子，虽然这些知识分子和《淘金记》中那些乡镇保长土豪流氓有着本质上的区别，但其为农村中的上层人物却是相同的。而在作者笔下出现的农民如王妈，则是心地纯良而又孤苦无告的受难者，这就是说作者仍没有显示出农民的革命力量，而把希望寄托在出走的章相和勤勤恳恳固守着岗位的牛祚，但是如果这两人仍不能够越出知识分子的藩篱，和广大的农民大众相结合，那仍会是一事无成的。而在这一关键问题上，作者没有明确指出。这原因"主要的是由于他的生活太狭窄。虽说他未必不想集中地有意识地把握这个时代，把握这个时代的要害或本质，然而由于生活与实践的限制，这企图就难于实现。即是说，生活实践上的不足也可以造成思想认识上的不足的。"①

在《还乡记》中，作者对农民力量的认识有了进一步的发展，故事是发生在川西北的一个极偏僻的乡村——林擒沟，这地方"三十年前出过一帮土匪"，因为"只有在那个时期，林擒沟的居民，才同街上的居民一样是人"。所以当这些"土匪""吃了官兵一场狠心的围剿"之后，老百姓还"缅怀"不已，"至今还很伤悼那些土匪头儿"。书中主角贫农冯大生的父亲冯有义便是"那土匪头的一个同宗兄弟"。故事是借冯大生把自己卖为壮丁之后，逃了回来，自己的妻子却被保队附强占了这主要线索而展开的。书中

---

① 何其芳：《关于现实主义》，《关于客观主义的通信》。

着力描写了农村中反动统治者乡镇保长以至师爷，虽然他们之间也矛盾重重，但在保队附强占冯大生妻子这一问题上，却支持了保队附，冯大生则顽强不屈的和他们作着斗争。书中并生动地穿插了这些乡镇保长和土劣怎样无孔不入地剥削农民，农民又怎样地识破他们的阴谋诡计和他们对抗，两个阶级的斗争，写得很突出，很尖锐，也很真实。特别是写贫农冯大生的顽强不屈，他的叔祖六十多岁的老农人冯立品长期地和这些"吸血鬼"坚持斗争，其他农民对冯大生的阶级友爱，都写得很真实动人。这些顽强倔强，蕴藏着丰富力量的农民，是《淘金记》和《困兽记》中所不会出现过的，现在作者认识了这潜在的力量，并企图给它发掘出来，这是这部书的主要成功所在。如果要说还有不够的地方那就是在书的结束时，冯大生和冯立品被保长当众逮捕了起来，已经引起农民群众的"激动"和"呼喊"，"汇成一个浪头"，并认识到"如果等闲视之，他们往后命运将更不堪设想"，但结果却都只是一场争吵了事。而冯大生和冯立品打洞逃出以后，冯大生却只是计划"到邻县当长年，或者去成都帮人打杂"。冯立品虽然还继续他的反抗生活，但也很显然，这反抗只是他个人的勇敢，并没有么组织的。其实故事发展到冯大生和冯立品的被捕，已经"水到渠成"，只消轻轻一点，便可结束，这样急转直下，却反而显得不够自然，不够真实，当然也就显得没有力量了。

《淘金记》《困兽记》和《还乡记》是沙汀在抗战期间和战后的三部力作，虽然在思想内容上有它的一定的缺点，但基本上是成功的，而在表现方法方面，细致深入，一丝不苟，用的是四川人民语言，也精练生动，尤为特色。

真正大规模地反映了抗战期间国民党统治区域内农村各方面真实情况的，沙汀以外，还没有第二人。

茅盾在抗战期间写了三部长篇小说——《第一阶段的故事》《霜叶红似二月花》和《腐蚀》。其中除《霜叶红似二月花》是写民国初年城市士绅的思想生活外，其他两部的时代背景都是在抗日战争时期。

《第一阶段的故事》是写"八一三"战争的三个月中上海的情形，但出版却在1945年。原是以《你往哪里跑》为题，在香港《立报》上按日发表，据作者《后记》说，这是适应当时香港读者水平的通俗小说，他自己说写时力求"形式上可以尽量从俗，内容上切不让步。"作者这一企图在内容上是办到了的，在形式上开头几节似乎是"尽量从俗"，但越写下去就越恢复了作者原来的风格了。作者在书中是企图把上海抗战三个月中一个相当庞大的社会形象勾绘出来，书中出现各式各样的人物：有工人、农民、市民、企业家、商人、交际花、学生、家庭妇女……有热血沸腾积极参加战时工作的爱国青年，也有借战争来投机发财的汉奸，有主战派，有主和派，也有和战皆主派……总之，形形色色，应有尽有，在一定程度上，作者的确是把抗战爆发后上海社会一些代表人物的思想行动给描绘了出来，替那壮烈的三个月的历史作了一个轮廓的纪录。但是也正由于涉及的方面太广，提出的问题太多，因而人物的思想的发掘就嫌不够深入，而人物之间的联系也就嫌不够密切，诚如作者自己在《后记》中所指出："书中只写了上海战争的若干形形色色，而这些又只是一个个画面似的，整个上缺乏结构；书中虽亦提到过若干问题，而这些问题是既未深入，又且发展得不够的。"但是，这部书究竟比较全面地反映了上海战争中的一部分人的轮廓形象，假如作为报告文学来看，仍是一部好的作品。

《腐蚀》是暴露并控诉蒋介石法西斯政治的核心部分——特务的血腥罪行的。书中女主角赵惠明由于"一念之差"，陷入了一个"除非是极卑鄙无耻阴险的人，谁也难于立足"的特务机关里面。抗战期间，蒋介石的特务统治空前加强，他通过这些特务一方面和敌伪勾结，随时准备投降妥协；一方面用种种阴险毒辣残酷的办法，例如盯梢、侦缉、逮捕、酷刑、屠杀来对付共产党员和爱国人士，同时又用极其卑鄙无耻的手段来诱骗青年入其彀中，等到骗进了这个血腥组织之后，那就是"万劫不复"，一层一层的特务监视着特务，除非死掉，永世也没法脱离。赵惠明就是这样一个被骗的女青年，作者通过这个女特务，深刻而生动地写出了这万恶的人间地狱的血淋淋的罪行，女主角原也是一个反抗封建家庭而出走的，参加过战时工作的青年，但被骗当了特务以后，就逐渐丧失了人性，帮助他们制造罪恶。不过她究竟还是一个没有完全被"腐蚀"的失足者，她对这种罪恶行为有时也感到憎恨，特别是当地受命以色情软化她过去的爱人革命分子小昭的时候，她的心情矛盾苦恼得几乎达到了疯狂的境地。她要救小昭，但她又不敢和小昭越狱逃走，终于被指挥她的特务发觉，把她调走，这时她为救自己，又告发了小昭在狱中托她庇护的两个同志 K 和萍，而这两个人也是她过去的朋友，但她却又感到内疚，在作报告上又适当地掩护了这两个人。后来地被调到一个"大学区"去担任"检查信件"的工作，她又发现一个和自己处于同一命运的女生 N，她这时下了决心把 N 救出了魔窟，她自己也想设法"抽身"了。故事到这里便告结束。总的说来，作者这部小说首先是揭发并控诉了蒋介石特务的血腥罪行并深刻地表现了这个万恶集团是怎样用尽无耻的威胁利诱的方法在"腐蚀"青年。其次，作者进一步指出这个万恶集团虽然表面上好像很庞大，但实际上很多人是被胁从的，自己内部就有着重重矛盾；第三，作者向这些被胁从的人也指出了一条新生的道一路，这对于当时一些已经失足的青年是一个当头棒喝，对于一般青年，也提醒了他们要特别加强警惕。这一些在当时都有着一定的政治作用和教育意义的。不过，作者在书中对几个革命分子的刻画，例如小昭和 K，就还嫌不够坚强，不够凸出，特别是小昭明知赵惠明是个来软化他的女特务，但在狱中还和她柔情蜜意，不加提防，这对于一个革命者来说，那是不够真实的。此外，对赵惠明的特务罪行，也嫌原谅过多了一点。当然，这不过是书中的一个缺点而已，这缺点是并不能掩盖这部小说在当时的政治价值和进步意义的。

### 四　郭沫若和陈白尘的戏剧

郭沫若在 1941 年至 1943 年几年之间，一共写下了五个以历史为题材的剧本：《屈原》《高渐离》《虎符》《孔雀胆》《南冠草》。

较之作者初期的创作，这一时期他的作品效论是思想意识或是创作方法方面都有了很大的迈进。作者仍然保有了他初期的那种革命的浪漫主义的一些优点，但现实主义的成分仍然是基本的，这表现在《屈原》一剧中尤为明显。

《屈原》是写中国历史上第一个伟大的爱国诗人屈原的事迹的，作者写出了屈原热爱祖国的纯洁崇高的精神，以及他对乱臣贼子出卖祖国的行为的不妥协的态度，并且坚持了斗争。虽然遭受侮辱，毁谤甚至放逐谋杀，都丝毫不能动摇他，为了正义与真理他不惜任何牺牲。由于作者丰富的历史知识，及其自己的炽热的爱国主义热情，他把这个中国历史上伟大爱国诗人的纯洁、崇高、战斗的人格和灵魂很圆满地动人地表现出来了。

不过，全剧穿插着郑袖对于屈原的玩弄，作为剧情的转折点，甚至作为楚国历史的转折点，是不大妥当的。

但是，《屈原》一剧主要意义还不在于描绘了一个伟大诗人，作者写作《屈原》的时候是 1942 年，那时正是蒋介石法西斯统治最厉害的时候，白色恐怖笼罩着整个国民党统治区，进步的文艺工作者大部分都走进解放区或逃往香港，剩下来的或被逮捕，或被软禁，作者那时便是被软禁在重庆的一位，由于法西斯新闻统治的严密，进步的文艺书刊几乎绝迹了。作者在这时借着中国历史上这个伟大爱国诗人屈原的口，在《雷电颂》中激昂愤怒地喊出："你们宇宙中伟大的艺人们呀，尽量发挥你们的力量吧。发泄出无边热际的怒火把这黑暗的宇宙，阴惨的宇宙，爆炸了吧！爆炸了吧！"
"电，你这宇宙中的剑。也正是，我心中的剑。你劈吧，劈吧，劈吧，把
这比铁还坚固的黑暗，劈开，劈开，劈开！""把一切的有形，一切的污秽，
烧毁了吧，烧毁了吧！把这包含着一切罪恶的黑暗熔毁了吧！"这样反抗愤
激的呼声，在那时，已不是戏中屈原的呼声，而是千百万国民党统治区人
民的呼声。所以当这戏在重庆上演时，每一场的屈原《雷电颂》的独白，都
为观众的暴风雨似的掌声所淹没，这时观众的情绪已经和戏中屈原的情绪
融合为一了。

在突破反动统治的钳制言论上，在政治宣传效果上，在给予观众的教
育意义上，《屈原》这个剧在当时是曾经起了一定的积极作用的。

陈白尘在抗战以前，已从事戏剧创作，抗战期间，他更有着进一步的
发展。他从抗战到战役，一共写了八个多幕剧：有描写敌伪丑态的《魔
窟》，有描写后方不合理现象的《乱世男女》和《结婚进行曲》，有描写后方
军民合作的《秋收》（根据艾芜小说《秋收》改编），有描写战时工业的《大地
回春》，有鼓励坚贞自守的《岁寒图》，有讽刺官僚政治的《升官图》，还有
一个历史剧《石达开》。

作者在这些剧本中，一贯是站在人民的立场，用革命的观点来分析处
理他的人物和故事，因此，他表现在他剧作中的思想感情，一般论来是健
康的，很少有那种忧郁感伤的气味。

拿抗战初期的作者的剧作和后期作品比较，显然可以看出作者在现实
主义道路上的坚实前进。他的初期作品如《魔窟》《乱世男女》等，虽然在立
场观点方面基本上没有什么错误，在抗战宣传上也起了一定的效果，有些
人物也写得很生动，但由于作者这时的生活体验似乎还停留在表面，没有
能够很好地去深入发掘，所以这些作品就显得有些单薄，人物塑造就不够
典型，而在有些地方还流露出一些小资产阶级的浪漫主义气息和市民趣
味。但是抗战期间的艰苦生活对于作者是一个考验，作者始终不懈地坚持
了战斗，并在这战斗中逐渐锻炼得坚实起来，思想意识有了进一步的认
识，对生活也有了更深的体验，在这样坚苦进步的道路上，作者写出了两
部比较坚实的现实主义作品——《岁寒图》和《升官图》。

《岁寒图》这一剧名是取意于"岁寒然后知松柏之后凋"这句古语的，主
角是一个忠贞自守的医生黎竹荪，他是"岁寒"的一棵"松柏"，在穷困的生
活高压下，眼看着许多同事都去挂牌营业，他自己却仍然坚守医院岗位不
知疲倦地替人诊病，并且还起草了一个为人民谋长远福利的防痨计划，但

两次提出都被批驳，最后他自己一个女孩也因营养不良而得了肺病，一句话，好人不得好报。作者通过这个忠贞自守的"松柏"黎竹荪，猛烈地攻击了国民党反动政权的黑暗，而这攻击是从反面激出的，这较之正面攻击，就更显着沉着而有力，在这样一个"好人不得好报"的事实中，使读者和观众感到这简直是一件天大的冤枉，而造成这一冤枉的主犯，作者虽然没有正面写出，但读者和观众清楚地可以看到它藏在背后，那就是国民党的反动统治。因此，作者越出力描写黎竹荪的忠贞自守而不得好报，就越衬出反动统治的黑暗无边，也就越使读者和观众感到这一奇冤不予以控诉，因而感动读者和观众的力量也就越发沉重，同时对反动统治也就更猛烈地射出了愤怒的火焰，这就是这个剧本的主要成功所在。不过作者却也留下了一个没有解决的问题，这就是在这样黑暗无边的反动统治之下，这棵"松柏"黎竹荪究竟能够做些什么呢？很显然，仅仅停留在"忠贞自守"是不够的了，事情在剧中不已经十分明白了么，黎竹荪"忠贞自守"的结果，是那样的一个下场——穷苦的生活，使他最后的一个合作医师江淑娴也走掉了，小女儿因为营养不良而得了肺病，为人民谋幸福的防痨计划一再被批驳，老实说，黎竹荪在这样活生生事实教训下，他对自己的忠贞自守已经发生动摇了。这时作者如果把他写得更清醒一些，进一步从忠贞自守认识到必须要消灭这个反动统治，并和一些反对这反动统治的战士们一同作战，这在黎竹荪这样一个人物的思想性格的发展上是完全可能的，也是十分自然的。但可惜作者没有这样写出，仍把黎竹荪停留在自己已经怀疑的"忠贞自守"上，因而剧的结尾就显得力量不够，革命的教育意义也就没有能够得到充分的发扬了。

《升官图》是作者在日本投降后写的，剧末注明写作年月是1945年10月，这是一部攻击国民党法西斯官僚政治的作品，虽然作者为了避免反动派的审查，把剧中人的官职用了"民国"初年的称呼，如省长、道尹、知县之类，把故事托之于两个流氓的一梦；但读起来演出来却是当时国民党统治区的活生生事实，每个读者和观众都可以从这剧中看到他们所听到，所看见，所身受的一切反动黑暗的事情。作者把这些黑暗事实血淋淋地剥露出来，予以辛辣的讽刺，猛烈的攻击，态度极嬉笑怒骂之能事，但心情却是十分严肃的，他在《为升官图演出作》中说："它是一个普遍存在的现实，谁要否认它，那是讳疾忌医。谁要承认它的真实，谁才有勇气去改进它。"但作者却不是要国民党去"改进"，在剧的结尾，自省长以下的官僚们被老百姓抓住，并且愤怒地指着他们说："我们，要审判你们，走！"作者是诉之于人民的，并坚信人民一定有力量可以"审判"这群反动统治者的。不过，在这出戏中，作者虽然比较集中地暴露了反动统治的黑暗，但对反动统治的本质却发掘得不够深入，没有从产生这个反动统治的社会基础，以及它在这基础上怎样发展的过程来说明，所以看了这个戏之后，可以使观众觉得对这堆无耻的东西骂得实在是痛快淋漓，仿佛吐了一口恶气，也可以激起观众的火一般的愤怒，但却缺乏一股巨大的力量来撼动观众，使观众去探究培养这群无耻的东西的温床，如何去和人民一起去彻底消灭它。但是，这一缺点，并没有妨碍这个戏在当时的积极的政治意义，日本投降后直到解放前，这个戏在国民党重重高压下，由于广大群众力量的支持，仍然得到不断地演出，它揭起压在广大群众心头上的石块，让群众尽情地笑骂呼喊。而形式的新颖，也适合广大群众的口胃，因而获得他们的热烈欢迎，起了很大的积极的政治影响。就这一时期来说，这应该是政治性最强的一个剧本了。

### 五　杂文和报告文学

自从五四以来，鲁迅就使用着他那独创的艺术样式——杂文，和一切封建势力、帝国主义、官僚买办、军阀流氓作着英勇的无情的战斗，并指出了革命的光明前途，取得了光辉战绩。他把杂文这一艺术的战斗力发挥到了极限。这在前面已详尽地说过了。

左联前期，瞿秋白也写了一些杂文，其犀利锋锐，战斗性之强，简直可以和鲁迅媲美。而在那时，在鲁迅的思想光辉照耀之下，也曾出现一些进步的杂文作者，如唐弢、徐懋庸、绀弩等。

抗战爆发后，虽然也有人注意到杂文这一武器，认为在抗战阵营里仍隐藏有渣滓污秽，黑暗龌龊，还需要杂文去揭发暴露，和它们作无情的斗争。不过那时大家都以最大的热情倾注在战争上，同时对于统一战线理解得不够正确，所以杂文虽然提倡有人，作者却寥寥无几。倒是上海沦陷后，留在那里的一些进步作家办了一刊物——《鲁迅风》，专登一些和敌伪作斗争的杂文。

1944 年，日寇发动新进攻，深入贵州，国民党军队不战而退，形势危急。而国民党反动政府对内却加紧法西斯统治，特务横行，杀人如草。这样，引起了国民党区的爱国人民的爱国民主运动的新高涨。伴随着这一运动，出现了很多杂文作者，他们对国民党黑暗的法西斯统治，都予以无情地揭露、讽刺和攻击。这攻击是完全适应国民党广大人民的爱国要求的，因而杂文在这一时期有了很大的发展。

那时，各地报纸副刊，除了反动派的而外，差不多都以极大的篇幅来登载杂文，其中如重庆《新华日报副刊》，《新蜀报》的某一时期的《蜀道》，成都《华西晚报》的《艺文志》，都是以偏重杂文著称的，而桂林出的《野草》则是专登杂文的一个杂志。

日寇投降后，国民党反动政府发动内战，加强法西斯恐怖统治，这时，一些进步杂文作者在反动的严密的新闻检查之下，曾不断地对蒋匪和美帝国主义者，巧妙地执行了揭露攻击的战斗任务。到 1947 年，中国人民解放军正以雷霆万钧之势转入进攻，中国人民都以无可比拟的欢欣鼓舞的心情来迎接解放，大家日夜盼望的是解放军进展的消息，对于国民党反动统治早已经认定它必然灭亡，因而对于它，只是如何更快地彻底消灭它的问题，而不是揭露讽刺的问题，因此，杂文也就不像前些时那样旺盛了。

报告文学在抗战初期曾盛极一时，抗战转入相持阶段即逐渐减少。到 1944 年，伴随着后方民主运动和学生运动的高涨，报告文学又发达起来，那时进步的报纸杂志上就经常有文字报导民主运动和学生运动的情况，以及蒋匪特务破坏这些运动的事实。日本投降后，报告文学作者一方面更集中力量报告了蒋匪破坏"旧政协"坚决进行反人民的内战的阴谋活动、各地法西斯统治的残酷事实，以及美帝国主义军队在中国的暴行。另一方面也报道了各地学生抗暴、反饥饿、反迫害、反"战乱"的示威运动，工人、农民、市民的对反动统治的英勇斗争，以及解放区的民主自由的幸福生活。这一些作品，都鼓舞了国民党统治区人民反抗蒋匪和美帝国主义的意志，并提高了他们的胜利信心，数量虽然不及抗战初期丰富，但对人民民主革命运动还是起了一定的作用的。

# 第四节　陕甘宁边区和广大敌后抗日根据地的文学活动

### 一　苏区工农红军文学活动的优良传统

关于苏区文艺运动，已在第二章第四节中叙述过。这里要说的是当时在这文艺运动指导之下的文艺活动情况。

这情况的基本倾向，就是文艺和工农兵结合，向工农兵方向发展。

这首先是部队中的文艺活动的活跃，据傅钟后来的叙述说，那时部队中"出现了很多好的作品，有画报、戏剧、活报、舞蹈、歌曲等形式。其中，中央苏区的《红星画报》，四方面军木刻工厂的出品，都是部队喜爱的读物。剧本如《打倒儿皇帝》（蒋介石）、《不当亡国奴》《武装上前线》、长征中的《破草鞋》（尖锐讽刺敌人追击截击的失败）等，具有很大的鼓舞性。歌曲好的更多，其中《三大纪律八项注意》歌一直唱到现在，对敌军的《中国人不打中国人》一歌，连当时的东北军都会唱了。活报、舞蹈在红军中也有很多创造。在部队报纸上都有相当篇幅登载着各种文艺作品。对于战斗的报道，英雄模范事迹的表扬，军民关系的描写等，都广泛地采用文艺形式。虽然由于条件的很大限制，一些部队的文艺作品不免粗糙，它在当时部队和苏区工农群众中的影响和作用，仍然是很大的"。①

当时红军经常处在敌人的包围和进攻之中，斗争十分残酷，物质条件也极艰苦，文化工作人员又很少，但是为了鼓舞士气，教育部队，争取群众，瓦解敌军，党领导了全体指战员采取各种适合于战斗环境和需要的文艺形式，并使之发展起来。那时红军无论在行军或作战时都组织了"鼓动棚"，行军时，一些宣传队同志们就在棚中给战士开活匣子，呼口号，唱歌，演戏，鼓励战士前进。到了宿营地，就开"军民晚会"，没有气油灯就用松光代替，进行各种文娱活动。

在二万五千里长征时，文艺在部队中也起了很大的宣传鼓动作用。据参加长征的同志们后来追叙的文字中或谈话里，都生动地叙述了那些宣传队怎样为战士服务，以及战士们热烈欢迎这些文艺活动的情形。例如潘自力在《我们怎样通过雪山和草地》②一文中说："在草地表现最活跃的，还是那些年青活泼的剧团与宣传队的青年同志们。队伍在休息的时候，宣传队的青年同志们，不顾自己的疲劳，处处为战士服务，给战士唱歌、跳舞、演戏，因而就处处受到同志们的欢迎与爱护。"当时像这些例子多到不可胜举，这些都充分论明了文艺已经正式为战士服务，与战士紧密地结合起来，而成为战士自己的东西了。

其次，是对戏剧活动的重视。那时有个流行的很好的剧本，名叫《无论如何要胜利》，那是"在四次'围剿'和五次'围剿'之间，搜集了广昌一带白军如何踩躏赤白交界的老百姓的材料写成的。一个不满十岁的儿童团员和他双目不明的姊姊用生命来保守秘密，至死不说出红军的行程。这个戏

---

① 《关于部队文艺工作》，见《文代大会纪念文集》。
② 李伯钊：《回忆瞿秋白同志》，见1950年6月18日《人民日报》，《人民文艺》。

无论到哪里演出，群众都被感动得高呼：'打死白匪'"！① 这个戏演出后，瞿秋白曾召开了作者、导演、演员的会议，称赞这个戏的成功，他说："这一出戏应到边沿区去演，解决群众斗争最尖锐的矛盾，暴露白军的残暴，鼓励群众如何同白军作斗争，增加边沿区群众胜利的信心。"同时他也批评剧本存在的缺点，着重指出台词的生硬、抽象，听起来不入耳。他说："要用活人口里的话来写台词，不要硬搬书上的死句子，务要使人一听就懂，愿意听，喜欢听。让群众闭上眼睛听，也能听出来是什么样的人在什么样环境下讲话。语言艺术是戏剧成功必不可少的条件"。②

当时政府曾组织了六十个戏剧队，足迹印遍了当时苏区的乡村以及前线。所用的剧本和歌曲差不多全是戏剧队队员们自己写的，剧目时常变更，"活报剧"几乎每天都在改变，新的军事的、政治的、经济的以及社会的问题，都适当编成戏剧或"活报"及时演出，农民心中所怀疑的问题也就从这些演出中得到了解答。特别是在新占领的区域里，为了要安定人心，宣传革命理论，解释革命政策，戏剧更是极好的有力的武器，例如在红军长征山西的期间，许多农村中的农民只要听到红军里有演员，便立刻跑来看他们，要求他们演戏，并且从戏中受了很大的感动。

第三是对于人民自己创作的提倡和重视。例如对歌谣的搜集和运用，当时人民政府就十分注意，这些歌谣有的是苏区老百姓自己唱出的，有的是经过宣传队修改润饰过的，其中好的作品就很多。例如江西圩乌流行的两首山歌③：

> 山歌不打不风流，
> 共产不行不自由，
> 行起共产郎先去，
> 唱超山歌妹带头。
>
> ——《共产不行没自由》
> 山歌不光靠声音，
> 总爱革命意义深，
> 革命不是取人貌，

---

① 《新华月报》第二卷第五期。
② 《新华月报》第二卷第五期。
③ 贾芝：《老苏区的民歌》，见《民间文艺集刊》第一册。

总爱勇敢杀敌人。

——《勇敢杀敌人》

这两首山歌都深刻地表达了当时农村妇女对于革命的热爱,感情词句都十分朴素而坚实。再如《第一次反围剿》①:

中国出了蒋介石,投降帝国主义者。

保护豪绅和地主,想做皇帝坐天下。

江西革命大勃兴,扩大许多铁红军。

到处工农团结起,吓得蒋贼打抖惊

蒋贼听到革命信,胡思乱想打红军。

美国借款八百万,调集十师十旅兵。

蒋贼倒下大命令,十万兵马到江西。

想来消灭共产党,不想做了运输队。

红军势力大膨胀,龙岗活捉张师长。(暗指张辉赞)

东韶打败谭道源,二师白军尽缴枪。

红军得到大胜利,俘掳白军一万几。

每人发饷三四块,优待俘虏回家里。

白军打下此败仗,同来师长皆恐慌。

丢了枪弹逃命走,一直退下到南昌。

这首民歌中充满了对蒋匪的愤怒和藐视,也充满了对于革命的信心。

这些山歌不仅为老百姓所爱唱,红军指战员也爱唱,每当反"围剿"战斗时,宣传队和群众慰劳队表演游艺节目的时候,老百姓和红军指战员便彼此欢呼一唱一和的对唱起来,充分表现了那时文艺不仅和兵农结合,而且通过它来交流兵农之间阶级友爱和感情了。此外像用对答体写成的《兴国山歌》和《石榴花开朵搭朵》②都充分流露出革命群众和工农红军密切合作的真挚感情,充满了革命的集体主义和乐观主义精神,对反革命的必然死亡和革命的必然胜利都有着不可动摇的信心。这些民歌在当时苏区都起过很大的宣传鼓动作用。

**二 边区文学活动的深入及对新的人民文学的探究**

1935 年,红军经过伟大的二万五千里长征胜利地到达陕北,1936 年

---

① 陈漾:《土地革命时期中央苏区的民歌》,见 1950 年 1 月 8 日《光明日报》,《文学》副刊。

② 贾芝:《老苏区的民歌》,见《民间文艺集刊》第一册。

"西安事变"后，全国抗日统一战线形成，这时就有很多知识分子从国民党统治区来到陕北。抗战爆发后，又有更多的文艺工作者来到延安和各抗日民主根据地。他们一方面参加了革命工作，一方面和苏区原有的文艺工作者会合起来在民主政府领导下从事文艺活动。

这些文艺活动首先是继承并发扬了苏区工农红军的文艺活动的优良传统，把文艺活动深入到工农群众中去，积极开展工农群众文艺活动。这里且以最大的一个解放区——华北解放区（原晋冀鲁豫和晋察冀两个解放区）为例。1937 年，八路军开到这两个地区前线作战，随军宣传队到哪里，哪里便掀起了群众的文艺活动。富有战斗性的歌舞、短剧、活报，对当地的文艺活动都起了刺激和推动作用。由于农民在抗日战争中获得了解放，减租减息运动提高了他们的物质生活和政治觉悟，他们开始要求文化。再加上解放区各种文化机构和文艺团体的帮助，华北敌后就出现了许多农村剧团，用集体的秧歌舞及各种新内容旧形式的艺术活动表现农民自己的事情。如辽县一个月中便组织了三十多个有组织有领导的农村剧团，北岳区、冀中区组织得更多，并有不少模范剧团的作品很受群众欢迎。到 1940 年左右，这些农村剧团便开始具有群众性的规模。1940 年夏，太行区发展到一百多个有组织有领导的巩固的农村剧团。冀中区则在 1942 年 5 月以前约有一千七百多个剧团，北岳区也有一千四百多个剧团、秧歌队、宣传队等。这些剧团在春节，在"三八""四四""五四""七一""七七"等节日，在秋后农闲时，都必然要活跃一阵，在每个中心工作布置下去以后，又必然要为中心工作的完成演出；就是在战斗中，也不断有小型演出，有的游击区村庄，配合八路军战斗，在地道里排戏演出，有的竟去敌人炮楼跟前作"政治攻势"的演出，这些都直接服务于当前的斗争，起了很大的鼓动和教育作用。1941 年，晋察冀还曾经创造了几十个模范村剧团，编印各种文娱材料，达数千份甚至万份以上。

其次是为了推动工农群众文艺活动，组织了许多专业剧团，成立了许多文艺机构团体，训练文艺干部。这里仍以华北解放区为例。1942 年以前，有太行山剧团、抗敌剧社、冀中火线剧社、新世纪剧社等职业剧团；这些剧团并经常开办农村戏剧训练班或乡艺训练班，传授戏剧常识。学校方面有晋东南创办了民族革命艺术学校，鲁迅艺术学技，晋察冀有联大文艺学院，都训练出大批文艺干部，散布华北各地。此外，太行区有农村戏剧协会，晋察冀有文救会，冀中有文建会，都是专门领导农村文化工作的团体。这些剧团，学校，协会一方面展开了自身的文艺活动，另一方面也大大推动并帮助了群众文艺活动。

此外，像陕甘宁边区、晋绥解放区、山东解放区都积极开展了工农群众文艺活动，并取得了一定成绩。

至于一般专业文艺工作者的文艺活动大部分集中在延安，1938年到1939年间，延安"有一个时期差不多平均三天就有一个文艺晚会，许多抗战歌曲流行着，街上贴着街头诗、文艺墙报、美术墙报"，[1] 景象十分热闹。这里且以街头诗为例：当时在延安从事这一运动最努力的柯仲平和田间。柯仲平的一首《告同志》，当时就漆在延安城内中央大礼堂对面的墙上，兹节录两段为例：

> ……啊，同志们
> 我们有：
> 　同一的方向
> 　同一的主张，
> 　我们的团结，
> 　像五个指头，
> 共一只强有力的手掌：
> 每个同志的岗位，
> 个个同志的岗位朝中央。

> 啊，同志们，
> 中央说：
> 　我们要巩固
> 　统一战线的桥，
> 　我们要开辟
> 　民主共和国的道：
> 再走再走再走吗，
> 就到"自由的王国"了。
> 这永远是一个伟大的号召……

像这样的诗，不仅有着通俗明白的词句，更有着明确的政治内容，有些诗带到前线，在战士中也收到很好的宣传效果。

---

① 何其芳：《关于现实主义》，《关于艺术群众化问题》。

这时除了这些文艺活动之外，也出现了许多反映八路军英勇战斗以及边区开荒生产和人民民主自由幸福生活的作品，例如刘白羽、周而复、孔厥等都写了一些关于这一方面的小说和报告。这些作品在一定程度上都写出了在中国共产党领导下的边区军民的幸福生活，劳动热情和抗战信心，鼓舞了人民为民主斗争的意志。

此外，那时解放区对于民间艺术，例如说书、地方戏等，也继承了苏区时代的优良传统，予以很大的重视。

一般说来，从抗战爆发到 1942 年这一时期，解放区工农群众文艺活动是比较广泛、比较深入的，并且著有一定的成绩，为后来群众文艺活动普遍展开和深入打下了基础，创造了条件。一般专业文艺工作者的作品，在内容方面，也有了新的生活新的人物的反映，在一定程度上也联系了广大的群众。但是，这时有一个根本问题，也是"五四"以来中国文学上始终没有明确解决的问题，就是——文艺是为什么人与如何为法的问题，这时也还没有得到明确的解决，因而工农群众文艺活动虽然比较广泛深入，但方向没有明确起来，艺术上就没有能够从民间文艺的优秀的艺术传统上加以改造、提高，创造为人民大众喜闻乐见的东西。在专业文艺工作者方面，主观上虽然都是想以文艺来服务人民解放事业，但是这一基本问题没有解决，他们的作品也就不能真正群众化，甚至或多或少地发生脱离群众的偏向。因此，这一时期的解放区的文艺还不可能立刻就跨到新的阶段。

但是，也必须指出，这一时期，解放区文艺正努力探索新的人民文学的道路，这个探索过程也就是逐渐向新阶段发展的过程。

在这个发展过程的最后，这一个根本问题终于在边区获得了解决，这就是 1942 年毛泽东同志的《在延安文艺座谈会上的讲话》的发表，这一具有巨大历史意义的文件，是中国现代文学的一个转折点，毛泽东同志在这个文件里极其英明地根据"五四"以来革命文学运动的发展的基础，把中国现代文学运动历史作了一个总结，并从文艺为什么人以及如何为从这一基本问题出发，谈到作家自己的思想改造问题，普及与提高的问题，文艺界统一战线问题，文艺批评的政治标准与艺术标准问题，学习问题以及其他的许多问题，这些问题在中国现代文学历史上，或是曾经提出而始终没有得到解决的问题，或是从来就不会被注意到的问题，但却都是基本问题，毛泽东同志都提出了原则性极鲜明而分析又极细密的解决办法，明确地指出了文学的工农兵方向。这对一切文艺工作者，特别是在毛泽东同志直接指导之下的边区文艺工作者，仿佛在暗夜中看见了一盏明灯，像迷失路的

人突然看见了一条大路一样，一旦豁然贯通，明白了许多新道理，增加了
自己的勇气和信心，坚决地进行自我改造，按着毛泽东同志所指导的方向
努力前进。

从这以后，即 1942 年以后，解放区文艺就完全改变了面貌，在毛泽
东同志思想光辉照耀之下，解放区文艺运动就推进到一个光辉的新的阶
段了。

# 第十一章  向社会主义现实主义迈进中的解放区的文学创作

## 第一节  反映各种群众斗争及劳动生产的文学作品

### 一 概论

延安文艺座谈会以后，解放区文艺工作者学习了马克思列宁主义、毛泽东思想，进行了思想改造，参加了各种群众斗争和实际革命工作，并从斗争和工作中开始熟悉了中国共产党、中国人民解放军与人民政府的各项政策。因此，解放区的文艺就获得了健康的成长，新的主题，新的人物像潮水一般地涌进了各种各样的文艺创作里面。周扬曾根据《中国人民文艺丛书》所选入的一七七篇作品（包括歌剧、话剧、小说、报告、叙事诗等）的主题，作了一个统计①：

写抗日战争、人民解放战争（包括群众的各种形式的对敌斗争）与人民军队（军队作风、军民关系等）的，一○一篇。

写农村土地斗争及其他各种反封建斗争（包括减租、复仇清算、土地改革，以及反对封建迷信、文盲、不卫生、婚姻不自由等）的，四十一篇。

写工业农业生产的，十六篇。

写历史题材（主要是陕北土地革命时期故事）的，七篇。

其他（如写干部作风等），十二篇。

这就是解放区文艺面貌的轮廓，诚如周扬所说，从这个轮廓中可以看出"民族的、阶级的斗争与劳动生成为了作品中压倒一切的主题，工农兵群众在作品中如在社会中一样取得了真正主人公的地位。知识分子一般是作为整个人民解放事业中各方面的工作干部、作为与体力劳动者相结合的脑力劳动者被描写着。知识分子离开人民的斗争，沉溺于自己小圈子内的生活及个人情感的世界，这样的主题就显得渺小与没有意义了，在解放区

---

① 《坚决贯彻毛泽东文艺路线》：《新的人民的文艺》。

的文艺作品中，就没有了地位"。①

反映抗日战争、人民解放战争与人民军队的代表作品，有的记录了农民在反对日本侵略者、反对国民党反动派的武装斗争以及其他各种形式的斗争中的英雄事迹。如马烽、西戎的《吕梁英雄传》，赵树理的《李家庄的变迁》，袁静、孔厥的《新儿女英雄传》，邵子南的《地雷阵》，洪林的《一支运粮队》（以上小说），胡丹沸的《把眼光放远一点》（话剧），马健翎的《血泪仇》《穷人恨》（新秦腔），柯仲平的《无敌民兵》（歌剧），晋冀鲁豫文工团的《王克勤班》（歌剧），战斗剧社的《女英雄刘胡兰》（歌剧）等。有的直接反映了人民解放军战士的无比的英雄气概和对革命事业的无限忠心。如刘白羽的《无敌三勇士》《政治委员》，华山的《英雄的十月》，李文波的《祆袖上的血》，韩希梁的《飞兵在沂蒙山上》（以上小说、报告），战斗剧社的《九股山的英雄》（话剧）等。

反映农村斗争的代表作品，有的反映了农村减租减息和土地改革运动，如赵树理的《李有才板话》，王力的《青天》，王希坚的《地覆天翻记》，丁玲的《太阳照在桑干河上》，周立波的《暴风骤雨》，马加的《江山时十日》（以上小说），李之华的《反翻把斗争》（话剧）等。有的则是以封建社会中受压迫最深的妇女为主人公，展开了农村反封建斗争的惨烈场面，同时描绘了解放后农村男女新生活的愉快光景，如集体创作的《白毛女》（歌剧），阮章竞的《赤叶河》（歌剧）及长诗《圈套》，赵树理的《小二黑结婚》，菡子的《纠纷》，孔厥的《一个女人翻身的故事》，洪林的《李秀兰》，康濯的《我的两家房东》等。

写工业农业生产的作品有小秧歌剧《兄妹开荒》《动员起来》，傅铎的《王秀鸾》（歌剧），欧阳山的《高干大》，柳青的《种谷记》，草明的《原动力》（以上小说），陈其通的《炮弹是怎样造成的》，鲁煤等的《红旗歌》（以上话剧）。

此外还有李季的叙事诗《王贵与李香香》，歌剧《周子山》及高朗亭的《雷老婆》等短篇。

解放区的文艺，除了专业文艺工作者的创作活动而外，还有工农兵自己业余的文艺活动，这些活动在解放区极为普遍、广泛、热烈，在这些活动中，工农兵群众表现出了惊人的创造能力。同时，有许多文艺工作者为这些活动作了极大的努力，特别是许多部队文艺工作者直接参加了战斗，

① 《坚决贯彻毛泽东文艺路线》；《新的人民的文艺》。

和战士们完全打成一片，在火线上进行战壕鼓动演唱，有的就在战场上流了最后一滴血，这些无名英雄在中国现代文学史上将永垂不朽。

二　赵树理的小说

延安文艺座谈会以后，解放区作家都坚决地为贯彻毛泽东同志的文艺方针而努力，赵树理便是其中较早的著有成绩的一个。

赵树理是山西沁水县人，出身于贫农家庭，曾身受贫农的痛苦生活。读中学时，搞过学生运动，坐过牢。他一直热爱并精通农民艺术——音乐和戏剧，做学生时又接触了新文艺。他曾有一个较长时期提倡给农民写东西，提倡通俗文学。抗战后，在党的教育下，有了更多的进步，经过整风运动，他把自己所经历的新农村的伟大变革过程，以及自己所熟悉的群众生活，写成了小说。这就是1943年写的《李有才板话》和《小二黑结婚》，1945年写的《李家庄变迁》，以及后来的一些短篇小说。

周扬在《论赵树理的创作》中曾这样指出："在被解放了的广大农村中，经历了而且正经历着巨大的变化，农民与地主之间进行了微妙而剧烈的斗争。农民为实行减租减息，为满足民生民主的正当要求而斗争。这个斗争在抗战期间大大地改善了农民的生活地位，因而组织了中国人民抗敌的雄厚力量。抗战胜利以后，减租减息与反奸、复仇、清算的斗争结合起来。斗争正在继续深入发展。这个斗争将摧毁农村封建残余势力，引导农民走上彻底翻身的道路。经过八年抗战，农民已经空前地觉悟和团结起来了。他们认识了他们贫穷的真正原因，他们决心为根本消灭这个原因而斗争。……农民的革命精力正在被充分地发挥，这个力量是没有什么东西能够抗拒的，是无穷无尽的。它正在改变农村的面貌，改变中国的面貌，同时也改变农民自己的面貌。这是现阶段中国社会的最大最深刻的变化，一种由旧中国到新中国的变化。这个农村中的伟大变革过程，要求在艺术作品上取得反映。赵树理同志的作品就在一定的程度上满足了这个要求。"①

作者表现的是农村中伟大变革过程，当然他的作品就离不开农村，主人公也全是农民，但是他却和以前描写农村和农民的一般的现实主义作家有着本质的不同。这不同之处，就是因为作者不是以普通农民或一般的民主主义立场观点来写农民，而是以无产阶级的社会主义立场观点来写农民的。他表现了在中国共产党领导下的农民革命斗争，具体地写出了共产党员工人干部在这斗争中所起的领导作用，有力地说明了没有这领导，农民

---

① 《表现新的群众的时代》。

翻身是不可能的。他歌颂了农民的积极的前进的方面，也批判了农民的消极的落后的方面，更指出了农民怎样在共产党领导教育之下思想觉悟的过程。光明的，新生的东西始终是赵树理作品的支配一切的因素。所有这一些，都是以前描写农村和农民的作品中所从来没有的，所以他的作品就不仅不是农民文学，也不是一般的现实主义的文学，而是属于社会主义现实主义的范畴了。

由于作者具有无产阶级的社会主义立场观点，对于新事物的敏感，因而在他的作品中就出现了许多新的人物，这些人物也是以前文学作品中所不曾有过的。他写了农民中的积极分子和工作干部，虽然还没有创造出高度集中的典型，但却写出了新的人物的真实面貌，他并没有将他们理想化，这些都不过是普通的农民，他们年青，热情，有时甚至冒失，但他们在苦难与斗争中终于成长起来，渐渐学会了斗争的方法和策略，在斗争中显示出各自的本领与才能。作者就这样地写出了农民的智慧、力量和革命的乐观主义。在《李有才板话》的老杨同志这个人物身上，作者创造了一个优秀的农民干部的形象。作者也写了农民中的落后分子，如《李有才板话》中的老秦，《小二黑结婚》中的二孔明和三仙姑，作者对他们虽然也有讽刺，但态度却是同情的，宽大的，希望他们改变的，而事实上，他们在斗争环境中也多少有了改变。但是，等到作者写到地主恶霸和他们的"狗腿"，态度就完全不同了，作者把他们是安排在和农民对立、和新政权对立的关系上来描写的，虽然只是陪衬，但作者却用了最高的憎恶和愤怒写出了他们的阴谋诡计，凶毒狡猾，作者把农民与地主之间的界线是划分得十分清楚的。

关于作者的人物创造的特点，周扬曾指出：第一是"他总是将他的人物安置在一定斗争的环境中，放在这个斗争中的一定地位上，这样来展开人物的性格和发展。每个人物的心理的变化都取决于他在斗争中所处的地位的变化，以及他与其他人们相互之间的关系的变化。他没有在静止的状态上消极地来描写他的人物"。第二是"他总是通过人物自己的行动和语言来显示他们的性格，表现他们的思想情绪。关于人物，他很少做长篇大论的叙述，很少以作者身份出面来介绍他们，也没有作多少添枝加叶的描写。他还每个人以本来面目。他写的人物没有'衣服是工农兵，面貌却是小资产阶级'，他写农民就像农民，动作是农民的动作，语言是农民的语言。一切都是自然的，简单明了的，没有一点矫揉造作，装腔作势的地方。而且只消几个动作，几句语言，就将农民的真实的情绪的面貌勾画出来了"。第三是"作者在处理人物上……明确地表示了作者自己和其他人物的一定的关系。他没有站在斗争之外，而是站在斗争之中，站在斗争的一方面，农民的方面，他是他们中间的一个。他没有以旁观者的态度，或高高在上的态度来观察与描写农民。农民的主人公的地位不只表现在通常文学的意义上，而是代表了作品的整个精神，整个思想"。① 作者的作品之所以具有这些特点，主要仍是由于作者是站在无产阶级立场，爱憎分明，思想感情完全是与人民打成一片的缘故。

由于作者的正确的立场和观点，由于作者长期生活在农民中间并且成为他们之中的一个，由于作者对于民间艺术的喜爱并长期从事这一艺术工作，因此，他的作品在语言和形式方面也就具有他的独有的特色。

作者的语言完全是活在群众口头上的语言，不仅在人物的对话上，而且在一般叙述的描写上，都是口语化的，这是作者一大特色。在他以前，一般作家只注意写人物的对话应当用口语，应当忠实于人物的身份，至于一般叙述的描写却是那个作家自己的知识分子的语言。其次作者的语言是经过提炼了的群众口头语言，他不像一些作家只在方言土语或歇后语上下工夫，他很少用这些，他只是用了看来是普通的平常的话语，但却每句话都能适合每个人物的身份和心理状态。"他的人物的对话是生动的、漂亮的；话一到了他的人物的嘴上就活了，有了生命，发生光辉。"②

作者作品的形式，也是生动活泼的，为广大群众所喜爱的新的民族形式。作者是很熟悉民间形式的，他的作品很明显的是批判地接受了中国民间小说的优秀传统，例如故事性很强，结构顺当，有头有尾；语句简短明晰，没有单独冗长的叙述和描写。这在《李有才板话》和《小二黑结婚》两篇中表现得更为显著，这些都是中国民间小说的优秀部分，经过作者的提炼，而创造出一种新的民族形式，因此这种形式自然为人民大众所喜爱，在这样情况之下，作者把大众化与艺术性很好地结合起来了。

如上所说，赵树理的成就在中国现代文学史上是具有很大的意义的，这意义首先在于他忠实地按照了毛泽东文艺路线从事创作实践，较早地取得了成绩，而这成绩又十分具体生动地证明了毛泽东文艺思想在创作实践上的胜利。

当然，这也并不是说赵树理的作品就毫无缺点了，例如上面论过的他

---

① 《表现新的群众的时代》。
② 《表现新的群众的时代》。

所写的新的人物还不够典型，而《李家庄变迁》也没有圆满地完成作者自己的意图，但从整个看来，这些只能算是"白璧微瑕"，是无损于作者的成就的。

### 三　丁玲和周立波的小说

1951 年，中国有两部小说获得斯大林奖金，这就是丁玲的《太阳照在桑干河上》和周立波的《暴风骤雨》。这是这两位作者的光荣，也是中国现代文学史的光荣。

这两部作品都是 1948 年写成，1949 年出版，都是反映土地改革的长篇小说。

1946 年到 1948 年两年时间内，解放区各地进行了土地改革运动，这对于中国革命是具有极伟大的历史作用的。在这样巨大的农村变革中，身受数千年压迫的农民，在中国共产党领导下站了起来，经过激烈的、曲折复杂的斗争，打倒了地主阶级的封建统治，分配了土地，并在斗争中锻炼了自己，使自己成为新的农村的主人。这是一个翻天覆地的大变化，在这大变化的农村中出现了许多新的人物，新的农民英雄，就是这些新的英雄在党的领导下，推动了这个变革，推动了历史的前进。《太阳照在桑干河上》和《暴风骤雨》就是反映这一个具有伟大的历史意义的农村变革的。在这两部作品出现之前，中国还没有过像这两部作品一样，从整个过程来反映土地改革的作品，全国解放以后，中国共产党和中央人民政府领导全国农民在全国范围内进行了土地改革，反映在文学创作上也出现了不少的作品，但到目前为止，仍然还没有一部能超过这两部作品所达到的水平。因此，这两部作品至今仍是中国反映土地改革的代表作。

这两部小说的特点和成就并不相同，但两位作者的基本认识和立场却是一致的。这就是他们都是站在无产阶级立场，以无产阶级社会主义的观点来写他们的题材和人物。他们表现了在中国共产党领导之下的农民的革命斗争，及其生活地位的变化和思想觉悟的过程，他们作品中的农民积极分子和共产党员，已经不再是普通的农民，而是在农村的工人阶级的先锋队。因此，这两部作品就都是属于社会主义现实主义的文学的范畴了。

丁玲的《太阳照在桑干河上》写的范围是土地改革初期，即从 1946 年中共中央"五四指示"到 1947 年 9 月全国土地会议以前这一时期。故事发生在华北一个叫暖水屯的村子，作者通过农村中许多不同阶级的人物：共产党员，土地改革工作组干部，村干部，贫雇农，中农，富农，以至地主恶霸，单是主要人物就有三十几个，展开了一个规模比较宏大，性质也比较错综复杂的农村阶级斗争。

由于作者对人民生活和斗争有比较深入的体验，对社会阶级关系有过较长时期的研究，对于社会能够在复杂和深度的基础上进行具体的和比较全面的分析。在这部作品里面，作者不像一般反映土地改革的作品把农村的剥削和被剥削的关系看得过于简单，她看到了农村中各个阶级之间的错综复杂的社会联系，看到了这联系使得农村的阶级关系无限复杂化，以及因此发生的农村阶级斗争的复杂性。作者十分透彻地分析了这些复杂关系，所以在这部小说里面就非常明晰地展开了这一复杂画面：有各种不同类型的工作干部，有各种不同类型的贫雇农，也有各种不同类型的富农和地主。而这所有的人彼此之间的复杂关系，又简直是没有身临其境的人所想象不到的。这里且以富农顾涌为例，顾涌的家庭关系是这样的：他的大女儿是另一个村子里的富农的媳妇，二女儿则嫁了地主的儿子，他的一个儿子参加了人民解放军，儿媳妇出身贫农，另一个儿子在村子里当青联主任，差不多农村中所有的阶级阶层都和他有着密切关系。这是原有的复杂关系。另外还有故意制造的复杂关系，例如地主钱文贵是一个阴狠狡猾，富有经验，不动声色的恶霸人物。他在当地解放后，便把自己的儿子送去参军，使自己变成"军属"，为了分化农民队伍，他又让他的侄女黑妮去和原是自己的雇工后来成为农会主任的程仁恋爱，企图达到结婚的目的，而他的一个女婿张正典则是村治安员，一个坏干部。像这些种种复杂关系，作者都十分明晰地给描绘了出来，并且正确地反映了这个复杂的阶级斗争，因而这部小说的现实性就特别突出，而不是那种从概念出发，一般化概念化的作品了，这是这部小说的主要成就之一。

这篇小说另一主要成就，是在人物塑造方面。首先，作者在这部小说中创造了一些新的农民英雄人物，由于作者对农村社会和阶级关系的复杂性有着深刻的认识，对党在土地改革中的群众路线的指示也有深切的体会，所以她对农民的思想、情感以至性格都有深刻的了解。他生动地描写了暖水屯党支部书记张裕民，农会主任程仁，副村长赵得禄，民兵队长张正国，妇联会主任董桂花，副主任周月英，以及其他一群村干部。作者描写这些新人物的时候，都是把他们安置在一定的斗争中来描写的，她着重写出这些新的农民英雄是怎样在斗争中克服了自己思想上的弱点而发展成长起来。例如雇工出身的程仁，是一个正派干部，在一开始时，他有个人顾虑，勇气不够，有些动摇，一方面自己内心也在进行着痛苦的斗争。等到群众斗争热情逐渐高涨的时候，他终于克服了自己的弱点，当地主钱文贵的老婆想用他和黑妮的关系来收买他，他毅然拒绝了。在这些地方，作者非常成功地塑造了新的农民英雄形象。此外像张裕民、赵得禄、董桂花、周月英等，都写得十分生动，出色，都以真实而有各自的特色的性格给予读者深刻的印象。作者除了写出这些新的农民形象而外，也生动地塑造了一些地主阶级的形象。地主钱文贵是写得非常成功的，作者并没有把他写成一个丑角，也没有简单地只写他的表面上的穷凶极恶，而是深刻地从一个地主阶级的心理过程去发掘，写出他的深谋远虑和随机应变，例如使自己成为"军属"，收买村干部，装出很"开明"的样子等，以至连土改工作组的文采都把他看成中农了。作者通过这样深入的心理发掘，以及农民群众对于钱文贵的心理感觉，和钱文贵的地主权力在人们心理上的影响，很饱满地表现了这样一个恶霸地主人物。这里充分说明了作者对于农村有深刻的观察和分析。其他地主如江世荣、李子俊以及他的老婆，都写得各自有其特色，特别是李子俊老婆写得更为生动。至于其他人物，如区委会派下来的土改工作组文采、杨亮与胡立功，叛变了的村干部张正典，钱文贵的狗腿子任国忠，以及通过地主家庭矛盾来表现的一些地主家庭成员，都写得相当成功。诚如冯雪峰所说："只要在书中出现过，即使占的篇幅极少，都能留给我们清楚的印象，就是说，几乎所有的人都有清楚的个性，这确实是作者成功的地方。"①

此外，作者的表现艺术也有高度的成就，虽然语言的洗炼和文字大众化的程度还不够理想，但是，作者已经通过她的艺术手腕，表现了深刻的人物形象，深入地明确地分析了复杂的农村阶级关系和阶级斗争，同时诗的情绪与生活热情交织在篇中，构成了很多明丽辉煌的画面。

就由于上述的这些很大的成就，这部小说在一定高度上真实地反映了土地改革，而成为写土地改革最优秀的作品之一。至于一些读者所提出的意见，例如规模还不够宏大，人物还没有达到最高度的典型，这应该是对于作者更高的要求。而一些微小的瑕疵，如有些地方写得比较沉闷，语言还不够洗炼等，那也无损于这部小说的成就的。

冯雪峰曾在论述这部作品的最后，概括地指出它在我们文学发展上的意义，他这样说："我认为这一部艺术上具有创造性的作品，是一部相当辉煌地反映了土地改革的、带来了一定高度的真实性的、史诗似的作品；同时，这是我们无产阶级现实主义（著者按：社会主义现实主义）的最初的

---

① 《太阳照在桑干河上在我们文学发展上的意义》。

比较显著的一个胜利，这就是它在我们文学发展上的意义。"①冯雪峰这段话是正确的，是可以当作《太阳照在桑干河上》的结论来看的了。

周立波在抗战前就曾写过一些文学作品，抗战后到了延安，经过整风运动，开始深入工农兵的实际生活和斗争。1946年冬到了东北，参加了土地改革工作，目击了这个轰轰烈烈的斗争的整个过程，根据他自己亲身参加这个斗争的感受、体验和认识，他写出了《暴风骤雨》这部小说。

《暴风骤雨》写的范围也和《太阳照在桑干河上》一样，是土地改革初期，故事发生地点则是在东北松江省一个叫做元茂屯的村子里。据作者自己说，他写这部小说的目的，是"想借着东北土地改革的生动丰富的材料，来表现我党二十多年来领导人民反帝、反封建的雄伟而艰苦的斗争，和当代农民的苦乐与悲喜，以教育和鼓舞广大的革命群众"。② 从这部作品整个看来，作者是很圆满地达到了这一目的。

作者有着正确的革命认识，强烈的政治热情，这认识和热情推动了他全身心地投入火热的群众斗争之中，他自己曾经说过："我知道农民跟地主的矛盾和斗争，是我们这个时代的主要的矛盾和斗争之一，土地改革是决定我们革命胜利的一个重要条件。由于这种认识，加上革命的责任感，我积极地要求下乡。当时我只想到要全身心地投入这场激烈的阶级斗争，并没有想到很多个人的创作问题。"又说："在实际斗争中和创作实践中，我深深感到，为要反映农民的生活和斗争，自己就首先要热爱他们，熟悉他们，和他们的思想感情打成一片。"③从《暴风骤雨》全书中都洋溢贯串着作者的强烈的政治热情，以及强烈的阶级情感看来，证明了作者这些话是完全真实的。

由于作者的强烈的阶级情感，由于作者的思想情感和农民打成了一片，所以作者对于新的农民英雄人物和一切善良的农民，不仅熟悉他们，而且真正理解他们，因此对他们就充满了无比的热爱，他热情地亲切地描写农民的思想感情，他们的生活，他们的家庭，他们彼此之间的关系，以至他们的幽默和趣味等。他几乎在每个人物身上都贯注了自己的真实的热情。在这部作品中，新的农民英雄人物是占了主人公的地位，作者很出色地塑造了他们的形象，像上卷主人公赵玉林，是一个被地主阶级剥削得被人称为"赵光腚"的贫苦农民，但他却具有坚强的性格，优良的品行，从不

---

① 《太阳照在桑干河上在我们文学发展上的意义》。
② 《"暴风骤雨"写作经过》。
③ 《"暴风骤雨"写作经过》。

向困难低头，并有着高度的阶级友爱的精神。当他觉醒以后，他一直是勇敢坚决地和敌人进行斗争，入党后，更表现了无产阶级的高贵的品质，终于为工农解放事业而牺牲。作者在这里以火炽般的阶级热情深刻地歌颂了赵玉林牺牲的崇高意义，使读者感到鼓舞和激励。下卷主人公郭全海，也是受尽了折磨和苦难的农民，作者用力刻画了他的精明、勇敢、正派、和那种舍己为人的精神，在土改完成后他就离开了刚结婚不久的妻子，带头参了军。此外，像白玉山、李常有、张景祥、张景瑞以及老孙头、老田头，都写得很真实生动，而农村妇女当中，作者也写出了许多新的人物，如赵玉林的妻子赵大嫂、白大嫂、刘桂兰等。其中特别是赵大嫂，那种崇高美好的烈属形象，确是令读者难忘的。

这部小说的另一特点是单纯、明快、有力，无论是人物描写，故事结构，或是语言文字方面都是如此。作者很少采用冗长沉闷的叙述，蓬勃的生活热情充满字里行间，故事情节的场面都很突出、明朗、不枝不蔓，语言也简洁洗炼，合于口语。由于这些特点，所以书中人物和故事就比较容易为读者所把握，使读者感到印象鲜明，情景亲切，有着很大的吸引力量。

但是这种单纯有时却也给这部作品带来了一些缺点，它妨碍了作者更深刻地分析人物，更冷静地观察社会，因此对农村的阶级关系和阶级斗争的复杂性曲折性就没有能够充分地表现出来，而对一些人物的内心矛盾和斗争也就往往被简单化了。

当然，一部作品是不可能没有一些缺点的，《暴风骤雨》的重要意义是在于它比较完整地表现了土地改革的过程，相当真实地表现了农村各个阶级的面貌和心理，塑造了一些新的英雄人物的形象。也正和丁玲的《太阳照在桑干河上》一样，是我们社会主义现实主义文学的一个胜利。

#### 四 刘白羽和孔厥的小说

中国人民解放军（抗战时期的八路军、新四军）所进行的战争，是中国历史上前所未有的真正人民的战争，它取得了全国人民的全力支援。而进行这战争的广大的解放军指战员也就是武装了的翻身农民，他们在中国共产党领导之下，已经克服了农民的一些弱点，有的并在斗争中锻炼成为无产阶级先锋队，他们在战争中都表现了无比的英雄气概，和对革命事业的无限忠心。

这一伟大战争和进行这战争的英雄的指战员，在解放区文学上都有了极其生动丰富的反映，其中成绩比较显著的是刘白羽。

　　刘白羽在抗战前就曾写过一些作品，抗战期间，来到延安，曾在前方部队中生活过一些时候，写过一些反映抗日战争的作品，这些作品后来曾编入《幸福》和《龙烟村纪事》等集中。人民解放战争开始后，他又投身到部队之中，这一次比较持久，比较深入，因而在创作上收获也就比较大。

　　他这一时期写的小说，曾编写《战火纷飞》一集，共收十个短篇，都是1947年到1948年两年中的作品（后来又改题《早晨六点钟》出版，内容略有增减）。1949年又写有中篇《火光在前》。

　　作者这些小说写作时期正是中国人民解放军由防御转入进攻时期，作者忠实地写出了这一时期的许多重要战役，并且反映了当时历史的特点，这些作品和时代关系是如此密切，在一定程度上，简直可以把它当作战史来读的。

　　在这些小说中，作者都特别着重地表现了我们部队的阶级本质，他一方面十分凸出地写出了党在部队中的领导，另一方面又写出组成这部队的庞大指战员绝大多数都是劳动人民。这些劳动人民都是身受了帝国主义、官僚地主的残酷压迫的，他们和帝国主义官僚地主都有着不共戴天的仇恨，经过党的教育之后，他们很快地提高了觉悟，认识了人民解放军所要打倒的敌人，正是他们自己的阶级敌人，革命利益，就是他们自己的阶级利益，他们和革命的关系已经成为血肉相连的关系，生死与共的关系，革命对于他们，是十分具体，十分亲切，十分容易理解的。就在这样的基础之上产生了人民解放军各种优美的品质。作者也着力地描写了具有这种优美品质的新的英雄人物。这些新的英雄在作者笔下写得都很生动，出色，他们的性格单纯而明朗，没有那些隐秘复杂的个人主义的内心冲突。他们对敌人有着火炽般的阶级仇恨，对同志却充满了手足般的阶级友爱，而尽忠于革命事业，就是他们生活的全部目的。这样人物在作者作品中，并不是一个两个，而是相当普遍地存在着。但他们这种革命的阶级的意识也并不是一下就觉悟过来的，作者在这里特别着重地写出了党对于他们的教育和领导，他们的一切优美品质，都是党给他们的。例如作者那篇著名的《无敌三勇士》，便十分明确地写出了这一点。此外，作者也写出了部队中一些重大的思想问题，例如轻视战术思想，军阀主义思想，以及疲沓思想等，但作者更着力地写出了由于党的正确的领导，和这些错误的思想作了坚决的斗争，终于得到了克服。

　　《火光在前》是写人民解放军渡江作战这个伟大的历史行动的，作者以相当雄厚的魄力写出了渡江作战的几个伟大的历史场面，并且写出了几个高级军事干部的形象，这在解放区文学创作中还是不多见的。我们全部大军渡江南下的历史，都是克服困难的历史，这部小说主要地就是写我们人民军队怎样以钢铁般的意志克服了许多不可想象的困难，终于取得胜利。作者借了书中主人公之一师政治委员梁宾的几句话，说明了这部作品的中心思想："你以为胜利就像你晚饭后散步那样得来的吗？不，就包含着这样一种阻碍，困难，去克服它，就叫'一次胜利'。"作者以无比的胜利的欢乐和信心，从歌颂现在的胜利中，更坚定地指出了更大的胜利必然到来，严肃的热情和抒情的富有诗意的描绘，把他的欢乐和信心也感染了读者，能够使读者沉浸在兴奋、鼓舞、欢乐、胜利的情绪之中，认识到革命胜利的取得的不易，而更珍惜热爱革命果实。

在描写人民解放战争和人民军队的许多作家中，作者无疑地是比较优秀的一个，不过由于作者虽然生活在部队之中，但时间并不算很长，而在这不长时间中，我们人民解放军却进行了一个翻天覆地的战争，这战争是如此的剧烈、复杂、变化，战争中涌现出了无数的新的英雄，这对于作者来说，实在是目不暇接，一下子是无法深入掌握的。因此作者在新的英雄人物的塑造上，形象性和典型性就还不够突出，有些人物还不能给读者以深刻的印象。而在《火光在前》中，处理那样伟大复杂的场面，有些地方，作者的集中力组织力还是显得有些不够的。此外，在语言文字方面，也还不够洗炼。当然，这些不够的地方，也并没有妨碍作者的成就，而在作者今后深入部队的过程中，这些缺点也将会逐渐克服的。

孔厥是在抗战初期到延安的，先在鲁迅艺术学院学习，后又参加部队和农村的工作，担任过较长时期的农村干部。整风前他已写下不少的创作，后来收入《受苦人》《追求者》等集中。

整风运动后，作者写了一个著名的短篇《一个女人翻身的故事》，那是写一个从小就受尽压迫摧残的平凡的女人——折聚英，怎样因为参加了革命而发现了无限光明的前途，终于成为百万妇女代表——边区参战员。这篇小说之所以获得广泛的流传和较高的评价，就是因为它真实地写出了解放区农民妇女的新的面貌，这是一个光明的胜利的面貌，是整风以前文学作品中所不会出现过的。

1949 年，作者和袁静共同写出了《新儿女英雄传》，这是一部企图反映冀中一个地区八年敌后抗战的整个过程的长篇小说。由于作者有过两年时期的冀中农村生活，也曾参加对敌战争，担任过担架队连长，有了这些实际斗争生活的体验，所以作者能够比较圆满地完成了他的意图。

抗战八年，敌后人民在中国共产党领导之下坚持了对敌战争，终于获得了胜利。在战争过程中，敌人的残酷扫荡，环境的困难艰苦，战士的英勇壮烈，人民的全力支援，都是史无前例的，它的本身就是一首辉煌的史诗，这史诗是为全国人民所铭记不忘的。作者选取了这一伟大的丰富的历史题材，并能比较圆满地反映了出来，它之受到广大读者的欢迎，是完全可以理解的。

在这部小说中，作者描写了敌人的残暴、凶恶，而终于日趋衰亡，更表现了敌后人民力量在摧残和挫折中成长、发展起来，而终于取得胜利，在这一点上，作者是写出了历史的真实性。而作者的斗争生活的经验，也使得他能够把这历史的真实写得很具体，很生动，没有抽象沉闷的毛病。书中的主人公都是农村中新的人物，像牛大水、杨小梅等，作者并没有把他们写成天生的英雄，他们也都是平凡的农民，但在斗争中，在党的领导下，他们终于进步成长起来，这些人物的形象虽然远不够典型，但都写得朴素自然，令人感到十分亲切。在故事结构方面，作者汲取了中国旧小说的优秀传统，故事性特别强，人物都是在故事中行动中去发展的，因此，对于读者就有很大的吸引力，语言也简洁通俗，合于日常口语。这都是这部小说的成就。

但是，这部小说却也有它的缺点，这主要的是作者只表现了民族矛盾和民族斗争，没有把这个民族矛盾和民族斗争放在阶级斗争中去表现，敌后农民之所以具有高度的抗日热情并取得了胜利，这主要原因是由于中国共产党领导他们实行了减租减息，改善了他们的生活，他们开始有了阶级觉悟，感到这个政权是自己的政权，抗日战争也就是自卫战争，这是他们英勇抗日支援战争的巨大的推动力量。作者没有把这一主要环节很好地表现出来，这样对于农民为什么这样英勇抗日，是什么力量推动了他们，就说明得不够。同时，由于这一原因，作者的描写也就只能集中在几个主要人物身上，而无法表现农民广大群众支援抗日战争的活动。这样，就使这部作品降低了它的思想性，降低了它的阶级内容，使得它不能成为一部社会主义现实主义的作品。

**五 柳青和草明的小说**

抗日战争期间，中国共产党为了团结一切力量争取抗战胜利，曾暂时停止了取消地主的土地所有权的政策，而采用了减租减息的政策，这一决定，在当时具体历史情况之下，是完全正确的。毛泽东同志曾指出："在抗日期间，减租减息及其他一切民主改革是为着抗日的。为了减少地主对于抗日的阻力，只实行减租减息，不取消地主的土地所有权，同时又奖励地主的资财向工业方面转移，并使开明士绅和其他人民的代表一道参加抗日的社会工作和政府工作。对于富农，则鼓励其发展生产。所有这些，是在坚决执行农村民主改革的路线里包含着的，是完全必要的。"①

减租减息的政策实行后，大大提高了农民生产兴趣，边区各级政府便在这一基础之上，大力领导农民组织劳动互助，这主要的是组织劳工队，又大大提高了农业劳动的生产率。组织的时候，不许用强迫命令的方法，而是采用了耐心说服、典型示范的方针，这样，就很快地把大多数农民都组织在农业生产和手工业生产的互助团体里面了。

这一个巨大历史事件，在解放区文学创作上也有不少的反映，但比较大规模地完整地描写了减租后农业劳动互助和生产运动的是柳青的《种谷记》。

柳青是陕北人，在抗战初期曾写过一些短篇创作，经过整风以后，1947年他写出了这部近二十万字的长篇《种谷记》，故事发生在陕北清涧王家沟。作者通过集体种谷的工作这一主线，比较真实地具体地写出了农民们围绕在这个问题周围的活动和斗争。

在减租减息时期，解放区的农村阶级关系和阶级斗争是非常复杂的，地主阶级不仅未被消灭，并且还占有土地，他们还可以自由到蒋匪统治区，因而他们便勾结特务，散布谣言，破坏边区；富农和少数富裕中农也往往被谣言所迷惑而动摇不定；而贫雇农则已经抬起头来，在政治上当家做主了。这种农村阶级力量的巨大变化，和它的关系的复杂，自然而然地就要在农村一切问题上展开了无限复杂地微妙地斗争。由于作者有着丰富的农村生活经验，相当真实地生动地表现了这个斗争，例如恶毒的经营地主王国雄的阴谋，富裕中农王克俭的落后和动摇，和农会会长王加扶、小学教员赵德铭、自卫军排长维宝对这两个人的斗争，以及程区长对这斗争的处理，都能够细致地深刻地写出了这斗争的复杂性。这是《种谷记》的一个主要成就。其次，作者也生动地真实地创造了一些令人敬爱的农村新人物，这些人物都是农村中极平常的贫苦农民，但一旦在政治上翻身以后，就表现出他们的智慧和才能，例如书中主角雇农、共产党员王加扶，不仅有着公而忘私的高贵品质，而且"有眼光，有气魄，总是不慌不忙，看得准，拿得稳"。又如有着两个儿子参加八路军的雇农刘老汉对于边区政府的赤诚爱戴和无限忠心，写得更为生动。另外一些积极分子如王存起、郭

---

① 《毛泽东选集》第三卷：《论联合政府》。

香兰、维宝、赵德铭等也都写得很真实。而对一些比较保守落后的农民，即便是封建迷信的王存恩老汉，作者也是以站在同情爱护的立场来善意地指出他们的缺点，只有对地主王国雄，作者才投出了他的猛烈的讽刺。这是《种谷记》的另一个成就。此外，描写的细致精确，语言的恰当自然，也都是这部小说的优点。

不过，这部小说却也有一些比较大的缺点：这首先是在这部小说里看不出党的坚强的领导，没有写出这村子里的党的支部的活动，王加扶虽然是个党员，但作者却没有写他通过组织来领导工作，仿佛都是他个人在努力苦干，这是和真实情况不符合的，这不能不说是一个比较严重的缺点。其次呢，作者对于农村中的阶级矛盾和阶级斗争的发展的分析是不够深刻的，作者在这一问题上思想认识似乎还很不够。因此，作者的目光只看到了减租减息，但却没有明确指出解决农村阶级矛盾的根本办法和远景——土地改革。这一认识的缺点，却不能归之于历史条件的限制，因为在实行减租减息的政策的时候，毛泽东同志已经指出这是一个让步，并着重地一再地说："为着消灭日本侵略者和建设新中国，必须实行土地制度的改革，解放农民。"必须"有步骤地达到'耕者有其田'。"①而在作者本书脱稿的时候，已是1947年5月，这时土地改革已经在解放区大规模进行了，作者是亲眼看见的，但在这样一部大规模的反映农村的二十万字的长篇小说里面，却没有指出这一伟大的具有历史意义的前途，实在是一个很大的遗憾。也正因为如此，所以作者对那些没有分得土地的贫农的面貌和思想，也就不能深入刻画，而对雇农则简直就没有处理了。第三，作者描写的细致和精确虽然是一个优点，但概括力不强，以致有很多的地方成为烦琐的描写，使读者感到厌倦、沉闷，缺少一种令人鼓舞的力量。

草明在抗战期间曾经写过一些短篇，后来结成《遗失的笑》一集。《原动力》是她在1948年写成的。

《原动力》这部小说的价值，主要地是在于它比较完整地用较长篇幅反映了解放后工人生活的新面貌，而这，在它出版以前，还是不曾有过的。

这部小说是写北满的一个小型发电厂怎样被国民党破坏了以后又修复的故事。作者在这里，企图写出解放后的工人怎样以主人翁的责任感来发扬新的劳动精神，以及怎样教育落后工人使之成为积极分子。作者开头写工人们在刚解放的时候，还抱着怀疑的态度来对待新环境，但后来逐渐认

① 《毛泽东选集》第三卷：《论联合政府》。

识到了自己的地位，提高了阶级觉悟。特别是看到共产党全心全意为人民服务的真诚，和大公无私的批评自我批评的精神，终于发挥了集体劳动的热情，修复了各种机器。在人物方面，主角老孙头是作者着力刻画的一个具有工人阶级的优秀品质的人物，他机智，正直，甘于吃苦耐劳，自我牺牲。一般说来，老孙头这个人物写得还相当真实可爱。其次，在事件发展方面作者都给它放在一定的斗争过程中来处理的。例如和被称为"七路半"的官僚主义分子陈祖庭的斗争以及和暗藏奸细佟全贵、李希贤的斗争，虽然这些斗争写得并不十分尖锐有力，但故事的发展却是沿着这个斗争的线索的。这都是这部小说写得比较成功的地方。

但是这部小说却也有着它的缺点：这首先是在整个作品中看不出党的领导来，厂长王永明虽然是个共产党员，但接收了厂子以后，却不大住在厂子里，而把厂子整个交给了两个解放后参加革命工作的陈祖庭、刘月轩领导，这是不可想象的事。工人吴祥泰也是个党员，但直到修理机器受伤后，关系还没有转来，伤好了他的活动也就不多了。所以书中不仅没有写党支部的领导作用，连个别党员的作用写得也不明显，这是不符合现实生活的。其次是作者没有很好地深入工人生活，对于工人的思想感情的体验，诚如她自己所说"还是很肤浅"，原因是她只在工厂"住了三个月"，[①]三个月短短的时间，是很难深入生活的，因此，她写的人物大部分都有些概念化，一些转变往往用抽象的叙述代替了具体的描写。第三，也正是由于作者对工人还不够熟悉的缘故，所以当作者处理书中两个带有关键性的问题时，就不得不采取了和斗争发展没有联系的非常偶然的事件来处理了。第一件是王永明由于晚间散步在窗下偷听了工人谈笑，才知道陈祖庭把厂子搞得很糟，老孙头受了委屈。第二件是佟全贵的特务阴谋，是由于张大嫂采蘑菇时忽然肚子痛，跑到榛树丛里大便听来的。这两件事都是全书故事的关键和转折点，作者却这样来解决，未免太偶然了。读者完全有理由可以这样问的：假如王永明不散步，厂子岂不就永远被陈祖庭弄糟下去么？老孙头不就永远受着委屈么？而张大嫂假如那时不肚子痛，特务的阴谋不就实现了么？那么，工人阶级的领导又在哪里呢？事实上恐怕不会是这样的，所以这也是不符合现实的真实性。

《原动力》虽然有这些缺点，但它终究是第一部反映解放区工人的新的生活面貌的长篇小说，而且在一定程度上达到了作者的意图，所以它仍不

---

① 《写"原动力"的经过》。

失为一部有意义的作品。

### 六　李季的诗歌和集体剧作《白毛女》

李季是河南人，一向在解放区做实际工作，因为喜爱文艺，经常抽空写些通讯、小说和诗歌，反映自己生活里的见闻，多半发表在《解放日报》上。1944 年，他写出了一首著名的长篇叙事诗《王贵与李香香》。

这首长诗是用陕北民歌"信天游"的形式，来歌唱陕北土地革命时代的农民斗争和爱情故事的：死羊湾年轻的揽工汉王贵和一个美丽的姑娘李香香"交好"。但是王贵的主人恶霸地主崔二爷也看中了她，当他调戏李香香不成，便设计暗害王贵。这时如火如荼的土地革命运动已经发展到这里，王贵已暗地参加了赤卫军。崔二爷听到这消息，便吊打王贵，在王贵生命危险的时候，李香香把红色游击队员请来了，解放了死羊湾，农民分得了土地，王贵和李香香也自由地结了婚，婚后王贵参加了游击队。但是革命并不是那么顺利的，崔二爷请来白军攻进死羊湾，人民又被打入地狱，香香的爸爸被崔二爷害死了，香香也被软禁起来。但是，就在崔二爷要强迫和香香成亲那天，游击队又攻进村庄来了，王贵和李香香终于团圆，故事就在"咱们闹革命，革命也是为了咱"的歌唱中结束。

这是一首很成功很出色的叙事诗，这是遵照了毛泽东同志《在延安文艺座谈会上的讲话》的指示在诗歌方面获得成绩的第一首诗。它以具体的实践，给当时诗歌提供了一个成功的范本。陆定一说："我以极大的喜悦读了《王贵与李香香》。因为这是一首诗。自从'文艺座谈会'以来，首先表现出成绩来的是戏剧。……其次跟着来的是木刻。……来得更晚些的，是小说和说书……比较来得更迟的，就是诗了。《王贵与李香香》，就是这样的新诗。用丰富的民间语言来作诗，内容形式都好的。"[①]这就是这首诗的在现代文学史上的意义和价值。

作者对农村社会有相当深刻的理解，对于农民的思想感情也有相当深刻的体验，他写出了王贵这个雇农在恶霸地主的残酷的压迫下，仍然持有坚强不屈的高尚的战斗品质，参加了赤卫军以后，更提高了阶级觉悟，他懂得"闹革命成功我翻了身，不闹革命我也活不成"这一真理，他更懂得"我一个死了不要紧，千万个穷汉后面跟"。因而他就能够有着坚强的胜利信心，和革命的乐观主义的精神。这些，作者都写得很生动，很突出。女主角李香香写得也很真实，这个全身浸透阶级仇恨的农村女孩子，她懂得

---

① 《读了一首诗》，见《论"王贵与李香香"》。

爱情和阶级的关系，她这样纯真地唱："香香的性子本来躁，自幼就把有钱人恨透了；一恨一家吃不饱——打下的粮食缴租了。二恨王贵给他揽工——没明没夜当牲畜。"以及以后她和崔二爷的斗争，都很生动地写出了农村妇女的阶级气质。

由于作者成功地创造了这两个主角，因而对于题材和主题的处理也就十分恰当，作者是把农民的翻身、恋爱和武装斗争完美地有机地联系起来写的，他借着王贵的口这样唱出：

> 不是闹革命穷人翻不了身，
> 不是闹革命咱们也结不了婚。
> 革命救了你和我，
> 革命救了咱们庄户人。
> 一杆红旗要大家扛，
> 红旗倒了大家都遭殃。

这里生动地写出了农民的翻身、恋爱和革命的血肉相连的关系，这关系是如此地明确、具体，不仅看得见，而且摸得着。因而这个革命与恋爱的故事就显得非常明朗而健康，这就和那些小资产阶级的软绵绵的革命与恋爱的故事有着本质的不同，而结束时的王贵与李香香的大团圆，就使读者感到不仅是他们个人的夫妇团圆，而是为一种极其强烈的阶级斗争胜利的喜悦所感动着，革命救了人民，人民更热爱革命，这是革命的英雄主义的大团圆，是和那些封建小说里的大团圆主义完全绝缘的。

作者所采用的形式和文字语言，也都是完全同它的内容相称的，因而就更加使得这首诗光彩夺目。这首诗从头至尾都充满了民歌风味，但它却不是单纯的模仿，而是融化了民歌的一切优点，自己圆满地创造了一首叙事民歌。这在中国新诗歌历史上还是从来不曾有过的。例如像底下这样的诗句——

> 人人都说三边有三宝，
> 穷人多来富人少；
>
> 一眼望不尽的老黄沙，
> 哪块地不属财主家？

又如：

　　　　　　　　羊群走路靠头羊，
　　　　　　　　陕北起了共产党。

　　　　　　　　领头的名叫刘志丹，
　　　　　　　　把红旗举到半天上。

　　　　　　　　草堆上落火星大大烧，
　　　　　　　　红旗一展穷人都红了。

　　　　　　　　千里的雷声万里的闪，
　　　　　　　　快里马撒红了个遍。

　　全诗差不多充满了这样诗句，清新、明快、隽永、自然，丝毫没有矫揉造作的痕迹。并且音节非常和谐，这音节却又不像欧化新诗和中国传统旧诗那样板滞，它是自然的音节，是劳动人民所熟悉爱好的音节。它是从民歌学习来的，但却经过了作者的熔铸，而成为一种新的富有创造性的诗歌。在这里可以看出作者是圆满地把大众化和艺术化比较高度地融合起来了。

　　如果要指出这诗还存在有一些缺点的话，那么就是其中有几段描写战争的地方，似乎欠缺一股猛烈的力量和雄厚的气魄，不如那些抒情和叙事的场面写得成功。这许是作者在这方面生活体验比较不够的缘故。此外，形式上只采用"信天游"一种体裁，也显得有些单调，还不能够充分地把诗中那种复杂的强烈的斗争气氛表现出来。

　　延安文艺座谈会以后，首先表现出成绩的是歌剧。这是因为解放区自抗战以来，就注意民间歌剧的研究和倡导，有了深厚的基础，座谈会后，方向明确，自然就比较容易出成绩。从1943年小型歌剧《兄妹开荒》出现以后，就不断涌现出了许多比较优秀的戏剧，如本章"概说"中所提到的那些，在这许多比较优秀的歌剧之中，《白毛女》可以算作一部代表作品。

　　《白毛女》是延安鲁艺工作团的集体创作，而由贺敬之和丁毅执笔的，曾与《太阳照在桑干河上》和《暴风骤雨》同时获得1951年斯大林文学奖。

　　《白毛女》的故事，原是民间口头创作，流行在晋察冀边区。故事梗概是：几个干部下乡开展工作，群众发动不起来，开会没人到，群众都说到娘娘庙给"白毛仙姑"烧香去了，并且把这个"白毛仙姑"说得活灵活现。干部们很怀疑是地主利用农民迷信思想进行破坏，于是就暗中调查，一天夜里，终于在庙里发现一个白发女人偷取供果跑走，干部立刻跟踪追到一个山洞里发现了她。她这才讲出了自己的身世，她是一个贫农的女儿，在抗战前，八路军尚未来到此地，地主用高租重债逼死了她的父亲，奸污了她，还打算把她害死，她怀着沉重的伤痛和仇恨，逃进了这个山洞，苦熬了好几年，因为吃不上盐，见不了阳光，以致全身发白。干部们把她救了出来，她终于在人民政权之下，过着真正的"人"的生活。

这个传说正如一切民间口传文学一样，经过无数老百姓的充实，加工，才逐渐完整起来的，它是千百万农民用他们反对旧社会旧制度和拥护新社会新制度的热情所熔铸起来的，它生动地说明了"旧社会把人逼成鬼，新社会使鬼变成人"这一个真理。

歌剧《白毛女》就是根据这一民间口头文学编出来的，主题的意义就是表现反对封建制度，表现两个不同社会的对照——旧社会把人逼成鬼，新社会把鬼变成人。通过剧中的人物和斗争的发展，这个主题是很饱满地集中地给表现出来了。

剧中很出色地写了几个人物，这些人物作者都是把他们放在一定的阶级斗争中来处理描写的。剧中首先出现的是喜儿的父亲老贫农杨白劳，他被地主的地租和高利贷逼得无路可走，他高呼"县长，财主，狼蟲虎豹。""我要和他们拼。"但是他也和几千年来的农民一样，不知道怎样去"和他们拼"，终于只好拿消极的自杀来反抗。但杨白劳并不是剧中的主角，作者只是把他作为上一代农民的反抗方法的无效来描写的。剧中主要人物还是喜儿、赵大叔和大春等人，喜儿只是一个十七岁的女孩子，在苦难折磨的年月里，她的阶级仇恨越来越深，她对她父亲那种反抗方法就能够批判，她对张二婶说："哼，我可不像我爹一样，杀鸡还蹬打他两下子，二婶子，我还是个人呀，就是死了，我也要出这口气。"她经历了地主阶级所加于她的非人所能忍受的重重苦难，她顽强沉着地和这苦难战斗，这战斗也就是和地主阶级战斗，你要我死，我偏要活下去！还要英勇不屈地活下去！喜儿终于活下来了，走进了共产党领导的新社会。通过这样一个人物，就引起读者对于阶级敌人的无边憎恨以及对革命胜利的高度信心。在赵大叔和大春这两个人物身上，作者更指出农民对地主的斗争没有共产党的领导是不可能获得胜利的，而共产党领导的革命又始终成为鼓舞农民斗争的巨大力量。赵大叔在早先曾经见过红军，那时红军帮助穷人翻了身，他至死也忘记不了，他坚决地相信并告诉喜儿："红军还会来的！"（这也是支持喜儿英勇不屈地活下去的力量。)所以他不赞成杨白劳的自杀，他要他周围的人都坚强地活下去，即是总有一天会"改朝换代"的。当大春把地主黄世仁的狗腿子穆仁智打了以后，他就叫大春快走，"奔西北上走！快！"而大春奔走以后，终于找到八路军，解放了这个村子，斗倒了黄世仁，救了喜儿，也救了大家，农民得到了彻底的解放。这个戏通过这些人物和事件，就不仅是写出了农村中的阶级矛盾和斗争，而且写出了农民应该怎样才能彻底打倒阶级敌人，获得斗争的胜利。这是这戏的主要的成就。也正因为如此，所以它成为一部社会主义现实主义的歌剧。

这个戏不仅具有社会主义的思想内容，并且表现的形式也是真正的民族形式。故事是民间传说，剧情完全是劳动人民生活的反映，语言更是民众的语言，歌词极富于民歌风味，而且多样复杂，很少重复单调的地方。此外并采用了中国旧歌剧许多优良部分，这一些都是老百姓所熟悉的，所喜闻乐见的。正由于这戏具有如此浓厚的我们自己民族的色彩，具有我们自己的民族性，因而就获得广大群众的欢迎，并为世界人民所爱好，这也是这戏的另一个成就。

正和其他一些优秀作品一样，这戏也不免有一些缺陷。这就是执笔者丁毅和贺敬之都曾说过的："在表现新旧两种社会时，刻画旧社会的生活就比较深刻，而描写新社会时，却显得一般、概念、软弱无力。"①不过从整个剧本看来，这只能说是白璧微瑕，无损于它的成就的。

# 第二节　工农兵群众的文艺
# 活动和民间艺术的革新

## 一　部队的诗歌、快板和戏剧

在第二次国内革命时期，工农民主政府便十分重视工农兵群众文艺活动。抗战开始后，随着抗日民主根据地的扩大，工农兵群众文艺活动也就得到了更大的发展，这些在前面都已经叙述过了。

延安文艺座谈会以后，文艺的工农兵方向已经完全明确，因而无论领导或一般文艺工作者对工农兵群众的文艺活动也就更为重视，并注意培养

---

①　丁毅：《歌剧"白毛女"创作的经过》，见《新华月报》1952 年 5 月号。贺敬之：《"白毛女"的创作与演出》中，亦有同样的意见。

工农兵群众自己的作家。而解放区人民由于政治、经济上的翻身，文化上也开始翻身，庞大的工农兵群众积极地参加了文艺活动，并表现出惊人的创造能力。

在人民解放军部队里面，原本有红军时代的文艺活动的优良传统，这次学习了《在延安文艺座谈会上的讲话》以后，部队的文艺思想水平与艺术水平都逐步提高，文艺活动在党的坚强领导下深入了连队，深入了实际斗争，完全服务于战争的需要。战士们自己搞俱乐部、鼓励棚、墙报、火线传单、阵地画报和战壕演出等，反映了他们自己的生活和斗争，例如在东北锦西阻击战中，第四野战军某纵队从战士们创作的枪杆诗、火线传单、快板等里面选了七十一种，印了二万五千多份，战士们在战壕里抢着阅读，并且根据这些内容进行检讨、挑战、比赛，又随时根据情况，创作更多更新的快板诗歌来教育大家和鼓励斗志。第二野战军某部队在淮海战役中，枪杆诗、战场传单也创作很多，仅仅他们选印出版的就有二十九首，近两万字，他们的诗传单并且经常与书结合，传单画成为战士们最心爱的东西，他们二十八团有个战士看表扬英雄的画，便下决心："我也要争取上小画报。"另一个战士在战场上中了敌人的燃烧弹，想起小画报上的画，马上滚在地下，果然火熄了，他说："小画报救了我的命。"此外，在华北、华东、西北，战士诗和战士画同样活跃，作品数千上万。陕甘宁出版的《战士诗选》就包括一百多首较好的诗歌，例如某战士的传诵一时的《打仗要打新一军》：

> 砍树要砍根，
> 打仗要打新一军。
> 兵对兵，
> 将对将，
> 翻身的好汉，
> 那有打不过抓来的兵？
>
> 打垮新一军，
> 杜聿明门牙去一根。
> 三气周瑜周瑜死，
> 三气杜聿明放悲声。
>
> 生铁百炼成钢，

军队百战无敌挡。
敲掉蒋介石的老本钱，
我军主力更坚强。

这首诗里面充满了英雄气概和胜利信心，而"翻身的好汉，那有打不过抓来的兵？"两句，更具体生动地说明了我们战士的阶级觉悟。

人民解放军不仅单靠勇敢作战，还需要讲求战术技术，战士们的创作有时也就和这个实际需要结合起来，例如《坦克十二怕》：

一怕天黑看不见，
二怕步兵被切断，
三怕飞雷和炸弹，
四怕集束手榴弹，
五怕战防枪，
六怕战防炮，
七怕火箭炮，
八怕黑头穿甲弹，
九怕有沟过不去，
十怕白灰烟幕弹，
十一怕特等射手打它的瞭望眼，
十二怕英雄上车塞进手榴弹。

这首诗描述了作战的十二种形态，也指出了十二个办法，它是如此密切地和战争实际需要结合起来了。

在部队中，我们各级战士都有他们的自己的创作，如某部指挥员的《我的旗子红通通》：

我的旗子红通通，
指挥立大功，
伤亡还不重。

这首诗虽然只有三句，却充分表现了雄伟的气魄，战斗的热情，和指挥员自己的坚强的胜利信心，而音节又如此响亮、有力，和内容完全协调，实在是一首不可多得的杰作。此外炮兵有炮兵自己的诗，像某炮手的《这次不能打白掉》和《不能再落后了》等。步兵有步兵自己的诗，像战士沈洪海的《我的七九枪》，突击队员孙金山的《手榴弹》，刘子兴的《炸药包》，某部集体创作《猛打猛冲》，连贵成的《云梯》，陈如和的《刺刀》等，以至司号员和炊事员都有他们自己的诗，像司号员张尽忠的《我的号》，炊事员封安全的《我也有功劳》等。① 这些诗都充分表现了人民战士对革命事业的无限忠心以及革命的乐观主义的精神。

在这一时期的许多战士诗人中，最有成绩的是毕革飞，他曾任连队指导员，参加过百团大战，负过伤。历次被选为模范干部，模范指导员，模范戏剧工作者，并立过大功和特等功。

他写了很多的快板诗，他自己把它分成六类："介绍方法总结经验"，"传好表模鼓励士气"，"纠偏和批评"，"对敌"，"对群众的"和"时事快板"。从这六类可以看出他的快板诗是和部队的战斗生活和战斗需要紧密结合起来的。他自己就是一个战士，他能深切体会战士的思想感情，再加上他的丰富的战斗经验，因而他的快板诗就具有高度的战斗性、尖锐性和群众性，它能及时为战争服务，为兵服务，它能及时反映问题，提出问题，解决问题。它用群众的经验教育了群众，集中了群众的斗争经验又指导了群众斗争。所以他的快板诗一写出，立刻就为广大战士所传诵，比报纸发的份数还要多。这里且举他的一首《人民军队大会餐》为例：

> 阎锡山，快完蛋，
> 王八钻进瓮里边。
> 无数枪口对准他，
> 一打就是十二环。
> 掀开地图看一看，
> 阎匪包在正中间。
> 周围全是解放区，
> 大小城市百余县。
> 里三层，外三层，
> 金箍包的严又严。
> 阎匪好比一盘肉，
> 人民军队大会餐。
> 你用炮弹轰一块，
> 我用刺刀挑一点。
> 最后剩下没多少，

---

① 以上各诗均见《东方红》。

连盘端起吃个干。

这首诗无论在思想性或是艺术性上，都有着较高的成就，他十分形象地说明了当前的战争形势，阎匪完全被我严密地包围了，这就坚定了战士们的必胜信念；后面又用"大会餐"的比喻，这是一个生动的，亲切的比喻，鼓励了战士们的革命乐观主义的精神。确是一首好诗。

除了这些诗歌，快板以外，连队中的戏剧活动也极普遍，一般地都是采取小型演唱的形式，兵演兵，本连人演本连事，这些小型演唱大部分也都是战士们自己编的。这里且以吴玉才在《战士们的戏》中所举一事为例："六十七军的一个旅调到六十五军时，十一团的卫兵连正在搞一个叫《张金钊入党》的快板剧。在全营演出后，别的连心里就热辣辣起来，'人家能搞，咱为啥不能?'马上，九连就搞了一个教育战士不搜俘虏腰包的歌剧《一块白洋》。这个剧完全是战士自己的创作，等这个旅的宣教干事知道了下去看时，剧的架子已成，只略微修改一下，就演出了。"又如某连团结爱兵的工作做得很好，便要演一个团结爱兵的戏，"开始编剧本，事件太多，人物又分散在全连各排各班，怎样办呢? 大家就凑在一块谈了一下，商量的结果：把分散在全连团结爱兵做得好的人物放到一个班里来，这样舞台上虽然只有一个班出场，说的可是全连的事。"[1]这些戏在部队演出以后，战士们往往就戏里的事联系自己，检查工作。

就是这样，广大的连队文艺活动，在党的领导下，在部队的文艺工作团与宣传队的帮助指导下，随人民解放军走遍广大战场，表现了战士们丰富的创造性，产生了很多的优秀作品。全国解放后，更有了进一步的发展，涌现了更多的思想水平艺术水平较高的作品，并出现了一些优秀的战士作品。

## 二 农民的歌唱

在抗战期中，由于边区政府实行了减租减息的政策，大大改善了农民生活，同时又大力提高农民的文化教育程度。1947年，解放区进行了大规模的土地改革，广大农民分得了土地，阶级觉悟大为提高，因而农民的文艺活动，就具有更庞大的规模和影响。他们的文艺活动方面主要的是戏剧和诗歌，戏剧大都以民间旧形式为基础，当放在下段再说，这里只叙述他们的诗歌。

---

① 《文代大会纪念文集》。

解放区农民把他们自己的诗歌叫做"翻身诗歌"，在翻身的时候，他们永远忘不了地主过去对他们的压榨，所以首先便对地主提出了猛烈的控诉，诗中充满了阶级仇恨，例如《揭开石板看》：

　　集镇观（道士庙），

　　好地方，

　　松柏树长在石板上。

　　揭开石板看，

　　长在穷人脊背上。

又如《进了地主门》一诗，控诉了地主对雇工的虐待，形象生动，深刻有力。

　　进了地主门，

　　饭汤一大盆，

　　勺子搅三搅，

　　浪头打死人。

　　窝窝长了翅，

　　饼子生了鳞，

　　使的碗不刷，

　　筷子拉嘴唇。

　　支钱不支给，

　　说话吹打人，

　　这样的日子没法混！

和地主作斗争，他们知道有共产党给他们撑腰，他们一点也不怕，他们这样唱——

　　满山尽是树，

　　作梁作不了柱，

　　有人撑腰啦，

　　我什么也不怕。

在斗争过程中，他们遵照共产党的指示，执行共产党的政策，像贫农张宝山作的《一座院两朵花》便是歌唱贫雇中农是一家的：

　　一座院，两朵花，

贫农中农是一家。
贫农就在前头走，
中农后边紧跟他；
贫农搭上立房架，
中农提泥搬砖垒上它。
咱（贫农）也住，他（中农）也住，
贫农中农是一家。

咱们见了大地主，
齐心合力斗争他，
砸了他的压迫骨，
拔了他的剥削牙。
一座院，两朵花，
大家伙子享荣华。

农民们享了"荣华"，他们是永远忘不了自己的救命恩人毛主席和共产党，他们唱出了无数的颂歌，表示他们对人民领袖的热爱。像《可惜路远不能去》：

毛主席，我敬爱你，
你帮我们分田地。
要不是你的政策好，
我们哪能吃饭和穿衣？
我有心带上礼物去看你，
可惜路远不能去。

又如《太阳一出红通通》：

太阳一出红通通，
太阳好比毛泽东。
五谷没有太阳不生长，
穷人没毛主席万年穷。

再如今天已为全中国人民所喜爱所歌唱的那首《东方红，太阳升》歌曲，便是根据一个青年农民李增正的原作改写的。流传一时的《高楼万丈从地起》，便是陕北曲子县劳动英雄老农民孙万福的创作。

这些农民自己创作的诗歌，数量非常之多，可惜没有很好地搜集起来，但只根据 1952 年中国民间文艺研究会编辑的《中国出了个毛泽东》后记称，单是已搜集到的歌颂毛主席的民歌就有五百多首，其中绝大部分都是农民的创作。

### 三　工人的歌唱

工人的文艺活动，由于过去解放区没有大的城市，所以无法开展，1947 年以后，大城市不断解放，工人文艺活动便逐渐开展起来。例如东北方面，旅顺、大连、哈尔滨等地工人文艺活动，都有一定成绩，哈尔滨曾有工人参加编写的一个话剧《工会好》，大连差不多每个工厂都有文艺组织与活动，群众创作很多。据张庚在文艺大会上报告："旅大一个地区，从1947 年以来两年间，工人自编自演的戏就有好几百个。"①又如山东济南解放后，大工厂和中等工厂都有戏剧歌咏活动，工人自己并开始创作剧本。天津解放不到半年，便已有四十个左右的工厂文娱组织，多数厂有壁报，有不少的职工通讯员、职工画家，据统计直接参加文艺活动的约五千人。工人在创作上也开始显露了他们的才能。

在这很短的时期内，工人已经有了他们自己的创作，他们首先歌唱出解放后的欢欣鼓舞的心情，例如石家庄电灯公司老工人崔耕三的《新年乐》，全诗四节，都充满了解放后的愉快情绪，兹录头一节如下：

> 新年乐，新年乐，今年真比往年乐！蒋介石，快完蛋，杜鲁门，没奈何，民主力量在前进，浩浩荡荡像黄河，眼看全国快胜利，叫我如何不唱歌！唱歌！唱歌！

解放对于他们是自己的胜利，他们要以高度的热情和战斗的精神来加紧工作，竞赛生产，支援前线，迎接更大的胜利，例如石家庄纱厂女工周玉萍的《天津解放了》——

> 天津解放了，
> 职工拍手笑，
> 迎接大胜利，
> 秧歌街上跳。
>
> 为了打敌人，

---

① 《文代大会纪念文集》：《解放区的戏剧》。

战士勇向前，
职工努力干，
支前各占先。

竞赛为支前，
不怕流血汗，
日日打胜仗，
劳累我情愿。

……

再如自来水工人峰岩的《生产竞赛歌》，也表现了工人阶级解放后积极生产的热情：

耳听叮叮当当！
水道工程真忙，
为着全市供水；
安装！

每日费尽心肠，
为着公司着想，
补偿备战损失；
争抢！

水源机器隆隆！
电力最要节省，
发表模范奖励；
有功！

再听劈劈啪啪，
打铁冒着火花，
趁热紧捶紧打；
管卡！

此外像铁路工人郗扬的《修路歌》，石家庄某厂工人杨华的《安机器》，面粉厂工人崔纪会的《面粉工人之歌》，都热情地表现了生产竞赛的积极性和自己的劳动生活的愉快。工人杨发德、陈森合作的《机器匠赵发妙》更形象地写出赵发妙在蒋匪统治时怎样受剥削，吃不饱，而磨洋工，解放后，"上工吃得饱，大人孩子哈哈笑，自己的工厂自己的活儿，上工心顺不受气"，因而就"生龙活虎满厂的跑，样样活儿他照料到"了。十五岁女工朱桂芳的《纱厂女工歌》，描写络纱的和看车的，在分车竞赛中怎样积极工作，得上红旗，怎样高兴的情形，十分细致生动，显露了她的创作上的才能。①

　　工人们完全明白他们的幸福生活和工作热情，都是毛主席和共产党给带来的，他们由衷地热烈地歌唱了对于毛主席和共产党的感激和敬爱。像冀北电力二厂煤工王砚田《盼太阳》最后一节这样歌颂共产党：

> 共产党，像太阳，
> 照在人民心坎上，
> 太阳暖，太阳亮，
> 太阳出来人民喜洋洋。
> 太阳普照工农兵学商，
> 齐心努力打老蒋！

　　再如汉沽天津化学工厂工人写的《祝福毛主席》——

> 春天里，草青青，
> 喜鹊头上叫一声。
> 毛主席，到北平，
> 咱们工人好高兴。
> 全体工人捎个信：
> 一祝福毛主席，
> 身体健康像太阳；
> 二望他来工厂，
> 咱们工人想见一见。
> 晴空万里乌云散，
> 齐心合力搞生产；
> 来了咱们毛主席，

---

① 以上各诗均见《东方红》。

<blockquote>工人领头加油干!</blockquote>

这首诗充分表现了工人对于人民领袖的无限热爱，和无可比拟的亲切的感情。

全国解放以后，工人文艺活动有了更大的发展，他们的创作也就更为提高，并且不断地出现他们自己的作家。

### 四　民间艺术的革新

延安文艺座谈会以前，解放区对于文艺普及工作已经十分重视，座谈会以后，这工作就更得到了正确的发展，那时对民间艺术革新工作是放在第一位来推动进行的。1943 年，陕甘宁边区文教大会上讨论关于"开展群众的文艺运动"的问题，周扬在总结时曾这样指出："领导正在开展的群众文艺运动，是各级党政领导机关的重要任务之一。必须认识，文艺是社会教育最活泼有效的形式，是党的政策与政府法令深入群众的最好手段。对于群众文艺运动，必须有计划的发动，具体的领导。对于文艺团体及文艺工作者的领导，必须十分关心的，细致的。必须进一步提高他们政治和生活待遇，多方面鼓励他们创作和工作的热情。群众的发动，文艺工作者的努力，加上正确的领导是胜利开展边区文艺运动的保证。"①就在这样领导、努力和发动之下，整个解放区群众文艺运动就蓬蓬勃勃地展开了。

这首先是农村戏剧运动的开展。适应这一开展，农村剧团就普遍建立起来。这里且以山东的几个地区为例，"据 1945 年统计，胶东能起作用的农村剧团与俱乐部有一万个以上，鲁中南地区莒南县有农村剧团一百四十三个，沂南县有一百一十个，约占全县村庄的三分之一。新秧歌队差不多村村都有。"②此外像华北、西北、晋绥、东北各地无不如此。至于剧本和演出，都是老百姓自编自演，写的就是他们本村的事，主人公也是他们自己，他们所产生的节目是数以千百计的：例如太行区从 1948 年秋到 1949 年春半年之内，"农村剧团的创作，不完全统计，就达一百万字。冀晋（过去北岳区）1947 年的群众创作编写运动，就搜集了八十多种优秀剧本，冀中数目更多。"③至于各地已出版的农村剧团的剧本，只不过是挑选出来的极少一部分，有很多是没有文字记录的。这些戏剧的内容，是紧密地结合了当前政治运动的：抗战、拥军、拥政、生产、爱民、减租减息、土地改

---

① 哈华：《秧歌杂谈》引。
② 张凌青：《山东文艺概况》，见《文代大会纪念文集》。
③ 沙可夫：《华北农村戏剧运动和民间艺术改造工作》，见《文代大会纪念文集》。

革都是这些戏的主题。例如 1944 年春节，延安出动了秧歌队有二十七队之多，创造了一百五十种以上的节目，周扬曾统计了五十六篇秧歌剧的主题：写生产劳动（包括变工、劳动英雄、二流子转变、部队生产、工厂生产等）的有二十六篇；军民关系（包括归队、优抗、劳军、爱民）的有十七篇；自卫防奸的十篇，敌后斗争的两篇，减租减息的一篇。① 再如：晋察冀曾"产生了成百个反映农民翻身的戏"，太行土改完成后，配合生产、文教的好作品也出现不少。② 这些戏反映了边区的实际生活，反映了生产和战斗，对于发动农民斗争，推动农村生产，教育与改造农民自己，都发生了极大的效果。农民把新秧歌叫"斗争秧歌"，在土改运动中，把很多戏叫做"翻身戏"，这真是很正确的称号。这些戏虽然大都以民间形式为基础，其中主要地是秧歌，由于内容的革新，在形式上也都经过了或多或少的改造。当时很多文学艺术工作者对秧歌曾作过许多研究和努力，如艾青便曾领导过秧歌队，张庚也领导过鲁艺秧歌工作团下乡。由于这种不断地研究和努力，就在秧歌的基础上逐渐发展提高，从《兄妹开荒》小型歌剧开始尝试，到《白毛女》的写出，便明白表示了这一发展提高的过程。

　　其次，便是说书的革新，和民间艺人的改造培养。说书的革新和民间艺人的改造培养是分不开的。这首先是联系、团结、教育、改造民间说书人，启发、引导、帮助他们编新书，学说新书和修改新书。例如陕北，"全边区有七八个地方先后开过说书训练班……全边区最少有二十个说书人编过（创作和改编）新书，作品最少在五十篇以上。"③再如"华北冀鲁豫地区，训练了七百一十多个艺人，组织了各种研究会……两年来创作唱词、剧本、年画等六七十种。"④而其他各解放区也称做了许多改造民间艺术与民间艺人的工作。经过这样大力地训练培养，解放区就出现许多优秀的说新书的民间艺人，例如著名的韩起祥编的《刘巧团圆》和《张玉兰参加选举会》，就是思想性和艺术性都比较高的作品，此外如绥德分区的石维俊，三边的冯明山，华北的王尊三都编了一些新书，在群众中都起了一定的作用。

　　最后是话剧的改革。五四运动时期，话剧曾完全被否定，认为它只是宣传封建迷信，毫无艺术价值。这种看法，在反对封建主义这一点上，当时是有其积极意义的，但是不够全面。话剧是中国民族艺术重要遗产之

---

① 《表现新的群众的时代》。

② 沙可夫：《华北农村戏剧运动和民间艺术改造工作》，见《文代大会纪念文集》。

③ 林山：《略谈陕北的改造说书》，见《文代大会纪念文集》。

④ 《坚决贯彻毛泽东文艺路线》《新的人民的文艺》。

一，和广大群众有密切联系，为群众所熟悉所喜爱，虽然由于长期的被封建统治阶级所利用，借以欺骗麻醉劳动群众，所以有不少的内容是封建的、迷信的、反动的，但却也有一些人民性的内容，还没有被歪曲，例如表现反抗封建压迫，反抗贪官污吏，歌颂民族气节，歌颂急公好义等。因此，解放区改革话剧工作，首先就是以是否符合人民利益为标准，把全部话剧加以审定，对于人民有害的，加以限制，对于那些带有人民性的，加以发扬，同时还创作了一些新的剧本，例如《逼上梁山》和《三打祝家庄》等。对地方戏也采取同样的方针。同时也进行团结与改造旧艺人的工作，旧艺人的社会地位是大大提高了；他们大部分都愿意改造自己，提高自己。在解放区，新旧艺人不但结成了统一战线，并且这个新旧界限也在逐渐清除。

关于工农兵群众文艺活动和解放区文艺的关系及其今后发展原则，周扬在《新的人民文艺》中曾有一段透辟的总结性的说明，现在照录下来，就作为本节的结论。他说："广大工农兵群众的参加文艺活动，给解放区文艺灌注了新的血液，新的生命。解放区文艺是由专业文艺工作者的活动与工农兵群众业余的文艺活动两方面构成的。工农兵群众不但接受了新文艺，而且直接参加了新文艺创造的事业。工农群众蕴藏的革命精力，一经发挥出来，是取之不尽，用之不竭的，同样地，他们在艺术创造上也能发挥出无穷的精力和才能。发动群众创作的积极性，就成为了普及工作的最重要的条件。专业文艺工作者，一方面指导群众创作，一方面又从群众创作中汲取营养，以丰富和提高自己的创作。对群众创作采取轻视或不关心的态度是错误的，这种态度在'文艺座谈会'以后有了基本的改变。但是另一方面，在指导群众文艺活动的时候，必须注意群众文艺活动的业余特点，以不妨碍工农群众的生产（部队则是战斗）为第一条原则。我们的文艺既然是为政治服务，具体地说，就是为战争、为生产服务的，那么，文艺就应当推动战斗、生产，而绝不应妨碍战斗、生产。因此，在农村必须注意季节性而不要过分地强调'经常性'，在工厂注意生产的集中性，纪律性，在部队注意战斗的环境和特点。有的农村、工厂剧团提出"演戏不误生产"作为团规的第一条，这是很对的。在文艺活动的方式上，必须采取小型活动方式，而克服与防止铺张浪费演大戏的偏向。一时一刻不能忘记，展开群众文艺运动，主要是为了教育工农兵群众，提高他们的政治觉悟、战斗意志和生产热情，绝不是为群众文艺而群众文艺。文艺脱离了当前的政治任务与群众的需要，是既不能普及又不能提高的。"

# 第十二章　毛泽东文艺路线的伟大胜利

## 第一节　全国革命的胜利和全国
## 文学艺术工作者代表大会的召开

1946 年 7 月，蒋介石在美帝国主义指使和支援之下，指挥他的全部军队，发动了对于解放区的全面进攻，中国共产党领导全国人民举行国内革命战争去反对国民党的反革命战争，这就是第三次国内革命战争，也称为人民解放战争。

为打败蒋介石的进攻，毛泽东同志在军事方面制定了正确的方针，即以歼灭敌人有生力量为主要目标，不以保守城市或地方为主要目标。在这个方针之下，人民解放军虽然在战争初期退出了许多城市和地方，却歼灭了大量的国民党军，平均约每个月歼灭国民党军八个师。就这样，人民解放军愈战愈强，国民党军却愈战愈弱了。到 1947 年 7 月至 9 月间，人民解放军就转入了反攻，把主要战场移到了国民党统治区，进军黄河以南直至长江北岸。

与人民解放军转入进攻的同时，1947 年 10 月 10 日，中国共产党公布了"中国土地法大纲"，解放区开展了大规模的土地改革运动，农民充分发动起来，消灭了地主阶级，因而极大地巩固了解放区，援助了人民解放战争。

人民解放军转入进攻以后，军事进展极为迅速，1948 年 9 月以后，先后发动了辽沈、淮海、平津三大战役，歼灭了国民党军的主力，解放了东北全部和长江以北秦岭以东地区的大部，北平也得到和平解放。

1949 年 3 月，中国共产党召开七届二中全会，会议确定将党的工作重心由乡村转移到城市。会议制定了党在领导全国人民建立人民民主新中国事业中的完整路线。

同年 4 月，中国共产党粉碎了国民党政府"和谈"阴谋后，毛泽东同志和朱德同志命令人民解放军向南方和西北进军。4 月 23 日，解放南京，国民党反动统治灭亡。接着在这一年内先后解放了太原、杭州、汉口、西安、上海、兰州、广州、贵阳、桂林、重庆、成都等各大城市和广大地区，并用和平办法解放了湖南、绥远、新疆、西康、云南等地。1950 年 4、5 月间，人民解放军渡海解放了海南岛和舟山群岛。1951 年 5 月，和平解放西藏。这样，除台湾还被国民党反动派残余和美国侵略者盘踞外，全国都解放了。

1949 年 7 月 1 日，毛泽东同志发表《论人民民主专政》，规定了建设新中国国家的基本原则。9 月 21 日，人民政治协商会议在北京开幕，会议通过了"中国人民政治协商会议共同纲领""中华人民共和国中央人民政府组织法""中国人民政治协商会议组织法",选举了毛泽东同志为中央人民政府主席。10 月 1 日,中华人民共和国中央人民政府宣告成立。

中华人民共和国的成立,引起了全世界人民的欢呼。10 月 2 日,中国人民最忠实的国际友人伟大的苏维埃社会主义共和国联盟首先与我国建立了外交关系。以后,世界上所有的人民民主国家和一些资本主义国家也和我国建立了外交关系。

毛泽东同志关于中华人民共和国的基本观点,在"共同纲领"里都以法律的形式确定下来了。"共同纲领"的总纲说:"中华人民共和国为新民主主义即人民民主主义的国家,实行工人阶级领导的、以工农联盟为基础的、团结各民主阶级和国内各民族的人民民主专政,反对帝国主义、封建主义和官僚资本主义,为中国的独立、民主、和平、统一和富强而奋斗。""共同纲领"有系统地规定了中国人民民主统一战线和中华人民共和国在目前时期对于政治、军事、经济、文化、民族、外交各方面的基本政策。这样,在"共同纲领"里,工人阶级在政治上的领导地位,得到了法律上的承认,而这种领导,正是中华人民共和国向社会主义发展的主要保证。

中华人民共和国的成立,光荣地总结了中国人民一百多年来反对帝国主义反对封建主义的奋斗,特别是中国人民二十八年来在中国共产党领导下的奋斗。从此以后,开始了中国历史的新时代——人民民主时代。

1949 年 1 月,北平和平解放,解放区的文艺工作者和许多在国民党统治区的文艺作家陆续来到北平。这就形成了中国文艺大军第一批的大会合。3 月 22 日,华北文化艺术工作委员会和华北文协举行招待在北平文艺界的茶话会,郭沫若在会上提议:发起召开全国文学艺术工作者大会以成立新的全国性的文学艺术界的组织,全体到会的人都表示赞成。接着,就成立了筹备委员会,经过三个月的筹备,认为大会主要的目的是要总结经验,交换意见,接受批评、砥砺学习,以共同确定今后全国文艺工作的方针与任务,成立一个新的全国性的组织,在毛主席的正确领导之下,好好地运用文艺这一武器来提高革命敌忾,鼓励生产热情,以期迅速完成反帝反封建反官僚资本的任务,使新民主主义文化建设获得全国胜利。

大会于 1949 年 7 月 2 日正式开幕,出席代表共八百二十四人,报到人数共六百五十人,其中文学工作者占百分之三十六点八九。

大会历时十八天,7 月 19 日胜利闭幕。

大会听取了并讨论了周恩来同志的政治报告,郭沫若的关于新中国文学艺术的总报告,茅盾、周扬关于国民党反动派统治区文艺革命运动与解放区文艺运动的报告。

周恩来同志在政治报告中首先分析了三年来人民解放战争胜利的情况和根源,其次提出了文艺方面的几个问题:第一是团结问题,他指出这个会是文艺界的团结大会,代表们回去以后,要发扬这次大会的团结精神。第二是为人民服务的问题,他指出文艺工作者首先需要熟悉工人,要深入工人生活,并要继续熟悉农民和士兵。第三是普及与提高的问题,他指出现在还是普及第一。第四是改造旧文艺的问题,凡是在群众中有基础的旧文艺,都应该重视它的改造。第五是文艺界要有全局的观念,要有计划地适合全局的需要与可能。最后是组织问题，周恩来同志指出不仅要成立一个中华全国文学艺术界的联合会，而且要分部门成立文学、戏剧、电影、音乐、美术、舞蹈等协会。将来在民主联合政府中也要有文艺部门的组织。

郭沫若在以"为建设新中国的人民文艺而奋斗"为题的总报告中，首先说明了三十年来的中国文艺运动的性质是"无产阶级领导的人民大众反帝反封建的新民主主义的文艺"。其次说明了"三十年来的新文艺运动主要是统一战线的文艺运动"。最后他提出了文学艺术工作者今后的具体任务三点："一、我们要加强团结，和全国人民一起为彻底打倒帝国主义、封建主义和官僚资本主义，建设新民主主义的人民民主共和国而奋斗，努力用文学艺术武器来加紧这种斗争和建设。二、我们要深入现实，表现和赞扬人民大众的勤劳英勇，创造富有思想内容和道德品质，为人民大众所喜闻乐见的人民文艺，使文学艺术发挥教育民众的伟大效能。我们要注意开展工厂、农村、部队中的群众文艺活动，培养群众中新的文艺力量。三、我们要扫除半殖民地半封建的旧文学旧艺术的残余势力，反对新文艺界内部的帝国主义国家资产阶级文艺和中国封建主义文艺的影响，我们要批判地接受一切文学艺术遗产，发展一切优良进步的传统，并充分地吸收社会主义国家苏联的宝贵经验，务使爱国主义和国际主义发生有机的联系。"

茅盾和周扬的报告分别给国民党反动派统治区文艺革命运动和解放区文艺运动作了初步的总结。

大会听取了讨论了周恩来同志和郭沫若的报告之后，一致同意，并作出决议：作为今后工作的指针，决以最大努力来贯彻执行。

大会通过了大会宣言及大会向毛主席、朱总司令暨人民解放军全体指战员致敬的通电，成立了中华全国文学艺术界联合会，通过了这个会的章程，选举了全国委员，推举郭沫若任主席，茅盾、周扬任副主席。7月23日，中华全国文学工作者协会成立，并选举了全国委员，推茅盾任主席、丁玲、柯仲平为副主席。

大会开幕时，中国人民解放军朱德总司令代表中国共产党中央委员会致词。

大会进行的第五天，7月2日下午七时，伟大的中国人民领袖毛泽东同志亲临会场，全体代表起立欢迎，掌声像暴风雨一般，大家热烈欢呼："毛主席万岁！"毛泽东同志在欢呼声中向大家说："同志们，今天我来欢迎你们，你们开的这样的大会是很好的大会，是革命需要的大会，是全国人民所希望的大会。因为你们都是人民需要的人，你们是人民的文学家、人民的艺术家、人民的文学艺术工作的组织者。你们对于革命有好处，对于人民有好处。因为人民需要你们，我们就有理由欢迎你们，再讲一声，我们欢迎你们。"

毛泽东同志的亲临会场，是大会的无比光荣，是全体代表的无比光荣，也是中国现代文学历史的无比光荣。全体代表都将在毛泽东同志这个简短亲切的指示之下，努力地做到对革命有好处，对人民有好处，不辜负毛泽东同志所给予的人民文学家、人民艺术家、人民的文学艺术工作的组织者的光荣称号。

# 第二节　为贯彻毛泽东文艺路线而斗争

文代大会是一个团结的大会。自五四新文化运动三十年以来，像这样的全国规模的文学艺术工作者代表大会还是第一次举行，像这样全国规模的文学艺术工作者的大团结，更是空前所未有。

自从第一次国内革命战争以后，中国革命文艺大军就逐渐被迫分离在两个地区——革命根据地和国民党统治区，艰苦奋斗，都会经取得很多的胜利，著有辉煌的业绩，但始终不会会合。这次，由于中国共产党和毛泽东同志领导的人民革命的胜利，人民政权的建立，这两支大军胜利会师了，并且召开了这样全国规模的大会。很显然，如果没有人民革命的胜利，如果没有人民政权的建立，这个大会的召开是不可能的。

这个大会团结了全国文学艺术界的各方面的代表人物。这个团结是这样一种情形的团结：是党与非党的文艺工作者的团结，是老解放区与新解放区的文艺工作者的团结，是新文艺界与旧文艺界的团结，是部队、地方与少数民族的文艺工作者与全国的文艺工作者的团结。这些情形都说明了这次团结的局面的宽广，也说明了这次团结是在新民主主义旗帜之下，是在毛泽东同志新文艺方向之下的大团结。

就在这样一个空前大团结基础之上，文面界各方面的代表人物交换了意见，总结了经验，一致表示要为贯彻毛泽东文艺路线而斗争。

在周恩来同志的政治报告中，在郭沫若的总报告中，在茅盾的关于国民党统治区的革命文艺的报告中，在周扬的关于解放区的文艺报告中，在各地区文艺工作的专题报告中，在许多有成就的有代表性的文学艺术工作者的发言中，都从三十年来中国文艺运动发展的历史和个人写作的亲身体验，证明了毛泽东同志 1942 年在延安文艺座谈会上所指出的方向的完全正确。大会一致拥护文艺为人民服务并首先为工农兵服务的基本方针，作出了如下的决议："大会听取了周恩来副主席的政治报告与郭沫若关于新中国文学艺术运动的总报告，一致认为他们所指出的在毛泽东主席的文艺方针之下，中国文学艺术工作者今后努力的方向和任务，是完全正确的。我们一致同意他们的报告，并接受作为我们今后工作的指针，决以最大努力来贯彻执行。"

决议中所通过并要贯彻执行的在毛泽东同志的文艺方针之下全国文艺工作者今后努力的方向和任务大要如下：

首先是确定文艺必须为人民服务并首先为工农兵服务，作家必须深入群众，投身到火热斗争中去，锻炼自己，改造自己，把自己的思想情感和工农兵打成一片。如周恩来同志在政治报告中所指出："总之，应该首先去熟悉工农兵，因为工农兵是人民的主体，而工农兵又是今天在场的绝大多数所不熟悉或完全不熟悉……我们首先要熟悉工人。现在各方面的文艺工作者一般地都不熟悉工人，所以反映工人的作品还很少。我们希望能有一批文艺工作者深入工厂。自己不能到工厂去的，也应该宣传这个号召，把它成为一个运动，推动成千成万的文艺工作者向这方向走去。这几年有一部分同志已经开始熟悉了农民和兵士，兵士基本上是拿枪的农民。应该继续熟悉他们，并帮助不熟悉的人去熟悉。熟悉工农兵的生活，把自己的思想感情和他们打成一片，那是一个长期的过程，因此希望已经下过农村的文艺工作者不要自满。农民是中国人口中的最大多数，所有的文艺工作者都有熟悉农民了解战争的任务。一部中国长期的历史基本上是一部农民战争史，而近二十几年来乃是工人阶级领导下的农民战争史。"

其次，确定了当前文艺工作仍然是普及第一。周恩来同志指出："现在还是不是普及第一呢，还是普及第一。解放区作了一些普及工作，但是离开普及的需要还很远。至于说现在产生的普及性的文艺作品还很粗糙，需要改进，还很低级，需要提高，这是事实，但是这并不是值得担心的事情。如因此而轻视普及工作，更是完全错误。任何一个新生的东西哪有不粗糙不幼稚的？我们对于新生的东西不要责备过甚，对它要爱护帮助，像对待自己的孩子一样。对孩子需要批评教育，但是不能打骂，否则就把孩子打坏了，骂傻了。新生的事物常常大喊大叫，它要改造这个旧世界，这是一种革命气概。脱离人民的旧文艺已经是腐朽了，尽管外表如何好看，内部已经烂了，希望是属于新的方面。我们的普及性的文艺作品虽还不高，但它们却是为广大人民所喜闻乐见的。所以我们必须重视新文艺在普及方面的生长和成就，即使是一些小的生长小的成就。"在周扬的报告中也有同样的意见，他着重指出今后在农村要深入开展农村剧团及其他文艺活动；在工厂也必须开展工厂的文艺的活动。他说："一切文艺工作者，包括专家在内，必须时时将眼光放在工农兵群众的文艺活动上，注意研究群众文艺活动的情况与问题，把指导普及作为一切文艺工作者无可推脱的共同的责任。这个指导工作不能是零零星星的，而必须是有计划、有系统的、用全力去做的，这样，才能满足普及的需要，也才能达到提高的目的。"此外，有计划有步骤地改造旧剧及一切封建旧文艺，也是开展普及工作所不能忽视的，周恩来同志指出："这种改造，首先和主要的是内容的改造，但是伴随这种内容的改造而来的，对于形式也必须有适当的与逐步的改造，然后才能达到内容与形式的和谐与统一……我们不是认为旧文艺什么都好，什么都保存，那就会走到复古的路上去了；另外我们也不是认为什么都不好，什么都否定，或置之不管，那就是对于民族传统和群众感情采取错误的态度，那就是违背了我们的普及第一的主张，同时也不合于我们的历史观点。"

第三，要提高作品的思想水平和艺术水平。如周扬所说："一切前进的文艺工作者必须站在像黑格尔所说的时代思想水平上；今天具体地说，就是站在马列主义毛泽东思想的水平上。只有如此，才能获得独立地观察、分析与综合各种生活现象的能力，也就是艺术上概括的能力。只有如此，才能将多方面的、深刻地反映生活与明确地、坚持地宣传政策，两者统一起来，不至于为了宣传某一具体政策而歪曲了生活中的基本事实，或者为了生活的局部的细节的真实，而模糊了基本政策思想。只有如此，才能更有力地表现积极人物，表现群众中的英雄模范；克服过去写积极人物（或称正面人物）总不如写消极人物（或称反面人物）写得好的缺点。只有如此，才能不但反映群众中的情况和问题，而且反映领导上的情况和问题。"作品的艺术水平也必须提高，但却"必须反对与防止一切技术至上主义（例如技术与思想分开，盲目崇拜西洋技巧等）、形式主义，必须确立人民文艺的新的美学的标准：凡是'新鲜活泼的、为老百姓所喜闻乐见的中国作风与中国气派'的形式，就是美的，反之就是丑的"。

第四，是要加强学习马克思列宁主义毛泽东思想和各种基本政策。大会宣言宣称："我们要加强学习与自我批评，我们的文学艺术既然是为人民服务的，我们的目的也就是使人民能取得胜利与巩固胜利。一个名副其实的真正爱国的民主的文学家与艺术家，就必须掌握正确的世界观与人生观，只有这样，他才有可能正确的了解中国社会的阶级关系，表现中国人民中新的英雄人物与英雄事迹，也才有可能使自己的作品富有思想性，也才有可能有效地正确地为人民服务，发扬文艺的伟大教育效能。"周扬在报告中也指出："文艺工作者首先必须学习政治，学习马列主义毛泽东思想与当前的各种基本政策。不懂得城市政策、农村政策，便无法正确地表现城乡人民的生活和斗争。……一个文艺工作者只有站在正确的政策观点上，才能从反映各个人物的相互关系、他们的生活行为和思想动态、他们的命运中，反映出整个社会各阶级的关系和斗争、各个阶级的生活行为和思想动态、各个阶级的命运。作品的高度的思想性主要就表现在对于社会各阶级的相互关系和斗争的深刻的揭露。一个文艺工作者，也只有站在正确的政策观点上，才能使自己避免单从偶然的感想、印象或者个人的趣味来摄取生活中的某些片断，自觉或不自觉地对生活作歪曲的描写。"

最后是要进行批评和自我批评。文艺界的团结是有原则有批评的团结，绝不应该采取迁就和敷衍的态度。所以大会宣言中曾郑重宣称要加强自我批评。郭沫若在总报告中也指出："在新文艺界内部，也不容讳言的仍然存在着帝国主义国家资产阶级文艺和中国的封建文艺的影响，我们应该以批评自我批评的方法来彻底消除。"周扬也说："文艺界的团结也由于缺乏必要的批评，有时就成为无原则的团结。我们必须在广泛的文艺界统一战线中进行必要的思想斗争。必须经常指出，在文艺上什么是我们所要提倡的，什么是我们所要反对的。批评必须是毛泽东文艺思想之具体应用，必须集中地表现广大工农群众及其干部的意见，必须经过批评来推动文艺工作者相互间的自我批评，必须通过批评来提高作品的思想性和艺术性。批评是实现对文艺工作的思想领导的重要方法。"

以上五点，就是大会为执行毛泽东同志的文艺方针的各项任务的具体规定。大会并发动与组织全国文艺工作者为完成这些任务而共同努力。

从这以后，毛泽东同志的《在延安文艺座谈会上的讲话》成了新中国文艺运动的战斗共同纲领，毛泽东文艺思想在全国知识分子中有了极广泛的传播和学习，并成为他们行动的指针。在这个伟大的思想指导之下，新中国的人民文艺运动就走上了一个新的光辉的阶段。毫无疑义，在这个新的阶段上，由于全国文艺工作者为贯彻毛泽东文艺路线而努力奋斗，中国的社会主义现实主义文学必将得到更大的发展和成就，中国文艺必将放射出空前未有的万丈光芒。